有度

一切皆有法 一切皆有度

张明楷 作品

张明楷，男，1959年生，湖北仙桃人。清华大学法学院教授、博士生导师。兼任中国法学会理事，中国人权研究会常务理事，中国刑法学研究会副会长，中国警察法学研究会副会长，最高人民检察院专家咨询委员；曾为日本东京大学客员研究员，东京都立大学客员研究教授，德国波恩大学高级访问学者；出版个人专著20余部，发表学术论文400余篇。

张明楷 著

刑法格言的展开

(第三版)

北京大学出版社
PEKING UNIVERSITY PRESS

一切高尚的诗

都是无限的

就像第一粒橡子

潜藏着所有的橡树

我们可以掀开

一层一层的罩纱

但永远不能露出

最里面的赤裸裸的意义之美

一首伟大的诗

是永远溢淌着

智慧和愉悦之水的源泉

一个人和一个时代

凭借特定的关系

穷尽了神圣的甘泉

但是

另一个人和另一个时代

会接踵而来

新的关系会重新培养出来

仍然会流溢出

看不见、想不到的喜悦

——雪莱

刑法格言的展开 ┃ 目录

001
法律不是嘲笑的对象(代序)

035
没有法律就没有犯罪,没有法律就没有刑罚

067
任何权力都不得位于法律之上

089
罪责越重,刑罚越重

107
任何人不因他人的不法行为受处罚

119
法律在惩罚前应予警告

139

有利益的地方就有犯人

165

法律不理会琐细之事

185

没有刑罚就没有犯罪

197

任何人不因思想受处罚

215

不作为也是行为

257

原因的原因是结果的原因

283

紧急时无法律

303
得到承诺的行为不违法

329
幼年人无异于精神错乱者

345
无犯意则无犯人

375
不知法律不免责

395
法律不强人所难

413
受强制实施的恶行应当归责于强制者

429
特别法优于普通法

459
因为有犯罪并为了没有犯罪而科处刑罚

479
刑罚与其严厉不如缓和

503
任何人不因同一犯罪再度受罚

533
存疑时有利于被告

559
后记

561
第二版后记

562
第三版后记

法律不是嘲笑的对象
刑法格言的展开
（代序）

"迄今为止，与人类有关的科学告诉我们，人一直生活在社会中。"[1] "法是社会生活的行为准则（规范）。社会是从事共同生活的人的集团，如果各人恣意行为，就不可能构成共同生活。因此，既然人要共同生活，理所当然应有行为规范（社会生活的准则）。"[2] 所以，**有人就有法**（Ubi homo, ibi jus），有人就需要法；**有社会就有法**（Ubi societas, ibi jus）[3]，有社会就需要法。**法律存自远古**（Lex est ab aeterno），**时代越糟，法律越多**（Pessima tempora——plurimae leges）。

法律的睿智不能以金钱评价（Sapientia legis nummario pretio non est aestimanda）。"法律是最杰出的智慧，代代相继，由经久不断的经验构成，（经由光明与真理的检验）精致而优雅。"[4] **没有人比法律规定更聪明**（Neminem oportet esse sapientiorem legibus）。"人们奋斗所争取的一切，都同他们的利益有关。"[5] 对于利益，**法律的保护比个人的保护更有力**（Fortior est custodia legis quam hominis），这不仅因为对客观存在的各种利益的正确认识与协调是法律的创制与实施的核心内容[6]，而且因为**有法律就有处罚**（Ubi lex, ibi poena），只要实施不法就会受到处罚（Ibi debet quis puniri, ubi quis deliquit），法律的实施以国家强制力为保障，绝不存在没有适度强制的审判（Jurisdictio sine modica coercitione nulla est）；恶行始终受到惩罚（Dolus omnimodo puniatur）。"每个社会都会产生矛盾"[7]，人与人之间总会发生争端。对于矛盾与争端，法律的处置比人的处置更衡平（Aequior est dispositio legis quam hominis），这既因为"提供一种替代武力解决争端的途径乃是法律的一个基本的目的"[8]，又因为法律的普遍性使法律不偏不倚，法律是正当化的准则（Lex est norma recti）。因此，在产生矛盾与发生争端的情况下，与法律相争比与他人相争更明智（Melius agitur cum lege quam cum homine），期待比法律更为贤明的睿智便是愚蠢（Stulta sapientia, quae vult lege sapientior esse）。可见，实行法治是明智的选择。

法律体系中有各种各样的法律，"今天的法律理论与法律实践最重要的区分之一是'公法'和'私法'之区分"。"'公法'直接与'刑法'交汇在一起。"[9]私法隐藏在公法的保护之下（Jus privatum sub tutela juris publicilatet），刑法不仅是私法的保障法，而且是其他一切法律的保障法。[10]建设法治国家，需要刑法的保障。

"徒法不足以自行"，仅有立法并不意味着法治。法律必须得到服从与遵守，为了服从者与遵守者以外的人制定法律毫无裨益（Frustra feruntur leges nisi subditis et obedientibus）。法律是一种规则，适用是规则的生命（Applicatio est vita regulae）；执行是法律的目标与果实（Exsecutio est finis et fructus legis），更是法律的确证；得以执行的法律才是真正具有效力的法律，**法律有效力国民便昌盛**（Ibi valet populus, ubi leges valent）。

然而，**造法易，执法难**（Facile est ferre leges, tueri difficile）。这一古老的格言在当今的社会得到了印证。除了司法体制、司法人员的素质、执法环境、领导者与普通人的法治观念等多方面的原因导致执法难以外，法学者也可能负有责任。因为很多人不勤于解释法律而善于批评法律，不仅背弃了自己的使命，而且降低了法律的权威。旧刑法典是在实施不久后才受到批判的[11]，而现行刑法一经公布就被不少人认为不能"垂范久远"受到了攻击。

但是，**法律不是嘲笑的对象**（Lex non debet esse ludibrio），而是法学研究的对象；**法律不应受裁判**（Non sunt judicandae leges），而应是裁判的准则。应当想到法律的规定都是合理的，**不应推定法律中有不衡平的规定**（Nullum iniquum est in jure praesumendum）。本书并不绝对主张**恶法亦法**（Dura lex, sed lex）[12]，但也不一概赞成**非正义的法律不是法律**（Lex injusta non est lex）[13]，而是主张信仰法律，因为"法律必须被信仰，否则它将形同虚设"。[14]既然信仰法律，就不要随意批判法律，不要随意主张修改法律，**应当从更好的角度解释疑点**（Dubia in meliorem partem interpretari debent），**对抽象的或有疑问的表述应当作出善意的解释或推定**（Benignior sententia in verbis generalibus seu dubiis est praeferenda），将"不理想"的法律条文解释为理想的法律规定。对于法学者如此，对于裁判者更如此。**法官可以宣示法,但不能制定法**(Praetor jus dicere potest,facere non potest);或者说,**法官解释法,但不制定法**(Jus dicere,et non jus dare)。"裁判者只有适用法律的职务,却没有批评法律的权能。裁判者只能说出法律是怎样怎样,却不能主张法律应该是怎样怎样;所以立法的良恶在原则上是不劳裁判者来批评的。……要晓得法律的良不良,是法律的改造问题,并不是法律的适用问题。"[15]

事实上,一些人对现行刑法的批判并无道理。我国刑法中的定义已经远远多于其他国家刑法中的定义。法谚云:**法不定义未遂是什么**(Non definitur in jure quid sit conatus),但我国刑法定义了未遂。再如,其他国家不会定义什么是共同犯罪,但我国刑法却有定义。尽管如此,还是有人批判现行刑法对单位犯罪等一些概念没有下定义。但是,过多的法律定义会使法律过于僵化,所以,**法律中的定义都是危险的**(In jure omnis definitio periculosa est;Omnis definitio in lege periculosa)。同样,**民法中的定义都是危险的,没被推翻的定义实属罕见**(Omnis definitio in jure civili periculosa est;parum est enim,ut non subverti posset)。社会是复杂的,需要适用法律的案件也是复杂的,"在制定法律时,立法者'不得不作出一种并不适用于所有案件而只适用于大多数案件的普遍规定','因为,由于案件数目无限',各有各的特点,'很难下一个定义'(即绝对定义)"。[16]对单位犯罪的概念就很难下定义。[17]因此,难以下定义时,**法律不规定精确的定义,而委任善良人裁量**(Lex non exacte definit, sed arbitrio boni viri permittit)。德国旧刑法中没有故意、过失的定义,1962 年的修改草案规定了故意、过失的定义,但 1975 年颁布的刑法删除了故意、过失等多种定义。[18]"因为以法规固定这些概念,会阻碍今后犯罪论的发展,对这样的概念下定义不是立法者的任务,而是学说的任务。"[19]由于司法解释具有法律效力,所以,司法解释中的定义也是危险的。[20]

再如,有人认为现行刑法还不够确定,不够明确,不够精密,不够具体。换言之,"法律家希望能够使用精确、简洁、明晰且耐久的独特语言,当然他们失败了。失败在所难免"。[21]诚然,法律的内容确定是罪刑法定原则的要求,不确定性在法律中受到非难(Infinitum in jure reprobatur)。可是,极度的确定性反而有损确定性(Nimia certitudo certitudinem ipsam destruit),事实上也不可能十分确定,正因为不确定才需要解释。"有很大一部分法律训练,特别是在精英法学院里,就是研究法律的不确定性,并且创造了一种与一般的外行人并且事实上也与许多法律人的看法相距遥远的关于法律的基本看法。"[22]法律当然应当明确,但又不可避免会存在不明确之处。"如果法律没有不明之处,就不存在解释问题,因为在这种情况下,解释不仅无益,而且是有害的。……明确的法律条文需要解释的唯一情况是立法者在制定这项法律条文时出现了明显的笔误或差错。"[23]极度的精密在法律中受到非难(Nimia subtilitas in jure reprobatur)。因为"越细密的刑法漏洞越多[24],而漏洞越多越不利于刑法的稳定"。[25]极度精密也不利于刑法的执行与遵守。法律既是针对司法人员的裁判规范，也是针对一般人的行为规范，因此，法律应当被一切人理解（Leges ab omnibus intellegi debent）。"为便于适用和遵守起见，条文固应力求其少，文字尤应力求其短，以免卷帙浩繁，人民有无所适从之叹。"[26]因为"即使是规则清楚，其数量也可能太多，以至于受这些规则规制的人们无法了解；这样一来，规则清晰也就只是水中月，镜中花了"。[27]所以，法律必须简洁以便更容易掌握（Leges breves esse oportet quo facilius teneantur）；法律需要简洁以便外行人容易理解（Legem brevem esse oportet, quo facilius ab imperitis teneatur）。法律的普遍性本质决定了法律不能过于具体。"法律的具体规定内容，本质上既有相当的一般概括性，则又不得不有相当的抽象性，相当的非具体性。而法律的具体内容，在本质上，就除了以某种抽象的概括的表现方法之外，没有把它直接表现出来的方法。"[28]

又如，有人习惯于认为刑法存在漏洞。虽然以前曾有人认为系统的法典可以包罗无遗[29]，法律实证主义的典型代表Bergbohm认为，"法律绝不需要从外在加以填补，因为它在任何时刻都是圆满的，它的内在丰富性，它的逻辑延展力，在自己的领域中任何时刻都涵盖了法律判决的整体需要"。[30]但是，"我们的时代已不再有人相信这一点。谁在起草法律时就能够避免与某个无法估计的、已生效的法规相抵触？谁又可能完全预见全部的构成事实，它们藏身于无尽多变的生活海洋中，何曾有一次被全部冲上沙滩？"[31]很多人知道很多，没有人知道全部（Multi multa, nemo omnia novit）。"很明显，立法者难以预见到社会生活中涌现的大量错综复杂的、各种各样的情况。……因此从法律的定义本身来看,它是难以满足一个处在永久运动中的社会的所有新的需要的。"[32]认为刑法典可以毫无遗漏,是荒唐的幻想;希望刑法典做到毫无遗漏,是苛刻的要求。承认刑法典必然有遗漏,才是明智的想法。**法律有时入睡,但绝不死亡**(Dormiunt aliquando leges, numquam moriuntur)的格言,或许在某种意义上也表述了法律必然有漏洞的观点。在刑法领域,面对真正的漏洞时,解释者确实无能为力。在依法治国的时代,解释者必须充分认识到罪刑法定原则的贯彻所形成的对法治的信仰、对其思想基础与基本理念的弘扬、对公民自由的保障所具有的重大意义。所以,"在刑法上,还有所谓刑法的片断性格(der sog. franmentarische Charakter),也就是说,规定的无漏洞性(die Lückenlosigkeit der Regelung)在这个领域中只会是法律解释的次要目标"。[33]另一方面也必须看到,一些所谓的漏洞,是声称有漏洞的人制造出来的。[34]

还有人批判刑法用语不能充分表达立法意图,刑法用语与刑法精神不尽一致。然而,这种现象在任何法律中都不可避免,这并非法律的原因,而是语言的原因或对语言有不同理解的原因。"在所有的符号中,语言符号是最重要、最复杂的一种。"[35] "尽管每位作者都希望把自己的意图原原本本地、毫无保留地反映在作品之中,但由于作品语言的局限,作者的意图不可能充分地、完全地表达出来,言不尽意是作者与作品关系中存在的普遍现象。"[36]立法用语与立法意图不一致正是需要解释的理由之一,**用语与意图一致时,没有解释的余地**(Quando verba et mens congruunt, non est interpretationi locus)。法学者不应当将自己的任务推卸给立法者。

法律必须适应社会生活。社会生活在不断变化,但是,法律则必须以固定的文字持续相当长时间,并且适应社会生活。英国人说,**我们不希望英国法律变更**(Nolumus leges Angliae mutari),中国人也不希望法律经常变更。**朝令夕改是最危险的做法**(Leges figendi et refigendi consuetude est periculosissima)。**自然不能飞跃,法律也是如此**(Natura non facit saltum, ita nec lex)。依靠修改法律来适应社会生活,绝不是现实的。"法学的永久的重大任务就是要解决生活变动的要求和既定法律的字面含义之间的矛盾。"[37]这一重大任务就是解释法律,而不是嘲笑法律。只有解释,才能使**古老的法律吃着新鲜的食物**(Legibus utere antiquis, obsoniis novis)。

法律的制定者是人不是神,法律不可能没有缺陷。因此,发现法律的缺陷并不是什么成就,将有缺陷的法条解释得没有缺陷才是智慧。本书的意思是,在发现缺陷时不宜随意批评,而应作出补正解释。例如,**重婚是同时具有复数的丈夫或者妻子的婚姻**(Polygamia est plurium simul virorum uxorumve conubium),**一个人不得同时有两个妻子**(Duas uxores eodem tempore habere non licet),可英国的一条法律规定,"任何已婚之人在其前夫或者前妻生存期间同另一个人结婚"的[38],构成重婚罪。显然,这里的"前夫"、"前妻"的用语很不恰当。"尽管是法令起草人的疏忽,然而意图是清楚的。法院对有关部分的意思解释为,一个在妻子或丈夫还活着时意欲同另一个人结婚的人为犯重婚罪。"[39]又如,法国曾经有一条法律规定,"禁止列车停止之际上下旅客"。但是,法院知法(Jura novit curia)。法国法院不可能按照这种字面含义适用法律。[40]再如,日本1995年修改以前的《刑法》第108条规定,放火烧毁现供人居住或者现有人在内的建筑物的,构成对现住建筑物放火罪;其第109条第1项规定,放火烧毁现非供人居住或者现无人在内的建筑物的,构成对非现住建筑物放火罪。就后一条而言,"虽然法条使用的是'或者',但在这种场合,现非供人居住与现无人在内都是必要条件,所以应理解为'并且'即'而且'的意思"。[41]可以看出,法律的完善,是立法者与法学者的共同任务;当我们要求刑法明确、协调、合理时,应当知道刑法的明确性、协调性、合理性需要立法者与解释者的共同努力。[42]由此看来,法学者研究法律时,一方面要有宽广胸怀,胸怀造就法学家(Pectus facit jurisconsultum);另一方面要进行合理解释,"解释是法律调整机制的必要因素"。[43]

解释"永远是创造的进程"[44],"解释是思想的工作,这工作在于对隐藏在表面意义中的意义加以辨读,在于展开包含在字面意指中的意指层次"。[45]解释的作用永远不可轻视。孔子的思想得以成为汉王朝的建国方略,得益于董仲舒的解释。"孔子毕竟是春秋时代的产物,如果没有董仲舒根据几百年的历史经验和汉代实际情况对它重新解释,它在汉代就不可能起作用。从西汉建国到董仲舒回答武帝策问,其间经历六十多年,读过《论语》的人成千上万,为什么没有人把《论语》献给高帝、惠帝、文帝、景帝,作为国家根本指导思想?就因为单纯的、未加解释的《论语》不管用,经董仲舒解释的《论语》才活了,才管用。"[46]法律亦然,没有得到解释的法律实属一纸空文。**法律解释权属于法律制定者**(Ejus est interpretari leges, cujus est condere)的格言,已不符合我们的时代。[47]应当认为,"在理解法律的真正含义时,最不应当去垂问的人,就是立法者本身!事实上,这正印证了霍尔斯布雷勋爵(Lord Halsbury)在1902年所表达的观点:'在对制定法的解释上,我认为,解释的最佳人选,永远不会是负责该制定法的起草之人。'"[48]法学者对法律的解释虽然没有法律效力,但事实上指导着司法实践,在此意义上说,**法律的解释具有法律的效力**(Legis interpretatio legis vim obtinet)。特别是法学者的一致观点,总是对司法实践起着不可低估的作用,所以说,**法学家的共同意见具有习惯的力量**(Communis opinio habet vim consuetudinis)。

法之理乃法之魂(Ratio legis est anima legis)。**理同一就法同一**(Eadem est ratio, eadem est lex);**没有法之理就没有法本身**(Ubi cessat ratio legis, cessat ipsa lex);**如果法理消灭,法律自身也消灭**(Cessante ratione legis cessat ipsa lex)。**从法理中发现的一切都被认为存在于法律之中**(Quaecunque intra rationem legis inveniuntur, intra legem ipsam esse judicantur)。对刑法的解释,**不能得出违背法理、不被接受的结论**(Quod contra rationem juris receptum est, non est ducendum ad consequentias)。解释者需要懂得法律的精髓,探

求法律的真义,揭示法律的真谛;不可随意解释,不得歪曲法律;随意解释是最敷衍的态度,**歪曲法律是最恶劣的行径**(Tortura legum pessima)。对于刑法的解释,不要迷信立法者或者起草者当时的主观意图。诚然,法谚有云:**任何人都是自己语言的最佳解释者**(Quilibet verborum suorum optimus interpres; Quisque suorum verborum optimus interpres)。"自古以来的传统观念认为,作品的意义就是作者的原意,注释的目的就是把作者寄托在作品中的原意揭示出来,这就是所谓追求原意说。"[49]追求原意的解释即法学上的主观解释。[50]然而,"以追求作者原意为目的的注释是一种不切实际的幻想。千百年来,在这种幻想的笼罩之下,注释的本质被掩盖了,注释的作用被歪曲了"。[51]第一,立法原意是什么,不仅对于解释者不明确,而且对于立法者也不明确。"自我认识也是一种解释,它不比其他的解释容易,的确可能比其他的解释更难。"[52]认为"作者本人并不清楚,他要表达怎样的含义"[53],或者"根本就不存在本文的原义这样的东西"[54],或许显得过分,但在许多情况下的确是"旁观者清"。况且,立法者不是一个人,而是由很多人组成的机关。可是,**有人就有意见**(Quot homines, tot sententiae),立法机关的成员对同一条文也可能意见不一。第二,"当一个历史事件或一部作品被创造完成之后,创作者便同时失去了他对作品意蕴或历史事件的意义的占有权"。[55]同样,"刑法一经制定,它就是一种客观存在,与立法原意产生距离"。[56]"尽管作品的意义脱胎于作者的意图,但并不等于作者的意图,它们之间的关系犹如母体与胎儿的关系,胎儿离开了母体之后,尽管保留着母体的种种遗传基因,但毕竟不是母体的复制品,不能把二者等同起来。"[57]第三,**言为心声**(Verba sunt indices animi)。"刑法是成文法,它通过语词表达立法意图,因此,解释者应当通过立法者所使用的语词的客观含义来发现立法意图。"[58]换言之,"我们能直接把握的不是人的内在的、隐秘的灵魂,而是通过语言表现出来的思想和理性。"[59]所以,"重要的并不是作者要表达什么,而是本文陈述了什么"[60];"我们必须尊重本文,而不是实际生活中的作者本人"。[61]第四,法律是许多人共同致力的产物,除直接起草者外,还有其他机关的一些代表人员参与以及立法机关的通过。"这些为数不少的人,可能对同一法律规定的意义有非常不同的理解,即使他们可以确实证明所有人都考虑到了同一点,也毕竟不对阐释的法学家们具有拘束力。因为对法学家来说,法律不是法律起草人、政府代表和议会议员的集合意志,而是国家的意志。这种国家意志与任何个人想要放入法律中的意志并无关系,它在任何情况下都根本不可能见诸法律之外,而只能在法律之中生存。……只有法律本身的内容才是关键所在。"法律家要努力探究的意志,是"仅在法律中体现的国家意志。不是法律起草人的意志,不是一种曾想到过的观念,它是处在不断发展中的,一种终结了的历史事实;它回答着具有新意义的,改变了时代关系所提出的法律需要和法律问题,而对于这种意义,法律起草人根本不会知道"。[62]第五,"并入制定法中的意义,也可能比立法者在他们工作中所想到的一切更加丰富——即使他们想到了,人们可能并不总是强调议员们对制定法表决所说出的东西。制定法本身和它的内在内容,也不是像所有的历史经历那样是静止的('往事保持着永恒的寂静'),而是活生生的和可变的,并因此具有适应力。……新的技术的、经济的、社会的、政治的、文化的、道德的现象,强烈要求根据现有的法律规范作出法律判断。在法律被迫迎合一些历史的立法者完全不可能了解和思考的现象和情势时,就超越了立法者。'制定法一旦出现,就踏入社会效力领域,从那时起,制定法就从社会效力领域那里……对自己的内容作进一步的改造。'[63]因此,我们就处在比历史的立法者自己所作的理解'更好地去理解'制定法的境地之中。设想我们从当代,带着几十年的问题,回到与我们根本无涉的立法者的意志中,不可能是我们的使命。"[64]第六,追求立法原意,多多少少反映出人治的观念。依法治国,要求立法者也受其所制定的成文法的统治。"法律概念一如其他人类创造力的表征,往往本身具有生命,使得创造它们的作者反被它们左右而非左右它们。"[65]但是,一旦追求立法原意,就意味着法律概念不能左右其作者(立法者),而是作者(立法者)左右着法律概念。于是,某种解释结论是否合适,就由参与起草的人员决定。不能不认为,这是人治的反映与表现。**法律不知父母,只知真实**(Lex non novit patrem, nec matrem, solam veritatem)的格言,也意味着应当追求法律本身的真实含义。

根据罪刑法定原则,解释结论必须以刑法用语为根据,**不能离**

开法律的用语（A verbis legis non est recedendum）。一方面，语言是精神的表示（Index animi sermo），同样，用语的含义是法律的精神（Sensus verborum est anima legis），解释应当使文言起作用（Sic interpretandum est ut verba accipiantur cum effectu；Verba cum effectu sunt accipienda）。另一方面，符号约束符号所表示的内容（Signum retinet signatum），罪刑法定原则所要求的成文法主义，就是要求用文字固定法律；要坚持罪刑法定原则，就应当恪守法律的用语（Verbis legis tenaciter inhaerendum）。法学解释的对象是成文的法律，完全脱离用语就是推测而不是解释（Divinatio, non interpretatio est, quae omnino recedit a littera）；毁损用语的解释是恶劣的解释（Maledicta expositio, quae corrumpit textum）。而且，对一般用语应当作一般理解（Generalia verba sunt generaliter intelligenda；Verba generalia generaliter sunt intelligenda），对技术性用语应当技术性理解（Verba artis ex arte），"因为只要法律不是由法学专业词汇构成，那么它们的意义就取决于所用词汇的口语意义"。[66]不难看出，罪刑法定原则要求首先进行文理解释，只有当文理解释不能得出合理结论时（这种现象很普遍），才需要进行论理解释。无模糊时应固守文言（Verbis satandum ubi nulla ambiguitas），在用语不模糊时，不得探索用语的意图（Cum in verbis nulla ambiguitas est, non debet admitti voluntatis quaestio）。言下之意，用语模糊时就允许进行论理解释。罪刑法定原则旨在限制司法权力，保障公民自由，所以，对制定法应当严格解释（Statuta sunt stricte interpretanda）。

"解释生来就是对目的的表述。"[67] "规则及其他各种形式的法一旦被创设,则应当根据其服务的目标被解释、阐述和适用。"[68] "事实上,相对于所有至今被提到的解释方法,现代的法律者甘愿置所谓的'目的的'解释方式于一定的优先地位,这个方法是根据法律规定的目的、'理性'(ratio)、'理由思想'来研究,并从中考虑这些规定的'意义'。"[69] 另一方面,目的解释也有助于明确规定的意义。哈特"举例说,'禁止带车辆进入公园'这一禁令就具有不确定性,由于'车辆'的范围具有'开放性结构'。这里的'车辆'这一术语是否包括玩具车、自行车或者救护车呢?哈特的分析的明显含义是:由于法律规则是以语言来规范的,无论如何,潜在于法律规则中的不确定性都应归因于刻画它的语词意义的不确定性"。[70] 显而易见的是,只要明确了公园设立"禁止带车辆进入公园"这一规则的目的,"车辆"的范围就相当清楚了。**法律皆有目的**(Nil frustra agit lex),刑法的目的是保护法益,"任何解释方法都或多或少包含了目的论解释;当不同的解释方法得出多种结论或者不能得出妥当结论时,就要以目的论解释为最高准则"。[71] "正确的解释,必须永远同时符合法律的文言与法律的目的,仅仅满足其中一个标准是不够的。"[72]

"学者的良心是追求真理、阐述真理的良心。"[73] **真理不可战胜**(Nihil possumus contra veritatem),**法律决不容忍违反真理的事情**(Contra veritatem lex numquam aliquid permittit),法学者应以善意解释刑法,**任何人都不能为了自己而宣示法**(Nemo jus sibi dicere potest）。**有利的应当扩充、不利的应当限制**（Favores ampliandi, odia restringenda）；**有疑问时应朝好的方向解释**（Dubia in meliorem partem interpretari debent）；**不应采纳有缺陷的解释**（Ea est accipienda interpretatio, quae vitio caret）。当然，所谓有利与不利，好与不好，有无缺陷，并非仅从国家一方或者仅从被告人一方来考虑。"自从有刑法存在，国家代替受害人施行报复时开始，国家就承担着双重责任；正如国家在采取任何行为时，不仅要为社会利益反对犯罪者，也要保护犯罪人不受受害人的报复。现在刑法同样不只反对犯罪人，也保护犯罪人，它的目的不仅在于设立国家刑罚权力，同时也要限制这一权力，它不只是可罚性的缘由，也是它的界限，因此表现出悖论性：刑法不仅要面对犯罪人保护国家，也要面对国家保护犯罪人，不单面对犯罪人，也要面对检察官保护市民，成为公民反对司法专横和错误的大宪章（李斯特语）。"[74] 所以，只有同时有利于国家与被告人的，才应当进行扩充。

"无论是解释传统，还是解释历史、作品等等，解释者自身要处在一个特定的历史时刻，这个时刻可称为解释时间。另一方面，被解释的对象有它形成的历史时间。……这两个历史的时间之间，存在一个距离。"[75] "理解总是从解释者自身视野所感知的社会环境和文化背景开始的，也就是说，解释者总是在不同社会条件制约下、根据不同的时代需要和不同的文化背景从事理解活动的，因此在不同的时代、不同的地域，解释者对同一部作品的理解也是不同的。"[76] "刑法具有稳定性，但它同时必须适应社会发展的需要，否则它就没有生命力。"[77]换言之,"时代是进化的,法律是保守的,我们果真要法律不至于僵直到不近人情的麻木状态,那么我们除了注重法律的立法时代的时代性以外,我们还得注意法律的解释时代的时代性"。[78]从解释的根本标准来说,"客观上约束法官的法的价值判断的,是所处时代的国民的整体意志,而不是制定成文法(或先例)时的国民的整体意志。诚然,成文法是其制定时的整体意志的反映,但解释者的判断的终极标准是现在的整体意志"。[79]在我国,刑法是人民意志的反映,因此,刑法解释必然受人民意志的约束,人民的意志就是理由(Stat pro ratione voluntas populi)。"但是,这并不意味着受制定刑法时人民群众意志的约束,而是受解释时人民群众意志的约束。虽然刑法在制定时是人民群众意志的体现,但解释者的根本标准,是解释时的人民群众意志。"[80]法律随时代更替而变化(Tempora mutantur et leges mutantur in illis),因此,对刑法应当作出符合时代需要的同时代的解释,同时代的解释是最好的解释,而且在法律上最有力(Contemporanea expositio est optima et fortissima in lege)。

整体包含部分(In toto et pars continetur)。"整体只能通过对其各部分的理解而理解,但是对其各部分的理解又只能通过对其整体的理解。"[81]部分的理与整体的理同一(Partis eadem ratio est quae totius rei),基于前后关系作出的解释是最好的解释(Ex antecedentibus et consequentibus fit optima interpretatio),或者说,根据上下文作出的解释是最好的解释。"对一个本文某一部分的诠释如果为同一本文的其他部分所证实的话,它就是可以接受的;如不能,则应舍弃。"[82]"法律条文只有当它处于与它有关的所有条文的整体之中才显出其真正的含义,或它所出现的项目会明确该条文的真正含义。有时,把它与其他的条文——同一法令或同一法典的其他条款——比较,其含义也就明确了。"[83] **法律不允许制定法的分解与分割**(Lex non patitur fractiones et divisions statutorum),**不通观法律整体,仅根据其提示的一部分所作出的判断或解释,是不正当的**(Incivile est nisi tota lege perspecta de una aliqua particula ejus proposita judicare vel respondere)。所以,对刑法应当进行体系解释。**使法律之间相协调是最好的解释方法**(Concordare leges legibus est optimus interpretandi modus;Interpretare et concordare leges legibus est optimus interpretandi modus;Optimus interpretandi modus est sic leges interpretari ut leges legibus concordant);遇到不明确的规定时,应当通过明确的规定来阐释不明确的规定;**遇到不明确的表述时,应当特别考虑表述者的意图**(In ambiguis orationibus maxime sententia spectanda est ejus,qui eas protulisset);**不应当由于某种不明确的规定而否定明确的规定**(Non sunt neganda clara propter quaedam obscura)。

对刑法的解释应当遵从历史地形成的社会秩序内的习惯与人们的价值观念。**习惯是法律的最好解释者**(Consuetudo est optima legum interpres;Optima legum interpres consuetudo)。习惯与法律都是社会规范,事实上,**古老的习惯作为法律得到遵守**(Inveterata consuetudo pro lege custoditur），**好的习惯比好的法律更有价值**（Plus valent boni mores, quam bonae leges）。"我们的基本法律概念和法律制度，是在一漫长的历史发展进程中逐步获得其主要意蕴的。"[84] "所有的法律制度都表明它们的效力部分地建立在过去的延续性上面，而法律用语及法律习俗也都在维持这种延续性。"[85] 固然"不要让穿着古代甲青袍褂的人来支配现代法律"[86]，但是，抛弃或者鄙视优良传统与习惯的法律解释，不可能是正确的，更不可能具有生命力。另一方面，"刑法反映存在于文化根底的价值，可谓其时代的文化的一面镜子。因此，如果价值发生变化，刑法也随之发生变化"。[87] "刑法的样态是该社会的社会意识的忠实反映；关于对违法者实施以剥夺生命、自由、财产为内容的正式制裁的正当化，某个时代的、某个组织起来的共同体认为什么样的行为具有应当受到这种正式制裁的充分的非难可能性问题，是显示该社会的道德态度的晴雨表。因此，刑法特别敏感地反映着社会构造上或者社会意识上的变化。"[88] "法律决定应以可为大多数人接受的正义观念，而不是个别法官之高度个人化的观点为基础。"[89] **法律排斥离奇的或者诡辩的解释**（Curiosa et captiosa interpretatio in lege reprobatur）。

雪莱曾经指出："一切高尚的诗都是无限的，就像第一粒橡子，潜藏着所有的橡树。我们可以掀开一层一层的罩纱，但永远不能露出最里面的赤裸裸的意义之美。一首伟大的诗是永远溢淌着智慧和愉悦之水的源泉。一个人和一个时代凭借特定的关系穷尽了神圣的甘泉,但是另一个人和另一个时代会接踵而来,新的关系会重新培养出来,仍然会流溢出看不见、想不到的喜悦。"[90]艾柯也说:"一件艺术作品,其形式是完成了的,在它的完整的、经过周密考虑的组织形式上是封闭的,尽管这样,它同时又是开放的,是可能以千百种不同的方式来看待和解释的,不可能是只有一种解读,不可能没有替代变换。这样一来,对作品的每次欣赏都是一种解释,都是一种演绎,因为每次欣赏它时,它都以一种特殊的前影响再生了。"[91]对诗的阅读、对艺术作品的解读是如此,对成文刑法的阅读、解读也是如此。任何一种解释结论的正义性,都只是相对于特定的时空、特定的生活事实而言,生活事实的变化总是要求新的解释结论。"任何一种解释如果试图用最终的、权威性的解释取代基本文本的开放性,都会过早地吞噬文本的生命。"[92]解释者应当正视法律文本的开放性,懂得生活事实会不断地填充法律的含义,从而使法律具有生命力。另一方面,**法律产生于事实**(Jus ex facto oritur)。事实的变化必然导致法律的变化,**事实的通常状况改变法律**(Modica circumstantia facti jus mutat),**微小事实也能改变法律**(Minima circumstantia variat jus)。所以,"规范必须与生活事实进入一种关系,它必须符合事物。这就是我们所称的'解释':探求规范的法律意义。然而这种意义并非如传统法学方法论所说的,仅隐藏在制定法中,隐藏在抽象而广泛的意义空洞的法律概念中,相反地,为了探求此种意义,我们必须回溯到某些直观的事物,回溯到有关的具体生活事实。没有意义,没有拟判断之生活事实的

'本质',是根本无法探求'法律的意义'的。因此,'法律意义'并非固定不变的事物,它系随着生活事实而变化——尽管法律文字始终不变——,也就是随着生活本身而变化"。[93] 所以,法律的生命不仅在于逻辑,而且在于生活。**从事件的核心形成的解释在法律中是最适当、最有力的解释**(Expositio quae ex visceribus causae nascitur, est aptissima et fortissima in lege)。法官不能仅从字面含义得出结论,**拘泥于文字者拘泥于皮毛**(Qui haeret in littera, haeret in cortice),而不可能掌握法律的精髓。所以,**拘泥于文字不适合于法官**(Aucupia verborum sunt judicis indigna)。

对刑法的解释应当借鉴国内外优秀的法律文化遗产。"在自然科学和医学领域,研究成果进行国际交流,超越各国国境的探讨,这是我们都理解的,完全无需加以说明的理所当然的事情。……但是在法学领域却是令人吃惊的另一种情况。"[94] 然而,"所有发达民族的法律在阳光下迎风闪烁,千姿百态。这个颤动着的实体构成一个任何人依靠直觉无法了解的整体"。[95] "世界上种种法律体系能够提供更多的、在它们分别发展中形成的丰富多彩的解决方法,不是那种局处本国法律体系的界限之内即使是最富有想象力的法学家在他们短促的一生能够想到的。"[96] 借鉴或者接受国外的法律传统,显然必须符合本国的目的与需要。"任何人都不愿从遥远的地方拿来一件在国内已有同样好的或者更好的东西,只有傻瓜才会因为金鸡纳霜[奎宁]不是在自己的菜园里长出来的而拒绝服用它。"[97]

法律是理性的命令（Lex est dictamen rationis），**法律以符合理性为目标**（Lex semper intendit quod convenit rationi）。法律格言是法律文化遗产的精华。拉丁语法律格言并不只是罗马法的文化遗产，其中不乏英国法的文化遗产。[98]虽然我们知道不少法律格言出自古罗马的著名法学家和中世纪英国著名法学家之笔，但许多法律格言的渊源难以追溯。这可以说明法律格言的悠久。[99]尽管人类社会经过了巨大变迁，但这些法律格言仍然显示出其生命力[100]，不仅成为现代法学家们阐述自己观点的论据，而且作为许多立法的理由乃至成为法源。这可以说明法律格言的优秀。格言"是简洁而精辟的谚语，一般用以表达普遍持有的见解信念。……把世界各地的格言进行比较，可以发现在不同的语言与文化条件下，智慧的核心是一样的。例如《圣经》里的'**以眼还眼，以牙还牙**'（Oculum pro oculo et dentem pro dente——引者注），在东非的南迪人当中类似的说法是，'羊皮换羊皮，葫芦换葫芦'。这两者均构成行为的准则，并例证了格言的用处是传达部族人的智慧和行为的规范。……古拉丁文的格言独具一格，精辟而简练（例如，'警告即预先防范'）"。[101]由此看来，详述解释法律时借鉴法律格言的必要性以及研究法律格言的必要性，显属多余。

当然，处在现代的复杂社会理解古老的法律格言，不是一件易事。"没有人能够以一个客观观察者的角色来进行理解。所有解释者必然地带有本身的前设和关注，这一切不但影响当事人如何理解，也影响他们所作的结论。……人类总是通过个人的历史和成见,来思考我们的一切理解。以往的经验和知识——包括我们整个人的背景——塑造我们观察事物的角度和对事物的理解。"[102]所有的人都有前理解或者前设,没有人是以"无关痛痒的客观性"来解释文本的。"理解永远是一个无限的、不断反复、不断更新的过程,历史和文化传统就在这一次又一次的理解中得到继承和发展。因此,解释者完全没有必要因顾虑'盲目先见'的影响而缩手缩脚,不敢提出自己创造性的见解。唯一可行的办法是,在理解过程中充分体会作品语言所表达的内容,严格按照作品内容所启示的范围和可能接纳的理解去展开解释。"[103]

注释

[1]〔美〕约翰·麦·赞恩:《法律的故事》,刘昕、胡凝译,江苏人民出版社1998年版,第3页。

[2]〔日〕山田晟:《法学》,东京大学出版会1964年新版,第7页。

[3] 书中绿色字表述的是法律格言,凡在绿色字后的括号内注有拉丁文等外文的,为第一次出现的法律格言,没有注明外文的则为前面已经出现过的法律格言。

[4]〔英〕沙龙·汉森:《法律方法与法律推理》,李桂林译,武汉大学出版社2010年版,第19页。

[5]《马克思恩格斯全集》第1卷,人民出版社1995年版,第82页。

[6] 参见孙国华课题组:《论法与利益之关系》,载《中国法学》1994年第4期。

[7]〔美〕弗里德曼:《法律制度》,李琼英、林欣译,中国政法大学出版社1994年版,第20页。

[8]〔美〕伯尔曼:《法律与革命》,贺卫方等译,中国大百科全书出版社1993年版,第185页。

[9]〔德〕马克斯·韦伯:《经济与社会》(下卷),林荣远译,商务印书馆1997年版,第1页、第11页。

[10] 参见张明楷:《刑法的基础观念》,中国检察出版社1995年版,第26页以下。

[11] 在20世纪80年代后的相当长时间内,刑法学实际上演变为刑事立法学,而不是刑法解释学。

[12] 该格言中的Dura lex能否译为"恶法"还值得研究,因为拉丁语dura的

基本含义是"粗略、粗糙、僵硬"。日本不少学者取其中"僵硬"的含义,将该格言释为"峻法亦法"。

[13] 根据托马斯·阿奎那(St. Thomas Aguinas)的说法,违背理性的法律应称之为非正义的法律。但是,在现实生活中,"这种理论有着明显的缺陷。一项制定法是否'违背理性'往往是十分不确定的,而且关于一项特定法是否公正与合理的问题,人们也往往会产生广泛且重大的分歧。如果公开承认人们有权无视、废弃或不遵守一项非正义的法律,那么这些情形就会置法律制度的确定性与权威性于一种无法承受的压力与重负之下。正如西班牙的经院哲学家弗朗西斯科·苏亚雷斯(Francisco Suarez)所指出的,'必须作出有利于立法者的假定……,这是因为如果不存在有利于立法者的这种假定,那么就会给国民无视法律大开绿灯:法律不可能公正到足以使一些人不对它们产生怀疑,尽管这种怀疑所依据的显然是一些似是而非的理由'"。(〔美〕E. 博登海默:《法理学:法律哲学与法律方法》,邓正来译,中国政法大学出版社1999年版,第337页)。在依法治国的时代,在法律体系基本形成的前提下,应当强调严格执法。

[14] 〔美〕伯尔曼:《法律与宗教》,梁治平译,生活·读书·新知三联书店1991年版,第28页。

[15] 朱采真:《现代法学通论》,世界书局1935年版,第93页。

[16] 亚里士多德语,转引自〔美〕斯东:《苏格拉底的审判》,董乐山译,生活·读书·新知三联书店1998年版,第111页。

[17] 例如,倘若将"为单位谋取利益"规定在定义中,而事实上有一些单位犯罪并不是为单位谋取利益(参见我国《刑法》第396条);假如将"以单位的名义"规定在定义中,而事实上有些单位犯罪根本不需要或者不存在以单位名义实施的问题(如不经过海关的走私行为)。

[18] 日本现行刑法以及改正刑法草案、法国新刑法没有规定故意、过失的定义,也没有学者主张应当规定故意、过失的定义。在本书看来,法学者在通常场合

应反对法律下定义,而不是主张法律下定义。

[19]〔日〕内藤谦:《西德新刑法的成立》,成文堂1977年版,第51页。

[20]例如,被告人杨水在明知法律禁止的情况下,仍然将其非法取得的电雷管6679发藏匿于其在北京市石景山区西山峻景4号楼3单元603号的住处及门头沟区蔡家府村东侧平房院内地下。2008年3月23日杨水藏匿的电雷管被起获。公诉机关认为,被告人杨水违反国家有关爆炸物管理的法规,非法储存爆炸物,情节严重,应当以非法储存爆炸物罪追究其刑事责任。第一次开庭后,公诉机关变更了起诉罪名,认为被告人杨水无视国法,以危险方法危害公共安全,其行为触犯了我国《刑法》第114条之规定,犯罪事实清楚,证据确实充分,应当以危险方法危害公共安全罪追究其刑事责任。人民法院认定被告人杨水犯以危险方法危害公共安全罪,判处有期徒刑5年。本案之所以没有合理地认定为非法储存爆炸物罪,是因为最高人民法院2001年5月15日《关于审理非法制造、买卖、运输枪支、弹药、爆炸物等刑事案件具体应用法律若干问题的解释》第8条第1款规定:"刑法第一百二十五条第一款规定的'非法储存',是指明知是他人非法制造、买卖、运输、邮寄的枪支、弹药、爆炸物而为其存放的行为。"可是,证据均不能证明杨水的行为系明知是他人非法制造、买卖、运输或邮寄的雷管而为他人存放(参见http://vip.chinalawinfo.com/case/displaycontent.asp?gid=117825886)。由于上述司法解释的定义存在缺陷,所以,2009年11月16日修正后的最高人民法院《关于审理非法制造、买卖、运输枪支、弹药、爆炸物等刑事案件具体应用法律若干问题的解释》第8条第1款规定:"刑法第一百二十五条第一款规定的'非法储存',是指明知是他人非法制造、买卖、运输、邮寄的枪支、弹药、爆炸物而为其存放的行为,或者非法存放爆炸物的行为。"但是,这种定义方式同样存在缺陷。例如,单纯非法储存大量爆炸物的行为成立法定刑较重的非法储存爆炸物罪,与之相比,单纯非法储存大量枪支、弹药的行为(即不能证明与非法制造、买卖、运输、邮寄有直接关联的行为)也应成立法定刑较重的非法储存枪支、弹药罪吧!可是,按照修正后的司法解

释,却只能认定为法定刑较轻的非法持有、私藏枪支、弹药罪。这再一次表明,司法解释中的定义都是危险的。

[21]〔英〕沙龙·汉森:《法律方法与法律推理》,李桂林译,武汉大学出版社2010年版,第20页。

[22]〔美〕理查德·A.波斯纳:《法理学问题》,苏力译,中国政法大学出版社2002年版,第55页。

[23]〔法〕亨利·莱维·布律尔:《法律社会学》,郑钧译,上海人民出版社1987年版,第69页。

[24]例如,1979年《刑法》规定的流氓罪被称为"口袋罪",于是人们普遍要求将流氓罪分解为若干罪名。可是,流氓罪中的"其他流氓活动"不可能至少难以毫无遗漏地得到分解。公然猥亵行为没有被1997年修订的《刑法》规定为犯罪,就说明了法律越是细密漏洞越多。

[25]张明楷:《妥善处理粗疏与细密的关系 力求制定明确与协调的刑法》,载《法商研究》1997年第1期,第15页。

[26]林纪东:《法学通论》,台湾远东图书公司1954年版,第89页。

[27]〔美〕理查德·A.波斯纳:《法理学问题》,苏力译,中国政法大学出版社2002年版,第61页。

[28]〔日〕三谷隆正:《法律哲学原理》,徐文波译,商务印书馆1937年版,第92页。

[29]例如,东罗马帝国的优士丁尼禁止私人对其法典进行注释,违者以伪造罪论处;弗里德里希·威廉二世在其《普鲁士邦法》的颁行敕令中明文禁止法官解释;《法国民法典》问世不久便有人作出注释,拿破仑抛书叹曰:"嗟乎,朕之法典已废矣。"

[30]转引自〔德〕亚图·考夫曼:《类推与"事物本质"——兼论类型理论》,吴从周译,台湾学林文化事业有限公司1999年版,第7页。

[31]〔德〕拉德布鲁赫:《法学导论》,米健、朱林译,中国大百科全书出版社1997年版,第106页。

[32]〔法〕亨利·莱维·布律尔:《法律社会学》,郑钧译,上海人民出版社1987年版,第63页。

[33]〔德〕Ingeborg Puppe:《法学思维小学堂》,蔡圣伟译,台湾元照出版公司2010年版,第89页。

[34]参见张明楷:《刑法分则的解释原理》(上),中国人民大学出版社2011年第2版,第218页以下。

[35]叶蜚声、徐通锵:《语言学纲要》,北京大学出版社1991年版,第31页。

[36]董洪利:《古籍的阐释》,辽宁教育出版社1993年版,第72页。

[37]〔奥〕欧根·埃利希:《法社会学原理》,舒国滢译,中国大百科全书出版社2009年版,第442页。

[38]其原文为:The offence is committed by a person who "being married, shall marry any person during the life of the former husband or wife."

[39]〔英〕G.D.詹姆斯:《法律原理》,关贵森等译,中国金融出版社1990年版,第51页。

[40]参见〔美〕理查德·A.波斯纳:《法官如何思考》,苏力译,北京大学出版社2009年版,第183页。

[41]〔日〕大塚仁:《刑法概说(总论)》,有斐阁1992年改订增补版,第365页。

[42]参见〔日〕前田雅英:《现代社会与实质的犯罪论》,东京大学出版会1992年版,第40页。

[43]〔苏〕阿列克谢耶夫:《法的一般理论》(下册),黄良平、丁文琪译,法律出版社1991年版,第675页。

[44] 德国哲学家伽达默尔(Gadamer)的观点,参见刘安刚:《意义哲学纲要》,中国编译出版社 1998 年版,第 71 页。

[45] 〔法〕保罗·利科:《解释的冲突》,莫伟民译,商务印书馆 2008 年版,第 13 页。

[46] 阎韬:《孔子与儒家》,山东教育出版社 1991 年版,第 64 页。

[47] 参见张明楷:《立法解释的疑问》,载《清华法学》2007 第 1 期,第 19 页以下。

[48] 〔比〕范·卡内冈:《法官、立法者与法学教授》,薛张敏敏译,北京大学出版社 2006 年版,第 18 页。

[49] 董洪利:《古籍的阐释》,辽宁教育出版社 1993 年版,第 41 页。

[50] 参见张明楷:《刑法的基础观念》,中国检察出版社 1995 年版,第 205 页以下。

[51] 董洪利:《古籍的阐释》,辽宁教育出版社 1993 年版,第 73 页。

[52] 〔法〕保罗·利科尔:《解释学与人文科学》,曲炜等译,河北人民出版社 1987 年版,第 50 页。

[53] 〔美〕赫施:《解释的有效性》,王才勇译,生活·读书·新知三联书店 1991 年版,第 29 页。

[54] 保罗·瓦莱里(Paul Valery)之语,转引自〔意〕艾柯:《诠释与过度诠释》,王宇根译,生活·读书·新知三联书店 1997 年版,第 42 页。

[55] 刘安刚:《意义哲学纲要》,中国编译出版社 1998 年版,第 65 页。

[56] 张明楷:《刑法的基础观念》,中国检察出版社 1995 年版,第 210 页。

[57] 董洪利:《古籍的阐释》,辽宁教育出版社 1993 年版,第 75 页。

[58] 张明楷:《刑法的基础观念》,中国检察出版社 1995 年版,第 211 页。

[59] 徐友渔等:《语言与哲学》,生活·读书·新知三联书店 1996 年版,第 38 页。

[60]〔美〕赫施:《解释的有效性》,王才勇译,生活·读书·新知三联书店1991年版,第19页。

[61]〔意〕艾柯:《诠释与过度诠释》,王宇根译,生活·读书·新知三联书店1997年版,第79页。

[62]〔德〕拉德布鲁赫:《法学导论》,米健、朱林译,中国大百科全书出版社1997年版,第169页以下。

[63]〔德〕梅茨格尔:《整体刑法学杂志》59(1940),第573页。——原文注释

[64]〔德〕卡尔·恩吉施:《法律思维导论》,郑永流译,法律出版社2004年版,第109—110页。

[65]〔英〕丹尼斯·罗伊德:《法律的理念》,张茂柏译,新星出版社2005年版,第239—240页。

[66]〔德〕阿·迈纳:《方法论导论》,王路译,生活·读书·新知三联书店1991年版,第25页。

[67]德沃金语,转引自〔英〕蒂莫西·A.O.恩迪科特:《法律中的模糊性》,程朝阳译,北京大学出版社2010年版,第215页。

[68]〔美〕罗伯特·S.萨默斯:《美国实用工具主义法学》,柯华庆译,中国法制出版社2010年版,第3页。

[69]〔德〕卡尔·恩吉施:《法律思维导论》,郑永流译,法律出版社2004年版,第85页。

[70]〔美〕托马斯·莫拉维茨:《作为经验的法律:法律理论与法律的内在观点》,载陈锐编译:《法律实证主义:从奥斯丁到哈特》,清华大学出版社2010年版,第321—322页。

[71]张明楷:《刑法的基础观念》,中国检察出版社1995年版,第232页。

[72] C. Roxin, Strafrecht Allgemeiner Teil, Band I, 4. Aufl., C. H. Beck 2006, S. 151.

[73]〔日〕团藤重光:《法学的基础》,有斐阁 1996 年版,第 357 页。

[74]〔德〕拉德布鲁赫:《法学导论》,米健、朱林译,中国大百科全书出版社 1997 年版,第 96 页。

[75] 刘安刚:《意义哲学纲要》,中国编译出版社 1998 年版,第 65 页。

[76] 董洪利:《古籍的阐释》,辽宁教育出版社 1993 年版,第 75 页。

[77] 张明楷:《刑法的基础观念》,中国检察出版社 1995 年版,第 212 页。

[78] 朱采真:《现代法学通论》,世界书局 1935 年版,第 81 页。

[79]〔日〕渡边洋三:《法社会学与法解释学》,岩波书店 1959 年版,第 109 页。

[80] 张明楷:《刑法的基础观念》,中国检察出版社 1995 年版,第 213 页。

[81] 金克木:《比较文化论集》,生活·读书·新知三联书店 1984 年版,第 243 页。

[82] 这是奥古斯丁在《论基督教义》中所阐明的学说,转引自〔意〕艾柯:《诠释与过度诠释》,王宇根译,生活·读书·新知三联书店 1997 年版,第 78 页。

[83]〔法〕亨利·莱维·布律尔:《法律社会学》,郑钧译,上海人民出版社 1987 年版,第 70 页。

[84]〔美〕伯尔曼:《法律与宗教》,梁治平译,生活·读书·新知三联书店 1991 年版,第 28 页。

[85] 同上书,第 49 页。

[86] 19 世纪英国法制史学家弗雷德里克·梅特兰之语,转引自潘念之主编:《法学总论》,知识出版社 1981 年版,第 18 页。

[87] H. Mannheim, *Criminal Justice and Social Reconstruction*, Kegan Paur, Trench, Trubner & Co. Ltd, 1946, p. 2.

[88] 转引自〔日〕新谷一幸:《关于十九世纪前半期德国犯罪与刑罚的考察——法益思想的导入与宗教犯罪·风俗犯罪的"复活"》,载《大阪市立大学法学

杂志》第 28 卷第 1 号，第 111 页。

[89]〔德〕齐佩利乌斯：《法学方法论》，金振豹译，法律出版社 2009 年版，第 23 页。

[90] 转引自〔英〕拉曼·塞尔登编：《文学批评理论》，刘象愚、陈永国译，北京大学出版社 2000 年版，第 24 页。

[91]〔意〕安伯托·艾柯：《开放的作品》，刘儒庭译，新星出版社 2005 年版，第 4 页。

[92]〔英〕韦恩·莫里森：《法理学》，李桂林等译，武汉大学出版社 2003 年版，第 555 页。

[93]〔德〕亚图·考夫曼：《类推与"事物本质"——兼论类型理论》，吴从周译，台湾学林文化事业有限公司 1999 年版，第 89 页。

[94]〔德〕K. 茨威格特、H. 克茨：《比较法总论》，潘汉典等译，贵州人民出版社 1992 年版，第 25 页。

[95] 德国学者拉贝尔之语，转引自同上书，第 59 页。

[96] 同上书，第 26 页。

[97] 德国学者耶林（Jhering）之语，转引自同上书，第 29 页。

[98] 英国 12、13 世纪的最重要的法律用语是拉丁语，官厅的记录是用拉丁语写成的，从 12 世纪开始出现的被称为"案卷"的立法、行政乃至司法的记录，全是用拉丁语所写，并且，这些记录除了共和政体时期以外，直到 1731 年都是使用拉丁语。不少拉丁语法律格言，实际上是英国人表述出来的。

[99] 参见〔日〕穗积陈重：《法律进化论》，黄尊三等译，中国政法大学出版社 1997 年版，第 91 页以下。

[100] 当然也有一些在我们现在看来很不合理的法律格言，例如，**对实行者与同意实行者处同等刑罚**（Facientes et consentientes pari poena plectantur.）。

[101]《简明大不列颠百科全书》第 3 卷，中国大百科全书出版社 1985 年版，

第402页。

[102]〔美〕W. W. 克来恩、C. L. 布鲁姆伯格、R. L. 哈伯德:《基督教释经学》,尹妙珍等译,上海人民出版社2011年版,第11页、第12页。

[103]董洪利:《古籍的阐释》,辽宁教育出版社1993年版,第80页。

Bernardo Bellotto(1721—1780), *The Grand Canal Facing Santa Croce*(detail).

刑 法 格 言 的 展 开

Nullum crimen sine lege, nulla poena sine lege

没有法律就没有犯罪,没有法律就没有刑罚

没有法律就没有犯罪,没有法律就没有刑罚(Nullum crimen sing lege,nulla poena sine lege)的格言,也可译为法无明文规定不为罪、法无明文规定不处罚,与**没有法律就没有犯罪与刑罚**(Nullum crimen nulla poena sine lege)格言的含义完全相同,是罪刑法定原则的格言表述与经典表达,即只要没有制定法的规定,就不存在犯罪与刑罚,或者说,能够规定犯罪与刑罚的,只限于制定法。据说,这一格言最先是由近代刑法之父费尔巴哈(A. Feuerbuch)于1801年在其刑法教科书中用拉丁语表述出来的,而非出自罗马法。[1]

从法律规定上看,罪刑法定原则的最先来源是1215年英王约翰签署的《大宪章》,其第39条规定:"对于任何自由人,不依同一身份的适当的裁判或国家的法律,不得逮捕、监禁、剥夺领地、剥夺法的保护或放逐出境,不得采取任何方法使之破产、不得施加暴力、不得使其入狱。"这一规定是当时的贵族、僧侣及市民为了抑制国王的专制、保护其既得利益而迫使英王制定的,它使英国人的人权在法律形式上得到了保护,奠定了罪刑法定主义的思想。此后,英国相继出现了一些制宪性文件,使上述规定的基本思想存续。[2]

上述思想后来在美国广为传播。1774年10月14日美国殖民地代表会议的权利宣言,宣布国民有不可侵犯的人权,它虽然只是一种单纯的宣言,但1776年6月12日的《弗吉尼亚权利法案》(Vieginia Bill of Rights)第8条则明确规定了罪刑法定主义思想,其原文如下:"That in all capital or criminal prosecutions a man hath a right to demand the cause and nature of his accusation to be confronted with the accusers and witnesses, to call for evidence in his favor, and to a speedy trial by an impartial jury of his vicinage, without whose unanimous consent he cannot be found guilty, nor can he be compelled to give evidence against himself; that no man be deprived of his liberty except by the law of the land or the judgment of his peers."其他各州的宣言中也能见到类似的规定。1787年的《美国宪法》规定,不准制定任何有溯及力的事后法;1791年的《宪法修正案》第5条规定:"不依法律规定,不得剥夺任何人的生命、自由和财产。"这些规定使罪刑法定原则具体化,并丰富了它的内容。

但是,刑法理论通常认为,现代意义的罪刑法定原则的法律渊源是法国1789年8月26日的《人权宣言》、1791年的《法国宪法》及1810年的《法国刑法典》。《人权宣言》由17条组成,其第8条规定了罪刑法定原则,即"在绝对必要的刑罚之外不能制定法律,不依据犯罪行为前制定且颁布并付诸实施的法律,不得处罚任何人"。这一规定确立了罪刑法定原则的基本方向。1791年的《法国宪法》融化了这一精神,1810年的《法国刑法典》第4条进一步规定:"没有在犯罪行为时以明文规定刑罚的法律,对任何人不得处以违警罪、轻罪和重罪。"这是最早在刑法典中规定罪刑法定原则的条文,它的历史进步意义在于使罪刑法定原则从宪法中的宣言式规定变为刑法中的实体性规定。受1810年《法国刑法典》的影响,大陆法系国家刑法典纷纷规定了罪刑法定原则。[3]刑法理论之所以认为,现代意义的罪刑法定原则的法律渊源是法国1789年的《人权宣言》、1791年的《法国宪法》及1810年的《法国刑法典》,是因为《大宪章》第39条的规定只是权利斗争的产物,还没有思想基础。

寻支流不如探渊源(Satius est petere fontes quam sectari rivulos)。一般认为,罪刑法定原则的思想渊源,是三权分立思想以及心理强制说。

三权分立学说由洛克首先提出,孟德斯鸠最终完成。洛克主张权力分立。表面上看,他将权力分为立法权、执行权与对外权,而对外权也是执行权,因而表现为两权之分,但他同时指出:"立法或最高权力机关不能揽有权力,以临时的专断来进行统治,而是必须以颁布过的经常有效的法律并由有资格的著名法官来执行司法和判断臣民的权利。"[4] 所以,必须有专职的法官来执行法律。在孟德斯鸠看来,三权分立是建立法治原则的前提,只有划分国家权力,国民的生命、自由与财产才能得到保障,也才能建立法治原则。因为将立法、司法、行政三种权力分掌于不同的人、不同的国家机关手中,可以保障这三种权力相互制约,又可以保持权力的互相平衡,从而保障这三种权力在有条不紊的秩序下互相协调地运作。根据三权分立的学说,立法机关依照正当的立法程序制定法律,这种法律具有最大的权威性和最普遍的约束力;司法机关必须正确适用法律,作出合法的判决;行政机关必须认真执行司法机关作出的最后判决,不得非法变更。[5] 所以,对于什么行为是犯罪、对于犯罪应当处以何种刑罚,必须由立法机关事先作出规定,然后由司法机关根据事前的规定作出判决。这便是罪刑法定原则。

费尔巴哈根据其心理强制说,于1801年最先在自己的教科书中以拉丁文格言形式将罪刑法定主义表述为**没有法律就没有犯罪,没有法律就没有刑罚**。心理强制说以人是理性动物、又有自私特性为基点。其基本内容为,一切犯罪的心理成因均在人的感性之中,人们对行为的快感或者对行为所产生的快感的欲望驱使其实施犯罪行为;因此,为了抑制这种感性,就需要使人们知道,因实施犯罪行为而受刑罚处罚所形成的痛苦,大于因犯罪行为本身所产生的快感。为了确立犯罪与刑罚之间的必然联系,就要求法律规定犯罪行为的必然后果。换言之,如果在法律上规定有犯罪必有刑罚,人们就会基于愉快与不愉快的合理打算选择自己的行为,即为了避免刑罚所产生的大的不愉快,而选择因抑制犯罪行为所导致的小的不愉快。所以,为了抑制人们的犯罪决意,必须事先以法律规定犯罪的必然效果——科处刑罚。[6]换言之,具有理性的人都有就愉快避痛苦、计较利害轻重的本性,人在实施犯罪行为之前,总要考虑实施该犯罪行为将会获得多大的物质与精神上的利益(愉快),不实施该犯罪行为会带来多大的不利(也是一种痛苦),同时要考虑自己会因实施该犯罪行为而受到何种刑罚处罚(痛苦)。如果人们认为不实施犯罪行为所忍受的痛苦大于因实施犯罪行为所带来的受刑罚处罚的痛苦,那么,他就认为实施犯罪行为"合算",进而实施犯罪行为;反之,如果人们认为不实施犯罪行为"合算",就不会实施犯罪行为。因此,费尔巴哈认为,必须事先以法律明文规定犯罪的法律后果,使人们能够事先预测犯罪后所受到的刑罚处罚,从而预防犯罪。心理强制说与古典派经济学相对应:古典派经济学所预想的是,经济人基于利害计算而采取合理的行动,如果能够保障等价交换与个人的自由经济活动,整体的经济便能发展。费尔巴哈则认为,人们基于快乐痛苦的原则而行动,如果能保障个人的活动自由,给予与犯罪等价的刑罚,便能维持整个社会秩序。[7]

三权分立思想与心理强制说,虽然是罪刑法定原则产生的理论渊源,但是,它们仅具有沿革的意义,而并没有为罪刑法定原则提供完整的理论根据。

首先,三权分立思想并没有完全为罪刑法定原则奠定思想基础。

三权分立思想要求由立法机关制定法律,审判机关严格依照法律定罪量刑,亦即,你在裁判时就审理,你在统治时就命令(Si judicas, cognosce; si regnas, jube),这否认了罪刑擅断主义,为罪刑法定原则中的成文法主义奠定了基础,但没有为罪刑法定原则的其他内容找到理论根据。而且,应当注意的是,在欧洲,权力分立是一个僵硬的学说,它与立法至上原则密不可分。"就司法而言,这个原则的深刻意义不仅在于排除了对于立法和行政行为的司法审查权,而且还导致否认法院通过解释法律条文具有的'制法'的功能。然而,这种立法至上在逻辑上的内涵,并未能阻止现代大陆法各国的法制日益朝着某种形式的司法审查靠拢,也同样未能削弱判例法重要性在事实上的增强。"[8]换言之,三权分立的僵硬学说,并不符合大陆法系各国的法制现状,不能说明罪刑法定原则的现实。

其次,费尔巴哈的心理强制说也受到了批判。

刑事古典学派认为犯罪是人的自由意志的产物,即凡是具有刑事责任能力的人都是有理性的人,他们具有自由意志,能够自由决定是否将外界诱因作为犯罪的动机,能够在犯罪与非犯罪之间作出自由的选择。古典学派的其他代表人物虽然没有明确回答行为人在作出选择时取决于哪些因素,但是他们都没有认为这种选择仅取决于行为人对愉快与痛苦的比较。这至少表明,他们并不完全赞同费尔巴哈的心理强制说。而且,德国的埃里克·沃尔夫(Erik Wolf)明确否定心理强制说,他通过对犯罪原因的调查研究,认为行为人实施犯罪行为并不是基于愉快与痛苦的比较,而是因为在实施犯罪行为前有一种侥幸心理,以为犯罪后不会被发现、可以逃避刑罚处罚;如果人们没有这种侥幸心理,则不会实施犯罪行为。此外,**期待不处罚是实施犯罪的最大诱因**(Maxima est illecebra peccandi impunitatis spes)、**不处罚给予实施犯罪以不断的诱惑**(Impunitas continuum affectum tribuit delinquenti.)、**期待不处罚给予实施犯罪以不断的诱惑**(Spes impunitatis continuum affectum tribuit delinquendi)等法律格言也给沃尔夫的观点以佐证,从而否定了心理强制说。当然,沃尔夫的观点也过于绝对,例如,**机会是犯罪原因**(Occasio causa scelerum),行为人**实施违法行为或者是基于预谋,或者是基于冲动,或者是基于偶然**(Delinquitur aut proposito aut impetu aut casu),而不可能是单一的原因,但这从另一方面否认了心理强制说。

黑格尔(Hegal)实际上也批判了费尔巴哈的心理强制说。黑格尔对犯罪与刑罚之间的关系作了辩证的说明,他认为犯罪是对法的侵害、是对法的否定,它虽然是一种积极的、外部的实在,但其自身是无价值的;刑罚则是对犯罪的否定。他说:"犯罪行为不是最初的东西、肯定的东西,刑罚是作为否定加于它的,相反地,它是否定的东西,所以刑罚不过是否定的否定。"[9]他还说,"认为刑罚既被包含着犯人自己的法,所以处罚他,正是尊重他是理性的存在。如果不从犯人行为中去寻求刑罚的概念和尺度,他就得不到这种尊重。如果单单把犯人看做应使变成无害的有害动物,或者以儆戒和矫正为刑罚的目的,他就更得不到这种尊重"。[10]在黑格尔看来,刑罚不是施加恶害于犯人的东西,而是尊重犯人理性的东西;刑法不是单纯的同害报复,而应是具有"与侵害的价值相应的等价性"。根据黑格尔的观点,费尔巴哈的心理强制说只是把人当狗一样看待的理论,而没有尊重人的尊严与自由。

刑事实证学派则否认人有自由意志，认为犯罪是人的素质与环境的产物。意大利的龙勃罗梭（Lombroso）走向极端，认为凡是具有一定的身体或精神特征的人，不可抗拒地必然实施犯罪行为，因此，人是否实施犯罪行为，不是其自由意志选择的结果，不是其对愉快与痛苦进行比较的结果。菲利（Ferri）则认为犯罪的原因除了人类学的原因以外，还有物理的与社会的原因。他指出，认为犯罪人存在自由意志是一种纯粹的幻想，犯罪是由犯罪人的素质与环境所决定而必然产生的。李斯特（Liszt）也否认犯罪人有自由意志，认为犯罪是由人类学的原因与社会的原因所决定的。[11] 这些观点妥当与否另当别论，但实际上都批判了费尔巴哈的心理强制说。

尽管学者们都认为费尔巴哈最先从刑法上提出罪刑法定原则，也正是在此意义上称他为近代刑法学之父，但几乎没有人赞成他的心理强制说。换言之，人们只认为心理强制说对于罪刑法定原则的提出具有沿革意义，而不认为心理强制说能成为罪刑法定原则的理论基础。

由上可见，三权分立思想与心理强制说，虽然对罪刑法定原则的提出具有历史意义，但它们现在不再是罪刑法定原则的理论基础。尽管法谚说，**原则证明而不被证明**（Principia probant, non probantur），**原则没有理由**（Principiorum non est ratio），或者说，原则不需要理由，但我们还是需要说明罪刑法定原则的思想基础。应当认为，罪刑法定原则的理论基础主要是民主主义与尊重人权主义，即民主主义与尊重人权主义不仅必然要求实行罪刑法定原则，而且决定了该原则的内容。[12]

首先，实行罪刑法定原则是民主主义决定的。

民主主义要求,国家的重大事务应由人民自己决定,各种法律应由人民自己制定。刑法的处罚范围与程度直接关系着每一个人的生命、身体、自由、财产与名誉,属于特别重大的事项。"在特别重大的问题上,公民继续保留其否决权;这属于人权与基本权利,可以被理解为民主的创造性存在(而非像在传统自由主义中被作为对民主的提防)。"[13] **重大事项,听从众人**(Consilia multorum requiruntur in magnis)。所以,应当由人民决定什么行为是犯罪、对犯罪科处何种刑罚。但社会现实表明,不可能每一个人都是直接的立法者,人民不可能直接决定犯罪与刑罚;妥当的做法是由人民选举其代表组成立法机关,由立法机关制定刑法;由于立法机关代表人民的意志,故其制定的刑法也反映了人民的要求。刑法一经制定,便由司法机关适用,司法机关适用刑法的过程,也是实现人民意志的过程。如果不是这样,对什么行为是犯罪、对犯罪如何处罚,完全由司法机关自行决定,就违背了民主主义原则。这理所当然推导出罪刑法定主义中的法律主义。由于刑法是人民意志的体现,故司法机关不能随意解释刑法,尤其不能类推解释。又由于刑法是人民意志的体现,它要尽最大可能、最大限度地保护人民的利益,如果扩大处罚范围,就必然侵害人民的自由。这就推导出禁止处罚不当罚的行为。正义与公平是人民的当然要求,立法机关根据国民意志制定的刑法,必须体现正义与公平。所以,立法机关制定的刑法必须规定与犯罪相均衡的刑罚,同时禁止残酷的刑罚;而均衡的标准是同时代的一般人的价值观念。正因为罪刑法定原则的思想基础是民主主义,所以,在此意义上可以说,凡是违反人民意志的都是违反罪刑法定原则的。人们列举的一些要求,也只是最容易被违反的一些原则。

其次，实行罪刑法定原则是尊重人权的要求。

自由不能以金钱评价（Libertas non recipiat aestimationem；Libertas est res inaestimabilis）。为了保障人权，不致阻碍公民的自由行为，又不致使公民产生不安感，就要使公民事先能够预测自己行为的性质与后果，因此，对什么行为是犯罪、对犯罪给予什么处罚，必须事前作出明文规定。不懂得法律与自由的关系的人，常常认为刑法是限制自由的，事实上完全相反，**我们因为自由并为了自由而遵守一切法律**（Legibus idcirco omnes servimus, ut liberi esse possimus）。如果没有刑法，则任何人都可以为所欲为，这样，任何人的自由都可能被他人侵犯。如果法律事先将各种应当受处罚的行为规定下来，那么，任何人都没有侵犯他人自由的自由，于是，任何人的自由都有了法律保障。所以，**我们是法律的奴隶，因而我们是自由的**（Legum idcirco servi sumus ut liberi esse possumus）。"如果没有法律所强加的限制，每一个人都可以随心所欲，结果必然是因此而造成的自由毁灭。"[14]如果没有刑法，人们事先不能预测自己的行为性质与后果，在实施行为之前或者实施过程中，就会担心自己的行为是否受到惩罚，从而导致行为的"萎缩效果"，自由受到了无形的限制。有了刑法，人们只要不违反刑法即可（当然也要遵守其他法律），因为**应当禁止而不予禁止便视为允许**（Qui non prohibet quod prohibere potest, assentire videtur），甚至可以说，**能够禁止而不禁止就是命令**（Qui non prohibet, cum prohibere potest, jubet）。在这个意义上，刑法不仅没有限制自由，而且保护和扩大了自由。所以洛克说："法律按其真正的含义而言与其说是限制还不如说指导一个自由而有智慧的人去追求他的正当利益，……法律的目的不是废除或限制自由，而是保护和扩大自由。"[15]总之，**没**

有法律就没有违犯（Ubi autem non est lex, nec praevaricatio），**我们可以实施的是法律允许实施的行为**（Id possumus quod de jure possumus），在法律允许的范围内我们是自由的，**法律是最安全的盔甲，在法律的保护下任何人都不受侵犯**（Lex est tutissima cassis, sub clypeo legis nemo decipitur）。

不难看出，人权的保障、行动的自由，有赖于国民对行为的预测可能性。一方面，如果国民能够预测自己的行为性质与后果，就不会因为不知道行为的性质而侵犯他人的利益，也不会因为不知道自己的行为是否会受到法律制裁而感到不安或者不敢实施合法行为，从而导致行为萎缩的效果。另一方面，如果国民能够预测他人的行为，就不会总是担心自己的利益受到侵犯而感到不安。但是，预测可能性的前提是事先有成文法规定，这就导致成文法主义。国民难以根据习惯法预测自己行为的性质，故预测可能性要求禁止习惯法[16]；事后法不能使国民具有预测可能性，因此，具有预测可能性要求禁止事后法[17]；如果在具有成文法的前提下实行任意解释，国民也不能预测自己的行为是否被任意解释为犯罪行为，这也侵犯了国民的行动自由，所以必须禁止任意解释。不仅如此，刑法作为一种行为规范，必须能够由国民理解，作为一种裁判规范，必须能够被司法工作人员掌握，故成文法的规定必须明确，不得含混或模棱两可，更不能前后矛盾。否则，国民依然不能预测自己行为的性质（刑法条文含混时）或者左右为难（刑法条义前后矛盾时）。这就导致罪刑法定主义的明确性原则。

不可否认，刑法也确实具有限制自由的一面，如上所述，刑法是通过限制自由的手段来保护和扩大自由的，二者之间有一个平衡与综合的问题。美国大法官斯通（Stone）对与此有关的问题做了一番论述,他指出:"人并不是孤立地活着,也不是仅为自己而活着。这样,一个复杂社会的组织工作就具有了重大意义,在这个社会中,个人主义必须服从交通规则,一个人为所欲为的权利必须服从市区规划法令,有时甚至还要服从限价规则。正是应在何处划定界限的问题——这条界限标志着个人自由和权利的适当范围同政府为更大的利益而采取的行为的适当范围之间的分界线,以确保最低限度地牺牲上述两种类型的社会利益——乃是宪法的一个永恒课题。"[18]斯通所说"个人自由和权利的适当范围同政府为更大的利益而采取的行为的适当范围之间的分界线",实际上是保护个人自由与限制个人自由(政府权力)的分界线。显然,国家应当以限制最小范围的自由来保护最大范围的自由。因此,刑法对处罚范围的规定必须合理,如果过多地限制国民的自由,就使国民自由的范围过于窄小,导致违背刑法的宗旨;反之,如果让许多严重侵犯他人自由的行为合法化,则不利于保护大多数国民的自由。这就导致罪刑法定原则的禁止处罚不当罚的内容。不仅如此,刑法对各种犯罪的处罚作了明确规定之后,犯罪人的自由也得到了保障,即犯罪人只有在法律规定的范围内承受处罚的义务,没有承受法外制裁的义务,亦即,在依法受处罚之外还是自由的。如果没有刑法对处罚的具体规定,犯罪人就没有自由可言。所以,李斯特说,刑法不仅是善良人的大宪章,而且是犯罪人的大宪章。这就引申出罪刑法定原则的禁止绝对不定刑、禁止绝对不定期刑的内容。

此外,一般预防与责任主义也能为罪刑法定提供思想基础。

一般预防目的是指刑法具有预防一般人犯罪的目的。犯罪是侵害法益的行为,是破坏社会安宁的行为。**国民的安宁是最高的法律**(Salus populi est suprema lex;Salus populi suprema lex esto)、**公**

共安宁是最高的法律(Salus publica suprema lex)、**国家安宁是最高的法律**(Salus rei publicae suprema lex)都是有名的法律格言,充分说明了安宁对国家、对社会、对国民的至关重要性。所以,**法律的制定是为了市民的安宁与国家的安全**(Leges ad civium salutem, civitatumque incolumitatem, conditae sunt)。安宁意味着有条不紊的秩序,因而也是一种理想状态。刑法在维护社会安宁中起着十分重要的作用,说没有刑法就没有社会安宁,是一点也不过分的。维护安宁纵然是国家的需要,但同时也是公民的期待。心理学家马斯洛(Maslow)指出:"我们社会中的大多数成年者,一般都倾向于安全的、有序的、可预见的、合法的和有组织的世界;这个世界是他所能依赖的,而且在他所倾向的这个世界上,出乎意料的、难以控制的、混乱的以及其他诸如此类的危险事情都不会发生。"[19]故法谚云:**不要扰乱安宁**(Quieta non movere)。但是,"人们在生活安排方面对连续性的诉求与他们要求在相互关系中遵守规则的倾向之间是存在着联系的。无论何时只要人的行为受到法律规范的控制,重复规则性这一要素就会被引入社会关系之中。一种源于过去的权威性渊源,会以一种重复的方式被用来指导私人的或官方的行为。遵循规则化的行为方式,为社会生活提供了很高程度的有序性与稳定性"[20]。所以,国民要求有安宁的生活,就得要求事先存在行为规则,依据行为规则生活即是国民的期待,又使社会安宁。由于刑法所关心的都是重大事项,故上述"行为规则"首先应包含刑法规范。如果事先没有刑法规范,不仅没有满足国民的生活要求,而且不可能有社会安宁和国家安全。这引申出罪刑法定原则的法律主义要求。不仅如此,由于国民根据规则生活才有安宁,规则混乱必然导致生活混乱,所以刑法的规定必须明确;换言之，**为了市民的安宁，法律设计的内容必须是确定的**（Constat ad salutem civium inventas esse leges）。概言之，如果刑法追求一般预防的目的与效果，就必须在事前明确规定被禁止的行为，从而使人们不实施犯罪行为。所以，从一般预防原理，可以引申出成文法主义、刑法的明确性、禁止溯及既往等内容。

根据责任主义原理，刑罚以行为人具有非难可能性为条件；然而，只有当行为人在事前已经知道或者至少有机会知道自己的行为被刑法所禁止时，才能讨论行为人是否具有非难可能性。因此，责任主义要求事前明确规定被禁止的行为，也引申出罪刑法定主义的部分内容。

由上可见，民主主义、尊重人权以及一般预防与责任主义是罪刑法定原则的思想基础。以往，刑法理论认为，罪刑法定原则的内容是成文法主义、禁止类推解释、禁止事后法、禁止绝对不定期刑，这被称为形式的侧面；后来又要求刑法的内容适当、正当，派生出禁止不明确的刑罚法规（明确性原则）、禁止处罚不当罚的行为与禁止残酷的、不均衡的刑罚的要求，这被称为实质的侧面。[21] 形式的侧面主要约束的是司法者，实质的侧面主要约束的是立法者。所以，**法律约束立法者**（Leges suum ligent latorem）。换言之，对于任何立法者而言，**你应当忍受自己颁布的法律**（Tu patere legem quam fecisti）。甚至还可以说，**法律本身也受法的支配**（Ipsae leges cupiunt ut jure regantur）。事实上，罪刑法定原则的内容与要求是无限的，即凡是违反罪刑法定原则的思想基础或基本理念的，都是违反罪刑法定原则的。特别是民主主义原理决定了任何违反人民群众意志的解释与做法，都违反罪刑法定原则。在此意义上说，上述两个侧面的内容还远远没有穷尽罪刑法定原则的内容。另一方面,在实践中容易违反罪刑法定原则的又主要表现为以上几个方面,故也可以认为,以上两个侧面是罪刑法定原则的主要内容。下面对其中一些重要问题作些说明。

(1) 成文法主义。**没有成文的法律就没有刑罚**(Nulla poena sine lege scripta)是成文法主义的经典表述,但其内容十分丰富,绝不是一句话就可以概括的。

首先,规定犯罪与刑罚的必须是成文的法律,这里的"文"显然是指文字,而且必须是本国公民通晓的文字。如果本国同时使用两种以上不同文字,那么,应由立法机关同时使用两种以上文字制定刑法,而且二者的内容应当完全一致。[22]在现代社会,表达意志、传达信息的方式很多,除了文字以外,还有说话等等。然而,**发出的声音飞走了,书写的文字留下了**(Vox emissa volat litera scripta manet);文字可以固定下来,因此,在不懂、不明白的情况下,可以通过文字反复斟酌;文字还可以广为传播,使本国的全体公民通晓。于是,文字成为立法机关表达立法意图的唯一工具。这一点还告诉人们,只有当某种行为是成文法律所禁止的行为时,才可能成立犯罪。单纯按照刑法的精神或者单纯根据事实的性质认定犯罪的做法,违反罪刑法定原则。这是因为,**法律虽不禁止但隐含着非难的情形很多**(Multa non vetat lex, quae tamen tacite damnarit),**按照事物的性质被禁止的事项不能得到任何法律的认可**(Quae rerum natura prohibentur, nulla lege confirmata sunt),如果离开刑法的文字表述认定犯罪,国民就丧失了自由。

其次,成文法主义要求由国家的立法机关通过文字制定刑法,即排斥行政规章规定犯罪与刑罚。因为根据民主主义原理,能够规定犯罪及其处罚的,只能是人民选举的代表组成的立法机关,而不能是其他机关,故行政机关即使是最高行政机关也不能制定刑法。正因为如此,立法机关委任行政机关在其政令中规定犯罪及其处罚也是不合适的。[23]

再次,成文法主义排斥习惯法。虽然习惯法是由民众发展起来的,比形式上的制定法更符合民众的意志,**民众认为习惯就是法律**(Vulgus consuetudinem pro lege habet), **习惯是另一种法律**(Consuetudo est altera lex)。甚至可以说,在普通法上,**习惯胜过普通法**(Consuetudo vincit communem legem)。但是,在必须肯定民众间的价值意识多样性的时代,不应当有"刑法上的民众法"。而且,习惯并不都是好习惯,或者说,习惯中也包含恶习,**恶习应被废止**(Malus usus est abolendus)。有一些法律就是为了废止恶习而产生的,故法谚云: **良法产生于恶习**(Bonae leges malis ex moribus procreantur;Ex malis moribus bonae leges natae sunt)。然而,由于我国是一个多民族的国家,许多少数民族具有与汉族不同的风俗习惯,于是,《刑法》第90条规定:"民族自治地方不能全部适用本法规定的,可以由自治区或者省的人民代表大会根据当地民族的政治、经济、文化的特点和本法规定的基本原则,制定变通或者补充的规定,报请全国人民代表大会常务委员会批准施行。"不过,迄今为止,少数民族自治地方并没有制定任何变通或者补充规定。换言之,少数民族地区在定罪量刑时,也完全适用现行刑法典,而没有将习惯法作为定罪量刑的根据。因为习惯法形成于社会生活简单、价值单一的时代,在社会复杂化、价值多元化的当下,习惯法作为刑法的法源已不可能;习惯法通常缺乏明确表达,人们难以据此预测自己的行为性质与后果;习惯法通常适用于狭窄限定的各类人和关系范畴而不是极其普遍的各阶级,因此不具一般性;习惯法也不可能被归纳为一套规则;最为关键的是,习惯法的上述特点,决定了它难以起到限制司法权力的作用。不过,有几点是需要说明的:其一,**习惯是法律的最佳解释者**(Consuetudo est optima legum interpres;Consuetudo est potimus interpres legum),亦即,习惯对于解释刑法规范是具有作用的。因为法律的真实含义是从生活事实中发现的,人们惯常的生活事实,必须影响对刑法规范的解释。在此意义上说,**习惯创制法律**(Consuetudo facit legem)。其二,应当承认的是,**习惯作为法律被遵守**(Consuetudo pro lege servatur),"当存在有利于行为人的习惯法,行为人以习惯法为根据实施行为时,可能以行为人缺乏违法性认识的可能性为由,排除犯罪的成立"。[24]然而,就少数民族而言,即使行为人基于其特有的风俗习惯实施了某种符合构成要件的违法行为,并且具有违法性认识的可能性(行为人明知自己的行为违反现行刑法),也可能不以犯罪论处。例如,**夫妻结合是自然法则**(Maris et foeminae conjunctio est de jure naturae;Conjunctio mariti et feminae est de jure naturae),但是《刑法》第 258 条禁止重婚。部分少数民族(如哈尼族、蒙古族、藏族)受传统风俗习惯的影响,兄弟共妻、姐妹共夫等一夫多妻、一妻多夫的重婚现象并不罕见。可是,对于这些少数民族的重婚现象并没有以重婚罪论处。[25]其三,即使行为人并不缺乏违法性认识的可能性,一些习惯也可能对排除犯罪的成立起着重要作用。例如,我国《刑法》第 236 条规定了奸淫幼女的犯罪。可是,有的少数民族(如普米族)要对已满 13 周岁的人举行成人仪式,因而会出现男子与不满 14 周岁的幼女性交或者结婚的现象。但对这种行为也可能不以奸淫幼女的犯罪论处。[26]很难说上述行为人缺乏违法性认识的可能性,或许可以认为习惯法对于排除犯罪的成立仍然起着重要作用。[27]

最后,成文法主义排斥判例法。所谓的判例法,实际上是法官造法,显然违反罪刑法定原则。所以,审判不应依据先例,而应依照法律(Non exemplis, sed legibus judicandum est; Legibus, non exemplis judicandum),或者说,应当依照法律裁判,而不应当依照先例裁判(Judicandum est legibus, non exemplis)。现在国内有不少人提倡判例法,以为这样可以弥补立法的不足,还声称大陆法与英美法在相互融合,似乎大陆法系国家现在也时兴判例法。然而,法官不是人民选举产生的,由法官直接决定犯罪及其处罚,与罪刑法定原则的思想基础格格不入。人们现在所主张的判例法,就刑法领域而言,实际上是由法官在刑法规定之外自行将某种行为认定为犯罪并处以刑罚,而且使该判决结论具有法律效力。显然,结局是将法官的类推解释结论作为法律予以适用。如果判例结论不是类推解释的结果,而是进行合理解释,那就不是判例法,只是司法解释。我国1979年《刑法》规定了类推制度,在当时的情况下,类推必须报经最高人民法院核准,而且即使是同样的案件,再次类推也必须报经最高人民法院核准,显然,类推结论不具有法律效力。在现行刑法规定了罪刑法定原则的情况下,主张在刑法领域实行判例法,无疑是一种倒退。事实上,大陆法系国家并没有采用判例法,虽然我们也可以从文献上看到"判例"这一用语,但它只是判决,没有法律效力,因而与英美法的判例并不相同。我国现在正在实行所谓案例指导制度,即由最高人民法院从下级法院的判决中挑选、统一确定和发布指导性案例,指导下级法院审理相同的案件(最高人民检察院也在实行案例指导制度)。诚然,走过的路更安全(Via trita via tuta)、踏过的道最可靠(Via trita via tutissima),但是，**法官的话语并非都有权威性**（Non omnis vox judicis continet autoritatem）。在本书看来，这种做法也只不过是一种变相的司法解释，或者说只是司法解释的另一种表述；司法解释所具有的缺陷[28]，同样存在于所谓的案例指导制度中。

（2）禁止类推解释。类推解释不同于类比推理，**类比推理在法律上有效**（Argumentum a simili valet in lege）。类推解释是指解释者明知刑法没有将某种行为规定为犯罪，但以该行为具有危害性、行为人具有人身危险性等为由，将该行为比照刑法分则的相似条文定罪量刑。换言之，类推解释是指超出了通过解释可以得到的刑法规范规定的内容，因而是制定新的刑法规范的一种方法。大陆法系国家刑法理论的一致说法是，"扩大解释是允许的，类推解释是禁止的"。或者说，扩大解释并不违反罪刑法定原则，类推解释违反罪刑法定原则，因为扩大解释是在刑法用语可能具有的含义内所作的解释，而类推解释的结局是超出刑法的规定解释刑法。显然，这主要是从解释方法上而不是从解释内容上得出的结论。禁止类推解释既可以由民主主义解释，也可以由预测可能性解释。立法机关是通过文字表述其立法目的与法条含义的，因此，在解释刑法时，只能在立法文字可能具有的含义内进行解释；同时，由于刑法本身有自己的体系，故在确定文字含义时，应当在维持刑法整体含义的前提下进行解释。**类似并非同一**（Nullum simile est idem），如果可以类推解释，则意味着立法机关通过文字表述其立法目的与法条含义的希望成为泡影。刑法通过其文字形成规范从而指引、指示人们的行为；或者说，国民通过刑法用语了解刑法禁止什么行为。在了解的过程中，国民当然会想到用语可能具有的含义；因此，在用语可能具有的含义内作出解释，就不会超出其预测可能性;如果将国民根据刑法用语所预想不到的事项解释为刑法用语所包含的事项,就超出了国民的预测可能性,从而导致国民实施原本不认为是犯罪的行为却受到了刑罚处罚。所以,类推解释的结论,必然导致国民不能预测自己的行为性质后果,要么造成行为的萎缩,要么造成国民在不能预见的情况下遭受刑罚处罚。

罪刑法定原则并不禁止扩大解释,但这并不意味着扩大解释的结论都符合罪刑法定原则。换言之,扩大解释方法本身并不违反罪刑法定原则,但其解释结论则可能与罪刑法定原则相抵触。因为不合理的扩大解释,也可能超出国民的预测可能性,侵犯国民的自由,从而违反罪刑法定原则。在此意义上说,扩大解释与类推解释的界限是相对的。换言之,违反罪刑法定原则的扩大解释,实际上是类推解释。另一方面,某些扩大解释虽然并不一定违反罪刑法定原则,但其结论也可能不具有合理性。正如法谚所云:**被允许的也可能是不合理的**(Est aliquod quod non oportet etiamsi licet)。所以,在扩大解释内部,也需要进一步区分合理的扩大解释与不合理的扩大解释。当然,由于类推解释与扩大解释之间的界限具有相对性,由于合理的扩大解释与不合理的扩大解释之间的区别具有模糊性,区分扩大解释与类推解释的界限,与衡量扩大解释是否具有合理性,也是相对的和模糊的。

关于扩大解释与类推解释的区别,我们可以列举许多:第一,从形式上说,扩大解释所得出的结论,没有超出刑法用语可能具有的含义,即在刑法文义的"射程"之内进行解释;而类推解释所得出的结论,超出了用语可能具有的含义,即在刑法文义的"射程"之外进行解释。第二,从概念的相互关系说,扩大解释时没有提升概念的阶位;类推解释是将所要解释的概念提升到更上位的概念作出的解释。例如,将《刑法》第236条和第237条中的"妇女"解释为"人",进而认为妇女强奸男性、强制猥亵男性也分别成立强奸罪与强制猥亵妇女罪的解释,就是类推解释。因为"人"是"妇女"的上位概念。第三,从着重点上说,扩大解释着眼于刑法规范本身,仍然是对规范的逻辑解释;类推解释着眼于刑法规范之外的事实,是对事实的比较。第四,从论理方法上说,扩大解释是扩张性地划定刑法的某个概念,使应受处罚的行为包含在该概念中;类推解释则是认识到某行为不是刑法处罚的对象,而以该行为与刑法规定的相似行为具有同等的恶害性为由,将其作为处罚对象。第五,从实质上而言,扩大解释没有超出公民预测可能性的范围;而类推解释则超出了公民预测可能性的范围。

大体而言,人们迄今为止就区分类推解释与扩大解释所提出的标准,可以分为具体的标准与抽象的标准。上述第一和第二种标准可谓具体的区分标准;第三至第五种标准可谓抽象的区分标准。但是,即使采取相同的区分标准的人,也可能对同一解释持不同结论。例如,将《刑法》第259条的"同居"概念,解释为包括长期通奸或导致严重后果的通奸,既可能被人们认定为类推解释,也可能被人们认定为扩大解释。即使一些习以为常的解释,仔细思索后也会发现问题。尽管类推解释与扩大解释的界限模糊,我们依然要对二者作出适当区分。[29]

其实,某种解释是类推解释还是扩大解释,并不是单纯的用语含义问题。换言之,某种解释是否被罪刑法定原则所禁止,要通过权衡刑法条文的目的、行为的处罚必要性、国民的预测可能性、刑法条文的协调性、解释结论与用语核心含义的距离等诸多方面得出结论。在许多情况下,甚至不是用语的问题,而是如何考量法条目的与行为性质,如何平衡法益保护机能与人权保障机能的问题。至于在扩大解释内部如何区分合理的扩大解释与不合理的扩大解释,虽然原则上也可以适用上述扩大解释与类推解释的区分标准,但更重要的是需要联系具体法条与案件事实作出具体判断。

（3）**法不溯及既往**(Lex retro non agit),禁止事后法。**没有事先公布的法律就没有刑罚**(Nulla poena sine lege praevia)的格言,准确地表述了禁止事后法的原则。所谓法无明文规定不为罪,是指法律事先没有明文规定不为罪;所谓法无明文规定不处罚,是指法律事先没有明文规定不处罚。对此,后面将详细论述。

（4）禁止绝对不定刑与绝对不定期刑。绝对不定刑实际上只是规定对犯罪科处刑罚,但没有规定科处何种刑罚;绝对不定期刑仅就自由刑而言,是指立法上只规定了科处自由刑而没有规定自由刑的期限,司法上只科处自由刑而不宣告自由刑的期限(以下只提绝对不定期刑)。由于对犯罪的法律后果事实上并没有"法定",故这种立法与司法对罪刑法定原则的违反是不言而喻的。绝对不定期刑的思想基础是主观主义的犯罪论与目的刑论:犯罪的根据是行为人的反社会性格,刑罚的目的是教育、改造犯罪人,但法官在判决时不可能预测行为人的教育改善所需要的时间;既然如此,法官就不决定期限,行为人何时得到改善就何时出狱。乍一看似乎很有道理,但这根本不是现代社会可以办到的。在特定的监狱里,很难判断服刑者是否得到了改善;实施的结果必然导致罪犯更为狡猾,罪犯与监管人员的关系异常;重罪犯在短期内出狱的现象会大量存在,从而导致对公平、正义的否定;如此等等。正因为如此,绝对不定期刑在全世界范围内被否定。

但是,**法的极端不是法**(Apices juris non sunt jura),**法之极乃**

不法之极(Summum jus plerumque summa est injuria; Summum jus summa injuria),我们也不能走向另一极端,认为只有绝对确定的法定刑才是严格的罪刑法定主义。绝对确定的法定刑虽然排斥了法官的自由裁量,但同时也排斥了公平与正义。因为即使是罪名相同的犯罪也会在违法性与有责性方面存在差异,绝对确定的法定刑导致对危害不同的犯罪也处以相同的刑法,显然不符合民主主义的要求。基于同样的理由,各种量刑规则,也不能过于绝对、过于具体,否则,量刑所实现的只是机械性的正义,而不是活生生的正义。

(5)明确性原则。明确性原则的基本含义是,刑法对什么行为是犯罪、应处何种刑罚的规定,必须是明确的,由于不明确的刑法规范违反罪刑法定原则的基本理念,根据规定实体的正当程序的宪法条文,被认为是无效的。这个"由于不明确而无效的理论"(void-for vagueness doctrine)本来是美国的宪法判例,现在却得到了大多数国家的承认。

所谓法律不明确,是指法律的内容含混、不确定。与其制定不明确的法律,不如不制定法律,**没有法律的状态比有不确定的法律要好**(Melius est jus deficiens quam jus incertum)。言下之意,不明确的法律比没有法律更糟糕。就不明确的法律有损公民的预测可能性而言,它与没有法律是一样的。在此意义上说,**法律不确定时,法律就不存在了**(Ubi jus incertum, ibi jus nullum)。但没有法律却认定某行为是犯罪时,我们可以发现进而批评该认定没有法律根据;而根据不明确的法律认定某行为是犯罪时,我们还不能批评,因为该认定是具有"法律根据"的;容忍的结果必然是导致认定者为所欲为,导致不公平地适用刑法。所以,**法律不安定、不确**

定时,事态就不幸(Res est misera,ubi jus est vagum et incertum);**法律不明确、不确定时,臣民就悲惨**(Misera est servitus, ubi jus est vagum aut incertum)。为了避免事态的不幸与国民的悲惨,必须禁止不明确的刑法规范。

判断某个刑罚法规是否含混、不明确,"应根据具有通常判断能力的一般人的理解、在具体场合能够判断某行为是否适用该法规为基准来决定"。[30]但是,一方面,明确性是相对的,要求刑法成为任何人都能读懂的、任何争议都不存在的法律,那是过于幼稚的想法,世界上也没有这样的刑法。法律需要解释的原因之一,是法律并非绝对明确。**在模糊的情况下,作出的解释应当避免不协调和不合理**(Interpretatio talis in ambiguis semper fienda est, ut evitetur inconveniens et absurdum)。所以,明确性的实现不仅有赖于立法质量的提高,而且有赖于解释水平的提高。换言之,实现刑法的明确性不仅是立法者的任务,也是解释者(当然包括司法工作人员)的任务。[31]另一方面,明确性不等于具体性,刑法必须简短,不得冗长,否则难以起到行为规范的作用;刑法规定得越具体漏洞便越多;刑法过于具体便难以调剂特殊情况;刑法越具体交叉便越多,适用刑法就越难。可见,过于具体反而不明确。因此,**简短是法律之友,极度的精密在法律上受到非难**(Simplicitas legibus amica et nimia subtilitas in jure reprobatur)。

一般认为,罪刑法定原则所要求的明确性,是针对立法机关的。其实并非如此,明确性同样针对刑事司法。**法官是法的宣告者**(Judicis est jus dicere),**法官是说话的法律**(Judex est lex loquens),或者说,法律通过法官讲话。如所周知的事实是,国民并不是通过直接阅读刑法典来从事活动的,绝大多数人都不可能阅读刑法典。相反,国民是通过媒体等了解判决,进而得知刑法禁止什么行为。刑事判决不仅告知当事人、而且告诉一般人什么行为是犯罪、什么行为不是犯罪。**判决是对法律的真实说明**(Judicia sunt tamquam juris dicta,et pro veritate accipiuntur)。而且,**实例例示法律,但不限制法律**(Exempla illustrant,non restringunt, legem),**受实例警戒的人很少犯罪**(Exemplo deterriti delinquunt minus)。既然如此,刑事判决就应当具有明确性,从而使一般人得知什么行为是犯罪、什么行为不是犯罪。要满足刑事判决的明确性,其中重要的一点是刑事判决必须明确阐述判决理由。但是,在这一点上,我国的刑事判决做得还远远不够,这主要表现在以下几个方面:第一,在刑法分则的一个法条分几项列举罪状时,刑事判决书常常只是说明行为违反了哪一法条,而不一定说明行为违反了该法条的哪一项规定。第二,刑事判决一般只是简单地说被告人的行为符合刑法规定的犯罪成立条件,而不具体阐述判决理由,不阐明被告人的行为是如何符合犯罪成立条件的。第三,有的判决书在认定犯罪事实时,不仅描述构成犯罪的事实,而且可能描述一些不构成犯罪的事实,导致一般人难以知道其描述的事实中究竟是哪一个事实构成犯罪。第四,在刑事判决对被告人及其律师提出的无罪或者罪轻的辩护理由,并不逐一反驳,只是简单地说"被告人与辩护律师的辩解不成立"。第五,在 2010 年 10 月 1 日之前,刑事判决就任何犯罪都不说明量刑理由。在最高人民法院颁布《人民法院量刑指导意见》(于 2010 年 10 月 1 日起施行)之后,刑事判决基本上只对该指导意见规定的 15 种常见犯罪说明量刑理由,对其他犯罪也基本上不说明量刑理由。显然,在国民主要经由媒体披露的刑事判决了解什么行为构成犯罪、对犯罪会科处什么刑罚的情况下,刑事判决不明确阐述定罪与量刑的理由,就会损害国民的预测可能性,从而导致国民的行为萎缩,侵害国民的自由。概言之,这种做法不符合罪刑法定原则的明确性要求。近年来,虽然最高人民法院与刑法理论不断强调判决的说理性,但是,现实中判决的说理性,远远没有达到理想的要求。其中的重要原因是,法官们没有意识到自己的判决对一般国民生活的影响,没有将判决的明确性视为罪刑法定原则的要求,也可能缺乏在判决中说理的能力。

(6)禁止处罚不当罚的行为。这一原则的含义是,对于不值得作为犯罪处罚的行为,不得作为犯罪处罚,其最核心的含义是,不得处罚轻微的危害行为。对此,后面将展开具体讨论。

(7)禁止残酷的、不均衡的刑罚。罪刑法定原则的民主主义、尊重人权主义的思想基础,决定了必须禁止"以不必要的精神的、肉体的痛苦为内容、在人道上被认为是残酷的刑罚"。[32]刑罚的本质属性是痛苦,但它以必要为限,在必要限度以内的痛苦,不属于残酷的刑罚;超过必要限度的痛苦,才是残酷的刑罚。但何种痛苦必要、何种痛苦不必要,没有抽象的标准,而应以同时代的一般人的平均价值观念为标准,一般人的平均价值观念又取决于其物质、精神生活条件(当然还有习惯、传统等因素)。例如,我们认为身体刑是一种残酷的刑罚,但有的国家保留着身体刑。有的国家(如美国)在不同时期对死刑是否属于残酷的刑罚的回答并不相同。至于禁止不均衡的刑罚,则是罪刑相适应的话题。

上述要求只是罪刑法定原则的主要内容,而不是全部内容。现在需要说明的是,罪刑法定原则的内容既是对司法的要求,也是对立法的要求,当然也是对理论的要求。例如,禁止溯及既往,既是刑法适用原则,也是刑事立法原则。[33]再如,刑事立法与法院判决都必须禁止不定期刑。如此等等。

我国《刑法》第 3 条确立了罪刑法定原则:"法律明文规定为犯罪行为的,依照法律定罪处罚;法律没有明文规定为犯罪行为的,不得定罪处罚。"这一规定得到了许多人的称赞,但也遇到了少数人的反对。最为重要的问题是,将来遇到刑法没有规定的严重危害社会的行为时怎么办?**对于法律的原则不应当产生争议**(Non est certandum de regulis juris),没有理由怀疑罪刑法定原则,也**不应当和否认原则的人争论**(Non est disputandum contra principia negantem)。但是,**没有无缺陷的原则**(Non est regula quin fallat),罪刑法定原则确实导致对一些本应作为犯罪处理的行为不能当犯罪处理。例如,我国刑法没有规定公然猥亵罪,而我国曾经发生过在公共场所自愿发生性交的案件,这在以前以流氓罪论处没有争议,但现在没有定罪量刑的根据了。善良的人们总是希望一切应当以犯罪论处的行为在现实上都以犯罪论处,但罪刑法定原则使这一愿望难以实现。本书认为,在这种情况下,应当考虑三个方面的问题:第一,我们要权衡罪刑法定原则的优点与缺陷,显然其优点远远大于缺陷,从其中一个内容来说,类推制度的缺陷则远远大于罪刑法定原则的缺陷。特别是罪刑法定原则的贯彻所必然形成的对法治的信仰、对其思想基础或基本理念的弘扬,是难以估量的,我们当然应选择罪刑法定原则。第二,我们的眼光首先要盯着法律明文规定的犯罪,而不是首先盯着法律没有明文规定的"犯罪"。试想,如果司法机关将法律明文规定的犯罪行为都依法定罪处刑,我们该是多么满意?在由于种种原因导致法律明文规定的犯罪都还没有得到依法处理的情况下,侈谈对法律没有明文规定的"犯罪"进行处理并不明智。第三,即使确实发现刑法遗漏了一些应当以犯罪论处的行为,但一方面,刑法不是一成不变的,将来修改时可以增加规定;另一方面,对上述行为目前也可以适用其他法律(如《治安管理处罚法》等)予以制裁。

　　法治表现在刑法领域,就是由**没有法律就没有犯罪、没有法律就没有刑罚**格言所表述的罪刑法定原则。如果信仰法治,就必须信仰罪刑法定原则。在实践中不仅要维护罪刑法定原则的具体内容,而且要维护罪刑法定原则的思想基础。

注 释

[1] 参见〔日〕大谷实:《刑法讲义总论》,成文堂2009年版,第50页。

[2] 如1628年的《权利请愿书》规定:"国王非依法律的判决,不得逮捕、审讯任何自由人,不得作出没收的判决。"1688年的《权利法案》规定:"在没有得到国会同意的情况下,国王不得废除法律。"1679年的《人身保护法》对保护人身自由以及关于审判的"适当的法律程序"作了规定。这些规定都从不同角度巩固了罪刑法定主义的思想。

[3] 如1813年的《比利时刑法典》设专条规定罪刑法定原则;1870年的《德国刑法典》第2条第1项规定:"某一行为的可罚性,唯有在其实施行为前已有明文规定的法律,始得科处刑罚。"德国现行刑法典也有同样的规定。1880年的《日本刑法典》第2条规定:"无论何种行为,法无明文规定者不罚。"1930年的《意大利刑法典》第1条规定:"某一行为的可罚性,如无明文规定的法律,则不得对该行为定罪判刑。"1937年的《瑞士刑法典》第1条也有类似规定。

[4] 〔英〕洛克:《政府论》(下篇),叶启芳、瞿菊农译,商务印书馆1964年版,第84页。

[5] 参见〔法〕孟德斯鸠:《论法的精神》(上册),张雁深译,商务印书馆1961年版,第153—166页。

[6] 参见〔日〕木村龟二编:《刑法学入门》,有斐阁1957年版,第52页。

[7] 同上书,第44—45页。

[8] 〔美〕格尔顿、戈登、奥萨魁:《比较法律传统》,米健等译,中国政法大学出版社1993年版,第37页;另参见〔德〕K.茨威格特、H.克茨:《比较法总论》,潘汉典等译,贵州人民出版社1992年版,第233—234页。

[9] 〔德〕黑格尔:《法哲学原理》,范扬、张企泰译,商务印书馆1961年版,第

100页。

[10] 同上书,第103页。

[11] 参见〔日〕平野龙一:《刑法总论 I》,有斐阁1972年版,第8—10页。

[12] 同上书,第65页;〔日〕大塚仁:《刑法概说(总论)》,有斐阁2008年版,第58页。

[13]〔德〕乔治·恩德勒等主编:《经济伦理学大辞典》,李兆雄、陈泽环译,上海人民出版社2001年版,第89页。

[14] 西塞罗语,转引自〔英〕彼得·斯坦、约翰·香德:《西方社会的法律价值》,王献平译,中国人民公安大学出版社1990年版,第174页。

[15]〔英〕洛克:《政府论》下篇,叶启芳、瞿菊农译,商务印书馆1964年版,第127页。

[16] 民主主义原理所导致的法律主义,并不能直接得出禁止习惯法的结论。因为传统观点认为,习惯法是由民众发展起来的法,比形式上的制定法更符合民众的意志;根据习惯法处罚犯罪,并不违反民主主义,只有根据尊重人权原理,才能得出这种结论。

[17] 民主主义原理还不能直接得出禁止事后法的结论。因为代表人民意志的立法机关制定溯及既往的刑法后,由司法机关执行,并没有违反民主主义的要求。

[18] 转引自〔美〕E. 博登海默:《法理学:法律哲学与法律方法》,邓正来译,中国政法大学出版社1999年版,第282页。

[19] 马斯洛(Maslow)语,转引自同上书,第227页。

[20] 同上书,第227—228页。

[21] 参见〔日〕内藤谦:《刑法讲义总论(上)》,有斐阁1983年版,第27页以下。

[22] 在这种情况下,立法机关仅用一种文字起草制定法律而由他人翻译的做法并不可取。

[23] 有的国家宪法规定,当法律委任政令规定犯罪与刑罚时,政令可以在委

任的范围内规定犯罪与刑罚,这有违反罪刑法定原则之嫌,我国不存在这一问题。从表面上看,我国国务院制定的行政法规中,有许多条文的规定类似于刑事法律的规定,但它本身并不是刑事法律。不过,由于刑事法律中有许多空白罪状,这种"空白"通常是由行政法规填补的;还有一些行政法规对解释刑法具有重要意义。但无论如何,行政法规本身不是定罪量刑的直接根据。此外,我国立法机关也并不委任行政规章规定犯罪与刑事责任。同许多国家的行政规章可以在受委任的情况下规定犯罪与刑罚相比,我国刑法更加体现了罪刑法定原则的要求。

[24] 张明楷:《刑法学》,法律出版社 2011 年版,第 55 页。

[25] 参见张晓辉:《中国法律在少数民族地区实施》,云南大学出版社 1994 年版,第 183 页。

[26] 参见韩美秀:《民族自治地方刑法变通或补充立法探究》,载赵秉志主编:《新千年刑法热点问题研究与适用》,中国检察出版社 2001 年版,第 181 页。

[27] 我国司法实践在这方面存在不一致的做法。例如,一些少数民族有持有枪支的习惯,而《刑法》第 128 条规定了非法持有枪支罪。但是,有的少数民族地区对少数民族基于风俗习惯持有枪支的行为不认定为犯罪,有的少数民族地区则可能认定为犯罪;同一少数民族地区,对于少数民族基于风俗习惯单纯持有枪支的行为不认定为犯罪,但对于持有枪支实施其他犯罪的,则在认定为其他犯罪的同时,也对非法持有枪支的行为定罪量刑。之所以如此,是因为在少数民族地区,一方面,部分习惯法仍然起着排除犯罪成立的作用,另一方面,相关自治区或者省的人民代表大会又没有根据《刑法》第 90 条制定变通或者补充规定。显然,只有合理制定变通或者补充规定,才能在少数民族地区贯彻罪刑法定主义。

[28] 参见张明楷:《刑法分则的解释原理》上,中国人民大学出版社 2011 年版,第 6 页以下。

[29] 参见张明楷:《罪刑法定与刑法解释》,北京大学出版社 2009 年版,第 120 页以下。

[30] 日本最高裁判所大法庭 1975 年 9 月 10 月判决。

[31] 关于立法与解释如何实现明确性的问题,参见张明楷:《刑法的基础观念》,中国检察出版社1995年版,第165页以下。

[32] 日本最高裁判所大法庭1948年6月30日判决。

[33] 有人否认该原则为刑事立法原则,认为立法机关有权制定法律溯及既往(参见林纪东:《法学通论》,台湾远东图书公司1954年版,第82—83页)。

刑 法 格 言 的 展 开

Nulla potentia supra leges esse debet

任何权力都不得位于法律之上

任何权力都不得位于法律之上（Nulla potentia supra leges esse debet）格言的含义，似乎没有解释的必要，说通俗一点，就是指法律面前人人平等，不允许任何人有位于法律之上的特权。成文刑法是正义的文字表述，**正义不认双亲，只认真理**（Justitia non novit patrem nec matrem, solum veritatem spectat）。任何人都能拥有正义，但不能出售正义；同样，正义不可用金钱购买，**用金钱购买的正义最不公正**（Nihil iniquius venali justitia）。但是，**正义从不拒绝任何人**（Justitia nemini neganda est），平等是正义的重要内容。我国《刑法》第 4 条规定："对任何人犯罪，在适用法律上一律平等。不允许任何人有超越法律的特权。"《刑事诉讼法》第 6 条后段也规定："对于一切公民，在适用法律上一律平等，在法律面前，不允许有任何特权。"由此可见，位于法律之上的权力或者超越法律的权力即特权，总是与平等相对立的。所以，我们应当崇尚平等、反对特权。

人皆平等（Omnes homines aequales sunt），因为人的价值平等。**人皆平等**，所以，**法律不区分人**（Lex non distinguit）。普遍平等的人权学说以平等和普遍的人的价值概念为前提，这个概念与人的优良品质等观念有明显区别。我们可以根据人的才能、技艺、特性、爱好等个性特征和其他各种可以品评的性质将人们分等评定，但就人的价值而言，一切人都必须相等，不可能将人的价值分成不同等级。因为人的价值本身，并不标志什么属性；在赋予每一个人以人的价值时，并没有将什么属性归因于他，只是表明对每一个人里面的人性的一种尊重的态度。[1] 人的价值平等，同时也就意味着人的生命、身体的平等。"生命、身体是人格的根本要素，其本质是不可能用任何尺度进行相互比较的，与此同时，社会生活是基于这样的人格者的结合而成立的,尊重、保护人格是法秩序的基本要求;而且,在任何意义上都不允许将人格作为实现自己目的的手段,这是法的本质立场。"[2] 人的价值平等,人格平等,人的生命、身体平等,人是目的不是工具与手段,这些都为人皆平等格言找到了根据。

平等是人类的理想,是和自由同样杰出的理想。希望自己能够像他人那样生活,便是对平等的向往。但是,平等理想首先以抗议性形式表现出来,即平等体现了并刺激着人对宿命和命运、对偶然的差异、具体的特权和不公正的权力的反抗;对特权的抗议意味着对歧视的反感。因此,抗议特权、反感歧视位于平等要求的核心地位。其次,平等也以建设性形式表现出来,人们常常就如何实现平等提出建设性要求。此外,平等还是人类所有理想中最不知足的一个理想,其他方面的追求通过种种努力都可能达到一个饱和点,但追求平等的历程几乎没有终点,主要原因是某一方面的平等会在其他方面产生明显的不平等。以刑法问题为例,甲与乙所犯之罪的违法程度与责任程度相同,但两人的财产状况相差甚远:甲是百万富翁,乙却身无分文。针对犯罪本身而言,应当判处相同罚金,否则不平等;针对财产状况而言,对甲应多判罚金,对乙应少判罚金,否则,两人实际上承受的痛苦不平等。实现了其中一个平等,就会引起另一个不平等。[3] 但人类从不因为这一点而放弃对平等的追求:既然是理想,就必须追求并得到实现。因此,平等成为使人类踏上无尽历程的理想。[4]

平等之所以成为人类的理想,是因为人类具有得到尊重的欲望,因而同时具有受到平等待遇的欲望。一方面,"当那些认为自己同他人是平等的人在法律上得到了不平等待遇时,他们就会产生一种挫折感,亦即产生一种他们的人格与共同的人性遭到侵损的感觉"。[5]反之,当自己与他人受到了平等待遇时,才认为自己得到了尊重。另一方面,人类的生存与发展,使人们产生了这样一种意愿:对一切善的行为进行奖赏,对一切恶的行为进行惩罚,而且奖赏、惩罚的程度应当分别与善、恶的程度相均衡。在有人实施了善行或者恶行之后,人类要求或自主地对其进行相应奖赏或相应惩罚。因此,对一个人是奖赏还是惩罚以及如何奖赏与惩罚,不是取决于该人的地位、身份等,而是取决于其所作所为及其结果:相同的情形应得到相同的对待,这便是平等。

平等之所以成为人类的理想,还因为在平等状态下一切将处于有序状态。"人类并不仅仅满足于能够生存下去的状态,而具有不满于事物本来的混沌状态,想要使其条理化的本能。换句话说,就是具有从混乱走向秩序的倾向。"[6]也就是说,社会成员都倾向于安全的、有序的、可预见的、合法的、有组织的世界,而不希望发生出乎意料的、难以控制的、混乱的以及其他诸如此类的危险事情。[7]但是,一切出乎意料的、难以控制、混乱的以及其他诸如此类的危险事情的发生,都与不平等有关。也就是说,导致上述局面的人为原因,总是与不平等的观念、不平等的做法、不平等的体制有关。一方面,不平等的状态本身就是一种无序状态。例如,执法状况不令人满意,有些该受处罚的没有受处罚,有些不该受处罚的却受处罚了,这本身就是一种不平等的无序状态;这种不平等的状态显然与不能保证平等执法的司法体制有关,与司法人员的平等观念淡薄有关。另一方面,一切破坏社会秩序的行为,都起因于不平等的观念。例如,针对他人实施犯罪,都是因为没有将他人视为与自己平等的人;如果像尊重自己(的权利)一样尊重他人(的权利),**己所不欲,勿施于人**(Quod tibi fieri non vis, alteri ne feceris),就不会对他人实施犯罪。所以,德国学者洪堡说:"尊重他人的权利是防范犯罪唯一可靠和万无一失的手段;一旦不是每一个侵犯他人权利的人在行使他自己的权利时恰恰在同等的程度上受到阻止,那么不平等就会或多或少地存在着,人们也就永远无法实现这种意图。因为只有这样一种对等一致能在人内在的道德培养教育和国家措施的开展之间保持和谐,没有这种和谐,即使是最巧妙的立法也永远不能达到其最终目的。"[8]不难看出,如果所有社会成员都平等待人,各方行为就和谐统一,社会便是安全的、有序的。在此意义上说,"主张法律面前人人平等,是为了保障社会的安定与和平"。[9]反之,人们为了追求社会的安定与和平,必须追求法律面前人人平等。

平等是法律本身的内在要求。法律既是针对司法人员的裁判规范,也是针对一般人的行为规范;**法律用一个声音对所有人讲话**(Lex uno ore omnes alloquitur);法律声音的收听者不是特定人而是所有人,**法律不是针对个别人而是针对一般人而设计**(Jura non in singulas personas, sed generaliter constituuntur);法律所设想的适用对象不是特定的事件,而是一般的事件,**类似案件中存在类似的救济**(In consimili casu, consimile debet esse remedium);法律不是适用一次便作废,而是要反复适用。法律规范的普遍性特征本身,决定了在适用时必须做到平等。就裁判规范而言,**应当对类似事件作出相同裁判**(De similibus idem est judicium);"一项一般性规则在根据其内容而应当得到适用的所有场合都予以严格的适用"[10];"一个判决应当是适用一项一般性规则的结果"。[11]就行为规范而言,**谁都可以实施法律允许实施的行为**(Nemo Potest nisi quod de jure potes)[12]；谁都可以在法律之下自由活动。反之,谁都受法律的约束,**谁也不在法律之上**(Nemo est supra leges)。这里的"谁"当然包括一切人,所以,**元首不在法律之上,法律则在元首之上**(Non est princeps super leges, sed leges supra principem)。这是法律的特性决定的。所以,在古代,**法律造就国王,故国王应在法律之下**(Rex debet esse sub lege quia lex facit regem)；尽管**国王制定法律**(Rex facit legem),或者说,**国家是活着的法律**(Rex est lex vivens),但**国王不得胡作非为**(Rex quod injustum est facere non potest)。具体到刑法方面来说,**谁都不得实施犯罪**(Peccare nemini licet),**国王不得犯罪**(Rex non potest peccare),谁也不得位于刑法之上；实施犯罪的人都要受有罪判决,**对有罪者作无罪判决的法官应受到有罪判决**(Judex damnatur, cum nocens absolvitur)；反之,没有实施犯罪的人都不应受有罪判决,**还人清白是法官的任务**(Judicis est innocentiae subvenire),**压制清白者的法官是在给自己作有罪判决**(Se damnat judex innocentem qui opprimit)。法律规范的普遍性使平等适用法律成为可能,也使平等适用法律成为其前提。如果不平等适用法律,法律规范的普遍性就受到了损害,法律便残缺不全。

平等是预防犯罪、保护法益的要求。如果有的人犯罪后不受刑罚处罚,他就会反复实施犯罪,侵犯他人的法益；其他人目睹其犯罪后不受处罚的事实,也会效仿该犯罪行为。所以,**庇护有责者就是威胁无责者**(Minatur innocentibus, qui parcit nocentibus)。只有平等适用刑法,才有利于预防犯罪,进而有利于保护法益。

我们现在提倡法治。实行法治,就是要在社会生活的一切重要方面都以法的规范作为唯一规则去引导、评价、奖赏、制裁人们的行为,而不是以任何人的意志为标准。但是,"要使法治生效,应当有一个常常毫无例外地适用的规则,这一点比这个规则的内容为何更为重要。只要同样的规则能够普遍实施,至于这个规则的内容如何倒还是次要的。……究竟我们大家沿着马路的左边还是右边开车是无所谓的,只要我们大家都做同样的事就行。重要的是,规则使我们能够正确地预测别人的行动,而这就需要它应当适用于一切情况——即使在某种特殊情况下,我们觉得它是没有道理的"。[13] **法的效果在于执行**(Juris effectus in executione consistit);**我们遵守法和法律**(Leges juraque servamus)。假如国家形成了完整的法律体系,但没有得到平等实施,而且一部分人可以不遵守法律,那么,这种法律的作用就会降低,最终它就不是法律了。[14]所以,没有平等就没有法治。

平等是市场经济的客观要求。市场经济是多元主体在同一标准下的竞争经济,竞争是市场经济的实质,但竞争必须平等。平等竞争的市场环境要求以下三点:一是竞争机会平等,即每一个竞争者都可以参与竞争,对每一个事件的随机概率都是相同的;二是竞争权利平等,即每一个参与市场竞争的行为者,在政治地位、经济地位、法律地位上都是平等的;三是竞争尺度平等,即在竞争过程中,衡量竞争的合理性、合法性的标准是完全一致的。[15]市场经济的平等观念,呼唤法律面前人人平等,特别要求执法机关对竞争主体的利益给予平等的保护,对侵犯竞争主体利益的各种行为平等地适用法律予以制裁。执法上的地方保护主义,是一种典型的不平等表现,可谓地方特权。因为这种做法只是"保护"本地方的竞争主体的利益,而不保护其他地方的竞争主体的利益;只是制裁其他地方的竞争主体的犯罪行为,而不制裁本地方的竞争主体的犯罪行为。其结果,从经济上说,在本地方没有竞争,没有市场经济;从法律上说,法律的相当一部分在本地方实际上作废了。这是多么不可容忍!

我们还可以找出许多理由说明**任何权力都不得位于法律之上**或者法律面前人人平等的合理根据(下面的论述中还会作些说明),正因为其根据充足并且正当,所以各国宪法基本上都以不同形式规定了法律面前人人平等的原则。我国宪法也规定,任何组织或者个人"都必须遵守宪法和法律","都不得有超越宪法和法律的特权","中华人民共和国公民在法律面前一律平等"。据此,我们可以认为法律面前人人平等是宪法原则,因而也是其他法律的原则。即使没有《刑法》第 4 条的明文规定,刑法面前人人平等也是不言而喻的。但是,由于有(刑)法不依、执(刑)法不严、违(刑)法不究的现象还存在甚至比较严重,超越刑法的特权现象还存在甚至比较普遍,故现行刑法特别强调刑法面前人人平等,使之成为刑法的基本原则。

但是,"不平等易,因为它只需要随波逐流;平等难,因为这需要逆流而动"。[16]人类一直在追求平等,但总是不尽如人意;西方国家宣扬平等已经几百年了,特权现象仍然大量存在;不言而喻,平等适用刑法的任务在我国还相当艰巨。在本书看来,树立平等观念、建立平等体制(保证平等的体制),应是其中最重要又是最艰难的任务了。下面只是联系刑法的适用问题就平等观念的基本含义略述管见。

"平等乃是一个具有多种不同含义的多形概念。它所指的对象可以是政治参与权利、收入分配的制度,也可以是不得势的群体的社会地位与法律地位。它的范围涉及法律待遇的平等、机会的平等以及人类基本需要的平等。它也可能关注……在适用刑法时维持罪行与刑罚间某种程度的均衡问题。"[17]但法律面前人人平等,不外是指"凡是法律视为相同的人,都应当得到法律所确定的方式来对待"。[18]在法律领域没有什么比对相同事件依不同法律进行评价更难忍受(Nihil in lege intolerabilius est, quam eandem rem diverso jure censeri)。所以,平等首先表达了相同性的概念。意大利语的 eguale,法语的 egal 以及德语的 gleich,不仅具有平等的含义,而且还带有英语中的"相同"(same)的含义,用意大利语、法语和德语来表达二者是平等的,就等于说它们是相同的。[19]刑法面前人人平等,首先意味着对同等犯罪应科处同等刑罚(Paribus delictis par imponenda est poena),对不同等犯罪应根据刑法作出不同等处罚。如果有人犯了侵犯财产罪之后受到刑罚处罚,有人犯了相同的侵犯财产罪之后由于法律以外的原因却不受刑罚处罚,这就是不平等。同样,如果有人犯了故意杀人罪,有人犯了过失致人死亡罪,而司法机关将二者作相同处理,也是不平等。当然,这里有一个如何理解"相同"的问题,即如何确定作为相同处理前提的"相同"?或许可以说,如果法律将故意杀人与过失致人死亡视为相同的犯罪并作出同一处理规定,司法机关对二者作出相同处理就是平等的。但是,这样来认识"相同"并不公平,结果必然导致实质的不平等。所以,平等其次还意味着公正。于是,平等的完整要求是,"相同的人和相同的情形必须得到相同的或者至少是相似的对待,只要这些人和这些情形按照普遍的正义标准在实质上是相同的或相似的"。[20]即根据普遍的正义标准,认定二者相同或者相似时,对二者必须作出相同或者相似的处理;根据普遍的正义标准,二者不同但认定它们相同并作出相同处理时,反而不平等。[21]

平等观念意味着任何人、一切人或者百分之百的人在法律面前一律平等，而不是多数人或者绝大多数人在法律面前的平等。**只要说"一切"，就没有任何排除**（Qui "omne" dicit, nihil excludit）。古今中外，对绝大多数人适用法律都是平等的，具有超越法律的特权的人总是极少数。即使在奴隶社会，享有特权的奴隶主也是极少数，更多的奴隶在法律面前也是平等的。可见，多数人的平等或者绝大多数人的平等，在人类社会的早期阶段就实现了。我们说封建社会是一个特权社会，也并不意味着封建社会中的任何人都享有特权[22]，而是意味着封建法律确认极少数人的特权。但极少数人的特权，却极大地冲击了社会心理平衡，妨害了经济发展，阻碍了社会进步。正因为如此，绝大多数人一直在为一切人在法律面前平等而奋斗；基于同样的理由，我们不能因为大多数人或者绝大多数人在法律面前已经平等而感到满足，否则，我们便停留在人类社会的早期阶段。

平等观念意味着反对特权。特权是与平等直接对立的，说**任何权力都不得位于法律之上**，就等于说法律面前人人平等。虽然平等观念自古便存在了，但人们的特权观念一直相当浓厚。许多人将特权及其表现看成一种荣耀，将没有特权视为无能，将具有特权的人视为社会的上层人物，而将没有特权的人视为社会的下层人物，甚至还有人将权力视为特权，一旦自己掌握了某种权力时就将其转变为特权。当然，我们也不应认为只是有权人才具有特权观念，事实上，普通人大脑中的特权观念也比较浓厚。一些人恨特权，是恨他人有特权，而不是恨特权本身，反而朝思暮想自己有特权；一些人自己没有特权，但在办事时总想找些有权力的人为他行使特权；一些人在谈论平等问题时慷慨激昂，但在具体行动上却将平等抛在一边。[23]形成这种局面的原因显然是多方面的,如这些人是自私的,这些人事实上没有树立平等观念,等等。但也可能存在以下原因:人们在向往平等的同时,自觉或者不自觉地将一些人利用特权所取得的利益也作为平等的参照物;"既然他人享有,我也应当享有"是一种较为普遍的心态,但人们有时并不过问他人是如何享有利益的,便立即产生向往的心理;在清楚地知道他人是通过特权享有利益的情况下,一部分人会对特权产生抗议,希望他人没有特权而是和自己一样,一部分人则希望自己和他人一样享有特权。显然,对特权的抗议应当肯定,但对特权的向往与追求则不是对平等的向往与追求,因为希望所有社会成员都享有特权以实现平等是完全不可能的。由于特权观念并非只是存在于有权人的大脑中,所以,并不是只有有权人才需要树立平等观念,而是任何人都需要树立平等观念。

虽然普通人也有特权观念,但由于他们手中没有权力,故其特权观念的危险性远远轻于有权人的特权观念的危险性,如果有权人认为自己的权力不受法律制约,法律只约束普通人,那就非常危险了。因此平等观念理当还意味着法律限制权力,意味着**任何权力都不得位于法律之上**。法律标示正义,法律限制权力意味着**权力应当遵从正义**(Potentia debet sequi justitiam;Sequi debet potentia justitiam)。法律限制权力、**拥有最大权力便仅有最小自由**(In maxima potentia minima licentia)是明摆的道理和事实。如所周知,1979年7月1日以前(就实施而言,应为1980年1月1日以前)我国没有刑法典,只有几个单行刑法,绝大部分犯罪都没有法律规定,但任何犯罪行为都受到了刑罚处罚[24],而且处罚得相当及时。既然没有刑法典也能及时处罚犯罪,为什么还要制定刑法典?显然,第一是为了明确行为的评价标准,使人们对自己及他人的行为与后果都具有预测可能性,从而在法律范围内自由行使权利,不致使公民的行为萎缩。第二是为了限制司法权力,保障公民个人自由不受国家刑罚权的不当侵害。根据 没有法律就没有犯罪、没有法律就没有刑罚 的罪刑法定原则,只要行为人的行为不构成刑法所规定的犯罪,他就不受刑罚处罚,这便限制了国家刑罚权的发动;对犯罪人也只能根据刑法的规定予以处罚,不得超出刑法规定的范围科处刑罚,这便保障犯罪人免受不恰当的刑罚处罚。因此,刑罚既是"善良人的大宪章"(保障善良国民的自由),又是"犯罪人的大宪章"(保障犯人自身的自由)。[25]事实上,在盛行法律虚无主义与"砸烂公检法"的时代,人们早就意识到了法律限制权力;正是因为法律束缚了一些人的手脚,限制了一些人的权力,所以才出现否定法律、否定法治的现象;如果当时没有意识到法律限制权力,仅认识到法律是对阶级敌人实行专政的工具,那么,在阶级斗争的时代就绝对不可能否定法律、否定法治。可见,法律与衡平是国家的羁绊(Jus et aequitas civitatum vincula)这一格言可谓千真万确。既然人们早就意识到了法律限制权力,既然法律与衡平是国家的羁绊,而国家偏要制定法律、实行法治,这意味着权力需要限制;为了管理国家,为了使国家更好地保护各种法益,需要一部分人有权力,但如果对权力没有限制,权力就会变为灾难;基于权力对法益的侵犯比其他行为对法益的侵犯更为严重,同样,基于权力对法治的破坏比其他行为对法治的破坏更为严重,这在古今中外都是相当明显的事实。因此,我们应当树立并增强法律限制权力的观念,善于严格解释权力(Potestas stricte interpretatur)。我们在法理上通常讲法律是针对一般人的行为规范,但这里的"一般人"

显然是与"特定人"相对的概念,不懂或者不太懂法的人尤其是有权人,看到或者听到法理学上的这句话时,不要将其中的"一般人"理解为与"有权人"相对的概念,即不要将一般人理解为一般群众或者老百姓,而认为有权人不受法律的制约、有权人可以位于法律之上。普通公民作上述理解的话,会产生卑微感,导致容忍或者向往有权人的特权行为;有权人作上述理解的话,会产生异常的优越感,导致胆大妄为地实施超越法律的特权行为。二者的后果都不堪设想、不能容忍。

平等观念更深层地还意味着尊重他人。如前所述,人类都有受到尊重的欲望,但是仅仅希望自己受到尊重,而不尊重他人的人,是不可能有平等观念的。所谓尊重他人,说通俗一点,就是把他人当做人,当做和自己一样的人,当做现代社会中的人,当做应当享有现代社会权利的人。在现代社会,将他人看做低人一等的人,将他人当做奴隶,将他人作为实现自己目的的手段的,都不能说是尊重人。**臣民皆为国王之奴隶**(Omnes subditi sunt regis servi)的时代,已经一去不复返。由于一切利益都最终归属于人,所以,尊重人的观念自然就包括了尊重人本身、尊重人所享有的利益的观念。最古老的三大学科——医学、神学与法学都是因为尊重人和为了尊重人而产生的(现代学科又何尝不是如此):医学治疗人的疾病,使人避免因生理疾病而痛苦或者导致死亡;神学引导人的信仰,使人避免因精神空虚而痛苦或导致邪恶;法学处理人的关系,使人避免因各种冲突而争斗或导致混乱。**法律不作出任何无益的命令**(Lex nihil frustra jubet)的格言告诉我们,法律都是为了保护利益而制定的,而利益的主体都归属于人,所以,法律的目的都是为了保护人的利益。德国学者耶林(Jhering)认为,"目的是全部法律的创造者。每条法律规则的产生都源于一种目的,即一种实际的动机"。"他宣称,法律是根据人们欲实现某些可欲的结果的意志而有意识地制定的。他承认,法律制度中有一部分是植根于历史的,但是他否认历史法学派认为法律只是非意图的、无意识的、纯粹历史力量的产物的论点。根据他的观点,法律在很大程度上是国家为了有意识地达到某个特定目的而制定的。""保护社会生活条件乃是法律的实质性目的。"[26] 保护社会生活条件显然是为了保护人类的正常生活。我们通常将利益分为国家利益、社会利益、集体利益、个人利益,等等,但这是就眼前而言,事实上,它们最终都是人的利益。因此,人们一致认为,上述利益从根本上说是一致的,而不是对立的。古今中外,我们找不出一个国家繁荣富强而其国民贫困潦倒的例子(至于利益分配不公平,则是另一回事)。国家是法律的制定者,可以肯定它制定法律都是直接或者间接为了人的利益。人是一切利益的主体或享受者,所以,法律的制定与实施都是为了人。但是,与自己是人一样,他人也是人;自己所享有的,他人也应当享有;他人不得实施的,自己也不得实施。所以,尊重他人,才会将自己看成与他人一样的人,或者将他人看成与自己一样的人,才会有平等观念;不尊重他人,就会将自己看成高人一等的人,或者将他人看成低人一等的人,就不会有平等观念。

平等并不拒绝对弱小者的特殊保护。法律关怀弱小者,**法官救济弱小者**(Praetor parvulis subvenit)。**针对弱小者的正义才是最真实的正义**(Justitia erga inferiores verissma)。在刑法上,认为幼年人的承诺无效,对幼年人进行特殊保护,并不违反平等原则。**在审判中未成年人应当得到救济**(In judiciis, minori aetati succurritur),对未成年人犯罪与限制责任能力者犯罪的从宽处罚,以及对老年人犯罪从宽处罚,也不违反平等原则。

平等并不意味着没有差别,但这要看导致差别的原因,要根据普遍的正义标准分析作出差别处理是否合适。法国1789年的《权利宣言》第6条写道:"所有公民(在法律面前)都是平等的,他们有权平等地根据其能力担任一切与公务有关的职位并领取报酬,除德行与才智的差别外不得有其他差别。"1795年8月的《法国宪法》第3条则规定:"平等就是:法律无论是用于保护还是用于惩罚,对一切人都是平等的。它不承认出身的差别,不承认权力的世袭。"[27]前一条文承认德行、才智的差别可以导致职位及其报酬的差别,后一条文不承认出身对法律的保护与惩罚有差别,即不得因出身的差别而导致法律上的保护与惩罚的差别。显然,这种列举并不完全。虽然人的价值完全平等,人的生命、身体完全平等,但人在每个方面都有差别:健康、寿命、相貌、智力、才干、魅力、嗜好、偏爱、等等,除此之外,几乎可以无穷无尽地罗列下去。我们需要讨论的是,在法律上(应当包括立法与司法)考虑哪些因素属于平等,考虑哪些因素属于特权?换言之,人类之间的哪些事实上的差别可以成为或者不能成为法律上的差别待遇的根据?

在很长的历史时期内,种族、性别、宗教、民族背景、财产状态等因素都作为立法与司法上考虑的因素,而且出生、财富、种族、性别等差别,在一些社会中一直受到高度重视。"罗马帝国在整个共和国期间和实行帝制后很长时期内,任何奴隶都可以被他的主人处以死刑,而不会引起司法的注意。……今天每个人的生命和财产不仅仅在物质上受到法律的保护,而且认为镇压犯罪行为对每个人来说都是一样的,司法一律平等地注视着每个人,并不因为他富有而不受惩处,也并不因为他穷困而判以重罚。"[28]但事实上,即使"在那些原则上承认法律面前普遍平等观念的国家中,有钱人有时则享有一些实际特权和一些免受法律制裁的豁免权"。[29]我上大学的时候,一位学识渊博、令人尊敬的先生在课堂上讲了如下案例:西方某大国的法律规定,拥有一定数额财产的人,才具有选举权。某人在上一次选举时,因为有一头驴,所以,选民登记机关允许他进行选民登记,他行使了选举权。后来,他因为生活贫困而将驴卖掉了,这一次选举前,他也去进行选民登记,但被拒绝了。他问为什么,对方对他说:"上一次因为你有一头驴,所以具有选举权;这一次因为你没有驴了,所以没有选举权。"于是,他就问:"上一次选举时,究竟是我具有选举权还是驴具有选举权?"对方说:"当然是你具有选举权。"他就问:"我还是我,怎么我现在又没有选举权呢?"对方无言以对。对方显然还可以回答说:这就是法(Lex est)。但他还可以问:"为什么财产的差别可以成为是否具有选举权的根据呢?"由此看来,人类之间的哪些差别可以反映在法律上,是值得深思的问题。

从立法上说,这是一个分配正义的问题;从司法上说,这是一个平均正义的问题。分配正义主要关注的是如何将权利、权力、义务和责任分配给社会成员的问题,亦即,正义是给予每人应得的东西(Justitia suum cuique distribuit),各得其所是最正义的结局(Suum cuique tribuere, ea demum summa justitia est)。如什么人具有选举权,什么人可以担任公职,什么人具有言论自由,等等,各人的归各人(Reddenda singular singulis);在刑法领域,是如何规定犯罪与刑罚的问题。平均正义则关注的是既定法律的平等适用,不可接受在裁判中不公平地对待人的做法(In judiciis non est acceptio personarum habenda);在刑法领域,平均正义表现为根据刑法规定平等地定罪量刑。下面仅从平均正义角度略作说明。

在定罪方面,刑法明文规定了应当考虑的因素,所以,此外的因素在司法上就不应当考虑。例如,故意杀人罪,就行为主体而言,刑法只考虑了责任年龄与责任能力,其他主体因素都不影响故意杀人罪的成立,如人的性别、种族、健康程度、相貌、文化程度、财产状况、德行、嗜好等等都不得影响对故意杀人罪的认定。假如说,国家机关工作人员或者有钱人等故意杀人的可以不认定为本罪,这便明明白白是特权。再如,侵犯少数民族风俗习惯罪,就行为主体而言,刑法除考虑了责任年龄与责任能力以外,还要求必须是国家机关工作人员。在此意义上说,地位高使罪行重(Dignitas delictum auget)。在国家机关工作人员这一范围内,我们又不得考虑其他因素,行政机关的工作人员也好、立法机关的工作人员也好、司法机关的工作人员也好,只要是侵犯少数民族风俗习惯、情节严重的,就应认定为本罪。倘若说,最高机关或者某一特定机关的工作人员实施上述行为的可以不认定为本罪,这便清清楚楚是特权。因此,从定罪方面来说,司法机关只能考虑刑法明文规定的行为主体因素,而不得考虑法律没有规定的其他主体因素,否则,就是不平等。

就量刑方面来说,麻烦就大了。我们通常将影响量刑的情节称为量刑情节,量刑情节分为法定情节与酌定情节。行为人具有法定情节时,根据刑法规定处理,这是没有问题的。但酌定情节应当包括哪些内容呢?通常讲的是犯罪的手段、犯罪的时空及环境条件、犯罪的对象、犯罪造成的危害结果、犯罪的动机、犯罪后的态度、犯罪人的一贯表现、前科,等等,没有人主张,至少没有人公开主张,行为人的地位、权力、健康、相貌等影响量刑。[30] 我们从这里就可以得出一个结论:由于刑罚既是对犯罪的报应,又是对罪犯的矫正,因此,对行为的违法性和有责性程度以及特殊预防必要性大小的评价产生影响的因素,就是量刑时应当考虑的;根据这种因素的不同而作出不同的量刑时,仍然是平等的,不能谓之特权。对行为的违法性和有责性程度以及特殊预防必要性大小的评价不产生影响的因素,就不是量刑时应当考虑的;根据这种因素的不同而作出不同的量刑时,就是不平等的,应当谓之特权。[31]

最后,需要对刑法面前人人平等观念的具体内容作简短概括:第一,平等地保护。任何法益,只要是受刑法保护的,不管法益主体是谁,都应当平等地得到刑法的保护,而不能只保护部分主体的法益。这其中便包含了以下内容:对于任何没有犯罪的人,都必须平等对待,不能随意动用刑法侵犯其法益。第二,平等地定罪。即严格根据犯罪事实与刑法规定认定犯罪,既不允许将有罪认定为无罪,也不允许将重罪认定为轻罪;反之亦然。行为人地位的高低、权力的大小、金钱的多少、才智的强弱都不能影响犯罪的成否与轻重。第三,平等地量刑。对违法性与有责性程度相同以及预防必要性相同的犯罪,所处的刑罚也应当相同。该判轻刑的不得判重刑,该免除刑罚的不得判处刑罚;反之亦然。行为人地位的高低、权力的大小、才智的强弱都不能影响刑罚轻重及有无。第四,平等地行刑。对于判处刑罚的人,应当严格依照刑法规定平等地执行。特别是在减刑、假释等方面,应以犯罪人的悔改立功表现以及刑法规定为依据,而不能根据其他非相关因素决定减刑与假释。同样,**有必要赦免者应容易赦免**(Det ille veniam facile, cui venia est opus)。以上内容的核心,从现实来说仍然是要求做到**任何权力不得位于法律之上**。

注释

[1] 参见〔美〕范伯格:《自由、权利和社会正义》,王守昌、戴栩译,贵州人民出版社1998年版,第129页。

[2] 〔日〕木村龟二:《刑法总论》,有斐阁1978年增补版,第270页。

[3] 德国、瑞士等国刑法采用的日数罚金制,意在解决这个难题:先根据犯罪本身的情况决定日数,再根据行为人的财产等状况决定每日应缴纳的罚金数。但结局也不令人满意。

[4] 参见〔美〕乔·萨托利:《民主新论》,冯克利、阎克文译,东方出版社1993年版,第339页。

[5] 〔美〕E.博登海默:《法理学:法律哲学与法律方法》,邓正来译,中国政法大学出版社1999年版,第288页。

[6] 〔日〕桑原武夫:《文学序说》,孙歌译,生活·读书·知新三联书店1991年版,第88页。

[7] 参见〔美〕E.博登海默:《法理学:法律哲学与法律方法》,邓正来译,中国政法大学出版社1999年版,第227页。

[8] 〔德〕威廉·冯·洪堡:《论国家的作用》,林荣远、冯兴元译,中国社会科学出版社1998年版,第148页。

[9] 〔奥〕路德维希·冯·米瑟斯:《自由与繁荣的国度》,韩光明等译,中国社会科学出版社1995年版,第89页。

[10] 〔美〕E.博登海默:《法理学:法律哲学与法律方法》,邓正来译,中国政法大学出版社1999年版,第269页。

[11] 阿尔夫·罗斯(Acf.Ross)语,转引自同上书,第270页。

[12] 直译应为"谁都不能实施在法律上可以实施的行为以外的行为"。

[13]〔英〕弗雷德里希·奥古斯特·哈耶克:《通往奴役之路》,王明毅、冯兴元等译,中国社会科学出版社1997年版,第80页。

[14] 从这里可以看出,与其要求立法完善,不如要求执法平等,当然两全其美是再好不过的。但是,在执法不平等情况下,总是从立法上找原因,并不一定合适。

[15] 参见李晓秋、傅炳其主编:《市场经济300题》,中国经济出版社1993年版,第378页。

[16] 托尼语,转引自〔美〕乔·萨托利:《民主新论》,冯克利、阎克文译,东方出版社1993年版,第338页。

[17]〔美〕E.博登海默:《法理学:法律哲学与法律方法》,邓正来译,中国政法大学出版社1999年版,第285页。

[18] 皮尔曼(Chaim Perelman)语,转引自同上书,第286页。

[19] 参见〔美〕乔·萨托利:《民主新论》,冯克利、阎克文译,东方出版社1993年版,第340页以下。

[20]〔美〕E.博登海默:《法理学:法律哲学与法律方法》,邓正来译,中国政法大学出版社1999年版,第286页。

[21] 就这一方面而言,现行刑法的某些规定值得在刑事立法学上展开研究。例如,利用职务上的便利非法占有国有财产的行为,与利用职务上的便利非法占有非国有的公司、企业或者其他单位的财产的行为,在刑法上是两种不同的犯罪,而且法定刑相差甚远。这种不相同的处理,要求两种行为实质上是不同的,而上述两种行为在实质上有什么不同,就需要研究。

[22] 如果任何人都有相同的特权,就意味着任何人都没有特权,因而任何人都是平等的。

[23] 如有的大学生乐意谈论平等,但在需要排队的时候总是先看看队伍前面有没有自己的同学,以便插队。

[24] 有些现在看来是犯罪但没有受到刑罚处罚的行为,是因为当时人们不认

为这些行为是犯罪。

[25] 德国刑法学者李斯特的名言,事实上已成为刑法格言,参见〔日〕木村龟二:《刑法总论》,有斐阁1978年增补版,第87页。

[26]〔美〕E.博登海默:《法理学:法律哲学与法律方法》,邓正来译,中国政法大学出版社1999年版,第286页。第109页。

[27] 以上译文转引自〔美〕乔·萨托利:《民主新论》,冯克利、阎克文译,东方出版社1993年版,第345页。

[28]〔法〕皮埃尔·勒鲁:《论平等》,王允道译,商务印书馆1988年版,第33页。

[29]〔美〕E.博登海默:《法理学:法律哲学与法律方法》,邓正来译,中国政法大学出版社1999年版,第289页。

[30] 行为人财产状况不得影响犯罪的成立与否,但在行为构成犯罪应当科处罚金的情况下,能否因财产的差别而作出罚金数额不同的判决,是值得研究的。一般来说,在犯罪等同的情况下,对拥有较多财产的犯罪人,所科处的罚金会多一些,以实现痛苦的平等。这显然不是特权与歧视。相反,在犯罪等同的情况下,对财产多的人少判罚金、对财产少的人多判罚金,才是特权与歧视的表现。尽管如此,其中还是存在不少问题。

[31] 由此想到了前几年讨论过的"能人"犯罪能否从宽处罚的问题,显然,问题不在于犯罪人是不是"能人",而在于他犯罪前的一贯表现是否影响对其预防必要性大小的评价(参见张明楷:《对"能人"犯罪从轻追究刑事责任的依据》,载《法学》1992年第7期,第22页以下)。

Canaletto (1697—1768), *A Regatta on the Grand Canal* (detail).

刑 法 格 言 的 展 开

Graviore culpa gravior poena

罪责越重，刑罚越重

罪责越重,刑罚越重(Graviore culpa gravior poena)格言表述了罪刑相适应思想的基本内容,即罪责轻则刑罚轻,罪责重则刑罚重,**应当根据犯罪裁量刑罚**(Poena debet commensurari delicto),而不是随意裁量刑罚。用英语法律格言来表述便是,**罪行越大,绞架越高**(The greater the crime, the higher the gallows)。[1]我国刑法理论在1979年刑法时代就一直没有争议地认为罪刑相适应是刑法的基本原则。[2]现行《刑法》第5条规定:"刑罚的轻重,应当与犯罪分子所犯罪行和承担的刑事责任相适应。"这便明文肯定了罪刑相适应是刑法的基本原则。

罪刑相适应,源于因果报应与同态复仇观念。因果报应论的主要内容是善有善报、恶有恶报。"'善有善报,恶有恶报'有着大量的经验基础,尤其是在谈到现世报应的时候更是如此。从经验看,一个人很自然地会以恩惠报答恩惠,以怨仇回敬怨仇。这符合一般的人性,也构成了大多数人类社会的文化。"[3]因果报应观念还表明了大恶以大恶报、小恶以小恶报的思想。于是,因果报应与作为人的原始本能的同态复仇有着内在联系。**以眼还眼、以牙还牙**,"以血洗血","一报还一报","杀人偿命",**体者以体偿、肢者以肢偿**(Leib für Leib, Glied für Glied),等等,都是因果报应与同态复仇的表现形式,也是罪刑相适应思想的初始表现。也就是说,罪刑相适应的"最原始的观念是以罪犯治人之道还治罪犯之身,而且无论在什么地方,一想到古老的惩罚,总有这样一种古朴的思想在重申:杀人者偿命,伤人者受鞭笞"。[4]我们可以肯定,罪刑相适应思想,是伴随着罪与刑的出现而出现的。无论在奴隶社会还是封建社会,也无论是成文法出现之前或之后,任何国家都从不对各种轻重不同的犯罪千篇一律地适用相同的刑罚,而总是有所区别的。

这种区别是罪刑相适应思想的一种反映。问题只是，历来的奴隶主与封建主们，对犯罪的"轻"与"重"的判断标准不尽相同，而且由于君权的专断与等级观念的支配，罪与刑在实际上却存在着严重的不均衡，但罪刑相适应的思想仍然存在。近代刑法思想家们接受早就存在的罪刑相适应的朴素思想，并赋予它以新的时代内容，且大力从理论上论证了它的必要性与合理性，将它作为罪刑法定原则的重要内容，奉为立法与司法的一项重要原则。由此可见，罪刑相适应可谓人类社会的产物。

罪刑相适应，是适应人们朴素的公平正义意识的法律思想。公平正义感，深深地根植于人们的人格感之中。公平正义感意味着对相同的事项应当作相同的对待，而不同的事项应当作不同的对待。同样，对相同的犯罪应科处相同的刑罚，对不同的情形应科处不同的刑罚（Ex singulis causis singulae poenae irrogantur）。这便要求对不同的犯罪设定、科处与之相应的刑罚。"如果一项罪行与对之设定的刑罚之间存在着实质性的不一致，那么这就会违背一般人的正义感。"[5]同样，一项判决与所判之罪之间存在实质性的不一致，也会违背一般人的正义感。因此，罪刑相适应，是公平正义的要求。罪刑相适应原则之所以具有强大的生命力，也是因为它反映了公平正义。

预测可能性是公民自由行动的前提，没有预测可能性就没有自由可言。但预测可能性除了要求能够预测何种行为是犯罪以外，还要求能够预测犯罪的具体法律后果。法定刑只能使人们预测到大体上的法律后果，罪刑相适应的量刑则能使人们预测犯罪的具体法律后果。这种预测可能性，能够使一般人明确公平正义表现在量刑上的标准，从而反过来以这种标准评价量刑是否公平正义。"量刑对于被告人来说是吸引他极大关注的具有重大意义的事情。因此,量刑的结果最好能够为当事者所预测。"[6]但如果量刑没有统一基准,人们无论如何都不可能预测量刑结果,因而无从评价量刑是否公平正义,难以确信法律和信赖司法机关。**罪责越重,刑罚越重**的罪刑相适应原则提供了量刑基准。

刑法既是善良人的大宪章,也是犯罪人的大宪章,它不仅保障一般公民的法益不受司法机关的侵害,而且保障犯罪人的法益不受司法机关的恣意侵害。因此,刑法首先是裁判规范,首先限制国家司法机关的权力。作为刑法原则,首先起到大宪章作用的当然是罪刑法定原则,但刑法规定的法定刑总是有幅度的,在国土辽阔、人口众多的我国,法定刑的幅度不可能太小,司法机关仍然可能在法定刑范围内给犯罪人以不适当的制裁。例如,法定最高刑与法定最低刑,是分别和各该具体犯罪的违法性与有责性可能达到的最高限度与最低限度相对应的,如果没有罪刑相适应原则的制约,司法机关仍然可能将法定最高刑适用于该罪危害最小的情况,反之亦然。因此,为了保障犯罪人免受不适当的制裁,贯彻罪刑相适应原则是十分必要的。换言之,坚持罪刑相适应原则,是防止司法机关滥用权力的需要,是保障犯罪人不受不适当制裁的需要。

犯罪是刑罚的前提,刑罚是犯罪的后果;犯罪不仅决定行为人应当受刑罚处罚,而且决定了行为人应当承受与犯罪相适应的刑罚。古今中外,虽然犯罪的认定范围、刑罚的严厉程度总在不断变化,但犯罪与刑罚的这种基本关系始终没有改变。自古以来,犯罪的种类复杂,轻重不同,因而,刑罚体系也有轻重不同的种类,以对应于犯罪。即犯罪由轻到重地排列,刑罚也必须由轻到重地排列,犯罪的阶梯决定了刑罚的阶梯。可见,罪刑相适应是由犯罪与刑罚之间的基本关系决定的。

刑罚目的在于预防犯罪,刑罚的裁量也必须有利于刑罚目的实现。就一般预防而言,如果对轻微犯罪判处重刑,那么,就会对潜在的即将犯罪的人提供这样一种诱惑:与其犯轻罪不如犯重罪,从而会起到鼓励一些人犯重罪的消极作用。[7]正如贝卡里亚(Beccaria)所说:"如果对两种不同程度地侵犯社会的犯罪处以同等的刑罚,那么人们就找不到更有力的手段去制止实施能带来较大好处的较大犯罪了。"[8]如果对重罪判处轻刑,会使被害人以及其他人认为刑罚不公正、不合理,不足以安抚被害人,不利于鼓励一般人抑制犯罪,因而不利于预防其他人实施犯罪。就特殊预防而言,对轻微犯罪判处重刑,会使犯罪人产生对立思想与不服情绪,难以教育改造犯罪人,甚至使罪犯对国家、社会产生不满情绪,从而再次实施犯罪;如果对重罪判处轻刑,则不足以对犯罪人的再犯条件进行限制,不足以威慑犯罪人,因而不利于预防犯罪人再次犯罪。

从表面上看,罪刑相适应原则只是量刑原则,其实不然。首先,在刑事立法、刑事审判与刑罚执行阶段,都必须坚持罪刑相适应原则。立法上的罪刑相适应,是司法上的罪刑相适应的前提;如果刑法规定的法定刑畸轻畸重,审判上就不可能作出适当量刑。因此,**刑罚的规定应当适应不法行为的程度**(Poena ad mensuram delicti statuenda est)。立法上的罪刑相适应,只是一种抽象的、大体上的相适应,要做到具体的罪刑相适应,还有待量刑上实现罪刑相适应。显然,在既定刑法之下,罪刑相适应原则的实现,主要依赖于量刑。但在量刑上做到罪刑相适应后,还要求在执行过程中根据犯罪人的特别预防必要性大小的消长情况,对已经判处的刑罚作出一定的调节。所以,行刑过程是一个进行性的持续体现罪刑相适应原则的过程。既然在立法、审判与执行阶段都必须遵循罪刑相适应原则,就表明它不只是量刑原则,而是刑法的基本原则。其次,罪刑相适应原则事实上也制约、影响着定罪。例如,以索取财物为目的绑架他人的行为,构成绑架罪;由于该罪的法定刑较高,故即使绑架他人后杀害他人的,也只以一罪论处,而不实行数罪并罚。这充分说明罪刑相适应原则对定罪的制约作用,也说明罪刑相适应是刑法的基本原则,而不只是量刑原则。此外,在我国修订刑法的过程中,起草者曾将上述罪刑相适应的规定放在"刑罚的具体运用"一章的"量刑"一节,作为量刑原则,但后又改为规定在"刑法的任务、基本原则和适用范围"一章中,也说明罪刑相适应是刑法的基本原则。[9]

一般认为,罪刑相适应,就是罪重的量刑要重,罪轻的量刑要轻,各个法律条文之间对犯罪量刑要统一平衡,不能罪重的量刑比罪轻的轻,也不能罪轻的量刑比罪重的重。[10]但《刑法》第 5 条的规定要求,**刑罚与罪责同等**(Culpae poena par esto),**罪责越重、刑罚越重**,即要求刑罚与"犯罪分子所犯罪行和承担的刑事责任"相适应。照字面来理解,刑罚一方面要与罪行相适应,亦即,**惩罚与罪行相当**(Noxiae poena par esto);另一方面要与刑事责任相适应。一般来说,罪行重则刑事责任重,罪行轻则刑事责任轻,但罪行本身的轻重由犯罪的主客观事实本身决定,**绝不因事后行为加重对过去犯罪的评价**(Aestimatio praeteriti delicti ex postremo facto nunquam crescit);而刑事责任的轻重虽然主要由犯罪的主客观事实决定,可是许多案件外的表明犯罪人再犯罪可能性大小的事实或情节,能够说明刑事责任的轻重,却不能说明罪行的轻重。例如,自首与立功可以说明行为人的再犯罪可能性小,但不表明其所犯罪行也减轻,而这是制刑与量刑时必须考虑的因素。因此,可以认为,《刑法》第5条关于罪刑相适应原则的规定,实际上是要求刑罚的轻重必须与罪行的轻重以及犯罪人的再犯罪可能性相适应。与罪行的轻重相适应,是报应刑对刑罚的限制;与犯罪人的再犯罪可能性相适应,是目的刑的要求。其出发点和归宿,都在于最大限度发挥刑罚的积极功能,实现刑罚的正义和预防犯罪的目的。由于刑罚必须与罪行的轻重相适应,故可以防止为了追求预防目的而出现畸轻畸重的刑罚;因为刑罚必须与犯罪人的再犯罪可能性相适应,"刑罚的严厉程度应该只为实现其目标而绝对必需"[11],故可以防止为了追求报应而科处不必要的刑罚。由上可见,我国《刑法》第5条规定的罪刑相适应原则,并不等同于不考虑预防目的的狭义的罪刑均衡。换言之,罪刑相适应,实际上是在不超出罪行程度的前提下,根据预防的必要性大小科处刑罚。

认为罪刑相适应原则包括以上两个方面的内容,与刑罚的正当化根据是完全对应或相符的。关于刑罚的正当化根据,起先有报应刑论,认为对基于自由意志实施恶行的人,施以刑罚这种恶报,是正义的;后来有目的刑论(主要是预防论),认为科处刑罚是为了实现预防犯罪等合理目的,因而是正当的。但现在一般主张并合主义,即报应的正义性与目的的合理性都是刑罚的正当化根据。[12]刑罚的正当化根据,不只是从总体上回答为什么国家可以规定、适用刑罚,而且具体地说明了刑罚适用的基准尤其是量刑基准,即量刑时必须考虑报应与目的两个因素。这是因为,量刑是否正当,不是简单地根据感觉判断的。"解明量刑基准时,首先要从刑法理论特别是刑罚理论中围绕刑罚的'正当化根据'的议论出发,这是不可缺少的前提。"[13]换言之,"'为什么'刑罚是正当的根据,也是'何种程度的'刑罚是正当的根据".[14]在整体上回答了刑罚的正当化根据,也就在具体的量刑问题上回答了刑罚的正当化根据。当今的通说采取的是并合主义(综合说),亦即,刑罚的正当化根据一方面是报应的正义性,另一方面是预防犯罪目的的合理性。[15]因此,刑罚的裁量既要与罪行本身的轻重(行为责任)相均衡(或相适应),又要考虑预防犯罪的目的。这样的观念,已经反映在一些国家的刑事立法中。德国《刑法》第46条第1款规定:"犯罪人的责任是量刑的基础。必须考虑刑罚对犯罪人将来社会生活所应当发生的作用。"第2款规定:"法院在量刑时,应考虑对犯罪人有利和不利的情况。特别应考虑下列事项:犯罪人的犯罪动机和目的,行为所表露的思想和行为时的意图,违反义务的程度,行为方式和所造成的后果,犯罪人的经历、人身和经济情况,以及犯罪后的态度,尤其是为了补偿损害所作的努力和为实现与被害人和解所作的努力。"奥地利《刑法》第32条、瑞士《刑法》第63条、日本《改正刑法草案》第48条都有类似规定。

问题在于如何处理报应刑与目的刑之间的关系?换言之,以罪行为基础的刑罚(责任刑或报应刑)[16],和预防犯罪所需要的刑罚(预防刑)不同时(如罪行重大但预防的必要性小,或者罪行轻但预防的必要性大),应当如何量定刑罚(所谓刑罚目的的二律背反——Antinomie der Strafzwecke[17])?对此,国外刑法理论存在点的理论与幅的理论之争。[18]

点的理论认为,与罪行相适应的刑罚只能是正确确定的某个特定的刑罚(点),而不是幅度;在确定了与罪行相适应的具体刑罚(点)之后,只能在这个点以下考虑预防犯罪的需要。幅的理论认为,与罪行相适应的刑罚具有一定的幅度,法官应当在此幅度的范围内考虑预防犯罪的目的,最终决定刑罚。本书主张点的理论,根据点的理论,在确定了与罪行相适应的具体刑罚(点)之后,只能在这个点以下考虑预防犯罪的需要。本书将点的理论的具体内容归纳如下:(1)客观上存在与罪行相适应的确定的刑罚(点),法官主观上也能够认识到这种确定的刑罚;(2)刑罚与罪行相适应,是指刑罚不能超出责任刑的点;(3)法官只能在点之下考虑预防犯罪的需要;(4)在具有减轻处罚情节的场合,法官能够在点之下低于法定刑考虑预防犯罪的需要。

刑罚的目的既包括一般预防,也包括特殊预防。如何在责任刑或报应刑(点)之下考虑预防犯罪的目的,或者说,如何在点的理论指导下,处理好狭义的罪刑均衡(责任刑)与犯罪预防的关系,是需要进一步讨论的问题。

第一,关于罪刑均衡与一般预防的关系。能否因为一般预防的必要性大,而在责任刑(点)之下从重处罚？例如,甲所犯之罪的法定刑为3年以上10年以下有期徒刑,法官根据其罪行确定的责任刑(点)为7年徒刑。但是,甲所犯之罪具有蔓延的可能性,极容易被其他人效仿。能否在3年以上7年以下的范围内,对甲从重处罚(如判处7年徒刑)？本书对此持否定回答。对甲从重处罚,明显意味着使甲成为实现一般预防目的的工具。然而,尊重被告人权利的最基本要求,是避免将被告人作为预防他人犯罪的工具了以利用。所以,量刑时不能以一般预防必要性大为由,在点之下从重处罚。得出这一结论,并不等于量刑没有一般预防的效果。刑法所指向的是一般人与一般事件,因而刑罚的制定就考虑了一般预防[19]。**法律着眼于未来,而不着眼于过去**(Lex prospicit, non respicit)的法律格言,便说明了这一点。

那么，能否因为一般预防的必要性小，而在责任刑或报应刑（点）之下从轻处罚？本书对此持肯定回答。并合主义原本就是为了避免不必要的刑罚而产生的。既然一般预防的必要性小，就没有必要科处较重的刑罚。基于并合主义所形成的点的理论，正是为了能够在点之下判处较轻的刑罚，甚至免除刑罚。所以，只要采取点的理论，就必然对上述问题持肯定回答。

第二，关于罪刑均衡与特殊预防的关系。如前所述，我国《刑法》第5条的实质在于，既要罪刑均衡，又要刑罚个别化（考虑特殊预防的必要性）。特殊预防是法律期待的未来的目的，但法官在追求特殊预防目的而量刑时，必须以已经发生或者已经存在的事实为根据。**法律斟酌未来，法官考虑过去**（Lex de futuro, judex de praeterito）的格言，表明的就是这一含义。刑法关于自首、累犯的规定，法律格言中的**主动自首的人应当比在法庭上证明有罪的人受到更好的待遇**（Mitius agitur cum sponte confesso, quam cum in jure convicto），**反复犯罪则增加刑罚**（Transgressione multiplicata, crescat poenae inflictio; Multiplicata transgressione, crescat poenae inflictio），**频繁犯罪则加重刑罚**（Ex frequenti delicto augetur poena）等表述，也都说明罪前罪后的表现是量刑的依据。根据点的理论，对罪刑均衡的要求只是意味着刑罚不得超出罪行的上限，只要特殊预防的必要性小或者没有特殊预防的必要，就可以在责任刑之下从轻、减轻处罚或者免除处罚。例如，虽然**激愤并非不法行为的理由**（Calor iracundiae non excusat a delicto），但因激愤而犯罪表明犯罪人的非难可能性低，特别预防的必要性小，所以，**激愤犯罪应当受到从轻处罚**（Delinquens per iram provocatus puniri debet mitius）。诚所谓**法律考虑激愤者，激愤者不考虑法律**（Lex videt iratum, iratus legem non videt)。再如,**侵害因和解而消灭**(Dissmulatione tollitur injuria),犯罪后与被害人达成和解的,应当从轻处罚,不难看出,要求刑罚在任何场合都必须与罪行相均衡的观点,既不现实,也不利于预防犯罪的考虑,使并合主义形同虚设。

第三,关于罪刑均衡与双面预防的关系。确定了责任刑或报应刑(点)之后,如果认为一般预防与特殊预防的必要性都小,法官当然应在点之下从轻处罚;如果被告人具备减轻或者免除处罚的情节,还应当减轻或者免除处罚。但是,在具体案件中,一般预防与特殊预防的必要性大小,也不完全一致。

首先,在点的理论之下,如果特殊预防的必要性小,应当科处轻刑,但一般预防的必要性大,应当科处较重刑罚时,能否科处较重刑罚?如前所述,这种做法明显将被告人作为预防他人犯罪的工具予以利用,因而不可取。其次,在点的理论之下,如果一般预防的必要性小,应当科处较轻刑罚时,能否因为特殊预防的必要性大,而科处较重刑罚?本书对此持肯定回答。刑法规定的法定刑,已经考虑了一般预防的需要,而特殊预防只能由法官在量刑时、执行机关在行刑时考虑。如果法官在量刑时不考虑特殊预防必要性的事实,就不可能发挥刑罚的特殊预防机能。所以,当法官根据量刑资料,确信特殊预防的必要性大时,就可以在责任刑(点)之下,从重处罚。

由上可见,只要考虑预防犯罪的需要,所宣告的刑罚就几乎不可能是与罪行相均衡的刑罚。对于狭义的罪刑均衡原则与刑罚个别化原则的关系,以及罪刑均衡与预防犯罪的关系,都只能按照点的理论来处理。(1)不能采取积极的均衡原则。积极的均衡,是指积极追求与犯行的重大性相均衡的刑罚的决定原理,这种理论要求积极地寻找尽可能与犯行的重大性相适应的刑罚。[20]但是，在一般预防与特殊预防的必要性较小时，不应当追求刑罚与罪行的重大性相均衡。（2）罪刑均衡中的罪，是指罪行，即有责的违法，也可谓责任程度。**恶意高则刑罚重**（Malitia crescente crescere debet et poena）；在责任减轻的场合，责任刑也相应减轻。（3）只能采取非对称性的罪刑均衡原则。亦即，罪刑均衡中的均衡，虽然可能表现为轻罪轻判，但并不意味着重罪必须重判，而是指刑罚不得超出责任的上限。所以，即使罪行重大，也可能因为预防的必要性小，而科处较轻的刑罚。换言之，罪刑均衡，并不否认可以在责任刑的点之下判处刑罚。（4）**法官不得比法律更慈悲**（Judex non debet lege clementior esse），**法官太慈悲，法律便溶化**（Dissolvitur lex cum fit judex misericors）。受法定刑的制约，在没有减轻处罚的情况下，不得低于法定最低刑判处刑罚；在没有免除处罚情况下，不得免除处罚。

罪责越重，刑罚越重的法律格言所表现的罪刑相适应原则，并不是在刑法中作出规定就可以得到贯彻的，需要对贯彻这一原则的条件与措施展开研究。正确理解罪刑相适应原则的根据与含义，只是贯彻该原则的前提之一，除此之外，目前需要明确以下几点：

第一，罪刑相适应原则首先还是一个平等适用刑法的问题。易言之，如果严格做到了刑法面前人人平等，那么，罪刑相适应原则也就大体上实现了。平等是一个具有多种不同含义的概念，其中包括"关注在适用刑法时维持罪行与刑罚间的某种程度的均衡"。[21]法律面前平等意味着凡被法律视为相同的事项应当得到相同至少是相似的对待；反之，凡被法律视为不同的事项应当得到不同的对待。因此，凡被法律规定为相同的重罪的，应当得到相同的重判;凡被法律规定为相同的轻罪的,应当得到相同的轻判。**对同等犯罪应科处同等刑罚,对类似的事件作出相同的裁判**,既是平等适用刑法的要求,也是罪刑相适应原则的要求。在刑法对各种具体犯罪规定了适当法定刑的前提下,只要平等适用刑法,大体上就会实现罪刑相适应原则的要求。从司法实践上看,畸轻畸重判决中的大多数,都是因为违反了平等适用刑法原则所致。因此,罪刑相适应原则的贯彻,以平等适用刑法原则的落实为前提。

第二,罪刑相适应原则的一个重要侧面是禁止残酷的、野蛮的刑罚。美国、日本等国学者常常在宪法上寻找罪刑均衡的根据。美国《宪法修正案》第 8 条规定,禁止"残酷和异常的刑罚",一般认为该规定包含了禁止与犯罪不相均衡的刑罚的内容。美国联邦最高法院曾经判决,对强奸罪规定死刑、对轻微的常习累犯规定没有假释可能性的无期刑的刑罚法规,违反美国《宪法修正案》第 8 条因而无效。[22] 日本学者认为,日本《宪法》第 36 条关于禁止残虐刑罚的规定以及第 31 条关于实体的正当程序的规定,包含了罪刑均衡的思想。[23] 在现代社会,人们的物质、精神生活水平不断提高,人道主义精神深入人心,将刑罚作为摧残人、折磨人的手段的时代已经一去不复返了。因此,任何残酷的、野蛮的刑罚,都不可能成为与犯罪相适应的刑罚。另一方面,现代刑罚已经不是单纯追求报应的手段,而是在报应的限度内追求预防犯罪的合理目的,而残酷的、野蛮的刑罚则无助于预防犯罪目的的实现。

第三,罪刑相适应原则不意味着量刑没有地域性、时间性与条件性的适当差异,相反应当承认这种差异性。罪刑相适应原则包括刑罚与罪行程度相适应的基本内容,但是,罪行程度具有变易性,即同一行为在不同时间、地点、条件下,其罪行的大小在发展变化。人们总是根据所处的社会历史条件评价行为的罪行程度。我国地域辽阔但各地发展不平衡,民族众多且风俗、习惯、传统存在很大差异,各地、各民族对同一行为的评价肯定会有差异。不仅如此,一种犯罪的一般预防的必要性大小,在各地也并不完全相同。例如,在交通通畅的地区,多发生"飞车抢夺"的案件,一般预防的必要性大;但在像北京城区这样的交通堵塞的地方,基本上不会发生"飞车抢夺"的案件,一般预防的必要性小。所以,要求在全国范围实现量刑统一化、标准化,是不合适的。这种做法所实现的是机械化的正义,而不是活生生的正义;这种做法既没有充分考虑责任刑的根据,更没有考虑预防刑的根据。

第四,罪刑相适应原则的贯彻,需要合适的量刑方法。我国当前的量刑,一般采用传统的经验量刑法(事实上,其他国家目前采用的也都是这种方法),由于这种方法没有科学标准作保障,加之法官的自由裁量权较大,不少人提出了数学模型法、定量分析法、电脑量刑法等新的量刑方法,它们的特点是将所有影响量刑的因素作定量分析,从而实现量刑的精确、平衡与统一。[24]然而,这些新的量刑方法是以传统的量刑方法为基础的。以定性分析为根据产生的定量分析具有何种程度的优越性,还值得怀疑;任何人都不可能事先没有遗漏地列举出影响量刑的具体因素;电脑是由人操作的,如果审判人员意欲重判或者轻判,仍然可以擅自输入导致重判或者轻判的因素;通过电脑量刑在全国范围内实现量刑统一、平衡,是漠视法益侵害性与预防必要性的变易性的表现。另一方面,**正义不应跛行**(Justitia non debet claudicare)。正义的实现不只是一般正义的实现,还要达到个别正义的实现。严格规则主义虽然有利于一般正义,但不利于实现个别正义,所以,**严格与不衡平极**

为接近(Iniquitati proxima est severitas)。正因为如此,法律不采取绝对确定的法定刑,而是规定相对确定的法定刑,然后由法官自由裁量。就对具体犯罪的自由刑而言,**判处多长期限合理,不是由法律规定,而是由法官裁量**(Quam longum esse debet rationabile tempus non definitur in jure, sed pendet ex discretione justiciariorum);就对具体犯罪的罚金刑而言,**判处多少罚金合理,不是由法律规定,而是由法官考虑所有情节予以裁量**(Quam rationabilis debet esse finis non definitur, sed omnibus circumstantiis inspectis pendet ex justiciariorum discretione)。但法官的自由裁量以法定刑为根据,换言之,**自由裁量是通过法律判断何为正当**(Discretio est discernere per legem quid sit justum),相对的自由裁量是正义的要求。因此,不能因为经验量刑法是一种自由裁量,而予以否认。在还没有或者不能推行更科学的量刑方法的情况下,应当注重采取措施促使经验量刑法更加完善。根据点的理论,大体而言,量刑应当采取以下步骤:(1)确定罪名后根据案件的违法与责任事实确定法定刑;(2)暂时不考虑各种法定与酌定量刑情节,确定一个量刑点;(3)根据影响责任刑的情节,确定责任刑(点);(4)在点之下根据预防必要性的大小确定宣告刑。此外,贯彻罪刑相适应原则的当务之急是要做到:避免案外的人为因素干扰量刑;审判人员应当坚持平等适用刑法的原则以及以犯罪事实为根据、以刑事法律为准绳的量刑原则;应当摒弃重刑主义观念;应当按照刑罚的正当化根据分别考虑不同情节的性质与作用;应当将以往量刑适当的判决作为参考,而不能以量刑不适当的判决作为依据;应当在正常心理、情绪、情感状态下量刑。

罪责越重,刑罚越重;罪责愈轻,刑罚愈轻。这种古朴的正义观念,何尝不是现代的正义观念!

注 释

[1] 这显然是以死刑为中心的时代产生的法律格言,但它确实表述了罪刑相适应的思想。

[2] 参见高铭暄主编:《中国刑法学》,中国人民大学出版社1989年版,第34页以下。

[3] 盛洪:《道德·功利及其他》,载《读书》1998年第7期,第121页。

[4] 〔英〕哈特:《惩罚与责任》,王勇等译,华夏出版社1989年版,第154页。

[5] 〔美〕E.博登海默:《法理学:法律哲学与法律方法》,邓正来译,中国政法大学出版社1999年版,第287页。

[6] 〔日〕曾根威彦:《量刑基准》,载西原春夫主编:《日本刑事法的形成与特色》,中国·法律出版社、日本国·成文堂1997年联合出版,第150页。

[7] 参见〔英〕哈特:《惩罚与责任》,王勇等译,华夏出版社1989年版,第156页。

[8] 〔意〕贝卡里亚:《论犯罪与刑罚》,黄风译,中国大百科全书出版社1993年版,第65页。

[9] 当然,从事实上看,特别是在刑法已经规定了适当的法定刑和减刑、假释的具体条件后,罪刑相适应原则主要是量刑应当遵循的原则。

[10] 参见王汉斌1997年3月6日在第八届全国人民代表大会第五次会议上《关于〈中华人民共和国刑法〉(修订草案)的说明》。

[11] 〔英〕吉米·边沁:《立法理论——刑法典原理》,李贵方等译,中国人民公安大学出版社1993年版,第78页。

[12] 参见本书对**因为有犯罪并为了没有犯罪而科处刑罚**的说明。

[13] 〔日〕城下裕二:《量刑基准的研究》,成文堂1995年版,第39页。

[14] 〔日〕平野龙一:《刑法总论 I》,有斐阁1972年版,第27页。

〔15〕H. Jescheck/T. Weigend, Lehrbuch des Strafrechts. Allgemeiner Teil, 5. Aufl., Duncker & Humblot 1996, S. 75f；〔德〕齐柏里乌斯：《法学导论》，金振豹译，中国政法大学出版社 2007 年版，第 179 页以下；〔日〕西田典之：《刑法总论》，弘文堂 2010 年版，第 19 页；张明楷：《新刑法与并合主义》，载《中国社会科学》2000 年第 1 期，第 103 页以下。

〔16〕这里的罪行，是指有责的违法；反过来说，也可谓责任的轻重（参见张明楷：《责任主义与量刑原理》，载《法学研究》2010 年第 5 期，第 128 页以下）。

〔17〕H. Jescheck/T. Weigend, Lehrbuch des Strafrechts. Allgemeiner Teil, 5. Aufl., Duncker & Humblot 1996, S. 879.

〔18〕参见〔日〕城下裕二：《量刑基准的研究》，成文堂 1995 年版，第 83 页以下。

〔19〕例如，盗窃罪的法定刑重于故意毁坏财物罪的原因之一是，前者的一般预防必要性大于后者。

〔20〕参见〔日〕小池信太郎：《量刑中的犯行均衡原理与预防的考虑（1）》，载《庆应法学》2006 年第 6 号，第 80 页。

〔21〕〔美〕E. 博登海默：《法理学：法律哲学与法律方法》，邓正来译，中国政法大学出版社 1999 年版，第 285 页。

〔22〕Coker v. Georgia, 443 U. S. 585 (1977)；Solem v. Helms, 463 U. S. 277 (1983).

〔23〕参见〔日〕町野朔：《刑法总论讲义案Ⅰ》，信山社 1995 年版，第 59 页。

〔24〕参见苏惠渔等编：《量刑方法研究专论》，复旦大学出版社 1991 年版，第 1 页以下。

Adam Frans van der Meulen(1632—1690), *Philippe François d'Arenberg Meeting Troops*(detail).

刑法格言的展开

Nemo punitur pro alieno delicto

任何人不因他人的不法行为受处罚

任何人不因他人的不法行为受处罚(Nemo punitur pro alieno delicto)格言表述了坚持个人责任(罪责自负)、禁止团体责任或集体责任(反对株连)的原则:只有实施了犯罪行为的人才能承担刑事责任。与此含义相同的格言还有许多,例如,**不得因他人的行为而处罚此人**(Pro alieno facto non est puniendus);**刑罚应拘束行为人,而不应拘束其他人**(Poena suos tenere debet actores et non alios)。

刑事法领域的团体责任,是指一个人实施犯罪行为后,不仅该犯罪人要承担刑事责任,而且与犯罪人有关的某些人也要承担刑事责任。[1]如《汉谟拉比法典》规定,父母犯罪,其子女也应承担刑事责任;盗卖他人财物的罪犯如果死亡,其家属担负五倍于原物的赔偿金。在法兰西王国,路易十四颁发敕令规定株连原则,一人犯罪,祸及全家,即使是幼儿与精神病患者也不能幸免,甚至连全村的人都要被连坐。至于中国古代社会的株连现象,则是众所周知的。早在我国奴隶社会,就出现了诛族现象。封建社会亦是如此。《唐律》明文设立族诛的规定,如"诸谋反及大逆者皆斩,父子年十六岁以上皆绞"。《唐律》关于族诛的规定,一直为宋、元、明、清所沿用。除族诛外,还有缘坐、连坐、没籍等团体责任方式。缘坐内容是一人犯罪,家属集体受罚。连坐内容是一人犯罪,累及街邻、同乡的居民;没籍内容是登记并没收犯罪人所有的家口和财产。

团体责任是君主专制制度的产物。孟德斯鸠曾说:"在中国,子女犯罪,父亲是受处罚的,秘鲁也有同样的习惯。这个习惯是从专制思想产生出来的。"[2]宗法制度、血统观念则是团体责任的社会基础。中国古代的宗法制度是尽人皆知的;在古希腊,"以为人类是'家庭的人',并不是所谓'个人',他们既有共同的血缘关系,那末,所谓犯罪,实际上就是血缘犯罪,所以,凡是共同血统的人,遇有犯罪行为发生,都要负连带责任"。[3]

团体责任是随着君主专制制度的崩溃而退出历史舞台的。在现代社会,**任何人不因他人的不法行为受处罚**的个人责任原则得到公认。实行个人责任,首先是正视人性的结果。如上所述,所谓团体责任,实际上是对犯罪人的亲属、乡邻、友人追究刑事责任。然而,人皆有父母,人皆有近亲,亲情不因对人的品质评定而发生动摇。"父母可以赞扬一个孩子比另一个孩子好,或者喜欢(在喜爱的意义上)一个孩子比另一个孩子更甚,或者对一个孩子的评价比对另一个孩子更高,但是父母之爱的必要条件是不因对其品行所作的各种反应而有所动摇。爱是对作为个体的人的反应,而不是对具有优秀品质的佼佼者的反应。"[4]亲情如同自由一样给人带来幸福,所以说,**自由与近亲关系的价值无限**(Infinita aestimatio est libertatis et necessitudinis)。近亲关系与生俱来,国家不得因为近亲关系而使人蒙受痛苦,**血缘的法不应受到任何国家法的破坏**(Jura sanguinis nullo jure civili dirimi possunt)。所以,**尊亲属的恶行不损害卑亲属**(Delicta parentum liberis non nocent),**父亲的犯罪绝不能殃及子女**(Patris delictum nocere nunquam debet filio);**本人的罪行不应损害继承人**(Dolus auctoris non nocet successori)。仅因为是犯罪人的亲属而追究其责任,完全是对人性的否定;实行个人责任,才能使亲属关系和睦,使人们幸福地生活。人皆有乡邻、人皆有朋友。人到底生活在社会中,在绝大多数场合,人们的乡邻不是自己可以左右的,而是具有历史的渊源、社会的原因。"远亲不如近邻",乡邻之间的相互帮助、相互关心,能够使人们生活在和谐的环境中。人与人之间需要交往,否则便难以生存;人人都有受到尊重的欲望,而尊重首先来自交往中,完全陌生而无交往的人之间不产生具体的尊重与否的问题;人都希望有朋友,即使性格孤僻的人也不例外。然而,因为是乡邻、因为是朋友而受到刑罚处罚,要么会使人们害怕命运,要么会使人们独居深山。团体责任使得**有责者害怕法律、无责者害怕命运**(Legem nocens veretur, fortunam innocens),使得人们无时不处于恐惧之中。只有实行**任何人不因他人的不法行为受处罚**的个人责任原则,才能使人们自由地居住、自由地交往、自由地生活。

实行个人责任是正义的要求。恶有恶报、善有善报是朴素正义观念,但恶报的前提是恶行、善报的前提是善行。一方面,没有恶行就不能给予恶报,否则是不正义的;另一方面,承担恶报的人只能是实施了恶行的人,**任何人不因他人的行为承担责任**(Nemo ex facto alterius praegravari debet; Nemo ex alterius facto praegravari debet),否则也是不正义的。诚然,在奴隶社会与封建社会,实行团体责任或许是以犯罪人的亲属、乡邻、朋友也具有责任为根据的,即他们有防止自己的亲属、乡邻、朋友犯罪的权力或者义务但没有防止。可是,任何犯罪都是由于社会的原因与个人的原因所致,而不是亲属、乡邻或者朋友所致;就个案而言,导致犯罪的原因极为复杂,任何人都不能预测他人将来是否会犯罪;每一个人都有独立的人格,每一个都有各自的生活领域,他人不可能恣意干预;如果社会的每一个人只从事预防亲属、乡邻、朋友犯罪的工作,那么,每个人都不能生存,社会也不可能存在与发展。因此,团体责任的根据是不成立的。正如孟德斯鸠所言:"如果说,在中国子罪坐父是因为大自然建立了父权,法律并加以增益,而父亲却没有使用他的权力,所以才受到处罚,这种说法是没有多少意义的。"[5]

封建社会实行团体责任的另一根据可能是为了使刑罚达到更大的威慑效果。然而，对人类应当普遍尊重、一切人都是人而不是物、人是自在的目的、在任何意义都不得将人作为实现某种目的的手段等观念，得到了现代社会的公认，也是社会正义的要求。实行团体责任是将没有犯罪的人作为实现预防犯罪目的的手段了，因而是不正义的。这些反过来说明，实行个人责任，才是符合正义的。

实行个人责任也是犯罪与刑罚的基本关系决定的。犯罪是刑罚的前提，刑罚是犯罪的后果，没有犯罪就没有刑罚（Nulla poena sine crimen）。因此，从抽象意义上说，谁实施犯罪，谁承受处罚（Ubi quis delinquit, ibi punietur）；就具体情况而言，被告人因自己实施犯罪而受处罚（Reus ibi puniendus est, ubi deliquit）。如果实行团体责任，对于没有实施犯罪的人也处以刑罚，就意味着刑罚不以犯罪为前提，意味着可以没有根据地适用刑罚，意味着对任何人都可以适用刑罚，意味着任何人的自由都没有保障，意味着任何人都没有自由。由此可见，恪守犯罪与刑罚的基本关系是何等重要。

我国现行刑法与 1979 年刑法彻底贯串了任何人不因他人的不法行为受处罚的个人责任原则。如 1979 年《刑法》第 55 条第 2 款规定："在判处没收财产的时候，不得没收属于犯罪分子家属所有或者应有的财产。"这充分体现了个人责任的原则。现行《刑法》第 59 条除了保留这一规定外，还特别规定："没收全部财产的，应当对犯罪分子个人及其扶养的家属保留必需的生活费用。"这不仅肯定了个人责任的原则，而且又向前迈进了一步：不仅不株连无辜，而且尽量使无辜者的生活不受影响。不管是在刑法理论上还是在司法实践上，现在没有任何人主张株连，没有任何人反对个人责任。但是，仍然有一些问题值得我们注意。

第一,对于任何有株连无辜之嫌的做法都必须杜绝。有这样一个案例:行为人犯了杀人罪后潜逃,某市公安机关实施了一定的侦查与追捕工作,但未能抓获行为人,公安局长便下令将行为人的父亲拘留,向其家属声称:"你们找回儿子来换回父亲。"于是,家属四处寻找儿子,结果用儿子换回了父亲。公安局长很得意,到处炫耀自己不花人力、物力就可以抓获罪犯。我们不能说这是典型的株连,而且公安局长是以共同故意杀人的名义拘留父亲的,可见他也知道不能株连无辜,但他事实上在株连无辜。刑事拘留虽然是一种强制措施,而不是刑罚,但它剥夺人身自由,仍然是一种痛苦,所以可以折抵刑罚。他人犯罪后由他人承担责任,**他人的责任不得加害于我们**(Alterius culpa nobis nocere non debet)。即使是儿子犯罪,也不得加害父亲。而上述做法相反,让没有犯罪的人承担了痛苦,与株连只有程度的差异,没有实质的区别。所以,在某人实施犯罪行为后,不仅不能对其没有责任的亲属、乡邻、朋友判处刑罚,而且也不得对他们实施其他任何强制措施以及其他对他们不利的行为。

第二,必须根据刑法的规定认定共同犯罪,而不能任意扩大共同犯罪的处罚范围。特别值得讨论的是犯罪集团的首要分子的刑事责任问题。《刑法》第26条第3款规定:"对组织、领导犯罪集团的首要分子,按照集团所犯的全部罪行处罚。"据此,犯罪集团中的首要分子,除了对自己直接实施的具体犯罪行为及其结果承担责任外,还要对集团所犯的全部罪行承担责任,即还要对其他成员按该集团犯罪计划所犯的全部罪行承担责任,因为这些罪行是由首要分子组织、策划、指挥实施的。所应注意的是,对犯罪集团的首要分子,是按"集团"所犯的全部罪行处罚,不是按"全体成员"

所犯的全部罪行处罚。换言之,集团成员超出集团犯罪计划,独自实施的犯罪行为,不属于集团所犯的罪行,首要分子对此不承担责任。但是,在司法实践中,对于黑社会性质的组织者、领导者的定罪量刑,存在违反个人责任的现象。亦即,在有的地方,只要认定为黑社会性质的组织,那么,就要让首要分子对该组织成员所实施的一切犯罪承担刑事责任。这显然违反了**任何人不因他人的不法行为受处罚**的个人责任原则。如果首要分子客观上没有组织、指挥、策划某个罪行[6],主观上对组织成员实施的犯罪没有责任,就不能让首要分子对该组织成员实施的犯罪承担刑事责任。此外,犯罪集团的首要分子要对集团所犯的全部罪行承担责任,但这并不意味着首要分子要对其中的任何具体罪行都承担主要责任。首要分子对于具体犯罪所承担的责任,应当根据其在该起犯罪中的具体地位、作用来确定。换言之,首要分子完全可能对某些具体的犯罪并不起主要作用。

第三,对于有些刑种的适用,应特别注意防止事实上的株连。没收财产是容易祸及无辜的,所以刑法作了上述特别规定,司法机关不仅应当领会上述规定的精神,而且必须切实保证在适用没收财产时不祸及无辜。除此之外,罚金刑也是特别值得注意的刑种。罚金刑有许多优点,其中之一是使犯罪人仍然过着正常的社会生活,避免因入狱而与社会隔离所导致的对社会的不适应,而且不影响犯罪人的家庭生活,在决定罚金数额时还可以考虑犯罪人的家庭状况。在此意义上说,罚金刑不仅不会株连家庭成员,而且不致影响家庭成员的生活。但是,罚金刑也有许多缺点,其中之一是,罚金可以由犯罪人之外的人来支付,即犯罪人的亲友能够代替犯罪人缴纳罚金,从而违反刑罚一身专属性的本质。在此意义上说,罚金刑又容易违反个人责任原则。与旧刑法相比,现行刑法远远扩大了罚金刑的适用范围,因此,司法机关对适用罚金刑也应特别注意不株连家庭成员。其一,对未成年人犯罪的,不能轻易判处罚金。其二,人民法院判处罚金时,应当考虑犯罪人的缴纳能力,即应当考虑犯罪人的经济状况、职业状况。如果不考虑缴纳能力,判处过高的罚金,结局可能有三种:要么不能执行,从而损害法院判决的权威;要么犯罪人通过犯罪手段获得金钱以便缴纳罚金,从而使罚金判决起着促使犯罪人再次犯罪的作用;要么由犯罪人的亲属缴纳,从而有损个人责任原则。其三,人民法院应当建立完善的罚金刑执行制度。如少采取一次缴纳、多实行分期缴纳;实行延期缴纳制度;实行罚金刑减免缴纳制度;实行说明罚金来源制度。[7]这些制度既有利于防止犯罪人用违法或者犯罪所得缴纳罚金,实现刑罚目的,又有利于由犯罪人本人缴纳罚金,从而避免株连家庭成员。其四,对犯罪人判处罚金后,如果犯罪人死亡导致罚金的全部或者部分没有缴纳的,不能由家庭成员缴纳罚金。**犯罪因犯人的死亡而消灭**(Crimina morte exstinguuntur; Crimen morte finitum est),犯罪人死亡后不能再追诉,即使已经追诉的也不能执行刑罚,罚金刑的执行也是如此。从另一角度而言,继承人继承财产,但是,**继承人不继承处罚**(In poenam heres non succedit),或者说,**继承人不因死者的不法行为而受刑罚处罚**(Poena ex delicto defuncti heres teneri non debet)。因此,不能让继承人缴纳罚金,否则便违反**任何人不因他人的不法行为受处罚**的个人责任原则。

第四,对于犯罪的单位适用刑罚时,应特别注意防止事实上的株连。**法人无犯罪能力**(Societas delinquere non potest)是罗马法的格言,在相当长的历史时期内,大陆法系国家的刑事立法与刑法理论遵循这一格言,主张法人不能成为刑罚处罚的对象。然而,由于种种原因,基于种种理由,人们认为**团体可能实施不法行为**(Universitas potest delinquere);于是,越来越多的国家刑法规定了法人犯罪。[8]我国现行刑法规定了大量的单位犯罪,对单位的处罚是判处罚金。在这种立法体例下,似乎不应当讨论单位能否成为犯罪主体的问题,而应当考虑如何适用刑罚的问题。所谓单位犯罪,并不是单位所有成员共同犯罪,而是单位领导研究决定,为了单位的利益或者以单位名义实施的犯罪。在单位犯罪时,单位的绝大多数成员是无罪可言的。另一方面,对单位判处罚金,意味着单位应当将合法收入作为罚金予以缴纳,而不是用非法所得缴纳罚金(参见《刑法》第64条)。然而,单位特别是企业的自主权较大,有权自行决定工资鼓励方式,企业的合法收入很可能就是职工的合法收入。因此,对单位判处罚金,实际上会减少无辜职工的合法收入。**属于团体的不属于各人**(Quod universitatis est, non est singulorum)的法律格言,似乎可以使我们减少这种忧虑。然而,**团体负担的不由各人负担**(Quod universitati debetur, singulis non debetur)的法律格言,又使我们摆脱不了这种忧虑。所以,在单位犯罪的情况下,如何防止株连无辜的现象,还是值得注意的。本书认为,在单位犯罪的情况下,一方面应当注重追缴犯罪所得的一切财物;另一方面不要因为是单位犯罪就判处高额罚金,而应当考虑犯罪情节与单位的经营状况作出适当判决,尤其不能因为判处罚金而影响单位成员的通常收入。此外需要说明的是,在民法上,**雇主要对雇员的侵权行为负责**(Injuria servi dominum pertingit),但在刑法上,如果不是单位犯罪,单位的负责人就不能对单位成员的犯罪承担刑事责任。

第五,因家属的主动负担而减轻行为人责任的做法,虽然没有直接违反个人责任的原则,但也与该原则的精神相悖,应当杜绝。犯罪人的罪责大小,由犯罪行为的性质、情节等综合决定,而不能由无关的第三者的行为决定。应当说,这是个人责任原则的延伸内容。例如,犯罪人盗窃后自动退赃的,是从宽处罚的根据。但是,犯罪人盗窃后由其家属退赔的,则不是对犯罪人从宽处罚的根据。否则,从另一方面违反了个人责任原则的精神。至于因犯罪人家属的某种不适当行为而加重犯罪人的刑事责任,则直接违反了个人责任原则。

综上所述,司法机关应恪守**任何人不因他人的不法行为受处罚**的原则,禁止株连以及与株连相似的行为。当然,我们也不要认为,只要适用刑罚会对犯罪人家庭成员的生活产生一定影响的,就是株连。事实上,只要犯罪人有家庭成员,对犯罪人判处刑罚总会在某种程度上影响其家庭成员的生活;特别是在家庭成员的生活对犯罪人或其财产具有较大依赖性的情况下,对犯罪人适用刑罚必然对其家庭成员的生活产生较大影响。例如,犯罪人的妻子与犯罪人共同住在犯罪人婚前所购置的房屋内,人民法院判处并执行没收该房屋后,对无辜的妻子的生活必然产生不利影响。其他刑罚如死刑、自由刑、罚金刑,等等,都会或多或少地间接对犯罪人的家庭成员的生活产生不利影响。但这不是株连,没有违反**任何人不因他人的不法行为受处罚**的个人责任原则,司法机关不应因此而放弃刑罚的适用。

注　释

[1] 团体责任概念的含义仅限于此,故与所谓单位责任的概念完全不同。

[2] 〔法〕孟德斯鸠:《论法的精神》(上册),张雁深译,商务印书馆1961年版,第94页。

[3] 许鹏飞:《比较刑法纲要》,商务印书馆1936年版,第31页。

[4] 〔美〕范伯格:《自由、权利和社会正义》,王守昌、戴栩译,贵州人民出版社1998年版,第130页。

[5] 〔法〕孟德斯鸠:《论法的精神》(上册),张雁深译,商务印书馆1961年版,第94页。

[6] 当然,如果组织成员的犯罪行为属于首要分子总体指挥、策划之下的罪行,首要分子应当承担刑事责任。

[7] 关于罚金刑的利弊以及罚金刑执行制度的完善,参见张明楷:《罚金刑若干问题的再思考》,载《中国法学》1991年第4期,第100页以下。

[8] 但是,也有不少国家的刑事立法至今仍然不承认法人的犯罪能力,对法人的违法活动仅科处作为行政处罚的罚款,如其中的自然人的行为构成犯罪,则追究自然人的刑事责任。

Meindert Hobbema(1638—1709), *The Avenue at Middelharnis*(detail).

刑法格言的展开

Lex moneat, priusquam feriat

法律在惩罚前应予警告

法律在惩罚前应予警告(Lex moneat, priusquam feriat)的格言，意味着定罪量刑应以行为时有刑法的明文规定为限。因此，对行为时不受处罚的行为，不能适用事后刑法给予处罚；在刑罚法规有变更时，对行为时受处罚的行为，不能适用比行为时更重的刑法；对行为时虽被禁止但法律没有规定法定刑的行为，不能事后科处刑罚。概言之，没有事先公布的法律就没有犯罪，**没有事先公布的法律就没有刑罚**。**法律考虑未来，而不考虑过去**(Constitutio respicit future et non praeterita)的格言，也意味着法律对未来有效，对过去无效。我们可以将这些内容概括为**法不溯及既往**的原则。**法不溯及既往**是罪刑法定原则的派生内容之一，故刑法的溯及力是与罪刑法定原则密切联系的问题。

刑法的溯及力，也称溯及既往的效力，所解决的问题是，刑法生效后，对它生效前未经审判或判决未确定的行为是否具有追溯适用效力？如果具有适用效力，则是有溯及力；否则就是没有溯及力。各国刑法关于溯及力的规定不完全相同，有的采取从旧原则，即一概适用行为时的法律；有的采取从新原则，即一概适用裁判时的法律；有的采取从轻原则，即一概适用对行为人有利的法律；有的采取从新兼从轻原则，即原则上适用裁判时的新法，但旧法对行为人有利时适用旧法；有的采取从旧兼从轻原则，即原则上适用行为时的旧法，但新法对行为人有利时适用新法。

适用事后法(溯及既往)，意味着国民必须遵守行为时根本不存在的"法律"，或者国民必须遵守行为时还没有公布的"法律草案"，这是至为荒唐的。**法律未经公布就没有效力**(Lex non promulgate non obligat; Lex non obligat nisi promulgata)，严格地说，没有颁布的所谓法律根本不是法律，或者说，**法律在颁布时才制定**(Lex instituitur cum promulgatur）。而且，由于适用刑法的效果通常导致刑罚，而刑罚是一种剥夺性的痛苦，故与其他部门法相比，刑法对事后法的禁止极为严格。"有人将刑法比喻为一根'带哨子的皮鞭'：在打人之前，法律应当给一个'预先通知'。这就是'lex moneat priusquam feriat'的规则。所以，刑法仅适用于其颁布之后的行为。"[1]

在古代制度中，法主要基于习惯，具有静态特征；即使颁布了新的法律，它们也只是习惯法的成文化。因此，法律溯及既往也不损国民的预测可能性。只是到了 18 世纪，法律在时间上的冲突问题才以一个崭新的和决定性的意义而出现，它与国民基本权利的保护以及国民针对权力的法律安定性等相连。因此，后来关于法律溯及力的理论备受"既得利益"原则的启发，便不足为奇了。同样不足为奇的是，18 世纪后期的不同宪法，均禁止立法者颁布具有溯及既往效力的法律。但这并不意味着**法不溯及既往**的原则在 1789 年的法国大革命中已经占据主导地位了。相反，在革命白热化时期，有人认为革命的法重新建立了高品质的自然法，而自然法毋须尊重在旧法的阴影下所构成的过去事实或法律状况，因为这些旧法与自然法相偏离因而不是正当的。因此，在没有顾及这样的措施可能引起的社会动乱之下，第二年 4 月 17 日的命令规定了关于死因继承的规定溯及既往适用。但可以肯定的是，1789 年自由革命的结果，导致有必要强调受启发于"既得利益"原则的**法不溯及既往**观念，所以 1792 年的《宪法》规定："任何法律，刑事的，或民事的，均不得有追溯效力。"由此看来，法律在时间上的承接问题，已经成为政治哲学与法哲学问题。[2]

禁止事后法原则源于法律的本质。法律首先是一种裁判规范,但人民透过裁判规范,可以认识其行为规范的一面。国民相信法律规范的真实性,并将其生活计划置于法律中,实施法律所允许实施的行为,不实施法律所禁止实施的行为;于是,法律规范起到了指引、促进或者决定人们行为的作用。显然,法律规范不可能在其付诸生效之前指引、指示人们的行为。如果法律规范溯及既往,人们对法律规范的正当期盼空落,会导致对法律规范失去信心,进而摧毁法的社会机能。所以,哈耶克指出:"可欲的做法应当是使一项新的规则在其实施以前就广为人知;而只有把一项仅在未来才会适用的新规则加以颁布,才能使它广为人知。如果需要对法律施行真正的变革,那么只有当新的法律在它被适用之前就广为人知的时候,它才可能确当地履行所有法律应予履行的适当功能,亦即指导人们预期的功能。"[3]

禁止事后法是保障国民自由的要求。因为国民总是根据现行有效的法律计划而作出自己的行为;在这种情况下,国民之所以是自由的,是因为现行有效的法律是可以预见的,人们完全可以在法律允许的范围内自由行事。国民绝不可能预见到立法机关在行为后会制定何种法律,故不可能根据行为后的法律安排现在的行为。如果现在的合法行为,会被将来的法律宣告为非法,进而给予制裁,国民就没有丝毫自由可言。"一个暴君可能会不预先通知就修改法律,并按照修改后的法律来惩治(假定这是一个恰当的字眼)他的臣民,因为他很乐于知道,从遵守他所给予的处罚看,他的臣民要用多少时间才能弄清这些新规章是什么样的规章。但是这些规章不是法制,因为它们不是通过为合法期望提供基础来组织社会行为的。"[4]换言之,允许依照事后法惩罚国民,是专制的一种表现。正因为如此,"'不溯既往'原则,对保护个人的自由,也许是一项基本原则,正因为如此,它被写进了1789年的《人和公民的权利宣言中》。"[5]

禁止事后法,还具有现实的必要性。因为任何立法者都可能被引起特别轰动的行为所触动,或者迫于特别的压力,而试图通过事后施加刑罚或者加重刑罚,以平息政治上的动乱与激愤状态。[6]禁止溯及既往与这种法政策的现实具有持续的紧密联系。而且,这种根据具体事态作出的规定,是情绪激动的产物,其内容通常也不适当。[7]

总之,法不溯及既往,禁止事后法,直接体现了法治原则。不管是西方学者还是中国学者,他们所提出的各种法治原则中,几乎都包括了禁止事后法的原则。例如,富勒提出的法治的八项原则是:法的一般性原则,法的公开性原则,法不溯及既往原则,法的明确性原则,法的一致性原则,法的可行性原则,法的稳定性原则,官方行动与法的一致性原则。芬尼斯提出的八项原则是:法律规则可预见、不得溯及既往,法律规则应是可以遵守的,法律规则应公布,法律规则应明确,法律规则应互相一致,法律规则应稳定,在特定情况下的特殊规则应受公布的、明确的、稳定的和较为一般规则的指导,官方制定和执行规则者自己应遵守规则并应在执法中始终贯彻法律精神。我国有学者提出了法治的十大规诫:有普遍的法律,法律为公众知晓,法律可预期,法律明确,法律无内在矛盾,法律可循,法律稳定,法律高于政府,司法权威,司法公正。作者在解释法律可预期时指出:"规则之存在须在时间上先于按规则审判的行为。'法无明文不罚'。无人能遵循溯及既往的法律,因其行为时该项法律并不存在。所以,既不能制定也不能适用溯及既往的法律。"[8]从这里可以看出,作为法治的十大规诫之一的法律可预期实际上是指法律不得溯及既往。从事实上来看,没有一个法治国家允许事后法。美国也许是禁止刑法追溯既往最为彻底的国家,在1789年著名判例"格尔德诉布尔案"(Galder v. Bull)中,就已经宣布以下法例:"四种立法为违反宪法对'事后'之禁令:(1)将行为时无刑法禁止之行为科以刑罚的立法;(2)事后减少犯罪构成要件而增加行为之犯罪可能性之立法;(3)事后将刑度增高之立法;(4)改变刑事证据法则,而事后容许较少或较简单之证据作为判罪根据的立法。"[9]

但是,认为刑法原则上应当溯及既往的观点也是存在的,理由来自两个方面:一是宾丁(Binding)将规范与刑法加以区别的思想。他认为,犯罪行为所违反的不是刑法本身,而是刑法背后的规范,但该规范在刑法制定之前就已经存在着,因此,适用事后法并没有损害行为人的预测可能性。[10]二是宫本英修等人的新法比旧法进步的思想。既然在旧法之后制定新法,表明新法比旧法进步,理应适用进步的新法,而不能适用落后的旧法。[11]但这种观点不能得到我们的赞同。

首先,规范内在于刑法之中,而不是独立于刑法之外。例如,刑法规定故意杀人罪及其法定刑,一方面是命令司法机关依照该规定认定和处罚故意杀人罪;另一方面也禁止人们实施故意杀人行为,因为法定刑是一种消极的、否定的法律后果,这种禁止对一般人而言就是行为规范。就禁止自然犯而言,可以认为在制定刑法之前就存在与刑法规范内容相同的规范,但不能据此否认刑法之中存在规范;就禁止法定犯而言,制定刑法之前还不一定存在与刑法规范内容相同的规范,相反,是刑法制定出了规范。所以,不能将规范与刑法本身分开。宾丁的观点实际上只承认刑法是针对司法人员的裁判规范,否认刑法也是针对一般人的行为规范。

其次,对新法比旧法进步的观点要作具体分析。旧法相对于它所适用的那个年代而言是合适的,强行将新法适用于旧法年代则它未必是进步的。[12]

再次,刑法既是裁判规范,也是行为规范;行为人决定是否实施某种行为时,只能以行为时有效的法律为根据来作出选样,同样,司法机关也只能根据行为时有效的法律进行裁判。公民不可能事先知道国家在其行为后会通过什么样的法律,国家也不可能对公民作出这样的要求,因此,如果根据事后法来评价行为人的行为,那损害了公民的预测可能性,其结果是侵犯公民的自由。所以,**法律允许时所实施的行为不受处罚**(Quod lege permittente fit, poenam non meretur),而不管事后的法律如何规定。

最后,刑法是成文法,采取这种方式的目的就是为了事先公布,就是为了让全体公民通晓。成文法本身就意味着只有事先公布的法律才能约束行为人,或者说,**法律只要没有公布,就不约束人**(Non obligat lex nisi promulgata),要不然为什么采取成文法的形式呢?退一步说,即使是习惯法或者是判例法,它们也必然存在于行为之前,在行为之后形成的习惯与判例,在行为时显然不是习惯法与判例法。

纳粹时代的德国刑事立法,明确规定溯及既往。例如,1936年6月20日颁布的《恐吓诱拐少年法》第2条规定"本法自同年6年1日起施行";1938年6月28日颁布的《汽车强盗法》规定溯及至1936年1月1日起施行。"柏林墙事件"也带来了溯及力问题。根据原民主德国的法律,尤其是根据原民主德国《边境法》第27条第2款的规定,在特定条件下使用武器可以为故意杀人提供正当化根据。据此,在柏林墙事件中,指挥士兵开枪的官员以及开枪的士兵是无罪的。然而,统一之后的德国,法院以违反超制定法为根据,宣布原民主德国《边境法》第 27 条第 2 款的规定是无效的,或者引用原民主德国参加的国际条约,以尊重人权为理由,认为原民主德国《边境法》第 27 条第 2 款并没有为开枪行为提供根据。于是,即使根据原民主德国的法律,开枪行为也具有刑事可罚性。在本书看来,原民主德国《边境法》第 27 条第 2 款的规定是否妥当是另一回事,但是,就"柏林墙事件"而言,对开枪行为适用统一后的德国刑法,其实是典型的溯及既往。然而,罗克辛(C. Roxin)教授认为,这个判决是正确的。因为在法治国家,罪刑法定原则必须保护公民对立法者保障人权的信赖。如果掌权者可以为任何犯罪给予无罪理由,那么罪刑法定原则就失去了意义。同时认为,如果一个原民主德国士兵枪杀了一个偷越国境的难民,并且他认为这个行为依据当时民主德国的法律是合法的,根据原联邦德国刑法典中禁止错误的规定,如果他的这个错误在当时没有选择,具有不可避免性,就可以免除责任。从这样的立场出发,"柏林墙事件"中的开枪行为,就还原为违法性认识的可能性问题,而不是溯及力问题。[13]

我国《刑法》第 12 条关于溯及力的规定采取的是从旧兼从轻原则。从 1949 年 10 月 1 日至 1997 年 9 月 30 日这段时间所发生的行为,如果未经法院审判或判决未确定,应按不同情况分别处理:(1)行为时的法律不认为是犯罪,而现行刑法认为是犯罪的,适用行为时的法律,即不以犯罪论处,现行刑法没有溯及力。(2)行为时的法律认为是犯罪,而现行刑法不认为是犯罪的,适用现行刑法,即不以犯罪论处,刑法具有溯及力。(3)行为时的法律与现行刑法都认为是犯罪,并且按现行刑法总则第四章第八节的规定应当追诉的[14],按照行为时的法律处理,即刑法没有溯及力(刑法关于追诉时效的规定具有溯及力);但是,如果现行刑法处刑较轻,则应适用现行刑法,即现行刑法具有溯及力。所谓的处刑较轻,是指法定刑较轻[15],因而只需要进行法定刑的判断,而不能进行个案的判断。[16](4)现行刑法施行以前,依照当时的法律已经作出的生效判决,继续有效。应当认为,从旧兼从轻原则比较符合罪刑法定原则。因为"从旧"表明了对行为时不受处罚的行为,不能适用裁判时的法律给予处罚;即使行为时应受处罚的行为,原则上也应按行为时的法律处罚。这正体现了定罪判刑以行为时有法律的明文规定为限的思想。另一方面,罪刑法定原则包含着保障行为人的自由的观念,因此,当适用新法有利于行为人时,应例外地适用新法。概言之,**不能因事后的事实而对过去的罪行作出更严厉的评价**(Numquam crescit ex post facto praeteriti delicti aestimatio)。由此可见,所谓禁止事后法,只是禁止对行为人不利的事后法,而不禁止对行为人有利的事后法。

现行刑法颁布以来,立法机关不断以修正案的方式修改刑法。修正案中有的法条增加了新的犯罪类型,有的法条提高或者减轻了原有犯罪的法定刑。对于修正后的法条的适用,均应当采取上述有利于被告人的从旧兼从轻的原则。

根据《刑法》第 12 条的精神以及有关司法解释[17],以下几点值得注意:(1) 对于行为人 1997 年 9 月 30 日以前实施的犯罪行为,在检察机关、公安机关、国家安全机关立案侦查或者人民法院受理案件以后,行为人逃避侦查或审判,超过追诉期限或者被害人在追诉期限内提出控告,法院、检察院、公安机关应当立案而不予立案,超过追诉期限的,适用原《刑法》第 77 条的规定。(2) 对于酌定减轻处罚、累犯的认定、自首的认定、立功的认定、缓刑的撤销、减刑、假释的适用与撤销以及法定的从轻、减轻处罚与从重处罚规定的适用等问题,应坚持从旧兼从轻的原则,即按有利于行为人的原则进行处理。例如,1997 年 9 月 30 日以前犯罪,不具有法定减轻处罚情节,但是根据案件的具体情况需要在法定刑以下判处刑罚的,适用原《刑法》第 59 条第 2 款的规定。又如,《刑法修正案(八)》增加了坦白从轻处罚的规定,2011 年 4 月 30 日以前犯罪,虽不具有自首情节,但是如实供述自己罪行(坦白)的,适用修正后《刑法》第 67 条第 3 款的规定。再如,对于 2011 年 5 月 1 日之前故意犯罪或者过失犯罪且已满 75 周岁的人,在 2011 年 5 月 1 日之后审判的,应当适用《刑法修正案(八)》所增加的《刑法》第 17 条之一的规定。(3) 对于 1979 年《刑法》没有明文规定的犯罪,根据原刑法需要类推处理而没有处理的,不管现行刑法是否规定为犯罪,都不得以类推方式定罪量刑。(4) 如果当时的法律不认为是犯罪,现行刑法认为是犯罪,而行为连续或继续到 1997 年 10 月 1 日以后的,对该行为适用新刑法。同理,如果当时的刑法条文不认为是犯罪,修正后的刑法条文认为是犯罪,而行为连续或继续到修正案生效以后的,对该行为适用新刑法。(5) 按照审判监督程序重新审判的案件,适用行为时的法律。

新的刑法条文既有对被告人有利的规定,又有对被告人不利的规定时,对于新条文颁布之前的行为,应当适用对被告人有利的规定(适用新法),而不适用对被告人不利的规定(适用旧法)。例如,经《刑法修正案(七)》(2009 年 2 月 28 日公布,从公布之日起施行)修改后的《刑法》第 201 条第 1 款扩大了逃税罪(原为偷税罪)的处罚范围(不利于被告人),但第4款增设了处罚阻却事由(有利于被告人)。根据从旧兼从轻的原则,对于2009年2月28日之前的偷税行为的认定应当适用修改前的第201条,但同时必须适用修改后的第201条第4款。由此可见,对于一个行为完全可能同时适用旧法与新法。

但是,在2011年2月25日通过了《刑法修正案(八)》(于2011年5月1日起施行)之后,我国的司法解释却出现了溯及既往的现象。

首先,管制是中国刑法所规定的最轻的一种主刑,1997年修订的《刑法》原本没有规定禁止被判处管制的犯罪人在执行期间从事特定活动,进入特定区域、场所,接触特定的人。但《刑法修正案(八)》增加的《刑法》第38条第2款规定:"判处管制,可以根据犯罪情况,同时禁止犯罪分子在执行期间从事特定活动,进入特定区域、场所,接触特定的人。"同条第4款规定:"违反第2款规定的禁止令的,由公安机关依照《中华人民共和国治安管理处罚法》的规定处罚。"此外,1997年修订的《刑法》也没有禁止被宣告缓刑的犯罪人在缓刑考验期限内从事特定活动,进入特定区域、场所,接触特定的人。但《刑法修正案(八)》增加的《刑法》第72条第2款:"宣告缓刑,可以根据犯罪情况,同时禁止犯罪分子在缓刑考验期限内从事特定活动,进入特定区域、场所,接触特定的人。"这两个条文关于禁止令的规定,明显是不利于行为人的规定,故不应当溯及既往。但是,最高人民法院2011年4月25日《关于〈中华人民共和国刑法修正案(八)〉时间效力问题的解释》第1条第1款规定:"对于2011年4月30日以前犯罪,依法应当判处管制或者宣告缓刑的,人民法院根据犯罪情况,认为确有必要同时禁止犯分子在管制期间或者缓刑考验期内从事特定活动,进入特定区域、场所,接触特定人的,适用修正后刑法第38条第2款或者第72条第2款的规定。"最高人民法院负责人就作出这一解释提出的理由是:"禁止令不是一种新的刑罚,而只是对管制犯、缓刑犯具体执行监管措施的完善;在《刑法修正案(八)》增设禁止令制度前,由于缺乏严格有效的监管措施,对一些犯罪情节较轻者并不适宜判处管制、宣告缓刑,而禁止令制度增设后,因通过适用禁止令能够有效解决监管问题的,可以依法判处管制、适用缓刑。两相比较,适用修正后刑法对被告人有利,符合'从旧兼从轻'的原则"。[18]

但是,应当认为,上述关于新的禁止令规定可以溯及既往的司法解释,违反罪刑法定原则,上述理由也是不成立的。(1)禁止令明显是不利于行为人的规定,对《刑法修正案(八)》颁布之前的犯罪行为判处管制或者缓刑时,适用《刑法修正案(八)》规定的禁止令,并不是对被告人有利,不能认为对被告人作出了"从轻"判决。(2)在根据《刑法》第12条应当采取从旧兼从轻的原则时,应当根据新旧刑法规定的内容比较处罚的轻重,而不能就个案的处理比较处罚的轻重。但上述司法解释实际上是就个案的比较而言的,因而不当。(3)《刑法》第12条所规定的从旧兼从轻原则,不仅适用于刑罚处罚,而且适用于刑法所规定的非刑罚处罚与处分。但上述司法解释却以禁止令不是刑罚为由而溯及既往,因而值得怀疑。

其次,1997年修订的《刑法》第50条原本规定:"判处死刑缓期执行的,在死刑缓期执行期间,如果没有故意犯罪,两年期满以后,减为无期徒刑;如果确有重大立功表现,两年期满以后,减为15年以上20年以下有期徒刑;如果故意犯罪,查证属实的,由最高人民法院核准,执行死刑。"但是,《刑法修正案(八)》将第50条修改为:"判处死刑缓期执行的,在死刑缓期执行期间,如果没有故意犯罪,两年期满以后,减为无期徒刑;如果确有重大立功表现,两年期满以后,减为25年有期徒刑;如果故意犯罪,查证属实的,由最高人民法院核准,执行死刑。"并且增加了第2款:"对被判处死刑缓期执行的累犯以及因故意杀人、强奸、抢劫、绑架、放火、爆炸、投放危险物质或者有组织的暴力性犯罪被判处死刑缓期执行的犯罪分子,人民法院根据犯罪情节等情况可以同时决定对其限制减刑。"不难看出,修正后的《刑法》第50条第1款与第2款规定的内容,明显重于原来的规定内容,因而是不利于行为人的规定。可是,最高人民法院2011年4月25日《关于〈中华人民共和国刑法修正案(八)〉时间效力问题的解释》第2条第2款规定:"被告人具有累犯情节,或者所犯之罪是故意杀人、强奸、抢劫、绑架、放火、爆炸、投放危险物质或者有组织的暴力性犯罪,罪行极其严重,根据修正前刑法判处死刑缓期执行不能体现罪刑相适应原则,而根据修正后刑法判处死刑缓期执行同时决定限制减刑可以罚当其罪的,适用修正后刑法第50条第2款的规定。"最高人民法院负责人就该解释提出的理由是:"这也是因为,此种情形下,适用修正后刑法,有利于控制死刑立即执行的适用,对被告人有利,符合'从旧兼从轻'原则。"[19]

同样应当认为,上述关于限制减刑的规定可以溯及既往的司法解释,并不符合罪刑法定原则。限制减刑明显延长了羁押时间,是不利于行为人的规定,对《刑法修正案(八)》颁布之前的犯罪行为判处死缓时,适用《刑法修正案(八)》的限制减刑规定,并非对被告人有利,不能认为对被告人作出了"从轻"判决。

接下来需要讨论的是立法解释与司法解释的效力问题。这里存在许多情形：一是原来没有立法解释与司法解释，后来有了立法解释与司法解释；二是原来已有立法解释与司法解释，但后来立法解释与司法解释相应地出现了变更；三是原来已有司法解释，后来出现了更高效力的立法解释。对此，刑法理论上有人主张有效解释（正式解释）的效力与刑法的效力一样，都必须采取从旧兼从轻的原则，禁止不利于行为人的溯及既往，其理由大多是将有效解释当作了刑法的渊源。司法实践上也采取了这种态度。如最高人民法院、最高人民检察院2001年12月7日《关于适用刑事司法解释时间效力问题的规定》第3条指出："对于新的司法解释实施前发生的行为，行为时已有相关司法解释，依照行为时的司法解释办理，但适用新的司法解释对犯罪嫌疑人、被告人有利的，适用新的司法解释。"其实，正式解释并不是刑法本身，正如法谚所云：**新判决并非提供新法，而是阐明旧法**（Novum judicium non dat jus novum, sed declarat antiquum）。既然是对刑法的解释（而且排除了类推解释），那么，对现行正式解释之前的行为，只要是在现行刑法施行之后实施的，就得按正式解释适用刑法。不能因为没有正式解释或者正式解释不当，而否认对行为人适用刑法。或者说，不能因为没有正式解释或者正式解释不当，而对刑法作不当的解释与适用。因此，正式解释不存在从旧兼从轻的问题。否则，会出现以错误地适用刑法为代价来肯定以往的解释错误的不可思议的现象。不仅如此，承认司法解释适用禁止溯及既往的原则，还会违背立法权与司法权相分离的法治原则。

具体来说，对于从无正式解释到有正式解释以及正式解释的变更产生的问题，可以分为三类情形予以解释：其一，行为时没有正式解释,审理时具有正式解释的,应当适用正式解释。其二,旧的正式解释规定某种行为不构成犯罪,新的正式解释将该行为解释为犯罪。行为人在新的正式解释颁布之前根据旧的正式解释实施了该行为,但在新的正式解释颁布后才发现该行为的,可以认定为旧的正式解释导致行为人误解刑法,应根据法律认识错误的处理原则进行救济。即由于行为人不具有违法性认识的可能性,而排除其有责性,不以犯罪论处。其三,旧的正式解释将某种行为解释为犯罪,但新的正式解释规定该行为不构成犯罪。行为人在新的正式解释颁布之前实施该行为的,不应以犯罪论处。这并不意味着对正式解释采取了从旧兼从轻的原则,而是因为该行为并未违反刑法。

与**法不溯及既往**相关的是限时法问题。**只有制定法律的人才能废止法律**(Ejus est tollere legem, cujus est condere),立法机关一般并不在制定法律时宣布法律的有效期限,但在例外场合,立法机关也可能在颁布一项法律时便规定该法律仅在一定期限内有效。一般认为,这种限时法是只在一定时期内实施的法律,属于一种特别法。限时法在时间效力上的特殊性表现在,对于在限时法规定的时期内实施的行为,在期限届满后(限时法的效力已终止)才发现时,通常仍应依照该限时法处理。例如,德国《刑法》第 2 条第 4 项规定:"仅适用于特定时期的法律,即使该法律在审判时已经失效,仍然适用于在其有效期间内实施的行为。但法律另有规定的除外。"采取这种做法的理由是,限时法基于特定目的,在一定期限内禁止、处罚特定犯罪行为;如果行为人在此期限内实施了特定犯罪行为,就应依照限时法处理;否则,在临近期限届满时实施犯罪行为,期待裁判时废除限时法因而免受刑罚处罚的案件,会大量增加。[20]但理论上还有另外一种见解,即如果限时法的废除,是因为立法者认为该法规定的行为不具有可罚性,则对时限经过后发现的行为,不能依限时法处理;如果限时法的废除是由于某种状态的消失,则对时限经过后发现的行为,仍应依限时法处理。这一见解被称为"动机说"。[21]

我国现行刑法中还没有严格意义上的限时法,但空白刑罚法规与限时法是何种关系,是特别值得研究的问题。本书认为,空白刑罚规范不是限时法。根据《刑法》第12条的精神,对于空白刑法规范中的补充规范废止前的行为,依当时的法律规定处理;但是,如果补充规范废止后,使得该行为不构成犯罪的,则应依补充法规废止后的法律处理(即不当犯罪处理)。例如,行为人在2011年12月实施了某种经营行为,根据当时的国家规定,该经营行为属于非法经营,且情节严重。但是,在2012年5月审理案件时,该国家规定被废止,该经营行为不再是非法经营。根据从旧兼从轻的原则,对该行为应当宣告无罪。

注释

[1]〔法〕卡斯东·斯特法尼等:《法国刑法总论精义》,罗结珍译,中国政法大学出版社1998年版,第158页。

[2]参见马沙度:《法律及正当论题导论》,澳门大学法学院、澳门基金会1998年版,第173—174页。

[3]〔英〕弗里德利希·冯·哈耶克:《法律、立法与自由》(第一卷),邓正来等译,中国大百科全书出版社2000年版,第136页。

[4]〔美〕约翰·罗尔斯:《正义论》,谢延光译,上海译文出版社1991年版,第260页。

[5]〔法〕卡斯东·斯特法尼等:《法国刑法总论精义》,罗结珍译,中国政法大学出版社1998年版,第156页。

[6]德国于1936年发生了一起绑架案,行为人绑架了一名实业家的小孩,然后勒索赎金。此案在当时造成的影响很大,但法律规定的最高刑只有10年自由刑。于是,立法者将该罪的法定刑修改为绝对的死刑,并且规定溯及既往。尽管本案的行为人自首,被害人也安然无恙,但行为人仍被判处死刑(参见〔日〕平野龙一:《刑法总论I》,有斐阁1972年版,第68页)。

[7] Vgl, C. Roxin, Strafrecht Allgemeiner Teil, Band I, 4. Aufl., C. H. Beck 2006, S. 161.

[8]夏恿:《法治是什么——渊源、规诫与价值》,载《中国社会科学》1999年第4期,第129页。

[9]转引自陶龙生:《论罪刑法定原则》,载蔡墩铭主编:《刑法总则论文选辑》(上),台湾五南图书出版公司1984年版,第125页。

[10]参见〔日〕木村龟二编:《刑法学入门》,有斐阁1957年版,第58页以下。

[11] 参见〔日〕宫本英修:《刑法大纲》,弘文堂1935年版,第39页;〔日〕植松正:《刑法概论 I——总论》,劲草书房1974年再订版,第86页;〔日〕香川达夫:《刑法讲义(总论)》,成文堂1980年版,第39页。

[12] 参见〔日〕大塚仁:《刑法概说(总论)》,有斐阁2008年版,第69页。

[13] Vgl, C. Roxin, Strafrecht Allgemeiner Teil, Band I, 4. Aufl., C. H. Beck 2006, S. 162f.

[14] 按照行为时的法律没有超过追诉时效,但按现行刑法已超过追诉时效的,不应当追诉。

[15] 我国《刑法》第12条规定的"处刑较轻",是指现行刑法对某种犯罪规定的刑罚即法定刑比修订前刑罚轻。法定刑较轻是指法定最高刑较轻;如果法定最高刑相同,则指法定最低刑较轻。如果刑法规定的某一犯罪只有一个法定刑幅度,法定最高刑或者最低刑是指该法定刑幅度的最高刑或者最低刑;如果刑法规定的某一犯罪有两个以上的法定刑幅度,法定最高刑或者最低刑是指具体犯罪行为应当适用的法定刑幅度的最高刑或者最低刑。按照行为时的法律属于一罪,按照现行刑法属于两罪,或者相反的,要通过罪数的考虑判断追诉期限以及现行刑法是否"处罚较轻"。例如,行为人甲于1997年9月1日既聚众斗殴又寻衅滋事,按照1979年《刑法》,甲仅构成流氓罪,其法定最高刑为7年有期徒刑,追诉期限为10年。根据现行刑法,甲犯了数罪,其聚众斗殴罪的最高法定刑为3年有期徒刑,追诉期限为5年;其寻衅滋事罪的最高法定刑为5年有期徒刑,追诉期限为10年。因此,如果在2007年6月发现了甲的上述罪行,只应按照现行刑法对其以寻衅滋事罪予以追诉。但是,倘若在2001年9月(两罪均没有超过追诉时效)发现甲的上述罪行,按照现行刑法实行数罪并罚处罚较重,则应适用旧刑法以一罪(流氓罪)论处。

[16] 例如,我国现行《刑法》第232条对故意杀人罪规定的法定刑与1979年《刑法》第132条的法定刑相同。但是,在司法实践中,现在对故意杀人罪的量刑轻于旧刑法时代对故意杀人罪的量刑。尽管如此,对于1997年10月1日(现行刑法生效之日)之前的故意杀人行为,只能适用1979年《刑法》第132条(不能适用

现行《刑法》第 232 条),而且应当按照现在的有利于被告人的量刑基准裁量刑罚。

[17] 参见最高人民法院 1997 年 9 月 22 日《关于依法不再核准类推案件的通知》;最高人民法院 1997 年 9 月 25 日《关于适用刑法时间效力规定若干问题的解释》;最高人民法院 1997 年 12 月 23 日《关于适用刑法第十二条几个问题的解释》;最高人民检察院 1997 年 10 月 6 日《关于检察工作具体适用修订刑法第十二条若干问题的通知》;最高人民法院 2011 年 4 月 25 日《关于〈中华人民共和国刑法修正案(八)〉时间效力问题的解释》。

[18] 张军:《认真学习刑法修正案(八) 促进经济社会科学发展》,载《人民法院报》2011 年 5 月 4 日,第 5 版。

[19] 同上。

[20] 参见〔日〕大塚仁:《刑法概说(总论)》,有斐阁 2008 年版,第 73 页以下。

[21] 参见〔日〕牧野英一:《刑法总论》(上卷),有斐阁 1958 年全订版,第 243 页以下。

François-Xavier Fabre(1766—1837), *Italian Landscape*(*detail*).

刑法格言的展开

Ubi commodum, ibi auctor

有利益的地方就有犯人

有利益的地方就有犯人(Ubi commodum, ibi auctor)格言的字面含义相当明确,但我们至少可以从两个侧面进行理解:一方面,犯罪人都是为了取得利益而犯罪[1];另一方面,犯罪行为都侵犯了他人利益。在通常情况下,犯罪人获得利益与被害人损失利益是等同的,但在不少情况下,二者却不完全一致,即在犯罪人事实上没有获得利益的情况下,被害人的利益却受到了侵害。于是,司法工作人员的视角应放在哪里就成为问题:刑法的目的是保护法益,还是禁止犯罪人获得利益?犯罪的本质是侵犯法益,还是犯罪人获得利益?在定罪与量刑时,是注重犯罪行为所侵犯的法益,还是注重犯罪人所获得的利益?正确认识和处理这样的问题,有利于正确适用刑法,进而有利于保护法益和保障人权。

利益是真正有益于人的东西,不管人是否对之具有欲望。[2] 人们所奋斗的一切,都与利益有关,没有人为无益的事情而努力;人们在为自己的利益而考虑时,都是最聪明的。之所以存在**任何人都不得贪图他人的财物**(Aliena concupiscere nemo debet)、**任何人都不得基于他人的损失而获得利益**(Nemo debet ex aliena jactura lucrari;Nemo debet ex alieno damno lucrari)、**任何人都不得通过自己的不法行为改善自己的现实状态**(Nemo ex suo delicto meliorem suam conditionem facere potest)之类的法律格言,是因为社会中存在贪图获取他人财物的不法行为。但是,在人们获得了正当利益的情况下,便需要保护利益。**有权利就有救济**(Ubi jus, ibi remedium)。各人的利益原本由各人来保护,但是,个人的保护软弱无力,仅由个人进行保护,必然会导致许多利益受到损害,所以,人们期待国家保护各种利益。国家是通过颁布法律禁止侵犯法益的行为来保护法益的。**法律不救助欺骗者,而救助受骗人**(Deceptis, non decipientibus jura opitulatur）。另一方面，各人的共同利益与根本利益，表现为社会利益与国家利益，如果没有个人利益，国家利益最终将失去意义；所以，国家利益、社会利益最终还是为了个人利益，而利益的主体与享受者是人，保护人是国家关心的事项（Interest rei publicae, quod homines conserventur）。"国家有义务保障公民不受令人怀疑的人的侵犯。"[3] 国家所采取的基本方式是，运用作出禁止规定与命令规定的法律保护各种利益，并以强制力作为后盾，使任何人都服从法律的禁止规定与命令规定，这造成了服从是法律的本质（Obedientia est legis essentia）的现象；但是，由于法律所禁止的是侵犯各种法益的行为，所命令的是保护各种法益的行为，立法者绝对不是为了让人们服从才制定法律的，而是为了保护法益才制定法律的；所以，服从是法律的形式，保护法益才是法律的本质。这种保护方式是人类经过长时间的探索并证明为行之有效的一种方式。从事实上看，法律的保护比个人的保护更有力。我国《刑法》第 2 条规定："中华人民共和国刑法的任务，是用刑罚同一切犯罪行为作斗争，以保卫国家安全，保卫人民民主专政的政权和社会主义制度，保护国有财产和劳动群众集体所有的财产，保护公民私人所有的财产，保护公民的人身权利、民主权利和其他权利，维护社会秩序、经济秩序，保障社会主义建设事业的顺利进行。"显然，我们完全可以将这些内容理解为刑法的目的，进而将刑法目的概括为保护法益。刑法保护法益的目的，被具体化到刑法分则的条文中，刑法分则对各种具体犯罪与法定刑的规定，都是为了保护某种法益。

刑法的目的是保护法益的观念，说明了犯罪的本质是侵犯法益。因为保护恶就是侵害善（Bonis nocet, qui malis parcit），姑息恶就是损害善（Bonis nocet quisquis pepercerit malis），放纵恶行就是引诱罪过（Invitat culpam, qui peccatum praeterit）。反之，惩罚恶则是保护善，即惩罚恶行是为了保护恶行所侵害的法益。刑法之所以禁止犯罪，就是因为犯罪侵犯了法益。我们通常说社会危害性是犯罪的本质特征，而根据我国《刑法》第 13 条的规定，社会危害性的内容是"危害国家主权、领土完整和安全，分裂国家、颠覆人民民主专政的政权和推翻社会主义制度，破坏社会秩序和经济秩序，侵犯国有财产或者劳动群众集体所有的财产，侵犯公民私人所有的财产，侵犯公民的人身权利、民主权利和其他权利"，因此，所谓社会危害性，实际上就是对法益的侵犯性。[4]法律不禁止任何人获得利益，但是，任何人不得通过损害他人而获得利益（Nemo cum damno alterius locupletior fieri debet），任何人不得因自身的不法获得利益（Commodum ex injuria sua nemo habere debet）。因为不法行为是侵犯他人法益的行为，所以，任何人不得实施侵犯法益的行为，行为侵犯法益的本质成为法律禁止的根据。

既然刑法的目的是保护法益，犯罪的本质是侵犯法益，那么，犯罪人主观上对利益的追求、客观上所获得的利益，就不是重要问题。即定罪与量刑，从根本上考虑的是行为对法益的侵犯程度与责任程度，而不是行为人是否获得利益以及获得利益的多少。或许有人认为，刑法有一些条文规定了某些犯罪的成立要求行为人主观上出于追求利益的目的或客观上已经获得一定利益，这说明还是要考虑犯罪人主观上对利益的追求与客观上所获得的利益。但是，本书认为，刑法作出这些规定是为了使构成要件所反映的对法益的侵犯性达到犯罪程度，或者是为了区分重罪与轻罪。[5]例如，高利转贷罪，刑法要求行为人主观上"以转贷牟利为目的"，客观上"违法所得数额较大"。这是因为,一方面,如果主观上不是"以转贷牟利为目的",客观上就不可能实施套取金融机构信贷资金高利转贷他人的行为,也就不可能侵犯金融秩序。另一方面,如果客观上不是"违法所得数额较大",就表明行为人套取的信贷资金不多,或者转贷他人的利率不高,因而对金融秩序的侵犯性没有达到犯罪程度。所以,作出上述规定仍然是为了保护金融秩序。再如,刑法规定,集资诈骗罪必须出于非法占有的目的。如果不作出这样的规定,该罪与非法吸收公众存款罪就没有区别。集资诈骗罪的法定刑之所以重于非法吸收公众存款罪,从表面上看是因为,前者的行为人出于非法占有的目的,而后者的行为人没有该目的;但实质上是因为,前者的行为表现为永久性地侵害了财产,后者的行为只是暂时地侵害了他人财产,前者对法益的侵害重于后者,行为人的责任也更重。因此,即使在某些情况下刑法对行为人主观上追求利益的目的与结果作出了要求,我们也要领会其背后的实质主要是对法益侵犯性的要求。如果不是这样考虑,而是自觉或者不自觉地认为,犯罪的本质在于犯罪人获得了利益、刑法的目的在于禁止犯罪人获得利益,那么,在许多问题上就会出现偏差。尽管没有人在理论上提出这种观点,但由于没有将有关刑法目的与犯罪本质的观点贯彻始终,所以事实上出现了不少偏差。

例一:刑法理论上一般将犯罪分为形式犯与实质犯。通常认为,所谓形式犯,是指只要求实施构成要件行为,而不要求对法益造成侵害或者威胁的犯罪;所谓实质犯,是指构成要件以对法益造成侵害或者威胁为内容的犯罪。在这种观点看来,刑法规定禁止形式犯就是为了禁止形式犯,或者说,禁止形式犯是因为行为人的单纯不服从,除此之外没有其他目的。这就奇怪了!人们不禁要问:难道只是因为立法者对形式犯看不顺眼才禁止它的吗？答案显然是否定的。如果我们意识到刑法的目的是保护法益,意识到刑法分则的所有条文都有其保护的法益,意识到符合犯罪构成要件的行为都是对法益的侵害或者威胁,那么,所有的犯罪都是实质犯,形式犯没有存在的余地。事实上,人们所说的一些形式犯,对法益也具有侵犯性,只不过实质犯的被侵害法益是比较特定的,而形式犯的被侵害法益不是很特定的。[6]

刑法理论也将犯罪分为行为犯与结果犯。以往的通说认为,两者的区分标准在于构成要件要素中是否包含结果,因此,构成要件中只规定了行为内容的犯罪为行为犯,构成要件中规定了结果内容的就是结果犯。我国刑法理论一般认为,行为犯,是指以法定犯罪行为的完成作为既遂标志的犯罪;结果犯,是指不仅要实施具体犯罪构成客观要件的行为,而且必须发生法定的犯罪结果才构成既遂的犯罪。但是,根据犯罪的本质,行为犯的成立也必须以侵犯法益为前提。如果认为行为犯是只需要实施一定行为就成立的犯罪,则可能意味着不需要法益侵害与危险。这会导致将没有侵犯法益的行为认定为犯罪,从而不当扩大处罚范围。事实上,国内外刑法理论事先已经确定了行为犯、结果犯的具体范围,即哪些犯罪属于行为犯、哪些犯罪属于结果犯已经被固定化,如非法侵入住宅罪、伪证罪属于行为犯,故意杀人罪、盗窃罪等属于结果犯(少数犯罪还存在争议),然后根据这种已经固定化的分类说明其分类标准。本书认为,行为犯是行为与结果同时发生的犯罪,因果关系便不成其为问题;结果犯则是行为与结果之间具有时间间隔的犯罪,需要认定行为与结果之间的因果关系。

与此相联系的是,国外刑法理论上有一种观点认为,刑事犯

（自然犯）与行政犯（法定犯）的区别在于：刑事犯侵害或者威胁了法益，而行政犯只是单纯地不服从法律；换言之，侵害犯与危险犯就是刑事犯，单纯的不服从犯就是行政犯。[7]可是，法律为什么规定纯粹的不服从犯呢？这种规定的意义何在呢？这是上述观点无法回答的问题。**法律不寻求空虚和无益**（Quod vanum et inutile est, lex non requirit），因此，**法律不强制任何人实施无益或者无用的行为**（Lex neminem cogit ad vana seu inutilia peragenda）。"国家不是单纯为了强制国民服从去命令、禁止某种行为，而是为了实现具有法的价值的事态、关系或者阻止无价值的事态去命令、禁止某种行为。因此，认为行政犯是单纯的不服从犯或单纯行政上的义务违反的见解，是不正确的。因为行政法规也不是仅仅为了单纯强制国民服从而对国民发布命令、禁止，而是为了维持、实现行政主体认为有价值的事态、关系才发布命令、禁止，国家对这种有价值的事态的关心（利益），是一种法益。因此，行政犯也包含法益的侵害、威胁，而不缺乏实质的违法。"[8]由此可见，尽管自然犯与法定犯的区分标准还值得研究，但可以肯定上述观点是不妥当的，因为该观点导致国家可以随意禁止公民的行为，导致法律的无目的性。

　　由此进一步延伸考虑的结论是，如果没有刑法的目的是保护法益、犯罪的本质是侵犯法益的观念，在某些情况下就会扩大处罚范围。因为如果认为刑法的目的不是保护法益，那么，在法益没有受到侵犯的情况下，也可能动用刑法；如果认为犯罪的本质是犯罪人获得了利益，那么，在行为人并没有侵犯他人利益却获得了利益的情况下，有些人可能嫉妒或者眼红，而将其认定为犯罪，从而使行为人丧失其获得的利益。这种不当现象，并不罕见。

例二：对于许多犯罪，刑法并没有规定以非法占有为目的或以营利为目的，而人们却偏要加上非法占有目的或者营利目的。例如，伪造货币罪，刑法一直没有规定特定目的，却有人认为伪造货币罪以营利为目的。但在刑法没有规定营利目的的情况下，作出这种要求并不合理。因为伪造货币的行为严重地侵犯了货币的公共信用，对金融秩序是一种重大破坏，而这种危害不取决于行为人主观上是否具有营利目的。所以，认为伪造货币罪必须出于营利目的，就是在从行为人获取利益的角度来考虑问题。如果认为刑法的目的是保护法益、犯罪的本质是侵犯法益，就不会要求伪造货币罪出于营利目的。[9]或许有人认为，在司法实践中，伪造货币罪的行为人主观上都是出于营利目的，因此，可以作出上述要求。但这是事实问题，而不是法律的规定，不能将事实的一般情形强加在法律规定上；再者，即使过去或现在伪造货币的行为人主观上都是为了营利，但我们不能排斥将来可能出现不以营利为目的的伪造货币的行为。

与此相联系的是，有些行为严重侵犯了法益，根据刑法规定已经构成犯罪，但常常由于行为人主观上出于"善良"动机，而不以犯罪论处。例如，在司法实践中，对于刑讯逼供行为一般不追究刑事责任，其中的原因之一是，行为出于尽快破案等良好动机；于是，只有当行为人出于报复等卑鄙动机时，才应认定为犯罪。对这种观点作进一步分析就会发现，它考虑行为人主观上是利他动机还是利己动机，出于利他动机实施行为时，由于行为人没有获取私利的意图，所以无罪；出于利己动机时，则是自私自利的表现，所以有罪。显然，它没有站在被害人角度考虑问题，没有从保护法益的角度得出结论。如果从刑法的目的与犯罪的本质考虑，就会发现出于利他动机的刑讯逼供也是犯罪行为。因为不管刑讯逼供的行为人主观上出于何种动机,被害人的人身权利受到的侵犯没有改变。事实上,利他动机也不一定是良好的动机。例如,为了帮助穷人而盗窃财物,将所盗财物交付给穷人的,仍然构成盗窃罪。共同犯罪中的许多参与人都是基于利他动机,但并不影响其成立共犯。据此,我们可以得出以下结论:在刑法没有规定动机是犯罪的主观要素的情况下,动机的内容不影响定罪,即使是利他的或者善良的动机也不例外。

由此进一步延伸考虑的结论是,如果没有刑法的目的是保护法益、犯罪的本质是侵犯法益的观念,在某些情况下就会不当缩小处罚范围。因为在许多情况下,行为严重侵犯了法益,而行为人可能没有获取利益,甚至没有牟利的目的;如果要等到行为人获取了利益才以犯罪论处,那么,许多犯罪行为就不能受到制裁,法益也不能得到充分保护。

例三:与上一点相联系,司法机关对非法占有目的的理解与认定也存在偏差,主要表现在,单纯从行为人是否获得利益的角度理解非法占有目的。详言之,我国的司法机关在认定非法占有目的时,都是将其限定为行为人本人占有为目的,这也是源于将犯罪的本质视为行为人得到好处的方向偏差。人们常常认为,非法占为己有的目的,是最具有主观恶性的。其实,单纯毁坏他人财物的故意,可能更值得谴责。人们之所以更加谴责非法占为己有的目的,是因为行为人具有获取利益的目的。换言之,在面对甲窃取了他人财物、乙毁坏了他人财物的案件时,许多人不是"同情"他人的财产减少了,而是"嫉妒"甲的财产增加了。这种观念总是能够反映到司法实践中来,因而形成方向性偏差。不难看出,正确认识和把握犯罪的本质是对国家、社会、他人法益的侵犯,而不是行为人得到好处,是纠正方向偏差的关键。

具体而言,非法占有目的并不是为了说明行为人想获得利益,而是另有其他机能。非法占有目的包括排除意思与利用意思,前者的机能是将不可罚的盗用行为、骗用行为排除在财产罪之外,后者的机能是使盗窃、诈骗等取得型财产罪与故意毁坏财物罪相区分。因此,非法占有的目的,既包括使行为人自己非法占有的目的,也包括使第三者(包括单位)非法占有的目的。例如,行为人为了单位非法占有而诈骗他人财物的,也成立诈骗罪。因为以使第三者非法占有为目的实施的诈骗等行为,同样侵犯了他人的财产;以使第三者非法占有为目的,并不意味着毁坏、隐匿财产,仍然能够被评价为具有遵从财物可能具有的用法进行利用、处分的意思;以使第三者非法占有为目的,仍然说明行为人具有利欲动机、非难可能性重于故意毁坏财物罪。正因为如此,在国外,凡是明文规定了非法占有目的的刑法,都将第三者规定为非法占有的主体。如德国《刑法》第 263 条明文规定诈骗罪必须"意图使自己或第三者获得不法财产利益";瑞士《刑法》第 146 条规定诈骗罪必须"以为使自己或他人非法获利为目的"。同样,即使在刑法没有规定非法占有目的的国家,刑法理论或者将第三者取得财物作为诈骗的故意内容,或者将第三者取得财物作为非法占有目的的内容。如日本学者大塚仁教授认为,非法占有目的不是诈骗罪的主观要素,但他认为,诈骗罪的故意,"是对欺骗他人使之陷入错误、使其通过财产处分行为交付财物、自己或第三者取得财物的占有存在认识、认容"。[10] 再如,日本学者山口厚主张,非法占有目的是诈骗罪的主观要素;他指出,日本《刑法》第 246 条第 2 项明文规定了使第三者获取财产性利益的情形,对于骗取财物而言,也应作出同样的理解。[11]我国刑法关于非法占有目的的规定,都没有排除以第三者非法占有为目的,既然如此,就可以得出如下结论:在所谓单位贷款诈骗案件以及其他单位犯罪中,其中负有责任的自然人具备了使第三者(包含单位)非法占有的目的。

例四:在所谓单位集体实施只能由自然人构成的犯罪时,对其中的自然人不以该罪论处。例如,我国《刑法》第193条仅将自然人规定为贷款诈骗罪的主体,而没有将单位规定为贷款诈骗罪的主体。但在司法实践中,有时出现所谓"单位贷款诈骗"的案件,相关司法解释以及刑法理论的通说都认为,对这种案件,既不能对单位以贷款诈骗罪论处,也不能对其中的主管人员与直接责任人员以贷款诈骗罪论处。这种观点与做法的理由很多,笔者也做过许多批判。[12]但在本书看来,其中的根本性理由在于:自然人只是为了单位而实施贷款诈骗行为,所诈骗的贷款由单位占有,而不是由自然人占有。概言之,既然自然人没有获取利益,就不能对之以贷款诈骗罪论处,这显然是认定贷款诈骗罪的方向性偏差。

如前所述,刑法的任务与目的是保护法益。犯罪的本质特征是对法益(包括国家法益、社会法益与个人法益)的侵犯。就对法益的侵犯来说,单位集体实施的犯罪行为与单纯自然人实施的犯罪行为没有区别。例如,单纯的自然人诈骗贷款100万元的行为,与所谓"单位实施"的诈骗贷款100万元的行为,在侵犯贷款管理秩序以及金融机构财产这一点上没有任何区别。不仅如此,从事实上看,"单位实施"的贷款诈骗行为对法益的侵犯,比自然人实施的相同犯罪有过之而无不及。例如,根据有关规定,申请贷款应具备相应的资格与条件[13],而单位通常具备这种资格与条件,因而容易骗得贷款;事实上,单纯的自然人贷款相当困难,因而实施贷款诈骗也相当困难。既然如此,在不违反罪刑法定原则的前提下,就没有理由不追究相关自然人的刑事责任。主张否定说的人,实际上重视的不是行为对法益的侵犯,而是行为人是否获得了利益。因为这种观点强调单位犯罪与个人犯罪的性质不同,单位犯罪的行为是单位的行为,个人犯罪的行为是个人的行为;单位犯罪是为本单位谋取非法利益,自然人犯罪是为个人谋取非法利益。于是得出结论,所谓"单位贷款诈骗"是单位为了本单位的非法利益而实施的行为,不是自然人为了个人谋取非法利益而实施的行为,因此不符合自然人犯罪的构成要件。从本质上说,类似这种重视行为人是否获得利益的观点,有悖于刑法保护法益的目的与精神;其夸大单位犯罪与个人犯罪不同性质的说法,也存在疑问。虽然从观念上说,单位犯罪时犯罪行为是单位行为,但单位行为实际上都是由自然人实施的,正因为如此才实行双罚制,同时追究直接负责的主管人员和其他直接责任人员的刑事责任。[14] 至于犯罪人因犯罪所获取的利益由谁占有或所有,则不是关键问题,因为谁占有利益不能说明行为对法益的侵犯性质。例如,个人实施贷款诈骗行为,将贷款归自己非法占有时,贷款管理秩序受到了破坏、银行或者其他金融机构的财产受到了侵犯;单位实施贷款诈骗行为,将贷款归单位所有时,贷款管理秩序同样受到了破坏、银行或者其他金融机构的财产同样受到了侵犯;个人实施贷款诈骗行为,将贷款归单位所有时,也侵犯了相同的法益。从认定犯罪事实的角度来说,在刑法没有规定单位可以构成贷款诈骗罪的前提下,将案件事实归纳为单位贷款诈骗本身就是错误的。换言之,司法工作人员只能根据可能适用的刑法条文所规定的构成要件归纳案件事实,而不能离开可能适用的条文随意归纳案件事实。如所周知,如果将杀害多名法官的行为归纳为反革命杀人,该行为也可能不成立犯罪了。这显然是不妥当的。

例五:对犯罪数额的认定,也反映出一些司法机关将犯罪的本质理解为行为人获得利益的方向性偏差。例如,一种观点认为,"实名制火车票的票面金额不宜计入盗窃数额",理由是,"实名火车票应属于记名的有价值票证","被盗后可以进行挂失补办,能避免实际损失的票面金额不应计入犯罪数额"。[15]这种观点看似具有司法解释的根据[16],但是,其背后反映出来的是犯罪的本质是行为人获得利益的观念(由于采取实名制,行为人盗窃后也不能利用该火车票,不能从中获得利益)。事实上,行为人盗窃了他人的实名火车票之后,被害人就遭受了财产损失。即使事后可以挂失"避免实际损失",也是被害人自己的行为挽回的损失,而不能认定被告人的行为没有对被害人的财产造成损失。如果坚持犯罪的本质是侵害法益的观念,实名制火车票的票面金额应当计入盗窃数额。

再如,关于集资诈骗犯罪的数额,司法实践上并没有形成合理的认定标准。客观原因之一是,集资活动往往具有收益分次性的特点,即行为人在集资开始阶段常常向出资人支付收益,这种行为既可以掩盖犯罪行为,又可以欺骗更多的被害人。于是,集资诈骗罪存在以下几种数额:一是总数额,即行为人使用欺骗手段非法集资所募集的总数额;二是实际所得数额,即行为人使用欺骗手段非法集资的总额,减去案发前行为人返还出资人本息和给予出资人回报的数额后,所形成的数额;三是实际损失额,即行为人使用欺骗手段非法集资案发后,经司法机关追偿赃款最终实际给被害人造成的损失数额;四是实际获利额,即行为人使用欺骗手段非法集资后,除去返还本息、回报以及投资损失后,行为人实际非法获取(占有)的数额;五是行为后的隐匿数额和潜逃时的携款数额。最高人民法院 2001 年 1 月 21 日发布的《全国法院审理金融犯罪案件工作座谈会纪要》指出:"在具体认定金融诈骗犯罪的数额时,应当以行为人实际骗取的数额计算。对于行为人为实施金融诈骗活动而支付的中介费、手续费、回扣等,或者用于行贿、赠与等费用,均应计入金融诈骗的犯罪数额。但应当将案发前已归还的数额扣除。"显然,这里采取了实际所得数额说。

那么,究竟应当如何认定集资诈骗数额?(1)仅将行为人的隐匿数额和潜逃时的携款数额认定为集资诈骗的数额,明显不妥当。根据这种观点,如果行为人没有隐匿集资款,也没有携款潜逃,而是全部挥霍或者用于违法犯罪活动等,那么,就不存在集资诈骗数额。这显然不利于保护被害人的财产法益,也过于轻纵犯罪人。(2)仅按实际获利额计算集资诈骗数额,也不具有合理性。从事实上看,为了掩盖集资诈骗的犯罪行为和诱使更多的人上当受骗,行为人完全可能将少量资金用于生产经营活动。如果将这一数额排除在集资诈骗数额之外,就意味着这种行为具有合法性,这是难以被人接受的。而且,如果这样认定,就意味着出资人的部分损失不是由行为人的集资诈骗行为造成,这也是不符合客观事实的。(3)仅将实际损失额(即行为人使用欺骗手段非法集资案发后,经司法机关追偿赃款最终实际给被害人造成的损失数额)作为集资诈骗数额,也缺乏妥当性。行为人实施集资诈骗行为骗取社会公众资金后,便支配、控制了资金,成立集资诈骗既遂。所以,经司法机关追偿赃款所挽回的损失,仍然应计算为集资诈骗数额。

例如,行为人盗窃、诈骗他人财物既遂,事后由于司法机关追缴并如数将财物退还给被害人时,仍应将行为人所窃取、骗取的数额认定为盗窃数额、诈骗数额。如果将司法机关已经追偿的数额排除在犯罪数额之外,那么,只要司法机关追偿了全部赃物,就不存在犯罪数额。这是不可思议的。[17]（4）仅将实际所得数额(行为人使用欺骗手段非法集资的总额,减去案发前行为人返还出资人本息和给予出资人回报的数额后,所形成的数额)作为集资诈骗数额,也不是没有疑问的。行为人以非法占有为目的,实施欺骗行为,使出资人陷入认识错误,处分其资金,导致资金转移为行为人或第三者占有时,集资诈骗罪便已经既遂。虽然集资诈骗行为面向的是多数人或不特定的社会公众,但是,即使在行为人着手实行集资诈骗行为之后,仅从部分或者少数甚至个别受骗人处取得了数额较大的资金,也成立集资诈骗既遂。换言之,即使行为人客观上没有使多数人上当受骗,但只要已经骗取的资金达到数额较大标准,就成立集资诈骗罪的既遂。既然如此,就应当以行为人或第三者已经占有的资金总额作为集资诈骗数额。因为案发前行为人返还出资人的本息和给予的回报,只是既遂后的返还行为,而不能影响集资诈骗数额的认定。如同盗窃犯人将所盗窃的1万元事后返还给被害人的行为,不能影响认定其盗窃数额为1万元一样。从事实上来看,集资诈骗的行为人在取得社会公众的集资款后,在案发前返还出资人本息或者给予出资人一定回报,都是为了掩盖集资诈骗的犯罪行为和诱使更多的人上当受骗。如果将这种数额排除于集资诈骗数额之外,就意味着认可了这种行为。这是难以被人接受的。在司法实践中,行为人实施各种诈骗行为的成本多少,并不影响对诈骗犯罪数额的认定。例如,行为人用自己所有的相当于人民币500元的外币,骗取他人2万元人民币的,应当认定其诈骗数额为2万元,而不是1.95万元。因为在我国,诈骗犯罪是对个别财产的犯罪,而不是对整体财产的犯罪,因此,只需要计算被害人失去了什么,而不能计算被害人得到了什么。由此可以看出,即使行为人以自己合法所有的财产作为诱饵骗取他人财物时,也不应从骗取的财产数额中扣除该作为诱饵的财产数额。而在集资诈骗犯罪中,行为人是用所骗取的财产作诱饵骗取他人资金,或者说,是用所骗取的财产作为骗取更多资金的成本,所以,更不能从集资诈骗数额中扣除该作为诱饵的财产数额。如果将这种数额排除在集资诈骗数额之外,便与上述通行的司法实践相冲突,也导致集资诈骗罪成为对整体财产的犯罪。这是本书不能赞成的做法。有论著指出:"行为人采取集新还旧的办法进行集资诈骗,对于案发前已经偿还的部分,从严格意义上讲,行为人已经实际控制了该集资款,只是因为主客观原因才返还给受骗人,因而应当认定为既遂。但是,这一认定显然不利于鼓励犯罪分子积极、主动地尽早偿还非法集资款,从而使受骗人被骗的财物长期处于危险状态下,所以,在司法实践中,对于行为人在案发前已经返还的非法集资款,一般没有计算为诈骗数额,作为犯罪处理。"[18] 在这种观点看来,行为人案发前返还出资人本息和给予出资人回报的数额,原本是集资诈骗既遂的数额,只是为了鼓励行为人积极、主动地尽早偿还非法集资款,才不将其认定为集资诈骗数额。这种用意虽好,但存在疑问。一方面,如前所述,在集资诈骗案中,行为人采取集新还旧的办法进行集资诈骗,并不是为了尽早偿还集资款,而是为了掩盖集资诈骗犯罪事实和诱骗更多的出资人。这显然不能成为将既遂后的集资款排除在集资诈骗数额之外的理由。另一方面,就各种金融诈骗罪而言,既遂的标准实际上是完全统一的。既然行为人已经实际控制了集资款,在刑法上已经成立犯罪既遂,就不应以鼓励行为人尽早偿还集资款为由,将已经既遂的数额排除在犯罪数额之外。如果按照这种思路,对于盗窃犯,也可以将其事后返还给被害人的财物数额排除在盗窃数额之外。因为这样做,也有利于鼓励盗窃犯人尽早返还所盗窃的财物,从而保护被害人的财产法益。但这种做法恐怕行不通。[19]实际上,行为人返还给被害人的财产数额以及司法机关挽回损失的数额,都是可以作为从宽量刑情节考虑的。既然如此,就不应通过将这些数额排除在集资诈骗数额之外的方法实现从宽量刑。

基于以上理由,本书主张对集资诈骗数额的认定采取总数额说。行为人骗取资金后返还给被害人的财产数额、司法机关事后的追缴数额,都应当计算在集资诈骗数额之内。

例六:对一些具体犯罪的既遂标准不考虑法益何时受到损害,只是考虑行为人何时获取利益。关于犯罪既遂与未遂的区分,在刑法理论上存在很大争议,这是正常的。但关于一些具体犯罪的既遂与未遂的区分,持同一观点的学者往往得出不一致的结论。例如,强奸罪的既遂标准是插入说,而不采取泄欲说。这是相当正确的,因为只要行为人的性器官插入被害妇女的性器官,就使被害妇女的性的不可侵犯的权利受到了实际侵害,而不管行为人是否满足了性欲。显然,对强奸罪既遂与未遂的区分采取插入说,就重视了保护法益的刑法目的与侵犯法益的犯罪本质。但是,刑法理论与司法实践就一些犯罪的既遂与未遂的区别,却偏离了犯罪的本质。

例如,关于盗窃罪的既遂与未遂区分标准,司法实践中采取了失控加控制说,即只有当被害人失控并且行为人控制了所盗财物时,才是既遂,而且对失控与控制的认定相当严格,或者说明显不当推迟认定失控与控制。这种做法的实质,是从被告人是否获得了利益的角度来考虑,而不是从犯罪的本质来考虑的。诚然,**以盗窃的意思取得他人财物的就是盗窃**(Contrectatio rei alienae animo furandi,est furtum),详细一点说,**以盗窃的意思,违反所有权人的意志,不诚实地获得他人财物的行为,就是盗窃**(Furtum est cont-rectatio rei alienae fraudulenta,cum animo furandi,invito illo domino cujus res illa fuerat)。但是,盗窃罪的本质在于行为侵犯了财产,而不在于行为人获得了财产。构成要件要求行为人取得占有,只是为了与故意毁坏财物等犯罪相区别。不可否认,由于盗窃罪的构成要件决定了转移财物的占有才完成了犯罪,在此意义上说,控制说是合适的。但是,不能将控制理解为行为人转移了财物的场所,更不能将控制理解为行为人藏匿了财物,而应理解为行为人事实上占有了财物。一般来说,只要被害人丧失了对财物的控制,就应认定行为人取得了财物。例如,行为人以非法占有为目的,从火车上将他人财物扔到偏僻的轨道旁,打算下车后再捡回该财物。不管行为人事后是否捡回了该财物,均应认定为犯罪既遂。又如,住在雇主家里的雇员,将窃取的财物藏在雇主家的隐蔽场所的,成立盗窃既遂。所应注意的是,在认定盗窃罪的既遂与未遂时,必须根据财物的性质、形状、体积大小、被害人对财物的占有状态、行为人的窃取样态等进行判断。如在商店行窃,就体积很小的财物(如戒指)而言,行为人将该财物夹在腋下、放入口袋、藏入怀中时就是既遂;但就体积很大的财物(如冰箱)而言,一般只有将该财物搬出商店才能认定为既遂。再如盗窃工厂内的财物,如果工厂是任何人可以出入的,则将财物搬出原来的仓库、车间时就是既遂;如果工厂的出入相当严格,出入大门必须经过检查,则只有将财物搬出大门外才是既遂。又如间接正犯的盗窃,如果被利用者控制了财物,即使利用者还没有控制财物,也应认定为既遂。盗窃机动车的,应以已经发动车辆开始移动时为既遂。

再如,我国的传统观点认为,受贿罪以取得财物为既遂。一方面,在收受贿赂的情况下,以接受贿赂为既遂具有合理性。但是,由于受贿罪不是财产犯罪,而是侵犯职务行为的不可收买性的犯罪,所以,并非只有当行为人实际享受了利益之后,才能认定为既遂。例如,收受了他人交付的转账支票后,还没有提取现金的,应认定为受贿既遂。收受购物卡后,即使还没有购物,也应认定为受贿既遂(受贿数额按购物卡记载的数额计算)。收受银行卡后,即使没有使用,也应认定为受贿既遂(卡内的存款数额应按全额认定为受贿数额)。收受贿赂后,将贿赂用于公益事业的,不影响受贿既遂的认定,更不影响受贿罪的成立与受贿数额的认定。另一方面,在索取贿赂的情况下,应当以实施了索要行为作为受贿既遂标准。因为受贿罪的保护法益是国家工作人员职务行为的不可收买性,在索要贿赂的情况下,即使行为人没有现实取得贿赂,其索要行为已经侵害了职务行为的不可收买性。或许有人认为,我国《刑法》第385条所规定的"索取"就是指索要并取得,因此,只有收受了贿赂才能成立受贿罪既遂。但是,其一,这种观点是离开受贿罪的保护法益得出的结论。对构成要件的解释必须以保护法益为指导,只要承认受贿罪的保护法益是职务行为的不可收买性,或者认为受贿罪的保护法益是职务行为的公正性或廉洁性,就不可能在索要行为之外另要求现实取得贿赂的行为。其二,如果将"索取"

解释为索要并取得,那么,"索取"行为就成为多余的规定。因为单纯收受(取得)贿赂就成立贿赂罪,既然如此,立法者就不可能在收受型受贿之前增加一种索要并收受的行为类型。[20]换言之,既然 A 行为独立构成受贿罪,立法者就不可能增加一种 B + A 类型的受贿罪;如果 B 行为具有可罚性,就只能是在将 A 行为规定为受贿类型的同时,将 B 行为规定为另一种受贿类型。[21]其三,国家工作人员在职时向请托人索取贿赂或者与请托人约定贿赂事项,离职后收受贿赂的也成立受贿罪。倘若认为索取贿赂时也以收受财物为受贿既遂标志,则意味着离职后的行为才侵害了职务行为的不可收买性。这是难以令人赞同的,因为行为人在收受财物时已经不具有国家工作人员身份。只有将实施索取行为(包括国家工作人员主动提出的约定)认定为既遂,才能说明上述做法的合理性。在司法实践中,对于单纯利用职务上的便利索要贿赂,而没有现实取得贿赂的行为,一般都没有认定为受贿罪,或者仅认定为受贿未遂。原因之一在于,司法机关将索取型受贿罪理解为索取并收受贿赂,实质的根源是将受贿罪视为财产犯罪(对收受财物后及时退还的不以任何犯罪论处,也说明了这一点),将犯罪的本质理解为行为人获得利益。

由此看来,不管人们对既遂与未遂的区分采取什么观点,对具体犯罪区分既遂与未遂时,要以行为是否侵害了法益为实质标准,而不能以行为人是否获利为标准。

例七:将行为人获得利益作为犯罪的本质的方向性偏差,在认定共同犯罪案件中,也相当明显。例如,甲为国有银行某支行行长,乙为该行信贷员,一般公民丙与甲、乙勾结,由丙编造引进资金、项目等虚假理由,向甲、乙所在银行多次申请贷款。甲、乙知道真相,即向丙发放所谓贷款,丙将"贷款"非法占为己有。根据笔者的观察,一些司法机关对于类似的案件,都认定为贷款诈骗罪,而没有认定甲、乙、丙的行为构成贪污罪。再如,国有银行工作人员 A,在其朋友 B 持一张伪造的现金支票,到 A 所在的银行柜台提取现金时,A 明知是伪造的支票而付款。事后,A 谎称付款当时没有发现是伪造的支票。根据笔者收集的资料,有的司法机关认定 B 的行为构成票据诈骗罪,而没有认定 A、B 的行为构成贪污罪。笔者也注意到,在上述案件中,如果甲、乙、A 参与分赃,司法机关就可能认定贪污罪。但是,以国家工作人员是否分赃为标准区别定罪,不仅明显存在方向性偏差,而且误解了相关犯罪的构成要件。

就前一例而言,从形式上看,丙具有非法占有目的,采取了"编造引进资金、项目等虚假理由"的贷款诈骗手段,也获取了银行的贷款,似乎完全符合贷款诈骗罪的构成要件。其实不然。**知情者没被骗**(Sciens non fraudatur)。甲具有处分金融机构财产的权限,而且他并没有受欺骗,没有陷入处分财产的认识错误,相反是与丙通谋将银行财产进行非法转移;甲、乙将银行资金以"贷款"形式转移给丙,并不是贷款诈骗罪中的处分行为,而是贪污的一种形式。即使甲、乙没有非法占有贷款,但贪污罪中的非法占有目的包括使第三者非法占有的目的,而不仅限于行为人本人非法占有的目的。所以,只能认定甲、乙的行为成立贪污罪,丙是贪污罪的共犯。同样,如果甲、乙所在银行为民办银行,甲、乙不属于国家工作人员,则甲、乙、丙的行为成立职务侵占罪的共同犯罪,也不成立贷款诈骗罪。

就后一例而言,A 虽然只是国有银行的一般工作人员,但由于

A是在没有受骗的情况下直接将银行现金交付给B,所以,B的行为不可能成立票据诈骗罪。虽然A事后欺骗了银行管理人员,但是,这是在已经造成财产损失后为隐瞒真相所实施的欺骗行为,而不是为了取得财产所实施的使他人陷入处分财产的认识错误的欺骗行为,故B的行为不属于票据诈骗行为。显然,A、B只成立贪污罪的共犯。

在本书看来,一些司法机关之所以将上述两例认定为金融诈骗罪,从表面上看是没有正确理解金融诈骗罪的构成要件,实质上是没有妥当理解犯罪的本质。如果认识到犯罪的本质是侵害国家、社会、他人的法益,而不是行为人自己得到好处,那么,对非法占有目的就会有准确的理解,就不会根据行为人是否参与分赃来决定案件的性质。概言之,司法机关应当正确处理"损人"与"利己"的关系。犯罪的本质是损人,而不是利己。没有损人的行为,即使利己,也不成立犯罪;反之,没有利己的行为,只要损人,也侵害了法益,如果具备其他要件,就能够成立犯罪。

此外,在以往的法律以及司法实践中,处理共同犯罪的案件时,往往过于注重共犯人的分赃数额,而轻视共犯行为对法益的侵犯程度。例如,全国人大常委会《关于惩治贪污罪贿赂罪的补充规定》第2条第2款规定:"二人以上共同贪污的,按照个人所得数额及其在犯罪中的作用,分别处罚。"再如,最高人民法院、最高人民检察院1985年7月8日《关于当前办理经济犯罪案件中具体应用法律的若干问题的解答(试行)》指出:"对二人以上共同贪污的,按照个人所得数额及其在犯罪中的地位和作用,分别处罚。"这显然重视的是行为人获得利益的多少,而轻视了行为对法益的侵犯程度。

诚然，在通常情况下，共同犯罪中行为人的分赃数额与其在共同犯罪中的地位与作用是大体相当的，即在共同犯罪中起主要作用的，往往分赃数额就多；在共同犯罪中起次要作用的，常常分赃数额就少。但即使如此，也应从行为人在共同犯罪中所起的作用来考虑，而所谓在共同犯罪中所起的作用，实质上是指行为人在共同犯罪中对法益的侵犯所起的作用。况且，在不少情况下，行为人所起的作用与分赃数额并不相应。例如，某甲即将结婚，但因为没有钱而苦恼，其好友某乙得知后，便多次主动劝说甲："夜里想办法弄一点。"意思是盗窃一点，但某甲多次拒绝。最后，某乙对某甲说："这样吧，我去弄，只要你在门外望望风就可以了。"某甲便同意了。某乙在某丙家盗窃了 8000 多元现金后，一出门就全部交给了某甲，自己分文未得。如果主要考虑分赃数额，显然对某甲应从重处罚，对某乙应从轻处罚。但是，如果从刑法目的和犯罪本质来考虑，就会发现，在本案中，起主要作用的是某乙而非某甲，不能因为某甲得到了全部赃款而对之从重处罚。不难发现，以分赃数额多少来决定处罚程度，是相当不合适的。

综上所述，尽管刑法理论一直认为犯罪的本质是社会危害性，但人们还是自觉或者不自觉地过于重视犯罪人获得的利益，而忽视或者轻视犯罪的本质。看来，仅仅对某一事物整体的本质产生了正确认识还不够，还需要将这种正确认识贯彻到具体事物之中。

总之，**有利益的地方就有犯人**，但犯罪的本质不在于犯罪人获得利益，而在于行为侵犯了法益。

注释

[1] 很显然,这是就故意犯罪而言,对过失犯罪不能断然作出这种结论。

[2] 参见〔美〕范伯格:《自由、权利和社会正义》,王守昌、戴栩译,贵州人民出版社1998年版,第34页。

[3] 〔德〕威廉·冯·洪堡:《论国家的作用》,林荣远、冯兴元译,中国社会科学出版社1998年版,第146页。

[4] 将我国《刑法》第2条与第13条进行比较对照,也可以发现刑法的目的与犯罪的本质正相对:犯罪的本质是侵犯法益,刑法的目的是保护法益。

[5] 即使营利目的与获利结果是构成要件的内容,也丝毫不能表明犯罪的本质在于行为人获取利益。

[6] 参见〔日〕平野龙一:《刑法总论Ⅰ》,有斐阁1972年版,第118页。

[7] 该观点最先由德国学者宾丁(Binding)提出,后来得到了不少学者的赞同。

[8] 〔日〕福田平:《行政刑法》,有斐阁1978年版,第36页。

[9] 如前所述,我们也不要认为,刑法分则条文关于以非法占有为目的、以营利为目的的规定,都忽视了犯罪本质与刑法目的。

[10] 〔日〕大塚仁:《刑法概说(各论)》,有斐阁2005年增补版,第275页。

[11] 〔日〕山口厚:《刑法各论》,有斐阁2010年版,第256页。

[12] 参见张明楷:《诈骗罪与金融诈骗罪研究》,清华大学出版社2006年版,第369页以下。

[13] 参见中国人民银行1996年6月28日颁布的《贷款通则》。

[14] 我国刑法分则规定的单位犯罪,都以自然人的行为构成犯罪为前提,不存在只处罚单位不处罚自然人的犯罪。

[15] 韩尽平、张莹:《实名火车票金额不宜计入盗窃数额》,载《检察日报》2012年8月10日,第3版。

[16] 最高人民法院1997年11月4日《关于审理盗窃案件具体应用法律若干问题的解释》第5条。

[17] 虽然从法益侵害说的角度来说,应当考察被害人的损失数额。但是,所要考察的损失数额,并不是经司法机关追偿赃款后的实际损失数额,而是犯罪行为本身给被害人造成的实际损失数额。

[18] 王晨:《诈骗犯罪研究》,人民法院出版社2003年版,第85页。

[19] 不能轻易以法律外的理由(政策依据)推翻法律内的理由(法律依据)。

[20] 或许有人认为,索取型受贿罪不需要为他人谋取利益,而收受型受贿罪需要为他人谋取利益,因而不同。其实,"为他人谋取利益"的规定,只是为了说明财物与职务行为的关联性(因此只要许诺即可),索取贿赂时也具有这种关联性。

[21] 在国家工作人员甲实施了索取贿赂的行为后,知情的乙帮助国家工作人员收受贿赂的,仍然成立受贿罪的共犯。但不是索取贿赂的共犯,而是收受贿赂的共犯。事实上,甲实施了两个受贿行为,但属于狭义的包括一罪,仅以一罪论处。

Domenichino(1581—1641), *Saint George Killing the Dragon*(*detail*).

刑 法 格 言 的 展 开

De minimis non curat lex: Lex non curat de minimis

法律不理会琐细之事

法律不理会琐细之事(De minimis non curat lex; Lex non curat de minimis)格言的字面含义是,法律不规定和处理过于轻微的事项,相反,只是规定和处理较为重大的事项。由于**遵从法律是法官的任务**(Judicis est legibus parere),**法官的实务是解释法律**(Praxis judicum est interpres legum),所以在司法上,**法官不理会琐细之事**(Minima non curat praetor)。由此看来,**法律不理会琐细之事**与**法官不理会琐细之事**两个格言的含义相同,故以下将不加区分地加以使用。

从表面上看,**法律不理会琐细之事**并非刑法格言,但事实上,由于两个方面的原因,使之实质上成为刑法格言:第一,法律的发达使得原来并非由法律调整的事项,现在都由法律来调整;同以往相比,现在法律也要理会琐细之事。但是,刑法在任何时候都不理会琐细之事,即刑法总是规定和处理最严重的违法行为——犯罪。因此,严格地说,应是刑法不理会琐细之事。第二,这一格言总是被刑法学者引用或在讨论刑法问题时引用。例如,德国刑法学家宾丁曾说:"如果不顾虑'**法官不理会琐细之事**'的原则,就会损伤国家的威信,降低刑罚的信用,造成国民的激愤。"[1]再如,日本刑法学家平野龙一在谈到可罚的违法性问题时指出:"可罚的违法性问题,不仅是违法性的理论问题,而且是在刑事制度上如何处理轻微事件的刑事政策上的问题之一。自古就有'**法官不理会琐细之事**'的法律格言,其含义是,综合考虑违法性与责任,在轻微情况下,作出有罪判决和作为犯罪人处理,在刑事政策上并不一定妥当。"[2]此外,德国学者拉德布鲁赫(Rudbruch)在其名著《法学导论》有关刑法问题的第六章中也曾指出,德国的《少年法院法》以及1924年的刑事诉讼改革,重新承认了**法官不理会琐细之事**的原则。[3]以上足以说明,**法律不理会琐细之事**基本上是指刑法不理会琐细之事。[4]

法律不理会琐细之事从实质上表达了刑法的谦抑性。关于刑法的谦抑性,平野龙一指出它具有以下三个含义:

> 第一是刑法的补充性。即使是有关市民安全的事项,也只有在其他手段如习惯的、道德的制裁即地域社会的非正式的控制或民事的规则不充分时,才能发动刑法。……第二是刑法的不完整性。如果像上面那样认为刑法具有补充的性质,那么,发动刑法的情况自然是不完整的。……第三是刑法的宽容性,或者可以说是自由尊重性。即使市民的安全受到侵犯,其他控制手段没有充分发挥效果,刑法也没有必要无遗漏地处罚。[5]

其中的刑法的不完整性,是指刑法不介入公民生活的各个角落。事实上,这三点内容都可以由刑法的"补充性"来概括。后来,平野龙一也认为刑法的谦抑性就是补充性。他说:"即使行为侵害或威胁了他人的生活利益,也不是必须直接动用刑法。可能的话,采取其他社会统制手段才是理想的。可以说,只有在其他社会统制手段不充分时,或者其他社会统制手段(如私刑)过于强烈,有代之以刑罚的必要时,才可以动用刑法。这叫刑法的补充性或者谦抑性。"[6]根据平野龙一的观点,能够采取其他手段充分抑制违法行为、充分保护法益时,就不要将其作为犯罪处理。这正是**法律不理会琐细之事**的内在要义。[7]

那么,为什么要坚持**法律不理会琐细之事**的原则呢?或者说,为什么要坚持刑法的谦抑性原则呢?

社会发展使得人们对于任何事项都可以通过规范进行调整与评价。但是，法律规范只是社会规范的一类，法律所处理的事项必然是社会中的少数，更大量的事项要靠其他规范来处理，其中，伦理道德规范便处理了为数众多的事项。德国法学家耶利内克（Georg Jellinek）提出法是"伦理的最低限度"（das ethische Minimum），而德国经济学家休谟尔（Schmoller）则提出法是"伦理的最大限度"（das ethische Maximun）。前者着眼于法的内容，后者着眼于法的效力。社会伦理规范的内容相当广泛，其中包括了像"不得杀人"、"不得放火"、"不得偷窃"等一些为维持社会安全必不可少而必须强制推行的规范，这便是最低限度的伦理，有必要纳入法律之中，在法律制裁之下予以推行，所以，法是"伦理的最低限度"。伦理中不存在有形的制裁，法律中则存在有形的制裁，伦理规范上升为法律规范时，便具备了法律制裁，这种上升为法律规范的伦理便最大限度地发挥着其有效性。在此意义上说，法是"伦理的最大限度"。[8]这两句名言告诉我们，国家只能将一些有关重大事项的伦理道德规范即维护社会安全所必不可少的规范上升为法律规范，而不可能将所有的伦理道德规范都上升为法律规范。易言之，在道德上不被允许的行为，在法律上可能是被允许的；所以，在法律领域，**被允许的并非都是高尚的**（Non omne quod licet honestum est）。

英国哲学家密尔（J. S. Mill）的"危害原理"（或称损害原理）认为，对于文明社会的成员，可以违反其意志对之正当行使权力的唯一目的，是防止对他人的危害；除了儿童与未开化的人以外，对于具有各种能力的成熟的成年人，不得为了他们自身的利益而进行家长式强制。[9]一般认为，密尔所提倡的是个人危害原理，即采取强制手段是为了防止对他人的危害。此外，有人提倡公众危害原理,即采取强制手段是为了公众的利益,而为了公众利益,必须防止对社会制度和社会调节系统的危害。不过,虽然"密尔再三强调,预防个人损害似乎是国家采取强制的唯一的正当理由。但是,他的眼光和用意绝不会仅仅只限于这些东西。他不会从其著作中删掉诸如偷税、走私、藐视法庭之类的犯罪行为,这些行为不一定会损害任何特定的个人,但它们削弱了社会制度,而这些社会制度的健全与否与我们有着利害关系"。[10]所以,密尔的主张包含有公众危害原理和个人危害原理两个方面。密尔的危害原理,具有相当的合理性。[11]如果具体到刑法上来,他主张犯罪的本质是侵害法益,而不是违反伦理。我国刑法理论的通说认为,犯罪的本质属性是社会危害性,而所谓社会危害性,无非是对法益的侵犯性,所以,违法性的本质是对法益的侵害或者威胁(侵害的危险),而不是对伦理规范的违反。所谓将道德规范上升为法律规则,并不是因为它是重要的道德规范,而是因为这种道德规范所保护的是重要法益。因此,严格地说,刑法并不是将道德规范上升为法律规范,而是有自己的特定标准,只不过一些刑法规范与道德规范相重合而已。当然,刑法与伦理并非没有关系,人们都意识到杀人、放火、盗窃在伦理上是恶的。在此限度内,刑法与伦理是重合的,二者协同地发挥作用。但是,并不能据此认为,刑法的目的是实现伦理,不能说处罚杀人罪、放火罪、盗窃罪不是为了保护法益,而是为了实现伦理。因此,不能仅仅因为行为在伦理上是恶的,就直接将其作为犯罪处理。[12]从事实上看,也不是所有的伦理秩序都由法律来调整和保护,一些琐细之事仍然由伦理道德规范来调整。结局是,**法律不理会琐细之事**。

从东方的传统来考虑,人们习惯于用一种比法律更为和平的

方法来处理事项,正如西方某些学者所言:

> 在远东,法不过是为了确保社会秩序采取的第二位的、从属的手段,而且人们只是在万不得已的情况下才使用它。在那里,人们觉得社会构成的和谐只是我们在自然和宇宙中看到其范式的普遍和谐的一部分。法,带着枯涩的逻辑推理和外部强制的一切属性,是一种很幼稚的维持秩序的方法,适合于野蛮民族而不是文明民族。自愿服从的,在家庭、部族、村落发展起来的社会共同体中行之有效的行为规范,在其渊源上不是来自法律,而是由传统和谐地形成的不成文的行为规范的总体。但是这些规范的目的不是使每一个人获得他应当获得的东西,而是使社会构成处于和谐状态之中。结果,解决纠纷不是在战场上留下胜者和败者,而是每一个追求自己的权利的人必须注意,让对方能够"保存自己的面子"。因此,在远东,权利的实现,最好的办法不是由法官作出一胜一负的判决,而是和平的调解、心平气和的调停。[13]

中国社会基本上是一个"熟人的社会",人与人的关系基本上是一种熟人关系,于是,司法干预成为对熟人关系的一种损害,老百姓便把打官司视为一种不得已而为之的下策而不愿动辄对簿公堂。[14]这种传统也导致了轻微纷争不会诉诸法律,**法官不理会琐细之事**。

尽管我们现在强调法治,但并不意味着琐细之事也由法律处理,更不意味着琐细之事应由刑法处理。**法律排斥过剩的、矛盾的和不适当的规定**(Lex rejicit superflua, pugnantia, incongrua),即在法律中不能规定不应由法律规定的事项,不能出现自相矛盾的规定,不能有不适当的规定。现代社会越来越复杂化,人际交往越来越频繁,如果人们的一举一动都由法律来制约,那么,必然造成法律条文过剩、自相矛盾和不适当。就法律领域而言,国家有许许多多的部门法,一个部门法调整和保护一种社会关系;如果每一个部门法都能充分地调整和保护某一方面的社会关系,刑法则没有存在的余地;反之,只有在部门法不能充分地调整和保护某种社会关系时,才需要刑法。这既导致了刑法保护的社会关系的广泛性,也导致了刑法的补充性,使刑法成为其他法律的保障。因此,刑法理会的不可能是琐细之事。[15]就刑法特性而言,刑法所规定的法律后果基本上都是刑罚,而刑罚同时具有积极作用与消极作用,如果适用范围过宽,则不仅削弱刑罚的效果,而且有害于国家与公民。德国学者耶林有一句名言:"刑罚如两刃之剑,用之不得其当,则国家与个人两受其害。"[16]"故刑罚之界限应该是内缩的,而不是外张的,而刑罚该是国家为达其保护法益与维持法秩序的任务时的最后手段(Ultima ratio)。能够不使用刑罚,而以其他手段亦能达到维持社会共同生活秩序及保护社会与个人法益之目的时,则务必放弃刑罚手段。"[17]况且,适用刑法的代价远远比适用其他法律的代价高昂,对违法行为尽量适用一般部门法,不得已时适用刑法,对国家也是有利的。因此,**刑罚应当受到抑制**(Poenae sunt restringendae)。

刑法是保护与扩大自由的,但另一方面它又是通过限制自由来保护和扩大自由的。刑法理会的事项过于广泛的结局,必然是过大地限制公民的自由,会"造成国民的激愤"。[18]刑罚的威慑力高于其他法律后果,公民希望重大的违法行为由刑罚来处置,于是形成了刑罚的信用。但如果处处适用刑罚,就会"降低刑罚的信用"。国家要运用各种手段管理社会,国家的威信来源于处理各种事项的妥当性,而处理各种事项的妥当性既取决于目的的正当性,也取决于手段的正当性。如果对于各种事项不分轻重地动用刑法,就会"损伤国家的威信"。所以,**法律不理会琐细之事**不只是刑法理论的问题,而且是刑事政策问题。我国一贯坚持惩办与宽大相结合和宽严相济的刑事政策,其中便含有刑法不理会琐细之事的内容。

在肯定了**法律不理会琐细之事**之后,我们应当进一步确定"琐细之事"的标准。就刑法而言,我们必须讨论具备哪些条件才动用刑法? 从刑事立法上说,侵犯法益的行为,只有具备下列条件的才能规定为犯罪:(1) 这种行为不管从哪个角度而言,对法益的侵犯性都非常严重,而且绝大多数人不能容忍,并主张以刑法进行规制;(2) 适用其他制裁方法不足以抑制这种行为,不足以保护法益;(3) 运用刑法处罚这种行为,不会导致禁止对社会有利的行为,不会使国民的自由受到不合理的限制;(4) 对这种行为能够在刑法上进行客观的认定和公平的处理;(5) 运用刑法处罚这种行为能够获得预防或抑制该行为的效果。反过来说,以下几点值得注意:(1) **行使自身权利不侵害任何人**(Qui jure suo utitur, neminem laedit; Qui jure suo utitur, nemini facit injuriam),对于国民行使宪法权利的行为,不要仅因违反程序规定便以犯罪论处;只有在不当行使权利的行为对法益的侵害非常严重和高度现实时,才宜以犯罪论处,否则必然违反宪法精神。(2) 要充分保障国民的言论自由,**不应轻率地将失言与刑罚拉近**(Lubricum linguae ad poenam facile trahendum non est)。(3) **没有人不会失误**(Nemo nostrum non peccat),**人都会犯错误**(Errare humanum est),对于低度的、轻微的、并不紧迫的危险行为,不宜规定为犯罪。(4)对于国民容忍或认可的行为,即使由于社会发展变迁使得该行为具有侵害法益的性质,也不宜轻易规定为犯罪。(5)对于极为罕见的行为,即使法益侵害较为严重,也没有必要规定为犯罪。因为法律是普遍适用的规范,**法律针对最常见的情形而制定**(Jura adaptantur ad ea quae frequentias accidunt);**对于更容易实施的行为法律更严格地禁止**(Lex arctius prohibet, quod facilius fieri potest),所以,**立法者不尊重稀罕之事**(Quod raro fit, non observant legislatores),不得以稀罕之事为据制定法律。或者说,**立法者忽略偶尔发生一、二起的案件**(Quod semel aut bis exsistit praetereunt legislatores)。

我国刑法一直不理会琐细之事,即使现行刑法增设了许多犯罪,立法机关不断在以修正案的方式增设新的犯罪,因而在很大程度上实行犯罪化,但也不能据此认为现行刑法违反了**法律不理会琐细之事**的原则。为了明确这一点,我们有必要正确认识国外的所谓"非犯罪化"概念及其现实。

首先,国外刑法特别是行政刑法的处罚范围特别宽泛,故有实行非犯罪化的必要。在西方国家,行政刑法规定的犯罪类型已经远远超过了刑法典规定的犯罪类型,造成了司法机关大量适用行政刑法的局面。此外,许多国家都在刑法典或者单行法律中规定了"轻犯罪"或者"违警罪",它们充其量只相当于我国的违反《治安管理处罚法》的行为,甚至只是一种单纯的不道德行为。英美等国以及其他许多国家对交通、饮食、卫生、药品等方面规定的犯罪更是举不胜举。例如,在英国,"特别是近年来,通过立法产生了数百种由刑法法庭处理的违法行为,以致今天在英国有大至叛国罪小至违章停放汽车等不少于3000种公认的'犯罪'行为"。导致学者得出了"一概而论地说犯罪比民事错误更为严重也是不对的"结论。[19]在这种情况下,西方国家的刑法理论提出"非犯罪化"确实是有必要的。所以,是实行犯罪化还是非犯罪化,应以本国刑法规定的处罚范围是否宽泛为根据。

其次,在西方国家,非犯罪化的思潮已成为了历史事实,而不是持续性的主张。在刑事立法上,最先主张和实行非犯罪化的是英国,但这是在20世纪50年代与60年代进行的。1957年,哈特(Hart)与德富林(Devlin)之间以奥尔芬登委员会(同性恋犯罪和卖淫委员会)的报告书为契机的争论,以及以"肖诉检察长案"为背景,开始讨论非犯罪化的问题。1959年的《淫秽物出版法》使淫秽物品的犯罪处罚得以缓和;1961年《自杀法》规定不处罚自杀;1967年的《堕胎法》实行堕胎自由化;1967年的《性犯罪法》不处罚21岁以上男子间的自愿且秘密的同性恋行为。但是,到了20世纪70年代,英国由非犯罪化转向犯罪化。例如,1978年的《盗窃罪法》创设了"以欺诈方法获取劳动提供罪"、"以欺诈方法逃避义务罪"与"不支付费用逃走罪";1974年与1976年制定了《恐怖行为防止(临时措施)法》,针对频发的爱尔兰共和军的爆炸事件,增设了有关的犯罪。进入80年代后,对青少年的处遇从保护主义转向惩罚主义,1982年的《刑事审判法》废除了以前的拘禁制与教养制,新设了以15岁至20岁的青少年犯为对象的新的青少年拘禁制;有些法律还提高了法定刑,如1985年的《性犯罪法》将强奸未遂的最高法定刑由原来的7年拘禁刑提高到无期徒刑,将对不满13岁的幼女的强制猥亵罪的最高法定刑从原来的5年上升为10年,1985年的《药物控制(处罚)法》将制造、提供、持有A级药物罪的最高法定刑由14年拘禁刑提高到无期徒刑。[20]这些事实表明,英国的非犯罪化已成为历史。[21]所以,是实行犯罪化还是非犯罪化,应以本国犯罪的具体现状为根据。

日本立法机关以往"像金字塔一样的沉默"[22],这种沉默根源于日本相对稳定的社会背景。但是,随着社会的变化,从20世纪80年代末开始,日本立法机关频繁修改刑法典与相关法律,实行大量的犯罪化。由于电子计算机的普及,1987年在有关公文书的伪造、损坏等4个分则条文中,加入了电磁记录的内容;另增设了不正当制作和提供电磁记录罪(第161条之二)、损坏电子计算机等妨害业务罪(第234条之二)与使用电子计算机诈骗罪(第246条之二)。2001年,日本立法机关三次修改刑法典,除增设危险驾驶致死伤罪(第208条之二)外,还增设了第18章之二("有关支付用磁卡电磁记录的犯罪"),该章共4个条文,所增设的具体犯罪有:不正当制作、提供、出让、出借、输入支付用磁卡电磁记录罪、持有不正当电磁记录的磁卡罪、准备不正当制作支付用磁卡电磁记录罪。2004年增设了集团强奸罪、集团准强奸罪。除刑法典之外,日本立法机关近年来还制定了许多单行刑法。此外,日本近几年来新制定的行政刑法(附属刑法)也增设了大量行政犯罪,同时也修改了原有的行政刑法。例如,2004年重新制定的《不动产登记法》就规定了泄露秘密罪、提供虚伪的登记名义人确定情报罪、不正当取得登记识别情报罪、妨害检查罪等罪名与法定刑。再如,2004年修改了《商品交易所法》中有关行政刑法的规定。

再次,西方有些国家在一段时间内实行的所谓非犯罪化,并不是将大批的犯罪行为转化为非犯罪行为,只是将原来的个别犯罪行为转化为非犯罪行为,即只是个别国家将个别"无被害人的犯罪"(如成人基于相互同意秘密实施的同性恋行为)、"自己是被害人的犯罪"（如吸食毒品的行为）由原来的刑法规制改为其他法律规制。此外，国外在实行所谓非犯罪化的同时，也有犯罪化的倾向，因为随着社会的发展，出现了许多新的犯罪现象，必须将其规定为犯罪。前述英国的立法现实就说明了这一点。再如，日本在战后废除了通奸等罪，但同时增加了许多犯罪，如 1958 年增加了斡旋受贿罪、1987 年增加了损坏电子计算机等妨害业务罪、使用电子计算机诈欺罪、不正当作出电磁记录罪、不正当供用电磁记录罪等。所以，在一个国家，犯罪化与非犯罪化是可以同时进行的，没有一个国家一直进行犯罪化，也没有一个国家一直进行非犯罪化。从各国立法现状来看，现在几乎见不到非犯罪化现象。

最后，我国立法机关不断增设了许多新的犯罪，可谓大量地实行犯罪化，但只要仔细分析就会发现，一方面，现行刑法因为强调具体、明确，所以将一种类型的犯罪分解为许多具体类型的犯罪进行规定；另一方面，许多传统类型的犯罪并没有规定下来，取而代之的是具体规定。例如，现行刑法没有规定强制罪[23]，而是规定了形形色色的具体的强制犯罪，如强迫交易罪、强迫卖血罪、强迫劳动罪、非法剥夺宗教信仰自由罪、侵犯少数民族风俗习惯罪，等等。再如，现行刑法没有规定背信罪[24]，而是规定了多种多样的具体的背信犯罪，如非法经营同类营业罪、为亲友非法牟利罪、徇私舞弊低价折股、出售国有资产罪，等等。如果不采取这些细密的立法方式，而是注意对传统型犯罪的规定，也不致出现所谓新类型犯罪明显增加的假象。所以，与国外刑法典相比，现行刑法的实际处罚范围仍然较窄，充分反映了**法律不理会琐细之事**的原则。

如果说**法律不理会琐细之事**主要是侧重立法而言的，那么，**法官不理会琐细之事**则主要是侧重司法而言的。如前所述，**法官的**

实务是解释法律，适用法律的过程就是解释法律的过程。因此，在现行刑法之下，如何在解释上贯彻**法官不理会琐细之事**的原则，则是值得特别重视的问题。总的来说，一方面，只有当侵犯法益的行为符合刑法分则所规定的构成要件时，司法机关才能认定这种行为违反了刑法。另一方面，司法机关应当对构成要件进行实质解释，亦即，对构成要件的解释必须使行为的违法性达到值得科处刑罚的程度。下面联系我国《刑法》第 296 条和第 245 条进行一些探讨。

《刑法》第 296 条规定："举行集会、游行、示威，未依照法律规定申请或者申请未获许可，或者未按照主管机关许可的起止时间、地点、路线进行，又拒不服从解散命令，严重破坏社会秩序的，对集会、游行、示威的负责人和直接责任人员，处五年以下有期徒刑、拘役、管制或者剥夺政治权利。"显然，申请获得许可后，未按照主管机关许可的起止时间、地点、路线进行的，只有拒不服从解散命令，严重破坏社会秩序的，才构成犯罪。问题是，未依照法律规定申请或者申请未获许可而举行集会、游行、示威的（前一行为），是否要求拒不服从解散命令，严重破坏社会秩序？换言之，未依照法律规定申请或者申请未获许可而举行集会、游行、示威，但服从解散命令没有严重破坏社会秩序的是否构成犯罪？有人认为，只要未申请或者申请未获许可而举行集会、游行、示威，便成立本罪。[25]但是，本书不赞成这种观点。

从文理上看，"拒不服从解散命令，严重破坏社会秩序"的规定在罪状的最后，完全可以限定其前面的两种行为，而且对前一行为的罪状规定之后没有使用一个"的"字以表示罪状表述结束。[26]再者，在未申请或者申请未获许可的情况下举行集会、游行、示威时，有关机关也可以发出解散命令,即未申请或申请未获许可而举行集会、游行、示威时,也存在拒不服从解散命令的问题。这都说明前一行为必须符合"拒不服从解散命令,严重破坏社会秩序"的条件。

从实质上看,举行集会、游行、示威是宪法赋予公民的权利,**任何人都不得没收他人的权利**(Nullus jus alienum forisfacere potest)。尽管公民在行使权利的时候不得侵犯公共利益与他人的法益,但如前所述,对宪法权利进行限制时应当特别慎重,对违反程序条件行使宪法权利的行为进行刑法规制时更应特别谨慎,否则,公民所享有的宪法权利就会落空,实质上就会与宪法精神相冲突。根据**上位法优于下位法**(Lex superior derogat legi inferiori)的原则,对刑法的解释必须符合宪法。在未申请或者申请未获许可的情况下举行集会、游行、示威,而又服从解散命令,没有严重破坏社会秩序的,只是违反了行使宪法权利的程序条件,将其作为犯罪处理极不合适。从违法程度来看,这种行为的违法性也相当轻微,完全可以称其为琐细之事;在人多势众的情况下,负责人服从解散命令,也说明其责任相当轻微。因此,没有必要作为犯罪处理。

《刑法》第 245 条第 1 款后段规定:"……非法侵入他人住宅的,处 3 年以下有期徒刑或者拘役。"一般认为,所谓非法,是指没有合法依据而侵入他人住宅,具体表现为:未经主人许可,没有正当理由而擅自闯入他人住宅;或者经许可或者以正当理由进入他人住宅后,经要求退出而无故拒不退出。[27]这种观点实际上认为刑法规定非法侵入住宅罪,是为了保护住宅成员是否允许他人进入自己住宅的权利。但是,如前所述,中国社会是一个熟人的社会,人际关系相当密切,事先没有征得他人明确同意便进入他人住宅的情况大量存在,而住宅成员也并不认为这种行为明显侵犯了自己的权利。在西方国家尤其在英国,人们认为住宅是家庭的城堡,各人的家是各人最安全的避难所(Domus sua cuique est tutissimum refugium;Debet sua cuique domus esse perfugium tutissimum),在日常生活中人们并不轻易进入他人住宅,即便如此,也并非任何没有经过住宅成员允许而进入住宅的行为都构成犯罪。因此,本书认为,尽管我国刑法只是简短地规定非法侵入他人住宅的行为构成犯罪,但必须考虑**法律不理会琐细之事**的原则。具体地说,不要认为非法侵入住宅罪侵犯的只是住宅成员许诺他人进入自己住宅的权利,而应认为本罪侵犯的是住宅成员的生活安宁。因此,单纯没有经过住宅成员同意而进入他人住宅,但并没有侵犯住宅成员的生活安宁的,不应作为犯罪处理;只有以危险方式进入(如手持凶器进入)或者以其他侵害住宅安宁的方式进入(如以破坏门窗的方式进入)他人住宅的,才能以犯罪论处。

上述分析告诉我们,在立法上实现了**法律不理会琐细之事**的情况下,并不意味着司法上必然实现**法官不理会琐细之事**。如同刑法规定了罪刑法定原则,不等于司法上就实现了罪刑法定原则一样。完善的司法比完善的立法更为重要,与其在完善的立法之下有残缺的司法,不如在残缺的立法之下有完善的司法;当然,完善的立法与完善的司法相结合总是最理想的。从解释角度而言,对刑法规定的犯罪构成,不能仅从形式上理解,而应从实质上把握。因为刑法是以一定标准在危害行为中选择若干严重危害行为并将其规定为犯罪的。如果只是从形式上解释犯罪构成,就会使一些琐细之事都符合犯罪构成(在某些情况下也可能造成相反的不良后果);只有从实质上解释犯罪构成,才使符合犯罪构成的行为成为值得科处刑罚的行为。因此,认为在刑法确定了罪刑法定原则之后,解释方法应由重视实质的解释转向重视形式的解释的观点[28],难以得到完全赞成。罪刑法定原则的确立,进一步强调了刑法用语的重要性,我们应当通过文字理解立法精神,这是没有疑问的。但文字的含义既可能多种多样也可能不明确,这便需要实质的解释。所以,笔者提倡实质的犯罪论:其一,对构成要件的解释必须以法条的保护法益为指导,而不能仅停留在法条的字面含义上。换言之,解释一个犯罪的构成要件,首先必须明确该犯罪的保护法益,然后在刑法用语可能具有的含义内确定构成要件的具体内容。其二,犯罪的实体是违法与责任。[29]所以,对违法构成要件的解释,必须使行为的违法性达到值得科处刑罚的程度;对责任要件的解释,必须使行为的有责性达到值得科处刑罚的程度。[30]易言之,必须将字面上符合构成要件、实质上不具有可罚性的行为排除于构成要件之外。其三,当某种行为并不处于刑法用语的核心含义之内,但具有处罚的必要性与合理性时,应当在符合罪刑法定原则的前提下,对刑法用语作扩大解释。质言之,在遵循罪刑法定原则的前提下,可以作出不利于被告人的扩大解释,从而实现处罚的妥当性。概言之,由于语言具有不准确性等特点,形式解释论并不一定能贯彻**法律不理会琐细之事**的原则;实质解释论,则有利于贯彻**法律不理会琐细之事**的原则。

注 释

[1] Binding, Strafrechtliche und Strafprozessuale Abhandlungen, Bd. 2, 1915, S. 185. 转引自〔日〕大野平吉:《轻微犯罪的处理》,载西山富夫、井上佑司编:《刑事法学的诸相》(上),有斐阁1968年版,第239页。

[2]〔日〕平野龙一:《刑法总论Ⅱ》,有斐阁1975年版,第223页。

[3]〔德〕拉德布鲁赫:《法学导论》,米健、朱林译,中国大百科全书出版社1997年版,第97页。

[4] 显然这是相对的。相对于刑法而言,民法理会的是琐细之事,但有些更为琐细之事民法也不理会。在此意义上说,**法律不理会琐细之事**也不只是刑法格言。

[5]〔日〕平野龙一:《现代刑法的机能》,载平野龙一编:《现代法11——现代法与刑罚》,岩波书店1965年版,第21—22页。

[6]〔日〕平野龙一:《刑法总论Ⅰ》,有斐阁1972年版,第47页。

[7] 事实上还有处罚程度的谦抑性问题,对此将在其他格言中展开说明。

[8] 参见〔日〕团藤重光:《法学的基础》,有斐阁1996年版,第21页。

[9] Cross Jones & Card, *Introduction to Criminal Law*, 11th ed, Butterwortks, 1988, p.21.

[10]〔美〕范伯格:《自由、权利和社会正义》,王守昌、戴栩译,贵州人民出版社1998年版,第33页。

[11] 当然他对所谓家长式强制的看法也具有不合理性,如不能说明一些国家的刑法规定教唆、帮助自杀罪、得承诺杀人罪、受嘱托杀人罪的根据。

[12] 参见〔日〕平野龙一:《现代刑法的机能》,载平野龙一编:《现代法11——现代法与刑罚》,岩波书店1965年版,第10—11页。

[13]〔德〕K.茨威格特、H.克茨:《比较法总论》,潘汉典等译,贵州人民出版

社1992年版,第136页。

[14] 参见齐文远:《"亲告罪"的立法价值初探》,载《法学研究》1997年第6期,第139页。

[15] 关于这方面的详细论述,参见张明楷:《刑法在法律体系中的地位》,载《法学研究》1994年第6期,第50页以下。

[16] 转引自林山田:《刑罚学》,台湾商务印书馆1985年版,第127页。

[17] 同上书,第128页。

[18] 假如刑法规定在公共场所吸烟或者随地吐痰的判处刑罚,就必然造成公民的激愤。

[19] 〔英〕G. D. 詹姆斯:《法律原理》,关贵森等译,中国金融出版社1990年版,第30页。

[20] 以上参见〔日〕濑川晃:《英国刑事法的变迁与展望》,载日本《法学家》第919号(1988年),第14—18页。

[21] 非犯罪化的思想也曾被介绍到大陆法系的国家刑法理论中,但实际上并没有或者很少反映在刑事立法上。

[22] 〔日〕松尾浩也:《刑事法的课题与展望》,载日本《法学家》第852号(1986年),第11页。

[23] 强制罪,是指使用暴力或者胁迫方法,迫使他人实施没有义务实施的行为,或者妨碍他人行使权利的行为。

[24] 背信罪(或背任罪),是指他人处理事务的人,意图为自己或者第三者牟取利益或者以加害本人(委托人)为目的,违背其任务,造成本人财产上损失的行为。

[25] 参见张穹主编:《修订刑法条文实用解说》,中国检察出版社1997年版,第385页;陈兴良:《刑法疏议》,中国人民公安大学出版社1997年版,第477页。

[26] 参见我国《刑法》第343条、第385条,这些条文都使用一个"的"字表示前一行为的罪状规定结束。看来,不可忽视一个"的"字。

[27] 赵秉志主编:《刑法新教程》,中国人民大学出版社2001年版,第640页。

[28] 阮齐林:《新刑法提出的新课题》,载《法学研究》1997 年第 5 期,第 152 页。

[29] 参见张明楷:《以违法与责任为支柱构建犯罪论体系》,载《现代法学》2009 年第 6 期,第 41 页以下。

[30] 倘若像传统观点那样,认为社会危害性是客观危害与主观恶性的统一,那么,也可以说对构成要件的解释,必须使符合构成要件的行为具有应受刑罚处罚程度的社会危害性。如果认为构成要件只是违法类型,对构成要件的解释,就必须使符合构成要件的行为具有值得科处刑罚的违法性。

Ferdinand Runk (1764—1834), *View of Schloss Lundenburg* (*detail*).

刑 法 格 言 的 展 开

Nullum crimen sine poena

没有刑罚就没有犯罪

没有刑罚就没有犯罪(Nullum crimen sine poena)的格言,显然是就立法而言:即使某种行为是法律所禁止的,但如果刑法没有对该行为规定刑罚后果,该行为就是无罪的;反之,如果刑法对某种行为规定了刑罚后果,该行为便是犯罪,而不是其他违法行为。严格的表述应为,**没有法定的刑罚就没有犯罪**(Nullum crimen sine poena legali)。如果就司法而言,就只能反过来说:**没有犯罪就没有刑罚**。**没有刑罚就没有犯罪**的格言告诉我们,法律对某种行为是否规定了刑罚后果,是从法律上区分某种行为是否犯罪的根据。

将刑罚视为犯罪的唯一法律后果的观念,相当悠久。恶有恶报、善有善报是一种古老的正义观念。[1] 在任何社会,犯罪都是"恶中之恶",我们现在所讲的"犯罪是最严重的违法行为"正是这种含义。既然如此,对犯罪就必须给予最严厉的报应,其内容显然是剥夺犯罪人已经享有的利益。但在古老的社会里,人们尤其是处于社会低层的人享有的利益是非常有限的,他们只有生命、身体,而自由与财产则是极为有限的。因此,报应的内容便主要是剥夺生命(死刑)、毁损身体或造成肉体痛苦(肉刑),其次才是剥夺自由(自由刑),最后是财产刑。这种最严厉的报应方式就是刑罚。显然,我们可以认为,将刑罚作为犯罪的唯一法律后果,是人类社会发展的历程本身决定的。

即使就近代刑法理论而言,前期旧派也视刑罚为犯罪的唯一法律后果。前期旧派认为,人的意志是绝对自由的,人可以任意决定实施某种行为或者不实施某种行为,而不受因果规则的制约以及其他因素的影响。既然行为人以自由意志选择了犯罪行为,就应受到道义的非难,非难的表现就是报应。报应要求针对犯罪这种"恶害"给予犯罪人另一种"恶害",刑罚便充当了这种"恶害"。

从另一角度来说,前期旧派认为犯罪是对权利的侵害,因此,报应的内容应当是剥夺犯罪人的权利,最好的方法也是刑罚。所以,凡是犯罪行为,法律都规定了刑罚后果。换言之,从任何法律上考察违法行为是否犯罪,都是以其法律后果是否刑罚来决定的,故<u>没有刑罚就没有犯罪</u>。

但是,报应刑论并没有使社会的犯罪减少,相反,到了19世纪中后期,犯罪率上升,累犯、惯犯急剧增多,于是新派学者主张以目的刑代替报应刑,他们认为,刑罚本身只有在为实现社会防卫的目的上才具有意义。这种观点使保安处分的理论得以发展,为了防卫社会,必须同时采用刑罚与保安处分两种手段。这种理论上的主张,在刑事立法与司法实践上也得到了贯彻。现在,德国、瑞士、瑞典、意大利等欧洲大多数国家以及古巴、墨西哥等国都在刑法典中规定了保安处分制度。这可谓以刑罚和保安处分两种手段对付犯罪。但是,规定了保安处分的外国刑法典通常只是规定保安处分的种类、适用条件、保安处分与刑罚的替代条件,等等,而没有在分则中直接将保安处分规定为犯罪的独立的法律后果,即没有采取"犯……罪的,科处……保安处分"的规定方式,仍然是"犯……罪的,处……刑"的规定方式。[2]从法律上判断违法行为是否犯罪,仍然只能以其法律后果是否刑罚为标准。所以,在现代西方国家法律中,<u>没有刑罚就没有犯罪</u>的格言仍然成立。

我国旧刑法与现行刑法都贯彻了惩办与宽大相结合、宽严相济的刑事政策;在预防和对付犯罪问题上,采取的是综合治理方针;从司法处理的结局来看,对有的犯罪判处刑罚,对有的犯罪给予非刑罚的处罚,对有的犯罪只是单纯宣告有罪而不给予其他处罚。[3]因此,我们至少可以说,在我国,追究刑事责任的方式不只是刑罚,除了刑罚之外,还包括非刑罚的制裁措施和单纯宣告有罪(事实上,在西方多数国家也是如此)。[4]但是,就刑法典分则对犯罪所规定的法律后果而言,仍然只有刑罚;即使是免除刑罚处罚,也以刑法规定了刑罚后果为前提。刑法典分则没有直接对犯罪规定非刑罚处罚后果的条文(个别条文值得研究,下面将讨论)。因此,在我国,仍然可以说没有刑罚就没有犯罪。

没有刑罚就没有犯罪的格言,给我们提供了许多认识论的标准。

首先,对中国古代法律性质的认识,尤其是在刑事法与民事法(广义)的区分上,应以法律所规定的后果性质为标准。以《唐律》为例,虽然有学者认为它是一部"以刑为主,诸法合体"的综合性法律[5],但实际上,《唐律》对各种违法行为所规定的法律后果都是刑罚,这表明它所规定的行为都是犯罪,故只能认为《唐律》是刑法。虽然用现在的眼光来看,《唐律》规定了许多应由民法等法律处理的行为,但是,一方面,刑法本身的调整范围广,即使财产关系也完全可能由刑法来调整(下面将稍微具体地说明);如果仅以现在的眼光、以调整的对象性质来区分法律性质,那么,由于刑法调整的对象都分别是其他法律调整的对象,任何刑法典都可能被瓜分,因而刑法就根本不存在了。另一方面,现在应由民法等法律处理的行为,在古代完全可能用刑法来处理[6],重要原因之一是,类似现代的一般部门法的制裁措施或处理方法,在封建时代不具有明显的惩罚作用或者难以执行,不得不采用具有明显惩罚作用的刑罚以处理各种违法行为。[7]因此,凡是法律后果为刑罚的法律,都是刑法,而不能从所谓调整对象来认识。

其次,不管条文本身处于何种法律文件中,只要它对违法行为规定了刑罚后果,那么,这个条文便属于刑法内容。例如,日本的《著作权法》第119条规定:"侵害著作者人格权、著作权、出版权或者著作邻接权的","处3年以下惩役或者100万元以下罚金"。德国的《集会法》第21条规定:"意图扰乱或者冲击并非受到禁止的集会或者游行,或者阻挠其进行,而采取暴力或者胁迫手段,或者引起重大骚乱的,处3年以下自由刑或者罚金。"这两个条文所属的法律本身显然不是刑法,但由于法律后果是刑罚,其规定的行为就是犯罪,这两个条文便属于刑法规范。旧刑法公布后,民法、经济法、行政法等非刑事法律中共有130余个附属刑法条文,对完善刑法起到了一定作用。与国外的附属刑法不同,旧刑法时代的附属刑法都没有直接规定犯罪的成立条件与法定刑。随着现行刑法典的颁布与施行,这些附属刑法规范都失去了效力。现行刑法颁布后,行政法、经济法等法律中的一些条款,只是形式上概括性地重申了刑法的相关内容(往往表述为"构成犯罪的,依照刑法追究刑事责任"),而没有对刑法作出解释、补充、修改等实质性规定。这些规定并非真正意义上的附属刑法。据此可以认为,我国的非刑事法律中并不存在真正意义上的刑法规范。

由此,我们想到了更深一层次的问题:几乎所有的非刑事法律都规定了对严重违反该法的应当根据刑法规定处罚,那么,刑法与其他法律究竟是一种什么关系?事实上,除宪法与刑法外,其他实体法都只是调整和保护某一类社会关系;宪法所规定的内容涉及国家和社会关系最基本、最重要的问题,是其他法律的制定依据;刑法调整和保护的社会关系相当广泛:其他实体法所调整和保护的社会关系,刑法都调整和保护,如物权法调整的财产关系、婚姻法调整的婚姻家庭关系,刑法也进行调整和保护。问题是,财产关系有了民法调整和保护,为什么还要刑法调整和保护?因为民法的调整与保护方法的强制性相对较弱,对于一些严重侵犯财产的行为仍然适用民法,就不利于保护财产;再者,民事判决的执行也有赖于刑法,如果刑法没有规定拒不执行判决、裁定罪,民事判决大多不能或者难以执行。由此看来,刑法与其他实体法并不是同一层次的部门法:从分工而言,违反其他法律的行为,只要其程度严重、超出了其他法律的调整范围,就由刑法来处理;从相互关系来说,刑法是保障其他法律得以实施的法律。所以,笔者说刑法不是部门法,而是保障法。[8]

再次,即使刑事法律明文禁止某种行为,但如果没有对这种行为规定刑罚后果,就不能认为这种行为是犯罪。我国《刑法》第13条关于犯罪的一般规定充分说明了这一点。例如,我国1990年12月28日公布的《关于禁毒的决定》是公认的单行刑法,它在序言中规定"严禁吸食、注射毒品",但其第8条第1款规定:"吸食、注射毒品的,由公安机关处15日以下拘留,可以单处或者并处2000元以下罚款,并没收毒品和吸食、注射器具。"第2款规定:"吸食、注射毒品成瘾的,除依照前款规定处罚外,予以强制戒除,进行治疗、教育。强制戒除后又吸食、注射毒品的,可以实行劳动教养,并在劳动教养中强制戒除。"显然,本条对吸食、注射毒品行为所规定的法律后果都不是刑罚,而是行政处罚,故吸食、注射毒品的行为不是犯罪。因此,即使是刑法明文宣布禁止的行为,但如果它所规定的法律后果不是刑罚,就不能认为该行为是犯罪。可见,刑法明文宣布禁止的行为,与刑法明文规定的犯罪行为,并不是等同的。

由此想到的另一个问题是:对于行为时"违法"但法律没有规定刑罚的行为,事后能否设立刑罚溯及既往呢?例如,根据《关于禁毒的决定》的规定,吸食、注射毒品的行为并非犯罪行为,如果后来将这种行为规定为犯罪,则属于扩大刑罚处罚范围。对此,公民显然没有预测可能性;如果后来将吸食、注射毒品的行为规定为犯罪并溯及既往,就损害了公民的预测可能性,违反了罪刑法定原则。

最后,对于法律没有规定刑罚后果的行为,不得认定为犯罪,这显然是没有刑罚就没有犯罪格言的基本含义,虽然不必赘述理由,但有一个例外问题需要研究。

我国《刑法》第383条第1款规定:"对犯贪污罪的,根据情节轻重,分别依照下列规定处罚:……(四)个人贪污数额不满5000元,情节严重的,处2年以下有期徒刑或者拘役;情节较轻的,由其所在单位或者上级主管机关酌情给予行政处分。"现在的问题是:个人贪污数额不满5000元,情节较轻的,是否构成贪污罪?由于《刑法》第386条规定"对犯受贿罪的,根据受贿所得数额及情节,依照本法第383条的规定处罚",故如何理解上述问题,还直接涉及受贿罪与非罪的界限(为了论述的方便,下面仅就贪污进行说明)。

刑法对贪污不满5000元情节较轻的行为,没有直接规定刑罚,而是规定了非刑罚处罚,因此,如果从形式上遵循没有刑罚就没有犯罪的格言,上述行为就不是犯罪。但是,规定上述行为的第4项是属于第1款的,而第1款规定的是"对犯贪污罪的,根据情节轻重,分别依照下列规定处罚",这表明,该款各项所规定的行为都是"犯贪污罪的"行为,所以,个人贪污不满5000元情节较轻的行为,也是"犯贪污罪的",只是不给予刑罚处罚,仅给予非刑罚处罚而已。不难看出,我们从形式上难以解决这一问题,需要进行深层次的探讨。

对违法行为(包括犯罪行为)的处罚程度越来越轻,显然是人类社会的发展规律。如前所述,就对付犯罪的手段而言,事实上由古代单一的刑罚,演变为刑罚与保安处分并存乃至多元的手段;就刑罚本身而言,古代残酷的刑罚在现代社会都不可见,刑罚方法越来越人道(刑种与刑罚执行方法都是如此)。尽管处罚程度越来越轻是一个漫长的过程,但这种方向是不可变更的。因为处罚的属性是给违法者以痛苦,是否痛苦以及痛苦的程度又是以一定社会条件下的价值观念为衡量标准的。在某一社会条件下,人们认为不具有痛苦或者痛苦程度并不强烈的某些措施,在另一社会条件下,则可能被认为具有痛苦或者痛苦程度强烈;反之亦然。社会不断向前发展,物质、精神生活水平不断提高,必然导致人们认为一些非刑罚方法也具有剥夺性痛苦,也足以对付犯罪。从事实上看,即使是单纯宣告有罪(不管是否给予其他非刑罚处罚),对行为人将来的社会生活也会发生很大的不良影响(如不能从事某些职业等),也会表现出明显的惩罚作用。因此,社会的发展、时代的进步、价值观念的改变,使得法律对犯罪规定非刑罚的法律后果成为可能。[9]

现在,司法上对犯罪不给予刑罚处罚、仅给予非刑罚处罚的现象是存在的。这样做,显然具有法律根据,而且其法律根据必然是刑法,只不过给予非刑罚处罚的根据一般在刑法总则,而不是刑法分则。一方面,既然司法上可以对犯罪不给予刑罚处罚,那么,立法上当然更可能给犯罪规定非刑罚处罚,而不规定刑罚;另一方面,出于必要,非刑罚处罚的总则性规定,也可以转变为分则性规定。[10]因此,在特殊情况下,刑法分则条文直接对犯罪规定非刑罚处罚而不规定刑罚也是可能的。

但是,如果承认法律从实质上与形式上都可能针对犯罪仅规定非刑罚处罚,那么,我们似乎难以从法律上区分罪与非罪。例如,前述《关于禁毒的决定》第 8 条规定的是行政处罚,而没有规定刑罚,我们根据没有刑罚就没有犯罪的格言,认为吸食、注射毒品的行为不是犯罪行为。如果没有这一标准,我们根据什么标准区分法律规定的行为是犯罪还是其他违法行为呢?根据法无明文规定不为罪的原则,只能在法律明文规定为犯罪的情况下,我们才能认为该行为是犯罪。所以,除了法律后果之外,我们仍然可以而且只能从法律的明文规定中找到明确答案:法律明文规定为犯罪的,即使其法律后果不是刑罚,也是犯罪;法律没有明文规定为犯罪,其法律后果也不是刑罚的,不是犯罪。由于《刑法》第 383 条第 1 款明文规定了其所列各项行为都是"犯贪污罪的",即使对个人贪污数额不满 5000 元情节较轻的行为没有规定刑罚,也应认为刑法明文将其规定为犯罪,只是不给予刑罚处罚而已。在这种情况下,应当宣告行为人的行为构成贪污罪。从与盗窃罪、诈骗罪的比较来思考,从对国家工作人员从严要求来分析,得出上述结论也是合理的。当然,如果《刑法》第 383 条不将"个人贪污数额不满 5000 元,情节较轻的,由其所在单位或者上级主管机关酌情给予行政处分"规定在第 1 款第 4 项之内,而是作为独立的一款予以规定,我们就没有理由认为这种行为也构成贪污罪,因为这一假设的独立规定既没有对该行为规定刑罚,也没有明文规定该行为是犯罪。[11]《关于禁毒的决定》第 8 条正是如此,所以我们说吸食、注射毒品的行为不是犯罪。

看来,没有刑罚就没有犯罪格言的合理性会随着社会发展而发生动摇。但是,在现代社会,充其量只能发现发生动摇的苗头。再者,如何认识刑罚本身也是随着社会发展而变化的,现在的非刑罚方法,将来可能被人们认为或规定为刑罚。因此,可能出现这样的情况:在若干年代后,刑法对犯罪所规定的后果,从痛苦程度上看,相当于现在的非刑罚方法,但那个时代的人们与法律即认为是刑罚。果真如此,没有刑罚就没有犯罪的格言在若干年代后仍然成立。不管怎样,我们现在还没有必要怀疑该格言的合理性。

注释

[1] 这种观念几乎早于人类而产生。美国艾莫里大学研究中心的动物行为学专家迪戈尔博士的一项专题研究显示,诸如黑猩猩一类的灵长类高等动物,也具有一定的是非和道德观念(邹国更编译:《动物也有道德感》,载日本《半月文摘》1996年4月15日,第7版)。

[2] 在一些国家的刑法分则中,给犯罪规定刑罚的同时也规定某种保安处分的情况,倒是存在的(参见德国刑法典分则)。

[3] 我的导师曾昭琼先生曾对此作过精辟概括:抑制犯罪的刑法手段起先是一元的——刑罚;后来发展为二元的——刑罚与保安处分;现在则发展为多元的——刑罚、非刑罚的强制措施及其他手段。

[4] 参见张明楷:《刑事责任论》,中国政法大学出版社1992年版,第118页以下。

[5] 乔伟:《唐律研究》,山东人民出版社1985年版,第44页。

[6] 当然,也存在相反现象,即古代用刑罚处罚的,现在以民事制裁处理。

[7] 参见张明楷:《刑法的基础观念》,中国检察出版社1995年版,第36页以下。

[8] 参见同上书,第22页以下。

[9] 德国学者拉德布鲁赫也指出,"刑法发展的极为遥远的目标……是没有刑罚的刑法典"([德]拉德布鲁赫:《法学导论》,米健、朱林译,中国大百科全书出版社1997年版,第95页)。

[10] 事实上也有在刑法分则中进行规定的先例。如我国1979年《刑法》第192条规定:"国家工作人员犯本章之罪(指渎职罪——引者注),情节轻微的,可以由主管部门酌情予以行政处分。"

[11] 请读者注意,笔者丝毫没有认为立法有缺陷,而是从立法用语中探索立法精神。

Claude-Joseph Vernet (1714—1789), *A Shipwreck in Stormy Seas* (detail).

刑 法 格 言 的 展 开

Nemo cogitationis poenam patitur

任何人不因思想受处罚

任何人不因思想受处罚（Nemo cogitationis poenam patitur；Cogitationis poenam nemo patitur）这一罗马法格言的基本含义是，思想是自由的，国家不能将任何人的思想作为刑罚处罚对象[1]；反过来说，只有行为才能构成犯罪，才是刑罚处罚的对象。

但是，在人类社会的相当长历史时期内，的确存在将思想作为处罚对象的现象，亦即，**在刑法上意图被视为行为**（In crimunalibus voluntas pro facto reputabitur）。原因之一在于法律与宗教、道德没有分离，古代"罪"的观念与神秘的、宗教的污秽相联系，是许多民族共同的现象。摩西十诫、日本德圣太子十七条宪法就是法律与道德的结合；法国大革命前的封建王朝，是国王、地主与僧侣相结合进行统治的时代，在法律的名义下强制推行宗教与道德。在古代社会，由于文化水准相对低下，社会关系比较简单，既无制定完整法律的能力，也无制定完整法律的必要，作为人类良知的道德观念是维护社会秩序的有效规范，所以，违反道德者便受到制裁。但不可否认的是，法律与道德不相分离的现象，必然导致过剩犯罪化（over-criminalisation），即刑罚处罚范围过于扩大，从而导致将思想作为处罚对象。因此，将思想排除在犯罪之外，首先应归功于将法律与道德作出严格区分的思想。

明确区分法律与道德的思想家中，最著名的是托马休斯（Thomasius）与康德（Kant）。托马休斯在其《自然法与国际法的基础》一书中，论述了法律与道德的区别，认为道德仅与人的良心、意志的内部过程有关，其使命是促使内部的和平；法律统制对他人的关系，与行为的外部过程有关，给共同生活秩序提供基础。康德在《道德形而上学》一书中的论述并不比托马休斯的论述多，但以更彻底的形式论述了二者的区别。他严格区分了合法性与道德性，与动机无关而符合法则时具有合法性,服从法则的义务理念同时也是行为的动机时才具有道德性;法律关注行为的外部,道德关注人的内心。道德的内在性与法律的外在性,导致了法律不介入人的内心的原理,于是,任何人可能因为思想而受到道德上的谴责,但**任何人不因思想受处罚**。[2]

贝卡里亚在其《论犯罪与刑罚》中试图将法律与宗教、道德相分离,他在卷首的《致读者》中写道:"神学家的任务是根据行为内在的善或恶来确定正义与非正义的界限。公法学家的任务是确定政治上的正义与非正义的关系,即行为对社会的利弊关系。"这事实上肯定了宗教的内在性与法律的外在性。他还说:"任何想以他的批评为我增添荣耀的人,起码不应该把我的原则看成是对道德或宗教的危害。"[3]这也反过来说明贝卡里亚将法律与道德、宗教作出了严格区分,其用意在于使**任何人不因思想受处罚**。

费尔巴哈确立了刑事审判中的法治国思想,主张对国家的刑罚权进行限制,限制的手段或方法有三个方面:第一是通过法律的限制,这便是**没有法律就没有犯罪**、**没有法律就没有刑罚**的罪刑法定原则;第二是通过行为进行限制,科处刑罚应以行为为标准而不能以行为人为标准,据此保障法的安定性,保障个人的自由;第三是通过法律与道德的区别进行限制,犯罪不是违反道德而是违反法律,立法者应当尊重良心的自由,法官不是道德的审判者。作为刑法学家,费尔巴哈的最大功劳在于将罪刑法定主义思想、法律与道德严格区别的思想纳入到刑法理论体系中,从而使**任何人不因思想受处罚**的原则在刑法上具有坚实的思想基础。[4]

拉德布鲁赫也赞同法律的外在性、道德的内在性的区分。他认为,这种区分表现在四个方面:首先是法律关心方向的外在性。

法律虽然在关注外在性的同时也关注内在性,但是,"在这种场合,心情只是作为外部行为的潜在的源泉而成为法律上的问题的";而道德只是关注内心本身。其次是法律判断方法的外在性。得出合法性的结论,只要通过事后的判断能确认行为的合法性就够了;而要得出合乎道德的结论,"仅仅是其外部合乎道德还不够,同时还要求其内心是出于道德的动机,即要求行为出于对道德律的敬畏之念,出于良心、义务感的驱使,实施履行义务的行为"。再次是目的主体的外在性。法律上的义务是对他人的义务,而"道德上的义务是对良心的义务,是对自己的义务,是对自己心目中的神的义务"。最后是法律效力渊源的外在性。法律需要立法者与法官,而"道德不需要任何外在的立法者与陌生的法官"。[5]关于法律的外在性与道德的内在性的上述区分,都说明思想不是刑罚处罚的对象。

在现代社会,虽然肯定法律与道德相互渗透、相互融合、相互交叉的观点大量存在,关于法律与道德的区别学说五花八门,但总的来说,法律的外在性、道德的内在性的区别还是最为关键的区别。思想通过税关,但不通过地狱(Gedanken sind zollfrei, aber nicht hollenfrei)是德国的法律格言,它实际上也肯定了上述区别。另一方面,不管人们怎样评价将法律与道德进行严格区分的观点,该观点的历史进步意义都是不可低估的:因为思想属于道德的管辖范围,而道德与法律应当严格区分,故任何思想都不受法律制裁,受法律制裁的只能是行为,犯罪是行为的观念便由此得以确立。

在一些国家,任何人不因思想受处罚实际上属于宪法原则。如日本《宪法》第 19 条明文规定:"思想及良心的自由,不得侵犯。"第 20 条规定："对任何人均保障其信教自由。"第 21 条规定："保障集会、结社、言论、出版及其他一切表现的自由。"第 23 条规定："保障学术自由。"公民的这些权利，统称为精神的自由权。其他国家的宪法也以不同的表述，肯定了公民的精神自由权。我国宪法规定公民有言论、出版、集会、结社、游行、示威以及宗教信仰的自由，这也是对精神自由权或者思想自由权的肯定。宪法之所以肯定公民的思想自由，主要是因为思想自由是其他自由的重要前提之一。例如，只有思想自由，才能有内心中的人格价值形成的自由；只有思想自由，才能有言论、出版自由；只有思想自由，才能有追求幸福的自由；如此等等。因此，法律不禁止人们的思想自由，不强制人们具有特定的思想，也不以某人具有特定的思想为由给予刑罚处罚。

法律不禁止思想，思想不是法律规制的对象，只有行为才是法律的规制对象，法律是行为规范而不是思想规范，这些观念现在已经成为共识。行为是客观的，对行为进行规范才是可能的和有效的。法律只要求人们按照其要求实施行为或者不实施行为即可，而没有必要过问人们的思想。诚然，行为是在人的思想支配下实施的，规制思想似乎更有利于规制行为(这或许是古代社会用法律规制思想的原因之一)，但是，用法律规制思想必然是徒劳的，换言之，法律绝对不可能禁止思想；正因为如此，用法律规制思想必然导致法律没有适用标准，这不仅会使法律丧失自身的特性，而且更重要的是会使公民的各种权利受到侵害；允许法律处罚思想，实际上就是允许恣意处罚任何人，这本身便是非法的。所以，马克思说："我只是由于表现自己，只是由于踏入现实的领域，我才进入受立法者支配的范围。对于法律来说，除了我的行为以外，我是根本不存在的,我根本不是法律的对象。我的行为就是我同法律打交道的唯一领域,因为行为就是我为之要求生存权利、要求现实权利的唯一东西,而且因此我才受到现行法的支配。凡是不以行为本身而以当事人的思想方式作为主要标准的法律,无非是对非法行为的公开认可。"[6]

与其他法律制裁一样,刑罚事实上具有教育人的作用,可以教育人们不实施侵犯法益的行为。但是,刑罚的目的是预防犯罪,从而保护法益,而不是为了教育人彬彬有礼、举止端庄。刑罚的内容是剥夺性痛苦,其本身并不是理想的社会统制手段,更不是思想教育的适当手段。[7]即使有人大脑中存在恶意,但那也只能教育、引导,而不能使用刑罚强制其放弃恶意。

刑法的目的是保护法益,犯罪的本质是侵犯法益,而侵犯法益的只能是行为。因为法益是一种客观存在,只有外部行为才可能使客观存在的现象发生变化,**保留在心中的意思不产生任何现象**(Voluntas in mente retenta nil effict),**隐藏在心中的意图不起任何作用**(Intentio mente retenta nihil operatur),或者说,思想本身不可能改变外界现象;即使人们将思想暴露在外,也不可能造成侵害法益的结果,也就是说,**只要不发生结果,意思就是无害的**(Non efficit affectus nisi sequatur effectus)。因此,在刑法上,仅有杀人的想法并不成为杀人犯,**仅有盗窃欲望并不成为盗窃犯**(Sola cogitatio furti faciendi non facit furem);刑法所处罚的是在恶意支配下的恶行,而不处罚单纯的恶意。孟德斯鸠的下一段话也表明了这一观点:"马尔西亚斯做梦他割断了狄欧尼西鸟斯的咽喉。狄欧尼西鸟斯因此把他处死,说他如果白天不这样想夜里就不会做这样的梦。这是大暴政,因为即使他曾经这样想,他并没有实际行动过。法律的责任只是惩罚外部的行为。"[8]

不难看出,**任何人不因思想受处罚**格言所表现的思想应当得到充分肯定,在现代刑法理论上不存在反对这一思想的观点,但有些问题值得我们注意、讨论和反思。

值得我们注意的是,如何区分行为与思想?

法律不区分时,我们也不应区分(Ubi lex non distinguit, nec nos distinguere debemus);反之,法律区分时,我们必须区分。刑法区分了行为与思想,犯罪是行为而不是思想,思想不受处罚、行为可能受处罚,因此,如何区分思想与行为就成为关键问题。**犯行有别于计划**(Maleficia propositis distinguuntur),或者说实施恶行不同于计划恶行,在通常情况下,行为与思想的区分不成问题。例如,对于持枪抢劫、入户盗窃,人们很自然地认为它们是行为,因为它们是表现在外的客观活动。再如,人们头脑中的观念,没有表现为客观活动,因而是思想。行为与思想难以区分的是有关言论的场合。语言是思想的存在形式,思想是语言的实际内容。没有表现出来的思想,他人不得而知,无论如何不能认为是行为。思想要表现出来,就要借助一定的方式,或者是通过实现思想的外部举动表现出来,或者是通过发表言论表现出来。通过外部举动实现思想时,当然已经超出了思想的范畴而成为行为;通过发表言论表现思想时,也可谓一般意义的行为,但是否属于刑法意义上的行为,则需要进一步研究。

法律惩罚谎言(Lex punit mendacium)。[9]发表言论当然是一种行为,但要成为刑法意义上的行为,必须超出了意志决定阶段而进入了意志实现的阶段。因为刑法上的行为是侵犯法益的行为,单纯作出恶的意志决定,还不可能侵犯法益;只有开始实现恶的意志时,才使恶的意志现实化,才会侵犯法益。因此,关键的是要区分发表言论的行为是处于意志决定阶段还是意志实现阶段。将恶的意志告诉他人时,并没有超出意志决定阶段。例如,甲作出了杀人的意志决定后,将其想法告诉乙时,甲并没有超出意志决定阶段;但是,如果 A 为了毁损 B 的名誉,而在大庭广众之中或者网络上散布其捏造的、损害 B 的名誉的事实,则进入了意志实现阶段,成为刑法上的行为。由此可以进一步得出结论:只是单纯将思想内容暴露于外的,还不可能成为犯罪行为;只有将思想内容转变为外部现实的,才可能成为犯罪行为。由于发表言论本身可能是将思想内容转变为外部现实的行为,故发表言论的行为可能构成犯罪。

人们常说"言论可以构成犯罪",但这一表述不妥帖。因为言论本身不是行为,发表言论的举动才是行为。发表言论的行为中的言论,实质上是行为的工具或手段,如同杀人行为使用的刀枪棍棒。我们不能说刀枪棍棒本身是行为,只能说使用刀枪棍棒的杀人举动是行为;同样,我们不能说言论本身是行为,只能说发表言论的举动是行为。正如孟德斯鸠所说:"言语并不构成'罪体'。它们仅仅栖息在思想里。在大多数场合,它们本身并没有什么意思,而是通过说话的口气表达意思的。""言语要和行为结合起来才能具有该行为的性质。因此,一个人到公共场所鼓动人们造反即犯大逆罪,因为这时言语已经和行为连结在一起,并参与了行为。人们处罚的不是言语,而是所犯的行为,在这种行为里人们使用了这些言语。言语只有在准备犯罪行为、伴随犯罪行为或追从犯罪行为时,才构成犯罪。"[10]

值得我们讨论的是,如何认识和确立客观行为与主观责任的地位?

任何人不因思想受处罚的格言,虽然反对主观归罪,但它并不意味着客观归罪;定罪量刑以存在符合构成要件的客观违法行为和主观责任为前提。在此前提下,如何处理客观要素与主观要素的关系,仍然是没有完全解决的问题。

表现于外部的行为,揭示存在于内部的秘密(Acta exteriora indicant interiora secreta),但是,外部行为是仅起揭示内部秘密的作用呢,还是具有作为刑事责任基础的作用呢? 或者说,刑事责任的基础究竟是外部行为还是内部态度? 刑法理论在此问题上存在客观主义与主观主义之争。客观主义认为,刑事责任的基础是表现在外部的犯罪行为及其实害。因为犯罪是对社会有现实危险的行为,故没有客观行为就没有犯罪;如果仅以行为人的主观恶意作为处罚根据,就混淆了法律与道德的区别;如果犯罪概念不是客观的,就容易造成认定犯罪的困难以及法官的恣意判断。主观主义则认为,刑事责任的基础是犯罪人的危险性格即反复实施犯罪行为的危险性。本来,犯罪人的危险性格是科刑的根据,但现代科学研究结果表明,只有当犯罪人的内部危险性格表现为外部行为时,才能认识其内部危险性格,才能科处刑罚。所以,行为只具有表征危险性格的作用。

但是,客观主义不是客观归罪、主观主义也不是主观归罪,这从各国刑法的规定以及公认的构成要件符合性、违法性、有责性的犯罪论体系就可以得到证实。之所以分别称为客观主义与主观主义,是因为客观行为(符合构成要件的违法行为)与主观责任(责任能力、故意、过失、违法性认识的可能性、期待可能性)在各自理论中的地位不同。在客观主义那里,客观行为及其实害是刑事责任的基础,具有根本意义;主观责任虽然是成立犯罪的条件,但它不是刑事责任的基础。在主观主义那里,主观责任是刑事责任的基础,具有根本意义;客观行为虽然是成立犯罪的条件,但只具有征表的意义,即只具有说明危险性格的意义。正如日本刑法学者町野朔所言:"犯罪由行为的客观要素与主观要素构成。现在,行为人对其实施的行为不具有可能非难的心理状态时就不能处罚的'责任主义'是妥当的;由于行为在客观上产生了犯罪事实就处罚的'结果责任'的观点,作为'恶的客观主义'受到排斥。因此,犯罪概念中的客观主义与主观主义的对立,在于应否重视作为犯罪成立要件的客观要素。"[11]

在客观要素与主观要素之间,选择的重视点不同,就会得出许多不同结论。例如,对于偶然防卫,如果强调客观要素,行为便无罪,因为**对结果的权利赋予对手段的权利**(Jus ad finem dat jus ad media)。既然客观结果正当,客观行为就并不违法。反之,如果强调主观要素,偶然防卫行为就是犯罪既遂,因为**应当根据行为人的意图判断行为**(Omne actum ab agentis intentione est judicandum)。再如,关于正犯(主犯)与共犯(从犯)的区别,如果强调客观要素,就会主张以客观行为的作用大小为标准进行划分;如果强调主观要素,就会主张以是否具有本人犯罪的意思为标准进行划分。换言之,如果强调客观要素,教唆犯一般不会被当做主犯,因为**任何人不受他人建议的约束**(Nemo ex consilio tenetur);如果强调主观要素,那么,**教唆犯与实行犯的责任同等**(Par delinquentis et suasoris culpa est),教唆犯通常会被当做主犯,甚至认为**煽动者的罪行重于实行者**(Plus peccat auctor quam actor)。又如,关于伪证罪中的"虚伪"的含义,如果强调客观要素,就会认为违背客观事实的证言才是虚伪证言;如果强调主观要素,就会认为违反行为人记忆的证言就是虚伪证言。如此等等,举不胜举。然而,意图将客观要素与主观要素完全置于平等的地位,或者说,意图将客观主义与主观主义彻底统一起来,又是不可能的[12],这便需要选择重视点。

一旦保留对立中的一方,另一方就被否认(Posito uno oppositorum,negatur alterum)。本书主张客观主义犯罪论,因而反对主观主义犯罪论,因为坚持客观主义有利于实现刑法的正义、合目的性与法的安定性的理念,有利于合理保护社会利益与个人利益,有利于合理对待犯罪化与非犯罪化,有利于合理区分刑法与道德,有利于合理处理刑事立法与刑事司法的关系。刑法理论与司法实践应当将客观要素置于比主观要素更为重要的地位,或者说,与主观要素相比更加重视客观因素。[13]这实际上也是**任何人不因思想受处罚**格言的应有之义。

将客观要素置于更为重要的地位,特别要求做到以下几点:(1)认定犯罪时,要坚持从客观到主观的路径。亦即,首先要判断客观行为是否符合客观构成要件,如果不符合,就不需要进一步判断主观要素;如果符合客观构成要件并且不具有违法阻却事由,才进一步判断主观要素。(2)行为的性质,是由客观要素决定的,而不是由主观责任决定的。换言之,**结果确认行为**(Exitus acta probat),结果是对行为的评价标准。行为是否侵害了法益及其侵害了何种法益,只能根据客观要素判断。以行为人具有故意、过失为由认定行为侵犯了法益的做法,并不妥当;"行为的性质由主观故意内容决定"的说法,并不成立。例如,一个行为是抢夺还是盗窃,就是由客观要素决定的。至于行为人应当承担何种刑事责任,则需要考虑主观要素。又如,任何致人死亡的行为都是杀人行为(如果不是杀人行为,他人怎么可能死亡),但是,有的行为人对死亡没有责任,只是对伤害有责任,于是只能认定为故意伤害罪;有的人可能没有任何责任,只能认定为意外事件。反之,不可能致人死亡的的行为,即使行为人承认想杀人,其行为也不是杀人行为。(3)是否存在违法阻却事由,应当根据客观要素判断。换言之,不应当承认主观的正当化要素。例如,行为是否属于正当防卫,只能根据客观要素判断,防卫人是否具有防卫认识或者防卫意识,并不影响正当防卫的成立。同样,防卫人是否知道对方将实施不法侵害成立,也不影响正当防卫的成立。(4)客观违法与主观责任不是相加的关系,换言之,责任是对违法的责任。因此,虽然存在没有责任的违法,但并不存在没有违法的责任。在行为不符合客观构成要件时,不可能由主观责任补充,反之亦然。

值得我们反思的是,刑法理论中是否存在将思想作为处罚对象的观点?

我国的刑法理论一直声称坚持主客观相统一的原则,但是,有的理论实际上是将思想作为处罚对象的。最典型的是,关于不能犯的理论实际上包含了将思想作为处罚对象的内容。人们经常举例说,某甲意图毒死某乙,误将食盐当做砒霜放入某乙要吃的食物内,某乙吃后平安无事,但某甲的行为构成故意杀人未遂。如果将这种观点进一步延伸,意图毒杀他人结果误用了健身药品的,也成立故意杀人未遂。再如,行为人某甲本欲杀死仇人某乙,在野外错将稻草人当做某乙而开枪,对此应认定为故意杀人未遂。理由是,行为人主观上具有杀人的故意,客观上实施了相应的行为,只是由于认识错误而未得逞,所以应认定为故意杀人未遂。这便存在如下问题:

第一,将食盐给他人食用的行为本身,在野外向稻草人开枪的行为本身,没有致人死亡的可能性,没有侵犯法益的可能性,既没有杀人的实行行为[14],更不具有犯罪的本质属性,将其作为犯罪处理,实际上是将他人的杀人思想或主观恶意作为处罚对象,与**任何人不因思想受处罚**的原则相抵触。

第二,与迷信犯相对照,如果行为人误以为食盐可以致人死亡而将食盐给他人食用的,则属于迷信犯,不成立犯罪;同样,如果行为人误认为向某稻草人开枪后,自己的仇人就会死亡而向稻草人开枪的,也属于迷信犯,不成立犯罪。然而,如果行为人想用砒霜结果使用了食盐的,如果行为人以为是人而向稻草人开枪的,则成立故意杀人未遂。可是,我们看不出上述行为之间在客观上有什么区别,质言之,上述行为都是没有发生危害结果可能性的行为。既然如此,从强调客观要素的立场出发,应当作出相同的处理。或许有人认为,上述构成杀人未遂的行为人主观上具有杀人故意,可是,上述迷信犯人也可谓在杀人故意支配下实施其行为的,为什么说其行为不是杀人行为呢?对迷信犯不以犯罪论处,实质上是要求行为本身必须具有侵害法益的危险。在行为本身没有侵害法益的危险的情况下,不管行为人的主观内容如何,都不能认定为犯罪,否则便是处罚思想。

第三,如上所述,认定犯罪应当从客观到主观,而不是相反。诚然,从犯罪的发生过程来看,先有犯罪故意后有犯罪行为,**没有盗窃的故意就不可能实施盗窃行为**(Furtum sine affectu furandi non committitur),但认定犯罪的过程与犯罪的发生过程正相反,总是当法益受到侵害或者威胁时,才追查行为与行为人,才作为刑事案件侦查、追诉;而不是先看行为人主观上是否具有犯罪的故意、过失,然后再查行为人在故意、过失心理支配下实施了什么行为。因此，对于所谓"在犯罪故意支配下实施的行为就是犯罪行为"的观点应当摒弃。因为这种观点导致出现只要有杀人故意，其实施的行为不管有无致人死亡的危险性，都是杀人行为的结局。但事实上应当相反：只有在行为客观上具有导致他人死亡的危险性或者已经发生了死亡结果时，司法机关才追问行为人主观上有无杀人故意。[15]还有，既然只要有犯罪故意其实施的一定是犯罪行为，那么，一切都取决于犯罪故意，客观行为本身不仅没有特定内容，而且也可有可无了。这是相当危险的。

第四，如果对于客观上没有侵害法益危害的行为也认定为犯罪未遂，那么就会出现这样的结局：对于将食盐、白糖提供给他人食用的任何人，司法机关可以乃至应当侦查：提供者是否想杀人而误将食盐、白糖当作砒霜了？对于出卖健身药品的人，司法机关也可以追问：出卖者是否原本想出卖毒药的，因为认识错误而出卖了健身药品？对于在战场上杀死了敌人的士兵，司法机关也可以追查：该士兵是否想杀死战友而因为认识错误杀死了敌人呢？如此等等。到头来，所有的行为都成为被司法机关怀疑的对象，结局必然是司法机关的行为也成为被怀疑的对象，于是任何人的权利都没有保障。

令人遗憾的是，上述实际上以思想作为处罚对象的观点，在我国刑法理论上仍然居于通说地位。但令人欣慰的是，上述以思想作为处罚对象的观点仅仅存在于理论中，并不存在于司法实践中，因为将白糖给他人吃的、在野外向稻草人开枪的，司法机关根本不会过问。这从另一角度说明，认定犯罪应当从客观到主观，而不是相反；只有当行为侵害了法益或者有侵害的危险时，才可能认定为犯罪。换言之,**有危险就有法律**(Ubi periculum,ibi lex),没有侵害法益的危险时,法律不应当介入。

由此可见,为了贯彻**任何人不因思想受处罚**的原则,我们应当确立如下观念:坚持客观主义刑法立场;只有当行为在客观上具有侵害法益的危险,行为人主观上又具有犯罪故意时,才能认定为犯罪(未遂);行为在客观上没有侵害法益的危险时,不管行为人主观上有没有恶意,都应宣告无罪。在确立了这种观念的前提下,对认定(未遂)犯罪应当采取如下步骤:首先考察行为在客观上有没有侵害法益的危险,然后考察行为人主观上有没有犯罪故意。从某种意义上说,我们应当**由结果推测故意**(Animus praesumitur ab effectu),而不是由故意推测行为与结果。

注释

[1] 根据字面含义,本格言中的"处罚"是指刑罚处罚。

[2] 参见〔日〕团藤重光:《法学的基础》,有斐阁1996年版,第10页以下。

[3] 〔意〕贝卡里亚:《论犯罪与刑罚》,黄风译,中国大百科全书出版社1993年版,第4页。

[4] 参见〔日〕木村龟二:《费尔巴哈》,载木村龟二编:《刑法学入门》,有斐阁1957年版,第50页以下。

[5] 〔德〕拉德布鲁赫:《法学入门》,碧海纯一译,东京大学出版会1973年版,第11页。

[6] 《马克思恩格斯全集》(第1卷),人民出版社1995年版,第16—17页。

[7] 参见〔日〕平野龙一:《刑法总论I》,有斐阁1972年版,第51页、第44页。

[8] 〔法〕孟德斯鸠:《论法的精神》(上册),张雁深译,商务印书馆1961年版,第197页。

[9] 当然,笑话并非谎言(Qui jocatur, non mentitur)。所以,不能恶意解释笑话产生的事项(Quod per jocum fit, non sinister interpretandum)。

[10] 〔法〕孟德斯鸠:《论法的精神》(上册),张雁深译,商务印书馆1961年版,第198页。

[11] 〔日〕町野朔:《刑法总论讲义案I》,信山社1995年版,第29页。

[12] 因为其背后是有关刑法的目的、犯罪的本质等根本问题的对立;如果能够完全统一,西方国家的刑法学者早就统一起来了,不会等到我们来统一。

[13] 参见张明楷:《新刑法与客观主义》,载《法学研究》1997年第6期,第93页以下。

[14] 我国刑法理论通常说实行行为是符合刑法分则所规定的构成要件的行

为,但什么行为符合这种构成要件呢？构成要件对行为所作出的实质要求是什么呢？实际上,实行行为必须是具有侵犯法益的紧迫危险的行为,没有这种危险的行为绝对不可能成为实行行为,而上述行为没有致人死亡的危险,因而不是杀人的实行行为。

[15] 在行为已经致人死亡或者有致人死亡的危险,行为人主观上既可能是伤害的故意也可能是杀人的故意时,才勉强有可能说,在杀人故意支配下实施的行为是杀人行为。

Ferdinand Georg Waldmuller (1793—1865), *View of Modling (detail)*.

刑 法 格 言 的 展 开

Et non facere facere est

不作为也是行为

不作为也是行为（Et non facere facere est）的格言，直译应为"不行为也是行为"，"不行为"，显然是指没有实施积极的行为，这便是不作为。因此，将本格言译为**不作为也是行为**，应当没有疑问。那么，为什么**不作为也是行为**呢？

不作为是不是行为，在以往曾受到怀疑。一方面，从身体动作上看，不作为表现为没有实施任何举动；另一方面，行为都会引起外界变动，而不作为是"无"，**无中不能生有**（Ex nihilo nihil fit）。但这是对行为的自然主义的、物理的理解，而不是规范意义上的思考。首先，不作为并不是单纯的"无"，而是没有实施应当实施的行为，二者显然具有性质上的区别。其次，法律所设计的行为规范，无非是禁止性、命令性与授权性的，对授权性规范不产生违法问题，对禁止性规范与命令性规范的违反便是违法。违反禁止性规范就是"不应为而为"，违反命令性规范就是"应为而不为"，前者属于作为，后者属于不作为，但都是违反法规范的，在行为性质上没有区别。例如，隐瞒真相与陈述虚伪，都属于一种使他人不明真相进而产生认识错误的欺骗行为。所以，**隐瞒与沉默有别**（Aliud est celare, aliud tacere）；**隐瞒真相就是陈述虚伪**（Suppressio veri, expressio falsi; Suppressio veri, suggestio falsi）；或者说，**对真实予以沉默等同于对虚假作出陈述**（Verum tacere et falsum asserere paria sunt）；还可以说，**隐瞒欺诈也是欺诈**（Fraus est celare fraudem）。最后，从实质上说，禁止性规范是为了禁止人们实施侵犯法益的行为，而命令性规范是命令人们实施保护法益的行为，违反禁止性规范与违反命令性规范，都意味着使法益受到侵犯。这不仅说明不作为也会产生结果，而且说明作为与不作为实质上相同。因此，现在都肯定**不作为也是行为**。

肯定**不作为也是行为**,只是从事实上而没有从法律上肯定不作为可以构成犯罪。按照德国、日本刑法理论的通说,不作为犯分为真正不作为犯与不真正不作为犯。但是,区分标准并不相同。

德国的通说(实质说)认为,真正不作为犯,是指仅仅没有履行法律所要求的义务的犯罪行为。亦即,立法者并没有将避免结果规定为不作为者的义务,也没有将特定结果的发生规定为构成要件要素。因此,真正不作为犯是行为犯的对应物。与之相对,不真正不作为犯则要求"保证人"(具有作为义务的行为主体)履行结果回避义务,结果的发生属于构成要件要素。因此,不真正不作为犯是结果犯的对应物。[1]亦即,行为犯是只要有作为的举动就构成犯罪,而真正不作为犯是只要没有履行义务就构成犯罪;结果犯是基于作为造成构成要件结果的犯罪,而不真正不作为犯是因为没有履行义务造成构成要件结果的犯罪。

我国与日本、韩国刑法理论一样,采取的是形式说:刑法明文将不作为规定为构成要件要素的犯罪,是真正不作为犯;刑法没有明文将不作为规定为构成要件要素,行为人以不作为实施了通常由作为实施的构成要件的,就是不真正不作为犯。[2]所谓将不作为规定为构成要件要素,是指规定了不作为犯的保证人和对行为使用了"没有"、"不"、"拒绝"之类的表述(参见我国《刑法》第261条)。[3]

诚然,对不作为犯完全可以采取不同的标准进行不同的分类。但是,对事物的分类要具有目的性,从而对根据一定标准区分出来的子项作出不同的处理。如果按照所谓构成要件是否要求发生结果来区分不作为犯,那么,只要有行为犯与结果犯的区分即可。可是,不作为犯中的最大问题在于,当刑法没有明文规定保证人时,如何确定保证人。这是德国实质的分类没有解决的问题。因为按照德国理论的观点,不真正不作为犯又可以分为两类:一类是刑法明文规定了行为主体与不作为内容的犯罪,另一类是刑法没有明文规定行为主体与不作为内容的犯罪。显然,这两类区分才具有实际意义。

但是,我国和日本、韩国的分类也需要深化。真正不作为犯与不真正不作为犯,是和罪刑法定主义相关联的一种区分,但在这种区分之下,还存在需要进一步考虑的因素。

第一,真正不作为犯,是指刑法分则条文明文规定了保证人与不作为内容的犯罪。认定真正不作为犯,完全符合罪刑法定原则。但应注意的是,刑法规定的真正不作为犯存在两种类型:一类是对保证人只需要进行事实判断的真正不作为犯(可谓典型的真正不作为犯)。例如,我国《刑法》第 311 条规定:"明知他人有间谍犯罪行为,在国家安全机关向其调查有关情况、收集有关证据时,拒绝提供,情节严重的,处三年以下有期徒刑、拘役或者管制。"本罪的保证人是明知他人有间谍行为并受国家安全机关调查的人,对此只需要进行事实判断即可(行为人是否知道他人有间谍行为并受国家安全机关调查),不作为内容是不提供有关情况与证据。另一类是需要对保证人进行规范判断的真正不作为犯(可谓非典型的真正不作为犯)。例如,我国《刑法》第 261 条规定的遗弃罪的主体是"对于年老、年幼、患病或者其他没有独立生活能力的人,负有扶养义务"的人,但是,保证人与被遗弃者之间是否必须具有家庭成员关系(即如何确定保证人的范围)?这并不明确(Non liquet),这并不确定(Non constat),因而存在明显的分歧。结局是,仍然要根据后述有关确定不真正不作为犯的保证人的原理进行规范的判断。

第二,不真正不作为犯,是指刑法分则没有规定保证人与不作为内容,但行为人以不作为实施了通常由作为实施的构成要件的犯罪。显然,将这种不作为认定为犯罪,存在是否违反罪刑法定原则的问题。

德国学者阿明·考夫曼(Armin Kaufmann)最先对于"不真正不作为,是由不作为实施的作为犯,符合作为犯的构成要件"的观念提出了怀疑。他说,规范分为禁止规范与命令规范,前者要求不实施一定行为(作为),后者要求实施一定行为(作为)。例如,作为犯的杀人罪的构成要件,是以违反"禁止杀人"这一禁止规范的作为为处罚对象的。与此相对,对溺水的子女不予救助的父亲所要求的是救助这种作为,是违反命令规范的问题。因此,对该父亲以杀人罪论处,便是认为杀人罪的构成要件包含了违反命令规范(实际上不包含违反命令规范),这是类推解释,违反了"法无明文规定不为罪"的原则。但是,阿明·考夫曼也不否定处罚不真正不作为犯,只是由于存在上述疑念,他就要求处罚不真正不作为犯时,必须限于明确存在防止结果发生的法律义务,而且这种义务违反的当罚性与作为同等的场合。[4]

阿明·考夫曼的上述主张具有相当的说服力,法国的判例与学说不承认不真正不作为犯,正是基于这样的理由。日本有少数学者赞成阿明·考夫曼的观点,如金泽义雄指出,不真正不作为犯是以作为义务为其本质构成的,而该作为义务产生于命令规范,故不真正不作为是违反命令规范的犯罪。而规定作为犯的规范是一种禁止规范,根据作为犯的处罚规定,认定违反命令规范的不真正不作为犯,无疑是类推解释,违反罪刑法定原则。[5]香川达夫肯定上述疑问,便提出正面肯定类推解释,从而肯定不真正不作为犯的可罚性。[6]

但是,德国、日本刑法理论上的通说仍然肯定不真正不作为犯的可罚性,并且认为处罚不真正不作为犯符合罪刑法定原则,并非类推解释。论据之一,例如杀人罪的构成要件,如果说只包含禁止规范的话,阿明·考夫曼的批判是妥当的。但是,有人指出,"禁止杀人"的禁止规范中,也应包含"在特定场合必须实施一定的作为"的命令规范。[7]有人认为,作为杀人罪构成要件基础的规范内容是"尊重人的生命",这一规范可能由作为与不作为这两种形式来违反;因此,杀人罪的构成要件,同时包含了违反禁止规范的作为与违反命令规范的不作为,只是二者必须价值等同而已。[8]由此可见,阿明·考夫曼观点的前提——杀人罪、放火罪等构成要件中的行为只包括作为——本身并不妥当。论据之二,法律规定在形式上被认为是作为的表述中,在事实上与文理解释上也完全可能包含不作为。**对于生命垂危的人能够救助而不救助的就是杀害**(Occidit, qui non servat periturum, ubi potest)。同样,母亲不授乳致婴儿死亡的行为,当然包含在"杀人"这一构成要件之中,这只不过是各个构成要件的解释问题。[9]

根据上述通说,处罚不真正不作为犯,至少从法律主义、禁止类推的角度来看,是不违反罪刑法定原则的。但是,罪刑法定原则还有明确性的要求[10],即使允许处罚不真正不作为犯,但由于缺乏作为义务的主体与内容的具体标准,也会导致处罚范围的不明确。为此,德国《刑法》增设了关于不作为犯的规定(第13条):"对属于刑罚法规所定构成事实之结果,不防止其发生者,惟限于依法有防止发生之义务,且其不作为与因作为而实现构成事实之情形相当者,始可依该法规予以处罚。"增设这样的规定,似乎消除了类推解释的疑念,但并没有完全满足明确性的要求。日本现行刑法虽然没有规定不作为犯,但其改正草案第12条规定:"负有义务防止犯罪事实发生的人,虽然能够防止其发生而特意不防止该事实发生的,与因作为而导致的犯罪事实相同。"尽管增设该规定的理由也是为了避免类推解释的疑念[11],但不可否认,仍然存在作为义务的主体与内容不明确的问题。

由上可见,处罚不真正不作为犯本身,并不是一种类推解释;而要得出这种结论,就必须否认不真正不作为犯是以不作为方式实施的作为犯的提法;也不能认为,刑法关于杀人罪、放火罪等构成要件的规定,在条文上预想了只能由作为构成。事实上,真正不作为犯,应是刑法明文规定由不作为构成的犯罪;不真正不作为犯,是指在某种犯罪既可以由作为实施也可以由不作为实施的情况下,行为人以不作为方式而实施的犯罪。不真正不作为犯与非典型的真正不作为犯的共同点是,二者都需要法官规范地确定保证人的范围。不同点是:(1)不真正不作为犯总是存在是否违反罪刑法定原则的疑问,而非典型的真正不作为犯不存在这一疑问。(2)不真正不作为犯的保证人的确定,不会直接受到刑法分则用语的限制。例如,刑法关于故意杀人与放火罪的表述,都不可能直接限制这两个罪的保证人的确定。但是,非典型的真正不作为犯的保证人的确定,直接受到刑法用语的限制,从我国《刑法》第261条的规定就可以清楚地看出这一点。例如,对于年幼的人仅负有教育义务的人,就不可能成为遗弃罪的保证人。

综上所述,处罚不真正不作为犯,并不违反罪刑法定原则。但不可否认的是,在不真正不作为犯的场合,由于欠缺作为义务的主体与内容的具体基准,容易导致处罚范围不明确。于是,刑法理论上主张不真正不作为犯的立法化。但是,刑法不可能具体规定谁的、什么不作为符合杀人罪、放火罪的构成要件。另一方面,如果对此没有明确基准,处罚不真正不作为犯就会不明确,因而违反罪刑法定原则。所以,如何确定和认定不作为犯的成立条件,就成为重要问题。

就不真正不作为犯而言,并不是只要不作为与构成要件的结果之间具有因果关系,就肯定构成要件符合性。例如,在没有救助溺水儿童的场合,在一般意义上说,并不是只有其父母的不作为与儿童的死亡之间具有因果关系,其他在场人员的不作为都与儿童的死亡之间具有因果关系。但是,如果认为所有可能救助溺水儿童的人的不作为都符合杀人罪的构成要件,就明显扩大了处罚范围。于是,刑法理论将基于保证人地位的作为义务,视为不真正不作为犯的成立要件。亦即,负有防止结果发生的特别义务的人称为"保证人",其中防止结果发生的特别义务就是作为义务。所以,刑法理论首先要确定哪些人是负有防止结果发生的特别义务的人,即确定特别义务来源于何处(作为义务的发生根据)。其次,虽然负有作为义务,但如果保证人不能履行作为义务,也不成立不作为犯。换言之,成立不真正不作为犯需要具备"作为可能性"。最后,即使保证人能够履行义务,但客观上不可能避免结果发生时,照样不得以不作为犯论处。易言之,成立不真正不作为犯要求具备"结果回避可能性"。

刑法总论虽然主要应当探讨的是不真正不作为犯的成立条件。但是,一方面,如前所述,非典型的真正不作为犯,也需要规范地确定保证人的范围;另一方面,任何一种不作为犯的成立,都以保证人具有作为可能性和结果回避可能性为前提。所以,下列作为义务的发生根据,同样适用于非典型的真正不作为犯;作为可能性与结果回避可能性,则适用于全部不作为犯。

关于作为义务的来源,我国刑法理论一直采取形式的法义务论。较早的刑法教科书采取了形式的三分说,即作为义务来源于其他法律规定、职务(或业务)以及先前行为。近来的刑法教科书增加了法律行为(如合同),采取了形式的四分说。[12]

不得不承认的是,形式的法义务论,既存在理论上的缺陷,也导致司法实践上确定的保证人范围不合理。(1)根据形式的四分说,只要行为人负有其他法律规定的义务,他便成为保证人,如果不履行义务,就承担刑事责任。可是,这种观点难以回答如下问题:一个以作为方式违反了其他法律的行为,并不直接成立刑法上的犯罪;既然如此,为什么一个以不作为方式违反了其他法律的行为,反而可以直接成立刑法上的犯罪?再如,对于违反合同的行为,为什么不是仅按合同法处理,而可以直接认定为犯罪?(2)形式的四分说将其他法律规定的义务视为作为义务的首要来源(旨在说明作为义务是法律义务而不是道德义务),可是,在一些场合,即使行为人没有履行其他法律规定的义务,也不成立犯罪。例如,我国《消防法》第5条规定:"任何单位和个人都有……报告火警的义务。"第44条第1款规定:"任何人发现火灾都应当立即报警。"然而,普通公民发现火灾后不报警的不作为,并不成立放火罪,也难以成立其他任何犯罪。由此可见,形式的四分说自相矛盾。(3)形式的四分说对某些应当处罚的行为不能提供合理根据。例如,成年男子甲一人在家里时,邻居7岁的女孩主动对其实施猥亵行为,但甲并不制止。认定甲的行为属于作为并不合适,宣告甲的行为不构成犯罪更无道理。[13]可是,根据形式的四分说,甲却缺乏作为义务的来源,不是保证人,但这种结论难以被人接受。再如,按照约定为他人抚养婴儿的乙,故意不提供食物导致婴儿死亡的,即使约定无效或者已经超过了约定的期限,对乙也应当以不作为犯论处。但是,如若按照形式的四分说,乙也不具备作为义务的来源。

从形式上理解先前行为,存在的问题更为严重,突出地表现在不当扩大不作为犯的处罚范围。例如,男子与女子经过一段时间恋爱后提出分手,女子不同意,声称如果分手就自杀,男子仍然决意分手。于是,女子在男子面前自杀,男子既不制止,也不送医院抢救。对于这类案件,以往的司法实践大多以先前行为为根据,认定男子的行为构成不作为犯罪。[14]可是,恋爱也好、分手也罢,都是普通的、正常的、没有危险的行为。将这种行为认定为先前行为,使行为人承担由此引起的一切结果的责任,就意味着国民的一举一动都使其产生作为义务,显然违背刑法保障国民自由的基本原理。

众所周知,德国、日本以往也采取了形式的法义务论。但由于形式的法义务论存在明显的缺陷,德国、日本早就开始探讨实质的法义务来源。现在的德国,占支配地位的观点是将作为义务分为对脆弱的(无助的)法益的保护义务和对危险源的监督义务。[15]这种机能二分说也得到了部分日本学者的赞成。例如,山中敬一教授进一步将保护义务分为规范的根据、制度的或任意的根据与机能的根据,将监督义务分为对管理危险物的监督义务、对第三者的监督义务以及制造了危险的行为人负有的结果防止义务。[16]由于机能二分说具有明显的形式的法义务论的痕迹(表现为将各种形式的法义务来源进行了归类),所以,德国、日本的部分学者试图为作为义务找到一个实质的根据,以便采取单一的标准。德国的许迺曼(Schünemann)教授提出了结果原因支配说,并得到了日本学者山口厚教授的支持。这一学说的核心内容是,只有当行为人支配了结果发生的原因时,该行为人才具有作为义务。对结果发生原因的支配,可以分为对危险源的支配(控制)与对法益的脆弱性的支配。[17]

但是,仅从实质上判断行为人是否控制了危险源,是否支配了脆弱的法益,而不加以形式的限制,就缺乏明确性,导致有时不当扩大、有时不当缩小不作为犯的处罚范围。突出的问题表现在:如何判断行为人是否支配了法益的脆弱性?例如,甲在野外狩猎时,发现了一位被遗弃的婴儿。此时,没有第三者在场,婴儿的生命完全依赖于甲,甲也很容易保护这一脆弱的法益,能否认定甲对脆弱的法益具有支配性?倘若得出肯定结论,那么,只要甲不救助,便构成不作为犯罪。但是,这一结论意味着偶然的事实导致一个人陷入犯罪(如果甲不去狩猎或者狩猎时没有经过此地,则不可能犯罪),使国民丧失预测可能性。如果得出否定结论,那么,为什么在脆弱的法益完全依赖于甲时,却认为甲没有支配脆弱的法益?由此可见,即使将对结果发生原因的支配分为对危险源的支配与对法益的脆弱性的支配,也必须进一步提出判断"支配"的标准。亦即,需要根据社会分工的原理,从形式上判断行为人是否应当承担作为义务。形式的法义务,旨在使谁有义务明确化,从而实现法的安定性。换言之,在进行实质的考察时,"不允许忽视义务的发生根据。否则,保证人的义务就有被无限扩大的危险。所以,应当谋求形式的考察方法与实质的考察方法的结合"。[18]

前述德国《刑法》第 13 条关于不真正不作为犯的规定,实质上是将不真正不作为犯当作刑罚扩张事由而设立的特别规定,但是,我国刑法总则并无这样的规定,而是对不作为的故意杀人与作为的故意杀人适用同一刑法条文,既然如此,就只有当不作为致人死亡的行为本身确实符合了故意"杀人"的构成要件时,才能将其认定为故意杀人罪。[19]

由作为导致法益侵害的过程表现为,制造危险(行为制造了他人死亡的危险性)→危险增大(他人的死亡危险性增大)→实害结果的现实化(他人死亡)。要使不作为犯符合作为犯的构成要件,一方面,要求有危险的产生→危险增大→实害结果的现实化的过程,另一方面,由于危险不一定是行为人的行为产生的(先前行为除外),故只有当行为人处于阻止危险的地位时,才可能与作为相当,从而符合作为犯的构成要件。亦即,只有应当阻止危险但未排除或者控制既存的危险,才与作为相当。[20] 本书将不作为导致法益侵害结果的过程分为三种类型:其一,由危险源产生的危险→危险增大→实害结果的现实化。在这一过程中,只有切断危险源,才能避免实害结果的发生。基于对危险源的支配产生的监督义务,就是一项实质的义务来源。其二,由于某种原因(如人为的或者法益主体自身的原因等)法益处于无助(或者脆弱)状态,因而出现危险→危险增大→实害结果的现实化。在这一过程中,法益的保护具体地依赖于特定人时,特定人就具有保护义务。其三,基于某种(他人或者法益主体自身的)原因,在特定领域法益出现危险→危险增大→实害结果的现实化。在这一过程中,法益的保护依赖特定领域的管理者,该特定领域的管理者负有阻止义务。当然,上述区分并不绝对,有的类型可能是相互交叉的。概言之,对结果发生原因的支配地位,是不真正不作为犯的实质法义务根据。

然而,实质的法义务根据,只是说明了具备上述实质的法义务时,才能认定不作为导致了法益侵害结果,从而能够认定不作为符合构成要件。但是,其范围是不明确的,需要辅之以形式的标准。这种形式的标准必须起到两个方面的作用:其一,进一步表明实质的法义务的合理性(起限定作用),其二,使实质的法义务范围更加明确。

第一,基于对危险源的支配产生的监督义务。

危险源本身就是导致结果发生的原因,行为人处于控制危险源的地位,因而支配了结果发生的原因。但是,单纯的事实上可以控制危险源还不能成为作为义务的来源,还必须对危险源具有监督管理义务的形式根据。(1) 对危险物的管理义务。这里的危险物是广义的,包括危险动物、危险物品、危险设置、危险系统等。管理义务,既可能来自法规范,也可能源于制度或者体制,还可能源于条理。例如,动物园的管理者在动物咬人时具有阻止义务;宠物的饲养者在宠物侵害他人时,具有阻止义务;矿山的负责人,对矿山的安全负有管理义务;广告牌的设置人,在广告牌有倒塌危险时,负有防止砸伤路人的义务;机动车的所有人负有阻止没有驾驶资格的人或者醉酒的人驾驶其机动车的义务。(2) 对他人危险行为的监督义务。一般来说,他人的危险行为造成了法益侵害时,由其本人承担刑事责任。但是,在他人不可能承担刑事责任,而行为人基于法律规定、职业或者法律行为对他人负有监管、监护等义务时,要求行为人对他人的危险行为予以监督、阻止。例如,父母、监护人有义务制止年幼子女、被监护人的法益侵害行为。但是,夫妻之间、成年的兄弟姐妹之间并不具有这样的监督义务。例如,妻子明知丈夫受贿而不制止的,并不成立受贿罪的帮助犯。(3)对自己的先前行为引起的法益侵害危险的防止义务。在行为人的先前行为引起了法益侵害的危险时,行为人具有保证人地位。例如,意外提供了有毒食物,导致他人中毒后,提供者有救助义务;销售了危险产品的行为人,具有召回产品的义务。再如,黑夜里将机动车停在高速公路上,却不采取措施防止后面的车辆"追尾",导致车辆相撞,引起他人死亡的,停车者要对该死亡结果负责。反之,甲男与乙女谈恋爱,后来甲男提出分手,乙女声称如分手就自杀。尽管如此,甲男依然要与乙女分手。即使甲男看着乙女自杀而不制止,也不能认定他有作为义务。因为甲男与乙女谈恋爱以及提出分手的行为,都没有对法益造成现实的危险(没有先前行为)。

值得特别讨论的是先前行为引起的义务。一般来说,只要先前行为制造了法益侵害的危险,都会成为作为义务的来源。因为根据客观的违法性论,制造了法益侵害危险的行为,就是违法行为。客观上实施了违法行为的人,有义务防止侵害结果的发生。有争议的是正当化事由能否成为作为义务的来源。紧急避险人,对于遭受损害的无辜第三者具有作为义务,对此当无争议。问题是,正当防卫人对于不法侵害者是否具有救助义务?一种观点认为:

> 正当防卫者的保证人地位,应当是否定的。不法侵害他人权利,必须预估遭到反击的后果,并自行承担此项后果。对于陌生人,任何人都没有保证人地位,没有救助义务;如果认为防卫者对于不法侵害者有保证人地位,无异承认侵害者的法律地位高于陌生人。逾越必要程度的防卫(过当防卫),才

可能有保证人地位……承认正当防卫者有保证人地位,将使正当防卫形同防卫过当,甚至将正当防卫者与不法侵害者等同看待。这对于正当防卫者是不公道的看待![21]

但是,这种观点存在疑问。例如,甲在荒山野外实施正当防卫导致不法侵害者乙身受重伤时,并没有过当。但是,由于甲不救助乙,导致乙死亡(过当)。如果否定甲的保证人地位,就意味着甲的防卫行为没有过当,但本书难以接受这样的结论。应当肯定甲对可能过当的危险具有保证人地位,甲的不救助导致乙死亡的,属于防卫过当。

过失犯罪应与过失的一般违法行为一样,能够成为作为义务的发生根据。既然刑法理论肯定过失的一般违法行为可以成为作为义务的发生根据,那么,就没有理由否认过失犯罪可以成为作为义务的发生根据。例如,甲的过失行为造成了 A 轻伤(尚不成立犯罪),同时产生了生命危险时,甲故意不救助因而导致 A 死亡的,成立不作为的故意杀人罪。再如,乙的过失行为造成了 B 重伤(已经成立犯罪),同时产生了生命危险,乙故意不救助因而导致 B 死亡的,也应认定为不作为的故意杀人罪。倘若认为过失犯罪不是作为义务的发生根据,则意味着乙的行为仅成立过失致人死亡罪。这显然与上例中对甲的行为认定为故意杀人罪不协调。当然,在这种情形下,需要考虑结果回避可能性的问题。

既然过失犯罪能使行为人产生作为义务,故意犯罪更能使行为人产生作为义务。诚然,甲基于杀人的故意将被害人砍成重伤,任其流血过多死亡的,认定为作为的故意杀人罪即可。对此,没有必要讨论。但是,承认故意犯罪能够成为作为义务的来源,具有合理性与必要性。

承认故意犯罪可以成为作为义务的来源,有利于实现刑法的协调。例如,甲意外地导致 A 重伤,明知不抢救 A 就会死亡,但仍然不抢救,导致 A 死亡。如果满足其他条件(具有结果回避可能性与作为可能性),甲的行为无疑成立不作为的故意杀人罪。乙故意地导致 B 重伤,明知不抢救 B 就会死亡,但仍然不抢救,导致 B 死亡。如果否认故意犯罪可以成为先前行为,对于乙就只能认定为故意伤害(致死)罪。可是,与甲相比,乙的行为应当受到更为严重的否定评价和更为严厉的谴责。所以,只有肯定故意犯罪能成为先前行为,才能肯定乙的行为也成立不作为的故意杀人罪,不致形成不协调的刑法评价。

承认故意犯罪可以成为作为义务的来源,有利于解决共同犯罪问题。例如,甲以杀人故意将被害人乙砍成重伤,随后,甲看到了乙躺在血泊之中的痛苦表情,顿生悔意,打算立即叫救护车。此时,无关的第三人丙却极力劝阻甲,唆使其放弃救助念头,乙因失血过多而死亡。如果否认故意犯罪可以成为作为义务的来源,就意味着丙不可能成立犯罪。因为不真正不作为犯实质上是身份犯,丙并不负有作为义务,不可能成立不真正不作为犯的正犯。只有认定甲的故意杀人行为引起了救助义务,其后来的不作为也属于杀人行为,才能认定丙教唆甲实施了不作为犯罪,进而成立教唆犯。[22]

承认故意犯罪可以成为作为义务的来源,面临罪数问题。首先,可以肯定的是,如果案件事实中的作为与不作为应当评价为两个行为,行为侵害了两个法益,行为人对两个法益侵害事实都具有责任,就应当实行并罚。例如,行为人违反森林法的规定,非法采伐珍贵树木,树木倒下时砸着他人头部,行为人明知或者应知不立即救助他人就会导致死亡结果,但未予救助。非法采伐珍贵树木是我国《刑法》第 344 条规定的犯罪行为,但第 344 条并没有就该罪规定死亡结果,换言之,造成死亡的行为以及死亡结果不能评价在非法采伐国家重点保护植物罪中。在这种情况下,应当将非法采伐珍贵树木的犯罪行为,视为导致行为人负有抢救义务的先前行为,从而视案情认定为不作为的故意杀人罪或过失致人死亡罪,与非法采伐国家重点保护植物罪实行并罚。其次,当前阶段的作为与后阶段的不作为侵害的是同一法益,或者两个行为所侵害的法益具有包容关系时,仅认定一个重罪即可。如前阶段的作为杀人与后阶段的不作为杀人,侵害了同一个人的生命法益,只能认定为一罪。再如,故意伤害他人后,产生救助他人的作为义务;如果不履行作为义务,导致他人死亡,符合不作为犯的其他成立条件,且对死亡结果具有故意的,由于生命法益包含身体法益,即可仅认定为故意杀人罪。[23]

第二,基于与法益的无助(脆弱)状态的特殊关系产生的保护义务。

法益处于无助或者脆弱状态的情形是经常可以见到的。在这种状态下,法益的保护依赖于可能保护法益的人。但是,仅此还不够。例如,落水儿童的生命虽然依赖于过路人,但过路人并不一定是保证人。只有当法规范、制度或体制、自愿接受使法益保护具体地依赖于特定的人时,该人才具有保证人地位。(1)基于法规范产生的保护义务。在法规范将法益保护托付给特定行为人时,行为人的不保护就成为结果发生的原因。例如,母亲对婴儿有哺乳义务;交通警察对交通事故中的被害人具有救助义务;父母见幼女被人猥亵时具有制止他人猥亵行为的义务；如此等等。根据法规范，发现火灾的人虽然有报警义务，但是，法益保护并不具体地依赖于发现火灾的人，故发现火灾的人没有刑法上的实质的法义务。
（2）基于制度或者体制产生的保护义务。当具体的制度、体制将法益保护义务托付给了特定行为人时，行为人负有保护义务。例如，国家机关工作人员在其职责范围内对无助（脆弱）的法益负有相应的保护义务。再如，游泳教练对游泳学习者具有保护义务。
（3）基于自愿（合同与自愿接受等）而产生的保护义务。在法益处于无助或者脆弱状态时，行为人自愿承担保护义务，使法益的保护依存于行为人时，行为人必须继续承担保护义务。例如，将他人遗弃的女婴抱回家之后，就必须尽抚养义务。再如，数人登山形成了危险共同体（意味着相互关照），只要没有除外的约定，就意味着各人自愿接受了保护他人的义务。但是，数人各签生死状（在自己遇险时，他人不必救助），则意味着各人没有自愿承担法益保护义务。所以，危险共同体本身不是当然的义务来源。[24]

　　问题是，当法益处于脆弱状态是由法益主体自主决定时，其他相关人是否具有救助义务？例如，妻子自杀时，丈夫是否具有救助义务？本书持肯定回答。诚然，自杀是妻子自己决定的，在此意义上说，妻子应当自我答责。但是，刑法对生命实行绝对的保护，妻子的自我答责，并不免除丈夫的救助义务。对于刑法不实行绝对保护的法益，其他相关人则不负有救助义务。

　　第三，基于对法益的危险发生领域的支配产生的阻止义务。
　　法益的危险发生在行为人支配的领域时，行为人具有实质的法义务。但是，如果不作出一定的限制，就会给领域的管理者造成沉重的负担。在本书看来，在这种场合，只有该领域的支配者可以排除危险时(具有排他性),才能要求该领域的支配者履行义务。这种排他性的支配,既不排除同时犯,也不排除共犯。(1)对自己支配的建筑物、汽车等场所内的危险的阻止义务。例如,自家的封闭庭院里突然闯入一个危重病人或者生活不能自理的儿童,他人不能发现和救助,庭院的支配者有义务救助。再如,演出场所的管理者在他人表演淫秽节目时,负有制止义务。出租车司机对于男乘客强奸女乘客而不管不问的,成立强奸罪的帮助犯。又如,肇事者拦住出租车后,将受伤者搬入出租车内准备送往医院,但之后又借故逃离。虽然不同于司机主动将受伤者搬入车内的情形,但在肇事者下车后,受伤者存在于司机独立支配的领域,司机具有救助义务。基于合同在自己住宅抚养他人婴儿,而不供给食物致其死亡时,即使该合同是无效的或是超过期限的,也成立不作为的杀人罪。因为婴儿生命的危险发生在行为人独立支配的领域,而且具有排他性。卖淫女在嫖客的住宅与嫖客发生关系,发现嫖客心肌梗塞而离去的,不成立不作为犯。但是,如果嫖客与卖淫女在卖淫女的住宅发生关系,嫖客心肌梗塞的,卖淫女具有救助义务。(2)对发生在自己身体上的危险行为的阻止义务。最为典型的是,男子任由幼女对自己实施猥亵行为时,因为该危险发生在男子身体上,男子负有制止义务。

　　成立不作为犯,还要求行为人具有作为可能性。作为可能性,是指负有作为义务的人具有履行义务的可能性。法律规范与法律秩序只是要求能够履行义务的人履行义务,而不会强求不能履行义务的人履行义务。所以,**能够防止而不防止的视为实施了行为**(Qui non obstat quod obstare potest, facere videtur),**能排除侵害而不排除侵害就是引起侵害**(Qui non propulsat injuriam, quando potest,infert),因而与作为相当。不能防止结果发生而没有防止的不成立不作为。我国刑法分则的部分条文明确将作为可能性作为不作为犯的成立条件(参见《刑法》第 429 条、第 445 条)。问题在于,作为可能性是作为义务的前提,还是与作为义务并列的要件?一种观点认为,如果行为人没有作为可能性,就丧失了作为义务的前提(即没有作为可能性就没有作为义务),诚所谓**没有人有义务做他不能做之事**(Ultra posse nemo obligatur)[25];另一种观点认为,作为可能性与作为义务是两个不同的问题。[26]本书认为,不能因为行为人没有作为义务的可能性,而否认其具有作为义务;作为可能性是不真正不作为犯的第二个成立条件。

作为可能性的判断,既要以附随情况正常与否为资料,也要以保证人的个人能力为资料。即使认为作为可能性是构成要件符合性的判断,因而只能以社会的一般观念为标准,也不可否认另需要根据保证人的个人能力作出判断。后者也可谓期待可能性的问题,将其作为责任要素或许是合适的。但是,由于作为可能性是对违法行为起限定作用的要素,故例外地将其纳入构成要件要素也是可以的。所以,行为人能否履行义务,应从行为人履行义务的客观条件与个人能力两方面进行判断。当履行义务面临一定危险时,不能要求行为人冒着生命危险去履行义务。履行作为义务的难易程度,表明了法益保护的难易程度,因而能够说明不作为的违法性程度。

成立不作为犯,还要求具有结果回避可能性。根据结果无价值论的观点,结果回避可能性,不仅是不作为犯的成立条件,也是作为犯的成立条件。只不过,在不作为犯中,这一点显得特别重要。换言之,在即使保证人履行作为义务,也不可避免地发生结果的情况下，不能将保证人没有履行作为义务的行为认定为不作为犯。反过来说，行为人不履行作为义务，造成或可能造成侵害结果的，才可能成立不作为犯罪。或者说，只有当行为人履行作为义务可以避免结果发生时，其不作为才可能成立犯罪。不作为之所以能成为与作为等价的行为，在于它造成或可能造成侵害结果。结果回避可能性，是不作为犯的第三个成立条件。例如，司机过失造成了交通事故，导致被害人头盖骨骨折，即使立即送往医院也不能挽救生命，或者被害人将立即死亡时，即使司机没有救助，也仅成立交通肇事罪，而不成立不作为的故意杀人罪。在客观上没有结果回避的可能性，而行为人误以为具有回避可能性，但没有履行作为义务的，因为其不作为不具有导致结果发生的危险性，而属于不能犯。[27] 另一方面，由于不作为也可能成立未遂犯，所以，认为只有当不作为已经造成了侵害结果时才构成犯罪的观点，存在疑问。

正因为不作犯的成立以结果回避可能性为前提，故可以肯定不作为与结果之间的因果关系。[28] 如前所述，不作为不是单纯的什么也没有实施，而是没有实施法期待的作为。在保证人实施了法所期待的作为，就可以避免结果发生的情况下，没有实施法所期待的作为，当然与结果之间具有因果关系。

在行为人负有作为义务且能够履行但不履行的情况下，可以在一般意义上认定行为是犯罪的实行行为，但还没有解决该行为构成什么具体犯罪的问题。例如，是说不扶养就是遗弃呢？还是说**不扶养就是杀人**（Necare videtur, qui alimenta detrahit）呢？抑或说不扶养既可能是遗弃也可能是杀人呢？我们先看一个案例：被告人宋某某于某日晚与妻子李某争吵厮打，李要上吊，宋喊来邻居进行劝解。邻居走后二人又吵架厮打，李寻找自杀的绳索时，宋意识到李要自杀但无动于衷。直到听见凳子的响声时,宋才起身过去,但没有采取任何措施,而是离开现场到一里以外的父母家去告诉父母,待其家人赶到时李某已经死亡。宋某某显然具有救助妻子的义务与能力,那么,其不作为是构成不作为的故意杀人罪,还是遗弃罪呢?从罪质区别来说,这是故意杀人罪与遗弃罪的区分问题;从不作为犯论来讲,是作为义务的程度问题。对义务的程度这一概念还难以下定义,但可以肯定的是,即使作为义务来源于相同的法律规定或法律事实,但如果作为义务的程度不同,就可能构成不同的犯罪。我们先来看看日本的两个判例以及学者的评论。

第一个判例是,被告人甲在驾驶汽车时过失轧了乙,甲打算将乙送往医院,于是让乙坐在助手席上,但途中担心被发觉,便打消送往医院的念头,企图将乙遗弃于某地,在开车寻找遗弃地点的过程中(行驶了29公里),乙死在车内。东京地方裁判所1967年9月30日的判决认定甲的行为成立不作为的杀人罪。[29]第二个判例是,被告人丙在某天晚上8时左右,因疏忽撞倒了前方过马路的丁(伤势约需要3个月的治疗),丙没有采取其他必要措施,而是使丁坐在自己的车内离开了现场,但途中将丁遗弃在马路上,假称叫医生而逃走。日本最高裁判所1959年7月24日的判决,认定丙的行为构成保护责任者遗弃罪。[30]

平野龙一对这两个判例发表了简短的看法。他针对第一个判例说:"在这种场合,虽然存在让乙坐在助手席上而开车的作为,但立即送往医院就能得救,因为行为人没有立即送往医院而导致被害人死亡,并不是因为使乙坐在车上继续开车而死亡,因此,仍可认定为不作为杀人。在这种情况下,过失伤害的先前行为,与打算送往医院的'接受'以及放入车中处于他人不能干涉的'管理下'

的状况等竞合在一起,使得能够认定为不作为杀人。因此,如果依照这一先例,只是单纯因车轧人使其重伤而逃走的'先前行为',还不足以导致认定为不作为杀人。"第二个案件"虽然与前述东京地方裁判所判决的案件几乎相同,但这种场合,没有认定成立不作为的杀人罪。这不仅是因为没有预见死亡结果,而且因为没有杀人罪成立要件的作为义务。……在保护责任者预见死亡而置之不理的场合,要对遗弃致死的情形进行处罚的话,不作为的杀人与不作为的遗弃致死的区别,不是取决于对死亡有无预见,而是取决于作为义务的程度。换言之,即使在有杀人故意,但没有成立杀人罪的足够的作为义务的情况下,要以保护责任者遗弃罪从轻处罚。这样,在不作为场合,从重罪逐渐到轻罪的处罚,就分别由作为义务的强弱来决定"。[31]平野龙一是结果无价值论者,所以特别重视犯罪的客观内容尤其是结果。根据他的观点,在负有作为义务的情况下,作为义务强的,成立重罪;作为义务弱的,成立轻罪。但是,平野龙一没有进一步说明如何区分不作为的杀人与不作为的遗弃致死。

杀人罪是实害犯,遗弃罪是危险犯。德国刑法将遗弃罪规定为具体的危险犯,日本刑法、我国台湾地区刑法对此没有明文规定,故理论上存在不同观点。如台湾地区学者林山田指出:遗弃行为"必须使被遗弃之无自救力之人生命陷于危险状态,方构成本罪"。[32]持类似观点的还有陈朴生、蔡墩铭等学者。而梁恒昌、林东茂等人则持抽象的危险犯说。[33]我国刑法规定的遗弃罪,不以被遗弃人的生命实际上陷入危险状态为要件,在此意义上说,遗弃罪是抽象的危险犯;但刑法同时要求"情节恶劣",而使被遗弃人的生命陷入危险状态,应是"情节恶劣"的基本表现,故遗弃罪实际上也可谓具体的危险犯;然而,情节恶劣也可能包括其他情况,如多次实施遗弃行为的,即使每次遗弃行为都没有使被遗弃人的生命实际上陷入危险状态,也可能被认定为"情节恶劣",故遗弃罪也不一定是具体的危险犯。既然如此,我们只能认定遗弃罪是抽象的危险犯。以此为前提,我们可以考虑不作为的杀人与不作为的遗弃罪的主客观方面的差异。

从主观方面说,由于故意杀人罪是实害犯,行为人必须认识到自己的不作为会导致他人死亡的结果;遗弃罪是抽象的危险犯,行为人只需要认识到自己的不作为会使他人的生命、健康处于通常意义的危险状态即可。尽管这一区别在理论上是成立的,但其现实意义却并不大,因为我们在实践上很难判断行为人是认识到他人的死亡,还是认识到他人的生命、健康处于通常意义的危险状态。其结局,仍然需要分析作为义务的程度,或者说(也可以说),需要通过分析作为义务的程度来解决行为人的主观故意内容。

故意杀人罪是重罪、遗弃罪是轻罪;作为义务强的,成立重罪;作为义务弱的,成立轻罪。对此,应当没有疑念。因为重罪的法益侵害比轻罪的法益侵害性重,作为义务强而行为人不履行义务时,其法益侵害性就重;反之,作为义务弱而行为人不履行义务时,其法益侵害性就轻。故作为义务的强弱与不作为所构成之罪的重轻,应是成正比的。因此,问题便在于如何区分作为义务的强弱。刑法的任务与目的是保护法益,犯罪的法律本质则是侵犯法益,不作为犯罪便具体表现为在法益面临危险时不保护法益,以致法益受到侵犯。由此可以进一步认为,作为义务的强弱,取决于作为义务与法益的关系:其一,法益所面临的危险是否紧迫?法益所面临的危险越紧迫,负有作为义务的人的作为义务程度就越高;反之,法益所面临的危险越弛缓,负有作为义务的人的作为义务程度就越低。故意杀人罪是实害犯,理当要求法益(生命)面临紧迫危险;遗弃罪是抽象的危险犯,不要求法益(生命、健康)面临紧迫危险。其二,作为义务人与法益或法益主体之间的关系如何?这里的"关系"并非从亲疏关系上言,而是就作为义务人在防止法益受侵犯的情况下所处的地位而言,或者说,是指法益对作为义务的依赖程度。[34]一般来说,在只有某作为义务人可以采取措施防止结果发生,而其他人不可能干涉的情况下,该作为义务人的作为义务程度就高;反之,在其他人也可能采取某种措施防止结果发生的情况下,该作为义务人的作为义务程度就低。换言之,法益对特定作为义务的依赖性(或依存性)越强,该作为义务就越强;法益对特定作为义务的依赖性越弱,该作为义务就越弱。例如,父母将婴儿放在家中而不提供任何食物致其死亡的,没有争议地认定为不作为的杀人罪。因为该婴儿的生命完全依赖于父母的抚养行为。反之,如果父母将婴儿置于马路边等有行人来往之处的毫无疑问认定为遗弃罪。因为该婴儿的生命可能由其他人保护。因此,只有某作为义务者可以保护他人生命时,该作为义务者不履行保护他人生命的义务的,应成立不作为的杀人罪。其三,履行作为义务的容易程度。一方面,作为可能性(履行作为义务的可能性)是成立不作为犯的条件,即使负有作为义务,但作为义务者不可能履行该义务时,也不可能成立不作为犯罪。另一方面,履行作为义务越容易,就使人们认为作为义务者越应当履行义务,因而作为义务越强。因此,作为的容易程度也影响作为义务的程度。以上三点应当综合考察:他人的生命处于紧迫的危险,只有行为人可以排除这种危险,并且可以轻易排除这种危险的,如果故意不排除危险,就应认定为不作为的故意杀人。

联系到上述宋某某案件,本书以为应认定为不作为的故意杀人罪。宋某某听到了妻子上吊自杀时的凳子响声,这表明其妻子的生命面临非常紧迫的危险;由于妻子是在自己家里上吊的,而家里又没有其他人,这说明妻子的生命完全依赖于宋某某的救助行为;宋某某确实可以轻易地救助妻子。这些都足以说明宋某的作为义务程度高,或者说负有不作为的故意杀人罪的成立要件的作为义务。我们可以这样设想,如果宋某某听到妻子要自杀时就离家外出,即使妻子自杀身亡,也不能认定为故意杀人罪,充其量认定为遗弃罪。在设想的情况下,本书所考虑的不是宋某某是否预见到了妻子自杀,而是认为宋某某的作为义务程度并不高,或者说,宋某某只具有遗弃罪的成立要件的作为义务。

上述分析事实上留下了读者可能提出的两个问题:其一,将遗弃罪视为对生命、健康的犯罪,而不是对婚姻家庭的犯罪,这是否合适?其二,如果行为人的作为义务弱,不具备杀人罪的成立要件的作为义务,似应以遗弃罪论处,而行为人与被害人之间没有婚姻家庭关系时,应当如何处理?这两个问题事实上可以归纳为一点:如何认识遗弃罪的本质?

先看两个案例。案例一:被告人甲雇请被害人(女,15岁)为自己照看小孩,半年后,被害人生病。甲不仅不送被害人去医院治疗,而且在被害人要求去医院看病时,也不予同意。3个月后,被害人的病情恶化,其父母得知后送往医院治疗无效而死亡。案例二:被告人乙在自家门后(其门后为有行人通过的小马路),发现了生活不能自理的被害人(10岁,衣服肮脏,智力发育不全),便将其送到村头的树林里。3天后,发现被害人死亡在树林里。

要认定甲、乙的行为构成不作为的故意杀人罪,显然是没有道理的。因为即使甲、乙负有某种作为义务,但很难认为这种作为义务就是不作为杀人罪中的作为义务。而要认定甲、乙的行为无罪,则既违背刑法保护法益的目的,也违背公民的法感情。可以认为,甲、乙的行为都是一种遗弃行为,然而,我国旧刑法规定的遗弃罪限于行为人与被害人属于同一家庭成员,而甲、乙与各自的被害人并非同一家庭成员。因此,需要进一步反思遗弃罪的本质。

德国刑法将遗弃罪规定在"侵害他人生命的犯罪"一章中,并将遗弃行为分为两种:一是不作为的遗弃,二是作为形式的移置,即将他人移置于无援状态下。具有保护责任的人,其遗弃行为既可以是不作为的遗弃,也可以是作为的移置;没有保护责任的人,只有在实施移置这种作为时,才成立遗弃罪。但不管是哪一种遗弃,都不要求行为人与被害人属于同一家庭成员;之所以不这样要求,是因为德国刑法将遗弃罪视为对生命的犯罪。这种遗弃罪与杀人罪的区别在于:前者是给被害人的生命造成危险的犯罪;后者是剥夺被害人生命的行为。如果前面列举的两个案件发生在德国,那么,甲、乙的行为均构成遗弃罪。

日本刑法将遗弃罪规定在堕胎罪之后,将其作为对生命、身体的犯罪,换言之,遗弃罪是使他人的生命、身体处于危险状态的犯罪。遗弃罪分为单纯遗弃罪与保护责任者遗弃罪。其中,单纯遗弃罪,是指将因年老、年幼、身体障碍或者疾病而需要扶助的人移置于危险场所。由于行为表现为作为,故不要求行为人负有特定的作为义务,更不要求行为人与被害人之间具有亲属关系。例如,将生活上需要扶助的任何人移置于危险场所的行为,就构成遗弃罪。保护责任者遗弃罪,是指对老年人、幼年人、身体障碍者或者病人负有保护责任的人,遗弃上述人员或者不给予其生存所必要的保护的行为,包括积极移置、消极离去以及单纯不保护的行为。[35]保护责任者遗弃罪的主体虽为特殊主体,但也不限于具有亲属关系。易言之,保护责任者的范围,不是根据亲属关系确定的,而是根据不作为犯罪的义务来源确定的。例如,汽车司机撞人后,便成为保护责任者,其逃逸行为可能构成保护责任者遗弃罪。[36]如果前面列举的两个案例发生在日本,那么,甲的行为构成保护责任者遗弃罪;乙的行为构成单纯遗弃罪。

我国 1979 年《刑法》将遗弃罪规定在"妨害婚姻家庭罪"一章中,因此,作为遗弃罪对象(或被害人)的"老年、年幼、患病或者其他没有独立生活能力的人",显然只能是家庭成员;另一方面,作为遗弃罪主体的"负有扶养义务"的人,也就限于因婚姻家庭关系而负有扶养义务的人。所以,根据 1979 年《刑法》,对前面列举的两个案例,不可能认定为遗弃罪。

现行刑法将 1979 年《刑法》中的妨害婚姻家庭的犯罪全部转移至"侵犯公民人身权利、民主权利罪"中,本书不想探讨起草者进行这种转移的主观动机,而是想得出以下结论:既然遗弃罪已经归属于"侵犯公民人身权利、民主权利罪",就不能像以往那样,认为遗弃罪的本质是妨害了婚姻家庭关系;换言之,现在可以将遗弃罪解释为对生命、健康的犯罪。

笔者曾经指出,在根据刑法规定确定具体犯罪的直接客体要件内容(即具体犯罪的性质)时,首先要考虑具体犯罪所属的类罪性质。"各种具体的犯罪,总是隶属于某一类罪,而刑法对类罪的同类客体要件内容都作了明确或提示性规定,明确了具体犯罪所属的类罪,便可以通过同类客体要件的内容,大体上明确具体犯罪的直接客体要件内容。例如,凡属于刑法分则第四章的犯罪,其直接客体要件的内容都是侵犯公民的人身权利与民主权利,故对本意规定的具体犯罪,必须在各种人身权利与民主权利中确定直接客体要件的内容。如强制猥亵、侮辱妇女罪,属于侵犯人身权利的犯罪,其直接客体要件的内容应是妇女性的不可侵犯的权利,而不是社会秩序。"[37]同样,遗弃罪被规定在"侵犯公民人身权利、民主权利罪"中,属于侵犯人身权利的犯罪,不能像以往那样,仍然认为其属于妨害婚姻家庭的犯罪。

或许起草者以及立法者并没有这样的想法,继续认为遗弃罪是妨害婚姻家庭的犯罪。而且,法条只是移动了位置,而没有修改文字。但是,只要形式变化,实体就会变化(Forma mutata mutatur substantia)。刑法是成文法,它通过语词(包括体例、用语、标点等)表达立法意图,因此,解释者应当通过立法者所使用的语词的客观含义来发现立法意图。文字是传递信息的工具。从一般意义上讲,除了文字之外,还有其他东西能传递信息,如说话、红绿灯、电报代码、数学符号、化学公式、眼神、手势、动作,等等。但是,书写的文字留下了,发出的声音飞走了(Littera scripta manet, vox emissa volat)。成文刑法所要求的是用文字将法律固定下来,通过文字才能使一般人认识刑法;除了文字之外,不允许使用其他符号固定法律,这是罪刑法定原则的起码要求。换言之,立法者表达立法意图的唯一工具是文字,文字中渗透着立法意图;要把握立法意图就必须从文字中找根据。文字具有客观含义,正因为如此,立法者选择文字这种工具来表达意图。所以,解释者必须从法文的客观含义中发现立法意图,而不是随意从法文之外的现象中想象立法意图。正如英国法学家詹姆斯所说:"议会的意图不是根据它的用心来判断的,而是根据此用心在制定法中所作的表述来判断的。"[38] 根据这种客观解释论的观点[39],再考虑遗弃罪的规定在刑法体系中的地位,得出遗弃罪是对生命、健康的犯罪的结论,应当没有多大的疑问。

如果上述观点得以成立,就得对《刑法》第 261 条中的"扶养"作出恰当解释。扶养实际上是指扶助没有独立生活能力的人,使其能够像人一样生存下去;因此,除了提供生存所必需的条件外,在其生命、健康处于危险状态的情况下,必须给予救助。"拒绝扶养"的遗弃行为理应包括不救助生命、健康的行为。即使将扶养的内容解释为"除了向受扶养人提供物质的即经济的供给外,对生活不能自理的还应包括必需的生活上的照顾"[40],但是,**较大的包含了其中较小的**(Omne majus minus in se complectitur),根据**举轻以明重**(A minori ad maius)、**举重以明轻**(A maiori ad minus)的当然解释规则[41],不救助他人生命、健康的行为,更属于"拒绝扶养"的遗弃行为;基于同样的道理,在他人生命、健康处于危险状态时,实施其种行为使他人生命、健康处于更为危险的状态下的行为,也属于"拒绝扶养"的遗弃行为。由此看来,解释者**应当考虑的是意义而不是言辞**(Sensum, non verba spectamus)。本书认为江任天教授二十多年前就提出的以下观点至今仍然具有重要实践意义与理论价值:"把《刑法》第 183 条(即现行《刑法》第 261 条——引者注)所指的'拒绝扶养',狭义地解释为消极行为,不但不尽符合汉语的固有含义,而且脱离现实生活和司法实践情况。无论从法理、文理或者情理的角度说,都应该对此作广义的解释,即包括消极地不给予被害人必要的生活照应的不作为和积极地移置被害人于孤立无援的场所、造成场所隔离或者逃离被害人的作为。"[42]

肯定了遗弃罪的本质是对生命、健康的犯罪,遗弃行为是对生命、健康造成危险的行为后,就必然肯定遗弃罪的主体不需要是同一家庭成员,只要求是对他人的生命、健康具有扶助、救助义务的人。事实上,《刑法》第 261 条规定的遗弃罪的主体也是"对于年老、年幼、患病或者其他没有独立生活能力的人,负有扶养义务"的人,而哪些人具有扶养义务,就需要根据不作为义务来源的理论与实践来确定,而不能只根据其中的法定义务来源予以确定。

有的学者主张沿革解释或者历史解释优先的观点,认为遗弃罪仍然是对婚姻家庭的犯罪。例如,刑法学者在肯定"随着社会的发展,扶养也呈现出社会化的趋势"的同时指出:

> 对于扶养义务,存在一个如何解释的问题。根据语义解释,……扶养包括家庭成员间的扶养和社会扶养机构的扶养。就此而言,由于我国《刑法》第 261 条并没有将扶养义务明文规定为是家庭成员间的扶养义务,因而将非家庭成员间的扶养义务,这里主要是指社会扶养机构的扶养义务解释为遗弃罪的扶养义务似乎并无不妥。但从立法沿革上来说,我国刑法中的遗弃罪从来都是家庭成员间的遗弃,而并不包括非家庭成员间的遗弃。

> 至于语义解释与沿革解释之间存在矛盾,到底是选择语义解释还是选择沿革解释,这是一个值得研究的问题。自从萨维尼以来,法律解释方法一般都分为:语义解释、逻辑解释、沿革解释和目的解释。关于这四种解释方法之间是否存在位阶关系,在理论上并无定论。一般认为,虽然不能说各种解释方法之间存在着固定不变的位阶关系,但也不应认为各种解

释方法杂然无序,可由解释者随意选择使用。我赞同这种观点,尤其是在两种解释方法存在冲突的情况下,应当根据一定的规则进行选择以便确保解释结论的合理性。在一般情况下,语义解释当然是应当优先考虑的,在语义是单一的、确定的情况下,不能进行超出语义可能范围的解释。但在语义是非单一的、不明确的情况下,则应根据立法沿革进行历史解释以符合立法精神。在这种情况下,沿革解释具有优于语义解释的效力。对于扶养的解释也是如此,根据语义解释,扶养包括家庭成员间的扶养和非家庭成员间的扶养。那么,非家庭成员间的扶养是否包括在遗弃罪的扶养概念中呢?根据沿革解释,遗弃罪属于妨害婚姻、家庭罪,自不应包括非家庭成员间的扶养。如此解释,才是合乎法律规定的。[43]

法理学者也指出:"在 1997 年修订的刑法中,遗弃罪被纳入侵犯公民人身权利、民主权利罪,扶养义务是否扩展至非亲属间的呢?从文义上解释,似无不可,但有歧义。这时应寻求历史解释,此时历史解释优于文义解释。因此对非亲属间的遗弃行为若要作为犯罪处理,需要在《刑法》中加以专门规定。"[44]本书不赞成上述观点。

第一,上述两种观点虽然都得出了遗弃仅限于遗弃家庭成员的结论,但只是在文理解释与历史(沿革)解释之间进行比较。没有考虑刑法规定遗弃罪的客观目的。只要认为非家庭成员也可能存在扶养问题,那么,承认非家庭成员之间的遗弃就不可能违反罪刑法定原则。接下来就需要考虑法条的目的。遗弃罪的保护法益应是被害人的生命安全。换言之,遗弃罪是对被害人的生命产生危险的犯罪。[45]既然如此,就应将遗弃行为解释为对被害人的生命产生危险的行为;或者说应当将"拒不扶养"解释为导致被害人的生命产生危险的行为。显然,并非只有家庭成员之间的遗弃行为才能产生对被害人生命的危险,非家庭成员但负有扶养义务的其他人的遗弃行为,也可能对被害人的生命产生危险。既然如此,就不应当继续将遗弃罪限定于家庭成员之间。

第二,上述两种观点,也没有考虑同时代的解释。既然学者承认,随着社会的发展,扶养呈现出社会化的趋势,如各种养老院和福利院就成为专门的社会扶养机构,也承认我国目前非家庭成员间的遗弃以及不履行救助义务的遗弃行为是客观存在的,且有多发趋势,就应当作出同时代的解释("现时取向解释"),使刑法条文实现保护法益的目的。同时代的解释是最好的解释,而且在法律上最有力。

> 现时取向(gegenwartsbezogen)的根据在于:现时有效的法的效力之合法性并非立基于过去,而是立基于现在。今天的法律共同体任何时候都可以改变,甚至废除流传下来的法。或者,按照Thomas Hobbes的思想,人们也可以认为,对于当今社会而言,具有决定意义的不是曾经颁布法律的权威(Autorität),而是使法律得以继续存在的权威。这个问题换个角度来看,等于是说,如果该法律于今日始被颁布的话,那么它应该以哪一种正义观念为标准呢?如果说,存在至今的法的合法性的基础应从当今的状态中去找的话,毫无疑问,法律的解释也只能以当今(ex nunc)的状态为基础,也即应采用最符合当今占主导地位的观念的解释。[46]

第三,在语义解释与沿革解释之间存在矛盾的情况下,不应当一概以沿革解释优先。如上所述,如果语义解释得出符合刑法目的的结论,就应当采取这一解释。换言之,既然"根据语义解释,扶养人包括家庭成员间的扶养与非家庭成员间的扶养",而且这样解释完全符合刑法保护被害人生命安全的目的,就应当认为遗弃罪可以发生在非家庭成员之间,而不应当产生"非家庭成员间的扶养是否包括在遗弃罪的扶养概念中"的疑问。反之,如果沿革解释不能得出符合刑法目的的结论,就不应当采取沿革解释。将遗弃限定为家庭成员之间,虽然可谓一种沿革解释,但不利于实现刑法保护法益的目的。而且,如果一概以沿革解释优先,刑法的修改就没有意义了。笔者也不赞成法理学者的前述观点(即只要解释有歧义,就必须寻求历史解释,而且历史解释结论优于文义解释的结论)。因为在刑法学上,几乎任何概念都有歧义,如果一有歧义就寻求历史解释,刑法学就不可能发展了。我国司法实践存在的重大问题之一,恰恰在于过于重视沿革解释(过于重视某个概念在旧刑法时代的含义),忽视了刑法的修改。例如,1979年《刑法》第160条将"侮辱妇女"规定为流氓罪的一种表现形式,而流氓罪属于扰乱公共秩序的犯罪。现行《刑法》第237条所规定的强制猥亵、侮辱妇女罪中也有"侮辱妇女"的表述。一方面,现行刑法所规定的侮辱妇女,要求行为人采取"暴力、胁迫或者其他方法";这里的"其他方法"显然不是指任何方法,而必须是与暴力、胁迫一样具有强制性的方法。另一方面,现行刑法已将"侮辱妇女"规定为对妇女人身权利的犯罪。然而,有的教科书一方面认为,本罪的"其他方法,是指暴力、胁迫方法以外的使妇女不能反抗的方法,如用酒灌醉、用药物麻醉等"。同时又认为,本罪的行为包括"向妇女显露生殖器"的行为。[47]许多论著都将男性的单纯露阴行为归入强制猥亵、侮辱妇女罪的行为。然而,其一,这是不顾刑法对犯罪性质的重新确定,原封不动地将旧刑法流氓罪的"侮辱妇女"的行为与"其他流氓活动"照搬过来了;其二,与公然性交相比,露阴行为的危害显然轻得多;如果认为露阴行为构成强制猥亵、侮辱妇女罪,也与公然性交无罪不相适应。这正是所谓沿革解释造成的混乱局面。概言之,

> 一条法律规范的解释不能总是停留在其产生当时被赋予的意义之上。其在适用之时可能具有哪些合理功能的问题也应得到考虑。法律规范总是处于特定社会关系以及社会—政治观念的环境之中,并在这样的环境当中发挥其作用。其内容可以,也必须根据具体情况与这些社会关系以及社会—政治观念的变迁一起变迁。这一点尤其适用于在法律规范产生之初到其适用之时的期间内生活关系以及法律观念已经发生了深刻变化的情况……[48]

笔者认为,对现行《刑法》第261条进行客观解释的结论是,遗弃罪是对生命、健康的犯罪,遗弃罪的成立并不要求行为人与被害人属于家庭成员。据此,对前面列举的两个案件均可认定为遗弃罪。就第一个案例而言,根据我国居民雇请保姆的通例,甲雇请被害人的法律行为,导致他在被害人患病时负有提供医疗条件的义务,其不提供医疗条件的行为,也属于遗弃行为。对于第二个案例,假如刑法规定实施作为的遗弃行为时不要求特殊身份,则完全可以按遗弃罪论处,但现行刑法仍然要求具有特殊身份,似乎难以按遗弃罪处理。但是本书认为,在乙将被害人移置于树林时,便产

生了救助其生命的义务,即先前行为使其产生了救助被害人的义务,但行为人一直没有救助,致其死亡,也应属于遗弃行为。

再如,1996年至1999年8月间,被告人刘晋新、田玉莲、沙依丹·胡加基、于永枝,在乌鲁木齐精神病福利院院长王益民的指派下,安排该院工作人员将精神病福利院的28名"三无"公费病人遗弃在甘肃省及新疆昌吉附近。经四病区科主任被告人刘晋新的认可和护士长田玉莲的参与,送走"三无"公费病人4次,病人19名。被遗弃的"三无"公费病人中,只有杜建新已安全回到家中,其他27名被遗弃的病人均下落不明。乌鲁木齐新市区人民法院依照《刑法》第261条的规定,对被告人的行为以遗弃罪论处。这一判决值得充分肯定。[49]

需要说明的是,认为遗弃罪是对生命、身体的犯罪,虽然在某些情形下会扩大遗弃罪的处罚范围,但完全可能缩小故意杀人罪的处罚范围。例如,犯罪嫌疑人陈某,是一名随夫到A地打工的妇女。2010年10月,老乡苏某夫妇要转到B地打工,就把刚满2岁的孙子小杰寄养在陈某家中。陈某因要照顾上小学的儿子,无法外出打工,就同意了苏某的请求,双方口头约定费用年底一次结清。12月初,小杰突然生病,经常腹泻不止且大小便失禁,陈某便经常用竹枝抽打小孩的屁股和大腿,还用手指拧掐孩子的大腿甚至造成流血。夜间,小孩经常咳嗽不止,陈某便抽打孩子威胁其不准哭。其间,她对孩子的病情没有采取任何治疗措施。12月7日以后,小孩的食量骤减,几乎不愿进食,身体因发烧困乏而整天昏昏欲睡。对此,陈某除买了4包感冒冲剂让小杰服下之外,没有采取其他积极的治疗措施,甚至对他人转告诊所医生要求将人带去看病的话也充耳不闻。9日早晨,小杰没有吃饭,上午11时许,只吃了两勺粥,下午 2 时许,小杰病死在床上。后经法医检验鉴定,小杰身上多处脓疮,死亡原因为重度小叶性肺炎,系水肿、坏死所致。关于本案,一种观点认为陈某成立故意杀人罪,另一种观点认为陈某成立过失致人死亡罪。[50]之所以没有人主张陈某的行为构成遗弃罪,显然是仍然将遗弃罪限定在家庭成员之间。在本书看来,认定陈某的行为构成遗弃罪是合适的。不难看出,扩大遗弃罪的主体范围,明显有利于限制故意杀人罪的处罚范围。

尽管**不作为也是行为**的格言已经成为各国刑法理论、司法实践与刑事立法公认的命题,但如何确定作为义务的来源,如何确定作为义务程度并据此区分罪质,以及如何限定不作为犯的成立范围,都是值得研究的问题。

注 释

[1] H. Jescheck/T. Weigend, Lehrbuch des Strafrechts: Allgemeiner Teil, Duncker & Humblot, 5. Aufl. ,1996. S. 605f.

[2] 参见〔日〕团藤重光:《刑法纲要(总论)》,创文社1990年版,第143—144页;〔日〕大谷实:《刑法讲义总论》,成文堂2009年新版,第141页;〔日〕山口厚:《刑法总论》,有斐阁2007年版,第74页;〔韩〕金日秀、徐辅鹤:《韩国刑法总论》,郑军男译,武汉大学出版社2007年版,第466页。

[3] 当然,有这类表述并不意味着必然是不作为犯。

[4] Armin Kaufmann, Die Dognmatik der Unterlassungsdelikte, 1959, S. 256ff. ; ders. , Methodische Probleme der Gleichstllung des Unterlassens mit der Begehung, JUS 1961, S. 173ff.

[5]〔日〕金泽文雄:《不真正不作为犯的问题性》,载佐伯千仞博士还历祝贺:《犯罪与刑罚(上)》,有斐阁1968年版,第224页以下。但是,金泽文雄后来从价值论的见地,有限地肯定了不真正不作为犯的可罚性(参见〔日〕金译文雄:《再论不真正不作为犯的问题性》,载《广岛大学法经论丛》第25卷第5、6合并号,第296页)。

[6]〔日〕香川达夫:《刑法讲义(总论)》,成文堂1980年版,第21页、第112页。

[7] 参见〔日〕平野龙一:《刑法总论I》,有斐阁1972年版,第149页。

[8] Gossel, Zur Lehre vom Unterlassungsdelikte, ZStW (1984), S. 323f;〔日〕西田典之:《不作为犯论》,载芝原邦尔等编:《刑法理论的现代的展开——总论I》,日本评论社1988年版,第71页。

[9]〔日〕藤木英雄:《刑法讲义总论》,弘文堂1975年版,第132页;〔日〕内藤谦:《刑法讲义总论(上)》,有斐阁1983年版,第225页。

[10] 参见张明楷:《刑法的基础观念》,中国检察出版社1995年版,第113页

以下。

[11] 参见黎宏:《不作为犯研究》,武汉大学出版社1997年版,第103页。

[12] 参见高铭暄、马克昌主编:《刑法学》,北京大学出版社、高等教育出版社2010年版,第74—76页;陈兴良:《规范刑法学》(上册),中国人民大学出版社2008年版,第122—123页。

[13] 英国学者指出:"甚至'作为'有时候可以由不作为实施,例如,某人因为完全被动地接受儿童的作为行为,而被认为实施了严重猥亵儿童罪。"(〔英〕J. C. 史密斯、B. 霍根:《英国刑法》,李贵方等译,法律出版社2000年版,第56页)。

[14] 参见岳耀勇:《见死不救 罪责难逃》,载《检察日报》2000年5月9日,第1版;柴文斌、王辉:《听任女友寻短见 见死不救被判刑》,载《法制日报》2000年12月2日,第7版。

[15] Vgl., H. Jescheck/T. Weigend, Lehrbuch des Strafrechts: Allgemeiner Teil, Duncker & Humblot, 5. Aufl., 1996. S. 621ff;〔德〕约翰内斯·韦塞尔斯:《德国刑法总论》,李昌珂译,法律出版社2008年版,第433页。

[16] 参见〔日〕山中敬一:《刑法总论》,成文堂2008年版,第234—237页。

[17] 参见〔日〕山口厚:《刑法总论》,有斐阁2007年版,第89页。

[18] H. Jescheck/T. Weigend, Lehrbuch des Strafrechts: Allgemeiner Teil, Duncker & Humblot, 5. Aufl., 1996. S. 621.

[19] 参见〔日〕山口厚:《刑法总论》,有斐阁2007年版,第81页。

[20] 参见〔日〕山口厚:《从新判例看刑法》,付立庆、刘隽译,中国人民大学出版社2009年版,第38页以下。

[21] 林东茂:《刑法综览》,中国人民大学出版社2009年版,第122页。

[22] 参见蔡圣伟:《刑法问题研究(一)》,台湾元照出版公司2008年版,第223页。

[23] 对此是否应当依然认定为故意伤害(致死),还值得进一步研究。

[24] 德国判例根据民法规定的目的与精神,逐渐扩大地把握扶养义务的内容,进而将"紧密的生活共同体"本身视为作为义务的来源。1932年的德国联邦法

院在一份判决中，认定对出生后的婴儿不给予必要保护因而致其死亡的被告人的行为构成犯罪，但判决并不触及民法中的扶养义务，而是将"人性"、"生活习惯"等认定为作为义务的基础。另一个案件是，被告人答应了父亲提出的对生活在一起的全身不遂的叔母进行照料的要求，却不予照料，致其死亡。1935 年的德国联邦法院在判决中指出："在父亲没有照料的情况下，被告人自己必须尽量照料病人。相互保护对方，是伦理的命令；这种命令，在最广泛的范围内，基于基督教有关爱邻人的义务而产生；在较狭义的范围内，基于前线战士的战友精神、国民共同体内部要求献身的国家社会主义而产生。在极为紧密的生活共同体中，对于与外界隔离的人们而言，伦理的义务可能成为法的义务。家庭或者家庭共同体的情况正是如此。"这是德国判例首次在紧密的生活共同体概念中寻找作为义务的来源。第二次世界大战以后，虽然有人指出，使用紧密的生活共同体概念，明显扩大了不作为犯的处罚范围，但多数学者没有将它排除在作为义务的来源之外，德国联邦法院也再次确认了紧密的生活共同体概念（参见〔日〕堀内捷三：《不作为犯论》，青林书院新社 1978 年版，第 61 页）。紧密的生活共同体的概念，不仅成为夫妻之间、父母与子女之间的作为义务的来源，而且成为祖父母与孙子女之间、婚约者之间以及其他共同从事危险活动的共同体（如探险队、登山队）成员之间的作为义务的来源。

[25]〔日〕西田典之：《不作为犯论》，载芝原邦尔等编：《刑法理论的现代的展开——总论 I》，日本评论社 1988 年版，第 80 页。

[26]〔日〕山口厚：《刑法总论》，有斐阁 2007 年版，第 93 页。

[27] 参见〔日〕西田典之：《刑法总论》，弘文堂 2010 年版，第 117 页。

[28] 关于不作为犯的因果关系，一直存在争议。在刑法理论上，有人完全否认不作为与结果之间的因果关系，有人完全肯定不作为与结果之间的因果关系，有人则肯定部分不作为与结果之间具有因果关系（参见韩忠谟：《刑法原理》，中国政法大学出版社 2002 年版，第 92 页以下）。

[29] 日本《下级裁判所刑事判例事》第 7 卷第 9 号，第 1828 页。

[30] 日本《最高裁判所刑事判例集》第 13 卷第 8 号，第 1163 页。日本《刑法》

第217条规定了遗弃罪:"遗弃因老年、幼年、身体障碍或者疾病而需要扶助的人的,处一年以下惩役。"第218条规定了保护责任者遗弃罪:"对于老年人、幼年人、身体障碍者或者病人负有保护责任而将其遗弃,或者对其生存不进行必要保护的,处三个月以上五年以下惩役。"第219条规定了结果加重犯:"犯前二条之罪,因而致人死伤的,与伤害罪比较,依照较重的刑罚处罚。"

[31]〔日〕平野龙一:《刑法总论I》,有斐阁1972年版,第157—159页。

[32]林山田:《刑法特论》(上册),台北三民书局1978年版,第95页。

[33]参见林东茂:《危险犯的法律性质》,载《台大法学论丛》第24卷第1期,第284—285页。

[34]当然,法益对特定作为义务的依赖性,与作为义务者同法益主体之间的关系,在某些情况下也是有联系的。但亲疏关系只是考虑上述问题的线索(在许多情况下仅仅是考虑行为人有无作为义务的线索),而不是关键。例如,父母将生病的子女送往医院后,一直不予照料,后来子女死亡。在这种情况下,由于子女的生命主要依赖于医生,故父母的行为不成立不作为的杀人罪,充其量成立遗弃罪。

[35]〔日〕前田雅英:《刑法各论讲义》,东京大学出版会2007年版,第75页。

[36]参见日本《最高裁判所刑事判例集》第13卷第8号,第1163页。

[37]张明楷:《刑法学》(上),法律出版社1997年版,第122页。

[38]〔英〕G. D. 詹姆斯:《法律原理》,关贵森等译,中国金融出版社1990年版,第50页。

[39]关于客观解释论的观点,参见张明楷:《刑法的基础观念》,中国检察出版社1995年版,第205页以下。

[40]高铭暄主编:《中国刑法学》,中国人民大学出版社1989年版,第593页。

[41]参见张明楷:《刑法学中的当然解释》,载《现代法学》2012年第4期。

[42]江任天:《弃婴行为定性问题探疑》,载《中南政法学院学报》1986年第3期,第8页。此外,江任天教授在该文中事实上肯定了遗弃罪是对生命、健康的犯罪。因为他说:遗弃罪的"客观方面的法律特征,主要是行为人负有扶养义务而

'拒绝扶养',使他人陷于危险状态"(同上,第7页);"遗弃罪的主观方面,只能是行为人明知自己对被害人负有扶养义务,并且意识到由于自己的弃置行为,会使对方的生命、健康陷于危险状态,而又希望或者放任这种状态发生"(同上,第8页)。

[43] 陈兴良:《非家庭成员间遗弃行为之定性研究》,载《法学评论》2005年第4期。

[44] 郑永流:《法律方法阶梯》,北京大学出版社2008年版,第170页。

[45] 对身体造成危险的行为是否构成遗弃罪,在国外存在争议(参见〔日〕山中敬一:《刑法各论》,成文堂2009年版,第90页),本书对此不展开讨论。

[46] 〔德〕齐佩利乌斯:《法学方法论》,金振豹译,法律出版社2009年版,第36页。

[47] 高铭暄、马克昌主编:《刑法学》(下编),中国法制出版社1999年版,第831页。当然,作者是否认为单纯向妇女显露生殖器的行为构成本罪,还不能肯定,但其表述至少包含了这种可能性。

[48] 〔德〕齐佩利乌斯:《法学方法论》,金振豹译,法律出版社2009年版,第38页。

[49] 参见张明楷:《罪刑法定与刑法解释》,北京大学出版社2009年版,第151页以下。

[50] 参见李诗灿:《保姆不作为导致幼儿病死该如何定性》,载《人民检察》2012年第13期。

刑 法 格 言 的 展 开

Causa causae est causa causati

原因的原因是结果的原因

原因的原因是结果的原因（Causa causae est causa causati）的法律格言，表明了间接原因是结果发生的原因。即在发生了结果的情况下，不仅应当将结果归责于作为直接原因的行为，而且应当将结果归责于作为直接原因的原因即间接原因的行为（当然应当以行为符合构成要件为前提）。

因果关系是刑法理论与刑事司法实践上的重要问题。在发生了结果的情况下，如果要将该结果归属于行为，就要求行为人的实行行为与结果之间客观上存在"原因与结果"的关系，这种关系就是因果关系。如果实行行为与结果之间缺乏因果关系，那么，行为人就只负未遂的责任；在结果加重犯的场合，如果基本犯的实行行为与加重结果之间没有因果关系，行为人仅负基本犯的责任，而不负结果加重犯的责任。显然，查清结果发生的原因是相当重要的；**能够认识事物原因的人就是幸福的**（Felix qui potuit rerum cognoscere causas）。

在很长时间内，我国刑法理论主要讨论必然因果关系与偶然因果关系，对直接因果关系与间接关系没有展开具体讨论。在本书看来，承认间接因果关系，即承认**原因的原因是结果的原因**，从而追究间接原因行为者的刑事责任，具有充分根据。

第一，承认间接因果关系具有哲学根据。

辩证唯物主义认为，世界上的任何现象都不可能绝对孤立地存在，客观世界中的各种现象都普遍联系、相互制约，形成无数因果链条；每一具体的特定的因果环节都环环相扣，在环环相扣的因果链条中，没有最初原因和最终结果，也没有固定化的原因和固定化的结果；任何环节上的因果都处在相互转化之中，因变果，果变因，无数因果通过若干环节或中介而相互联系。[1] 这样，各个因就发生了间接因果,这种在不同环节上的间接相连、相通的因果就是间接因果,它们之间的关系就是间接因果关系。所以,在认定因果关系时,一方面要将它从现象的普遍相互联系中抽出来加以研究[2];另一方面,又要注意它的普遍性,不要割裂事物之间的联系。例如,甲现象引起了乙现象,乙现象又引起了丙现象。单纯就甲乙之间而言,甲是原因、乙是结果;单纯就乙丙之间而言,则乙是原因,丙是结果。但我们不仅要注重对因果关系的孤立简化,还要看到丙这一结果又是由甲这一现象间接造成的,这一点显然是不可否认的。简单地说,因果关系的相对性要求我们既注重对因果关系的孤立简化,又注重对因果关系的整体考察,或者说,既要重视直接因果关系,又要重视间接因果关系。

结果跟随原因(Effectus sequatur causam),**先行条件应存在于结果发生之前**(Conditio adimpleri debet priusquam sequatur effectus),即原因在前、结果在后,是因果法则之一。间接原因在直接原因之前,当然也在结果之前,承认间接因果关系,符合因果法则。原因与结果当然不只是一种时间上的先后顺序关系,而必须是一种引起与被引起的关系,原因中必须具有导致结果发生的根据或者条件,原因存在就导致结果出现,反过来说,**原因停止结果也停止**(Cessante causa cessat effectus)。由于间接原因是导致直接原因(中间结果)的原因,而直接原因又是结果的原因,没有间接原因就不会有直接原因与结果,故间接原因也是结果的原因。因此,承认间接因果关系符合因果关系的内在规定性。

尽管刑法上的因果关系具有特殊性,但对于因果关系的法则性原理,刑法理论不可能否认。间接因果关系符合因果法则,刑法理论上没有理由否认。

第二,承认间接因果关系具有刑法根据。

首先,从刑法的规定来看,刑法不仅要追究直接造成危害结果的行为人的刑事责任,而且要追究间接造成危害结果的行为人的刑事责任,这便肯定了间接因果关系。

例如,《刑法》第 129 条规定:"依法配备公务用枪的人员,丢失枪支不及时报告,造成严重后果的,处三年以下有期徒刑或拘役。"这里的造成严重后果,通常是丢失的枪支落入不法分子之手后,由不法分子利用枪支直接造成严重后果。在这种情况下,不法分子的行为是造成严重后果的直接原因,而依法配备公务用枪的人员丢失枪支不及时报告的行为,则是造成严重后果的间接原因,但刑法明文规定该行为是犯罪。《刑法》第 128 条第 3 款规定的犯罪,也说明了这一点。

再如,《刑法》第 134 条规定的重大责任事故罪,现场指挥人员强令工人违章冒险作业,工人也明知违章,且在过失的心理状态下直接造成了危害结果,工人的行为与危害结果之间具有直接的因果关系;该指挥人员的行为与危害结果之间就是一种间接因果关系,构成重大责任事故罪。这不仅肯定了因果关系的存在,而且表明作为间接原因的行为所起的作用,并不一定比作为直接原因的行为所起的作用小。换言之,作为间接原因的行为,其法益侵害性可能大于作为直接原因的行为的法益侵害性。因此,我们必须承认间接因果关系。

其次,刑法的一些规定,事实上考虑了中介因素(直接原因),在直接原因行为不成立犯罪的情况下,刑法也规定间接原因行为的可罚性。这肯定了间接因果关系。

例如,**婚姻自由**(Libera sunt matrimonia),**婚姻应当自由**(Matrimonia debent esse libera），形成婚姻的是同意而非同居（Consensus non concubitus facit nuptias），所以刑法禁止暴力干涉婚姻自由。《刑法》第 257 条第 2 款规定,暴力干涉他人婚姻自由,致使被害人死亡的,处 2 年以上 7 年以下有期徒刑;《刑法》第 260 条第 2 款规定,虐待家庭成员,情节恶劣,致使被害人重伤、死亡的,处 2 年以上 7 年以下有期徒刑。根据刑法理论的通说以及司法实践,这两种犯罪中的致人死亡,包括被害人自杀身亡。[3] 从因果关系发展进程来考虑,自杀是导致死亡的直接原因,自杀者不可能承担刑事责任;但引起自杀的暴力行为与虐待行为,则是结果发生的间接原因,刑法却对其规定了刑事责任。可见,即使作为直接原因的行为不是犯罪行为,作为间接原因的行为也可能成立犯罪。

最后,刑法上的因果关系是一个特定的发展过程,肯定间接因果关系也就肯定了刑法上的因果关系是特定的因果发展过程。

刑法上的因果关系不是单纯的引起与被引起的关系,而是一个特定的发展过程。例如,诈骗罪的基本结构是:行为人对他人实施欺骗行为——他人产生认识错误——他人基于认识错误财产处分——行为人取得财产——被害人遭受财产损失。因此,并非只要行为人实施了欺骗行为,被害人交付了财产的,二者之间就具有刑法上的因果关系;只有在欺骗行为与处分财产之间,介入了被害人的认识错误,才认为二者之间具有刑法上的因果关系。行为人虽然实施了欺骗行为,但被害人并没有产生认识错误,只是基于怜悯之心交付财物的,欺骗行为与被害人处分财产之间没有因果关系,只成立诈骗罪的未遂。这是因为,知道被骗的人没有被骗（Non decipitur, qui scit se decipi）。诈骗罪包括二者间的诈骗与三角诈骗,当处分财产的人与被害人不同时,实际上是行为人的行为引起了处分人的财产处分,进而导致被害人的财产损失。这里实际上存在间接因果关系。

再如,根据《刑法》第167条的规定,国有公司、企业、事业单位直接负责的主管人员,在签订、履行合同过程中,因严重不负责任被诈骗,致使国家利益遭受重大损失的,构成签订、履行合同失职被骗罪。显然,因不负责任直接造成国家利益重大损失的,并不成立本罪,只有在"严重不负责任"与"国家利益遭受重大损失"之间,介入被诈骗的中间环节,才成立本罪。[4]这是刑法规定的因果关系的特定发展过程,这一特定过程本身就说明:他人诈骗是国家利益遭受重大损失的直接原因,而上述主管人员严重不负责任的行为,则是间接原因。因此,既要追究他人的诈骗罪的刑事责任,也要追究主管人员的刑事责任。

既然刑法的规定已经肯定了间接因果关系,即作为间接原因的行为也可能成为犯罪行为,那么,刑法理论就没有理由否认间接因果关系。

第三,承认间接因果关系有监督过失理论的印证。

由于业务及其他社会生活上的关系,在特定的人与人之间、人与物之间形成了一种监督与被监督关系。监督者对被监督者的行为,在事前要进行教育、指导、指示、指挥,在事中要进行监督,在事后要进行检查;对自己所管理的事项,要确立安全的管理体制。进行这种监督与管理,是监督者的义务或职责。如果监督者不履行或者不正确履行自己的监督或者管理义务,导致被监督者产生过失行为引起了结果,或者由于没有确立安全管理体制,而导致结果发生,监督者主观上对该结果就具有监督过失。监督过失可以分为两种类型:一是因缺乏对被监督者的行为的监督所构成的狭义的监督过失,二是由于没有确立安全管理体制所构成的管理过失。

在狭义的监督过失中,存在着被监督者的过失行为。即被监督者的过失行为直接造成了结果,但监督者对被监督者的行为负有监督义务,即有义务防止被监督者产生过失行为,却没有履行这种义务(如没有对被监督者作出任何指示,或者作出了不合理的指示),导致了结果发生。例如,在外科手术时,医生对护士的行为有监督义务,如果因护士的过失导致事故的发生,医生同样应对这种事故承担监督过失的责任。由此可见,狭义的监督过失,实际上是二人以上的过失竞合,即被监督者的一般过失与监督者的监督过失竞合在一起导致了结果的发生。但是,并不是客观上没有履行监督义务就必然成立过失犯罪,还需要行为人主观上具有过失,亦即,能够预见不履行监督义务的行为可能造成法益侵害结果。例如,存在合理信赖的条件时,原则上应否认监督者的过失责任。反之,如果被监督者已经存在实施过失行为的先兆,就不能以信赖原则为根据否认监督者的过失责任。在一般疏忽大意过失的情况下,行为人能够预见自己的行为可能直接造成危害社会的结果,表现为"自己的行为→结果"。在狭义监督过失的情况下,监督者能够预见自己不履行或者不正确履行监督义务的行为可能引起被监督者的过失行为,从而发生结果。这里存在一个中间项(被监督者的过失行为),表现为"自己的行为→中间项→结果"。在一般的过于自信过失的情况下,行为人往往因为轻信自己的技术、经验等而轻信能够避免结果的发生;在狭义监督过失的情况下,监督者是轻信了被监督者不会有过失行为,这也符合过于自信过失的特征。

在管理过失中,行为人因为过失没有采取必要的防范措施,或者没有指示他人采取防范措施,导致了结果发生,或者由于自然原因或第三者的意外行为导致了结果发生。例如,工厂负责人随意决定将贵重设备堆放在露天,由于雷电起火而烧毁了设备。该负责人客观上存在没有确立安全管理体制的客观行为,主观上存在管理过失。在管理过失的情况下,监督人能够预见自己没有确立安全管理体制的行为,可能造成结果或者可能由于自然因素或第三者的意外行为导致结果发生,或者已经预见而轻信能够避免。行为人可能轻信自己所确立的管理体制是安全的,也可能是轻信不会有自然因素与第三者的意外行为造成结果。

我国的司法实践,一直追究监督过失的责任,许多具体的玩忽职守罪实际上表现为监督过失;现行刑法事实上也肯定了监督过失(参见《刑法》第 135 条、第 138 条、第 139 条等)。在日本,监督过失的行为人所成立的犯罪,与被监督者的过失犯罪相同。但是,在我国的司法实践中,监督过失既可能成立玩忽职守等与被监督者不同的过失犯罪,也可能成立与被监督者相同的过失犯罪。[5]这需要根据刑法分则所规定的违法构成要件与责任要件进行合理判断。例如,1984 年 10 月,经有关部门批准,太原市古交区所属矾石沟煤矿决定从美国引进一台马克-22 型薄煤层采煤机组。合同签订后,原矾石沟煤矿副矿长程国义、矿党总支书记王金元、原太原市煤炭工业管理局副局长谷晋生、太原市古交区副区长王恒茂等人,分别于 1985 年 1 月和 3 月,先后赴美国实习和进行引进设备中间检验。但是程国义等人只对出国观光感兴趣,对引进工作却采取敷衍了事、极不负责的态度。1985 年 11 月至 1986 年 1 月,进口设备分三批运到太原市古交区矾石沟煤矿后,没有采取任何的必要防范措施就露天堆放在事故隐患很多的矿机修车间院内。有关部门和科室曾当面向程国义提出要求采取防范措施的建议,但程国义仍漠不关心,听之任之。1986 年 3 月一名工人违章吸烟,造成特大火灾事故,直接经济损失达 260 多万元,使价值 593 万元的采煤机组无法配套使用。程国义、王金元、谷晋生、王恒茂四人都被认定犯有玩忽职守罪,分别被判处 1 年至 4 年有期徒刑。程国义等被告人,就是一种监督过失。程国义、王金元应当对进口设备确立安全的管理体制,应当对工人进行安全教育,以免事故的发生。但他们没有做到这一点,终于导致设备失火报废。行为人虽然没有直接引起火灾,但由于行为人没有对工人的行为进行监督、没有确立安全防范措施,因而构成一种监督过失,应当承担玩忽职守罪的刑事责任。[6]

显然,肯定监督过失犯罪,以肯定间接因果关系为前提。结果的直接原因是直接行为人的过失行为。但直接行为人的过失行为是由于负有监督职责的人没有履行监督职责的不作为所引起,监督者的行为便是结果的间接原因。可见,肯定监督过失的刑事责任,就必须肯定间接因果关系。

第四,承认间接因果关系与值得肯定的因果关系学说并不冲突。

因果关系是外国刑法理论长期争论的问题,主要存在条件说、原因说、相当因果关系说、合法则的条件说以及客观归责论等学说,同一学说内也存在不同观点。[7]

条件说认为,行为与结果之间存在着"没有前者就没有后者"的条件关系时,前者就是后者的原因。条件说认为,条件关系是指实行行为与结果之间的关系,因此,即使预备行为产生了结果,也不存在因果关系问题。例如,甲为了毒死朋友乙,向装有红酒的酒杯中投放毒药后,将酒杯放在自己家里的书架上,但碰巧丙到甲家访问,发现书架上杯中的红酒,一饮而尽后死亡。由于甲没有故意杀人的实行行为,所以不成立故意杀人既遂,而是过失致人死亡与故意杀人预备的竞合。条件关系所说的结果,只限于现实产生的结果。例如,甲开车撞了乙,乙受伤的程度是将在 5 小时后死亡,但 2 小时后乙被丙开车撞死。在此,作为条件关系的结果,是 2 小时后的死亡结果,而不是 5 小时后的死亡结果。条件说虽然受到了批判,但是,各种关于因果关系的认定,都离不开条件说,或者说都必须以条件说为前提,而间接因果关系与条件说并不冲突。例如,甲在与乙没有共谋的情况下,得知乙将对某医院实施放火行为,于是,甲将丙殴打至需要住院的程度,丙在住院期间被乙放火烧死。在这种场合,间接因果关系与条件说是一致的。再如,被告人的伤害行为导致被害人受伤,在治疗期间由于医生的过失导致被害人死亡,日本大审院 1923 年 5 月 26 日的判决,肯定伤害行为与死亡结果之间具有因果关系,认定被害人的行为构成伤害致死罪。[8] 战后的最高裁判所对类似的案件也作出过相同的判决。[9] 再如,前面的车辆将被害人撞倒在地后,后面的车辆将被害人压死,大阪高等裁判所 1977 年 11 月 22 日的判决认定前一车辆的撞倒行为与死亡结果之间有因果关系。[10] 这些判断都说明,间接因果关系与条件说并不矛盾。

原因说主张以某种规则为标准,从导致结果发生的条件中挑选出应当作为原因的条件,只有这种原因与结果之间才存在因果关系。究竟以什么为基准来寻找原因,则出现了不同的学说:由德国学者奥托曼(Ortmann)提出的最终条件说认为,从时间上看,最后对结果起作用的条件,就是原因。**法律只究近因不问远因(In jure non remota causa, sed proxima spectatur)、需要考虑的不是远因**

而是最近因(Causa proxima,non remota spectatur)的法律格言,可以说是最终条件说的格言式表述。但事实上,在最后起作用的条件,并不都是重要的条件。由德国学者巴尔(v. Bar)最先提出的异常行为原因说,认为在生活上违反常规所实施的行为就是原因。然而,在许多情况下,违反常规的行为也不一定对结果的发生起重要作用。[11]由德国学者宾丁(Binding)、拉古拉(Nagler)提倡的优势条件说,认为决定结果发生方向的条件就是原因。不过,如何确定决定结果发生方向的条件是不明确的。由德国学者贝克麦耶(Birkmeyer)主张的最有力条件说,认为对结果最有力的条件就是原因。但是,如何确定什么条件最有力也不是没有问题的。由德国学者柯拉(Kohler)提出的动的原因说,主张对结果的发生给予动力的条件就是原因,这同样是不容易确定的。[12]不可否认,原因说旨在限制因果关系范围的意图或许是正当的,但要从对结果起作用的众多条件中挑选出一个条件作为原因,不仅是极为困难和不现实的,而且会导致因果关系认定的随意性。况且,结果的发生,并非总是依赖于一个单纯的条件,在不少情况下,应当承认复数条件竞合为共同原因。所以,原因说在大陆法系国家刑法理论中已经没有任何地位。[13]

相当因果关系说是基于条件说过于扩大因果关系的范围而产生的。该说认为,根据一般社会生活经验,在通常情况下,某种行为产生某种结果被认为是相当的场合,行为与结果之间就具有因果关系。"相当"是指该行为产生该结果在日常生活中是一般的、正常的,而不是特殊的、异常的。相当因果关系说具有两个特色:一是排除条件说中不相当的情况,从而限定刑法上的因果关系范围;因为相当因果关系的认定,是在行为与结果之间具有条件关系的前提下,附加了"相当性"的要求。二是以行为时一般人的认识为标准判断行为与结果之间是否具有相当性。关于相当性的判断基础,理论上有三种学说:客观说主张以行为时的一切客观事实作为基础进行判断;主观说主张以行为人认识到或可能认识到的事实为基础进行判断;折中说主张以一般人能认识到的以及行为人特别认识到的事实为基础进行判断。例如,甲轻伤乙,但乙是血友病患者,因流血不止而死亡。客观说认为,既然行为时乙患有血友病,不管甲是否知道这一事实,甲的行为与乙的死亡之间具有因果关系。主观说认为,如果甲知道或者应当知道乙是血友病患者,则甲的行为与乙的死亡之间具有因果关系;否则不具有因果关系。折中说认为,如果行为时一般人能知道乙是血友病患者或者甲特别知道乙是血友病患者,则甲的行为与乙的死亡之间具有因果关系;否则不存在因果关系。折中说与主观说一样,使因果关系的有无取决于行为人与一般人认识的有无,这与因果关系的客观性相矛盾,正因为如此,客观说成为有力的学说,有逐步取代折中说而占支配地位之势。[14]由于相当因果关系说以条件说为前提,所以,间接因果关系与相当因果关系也不存在冲突。换言之,如果一种行为间接地引起结果的发生被认为是正常的或者通常的,那么,这种间接因果关系就是相当因果关系。

合法则的条件说认为,因果关系并不是"没有该行为就不会发生该结果"的关系;只有根据科学知识,确定了前后现象之间是否存在一般的合法则的关联后,才能进行个别的、具体的判断。换言之,在认定因果关系时,首先确认存在一般的因果关系(因果法则),即确认是否存在可以适用于特定个案的自然科学的因果法则;然后认定"具体的因果关系",即确认具体的事实是否符合作为上位命题的因果法则。所以,合法则的条件说所称的"合法则",并不是指条件说所主张的逻辑性条件,也不是指相当因果关系所说的生活经验,而是指当代知识水平所认可的法则性关系。易言之,因果法则关系的存在,必须得到当代最高科学知识水平的认可,如果根据这种科学知识难以理解,则不能承认因果关系。当然,如果经验法则与科学法则并不矛盾,这种经验法则也包含在"合法则"中。根据合法则的条件说,在行为导致有特殊体质的被害人伤亡时,具有因果关系;在后述假定的因果关系、重叠的因果关系的场合,也具有因果关系。合法则的条件说否定因果关系中断论,换言之,因果关系中的结果并不因第三人的故意或过失的介入而被否认;至于因果关系的断绝,合法则的条件说则认为没有因果关系。间接因果关系与合法则的条件说也不冲突,因为前一行为经过中间项而产生结果,完全可能是合法则的。

客观归责理论将因果关系与归责问题相区别,因果关系以条件说为前提,在与结果有条件关系的行为中,只有当行为制造了不被允许的危险,而且该危险是在符合构成要件的结果中实现(或在构成要件的保护范围内实现)时,才能将该结果归责于行为。所以,实行客观归责必须具备三个条件:一是行为制造了不被允许的危险,二是行为实现了不被允许的危险,三是结果没有超出构成要件的保护范围。[15] 客观归责理论也是以条件说为前提的,所以,间接因果关系与客观归责理论并不冲突。

当然,肯定间接因果关系,并不是没有任何限定的。换言之,**原因的原因是结果的原因**,只是在有限的范围内才适用。认定因果关系,意味着将结果归属于某个实行行为。实行行为本身是具有造成法益侵害结果危险的行为,所以,因果关系的发展过程,实际上是危险的现实化过程。行为本身是否具有造成法益侵害结果的危险性,是对实行行为的判断,原则上不应当作因果关系的判断。[16]换言之,因果关系中的原因,只能是类型化的实行行为,而不包括预备行为。[17]因此,如果行为本身不具有法益侵害的危险甚至减少了法益侵害的危险,就不是实行行为,因而不可能将结果归属于该行为。基于同样的理由,因果关系的判断以具有结果回避可能性为前提。如果缺乏结果回避可能性,就可以直接否认实行行为,因而可以直接否认因果关系。[18]另一方面,因果关系中的"结果"是指具体的、特定样态、特定规模、特定发生时间与地点的法益侵害结果(具体结果观),而不是抽象意义上的结果。例如,即使是被害人死亡,也要分清是毒死还是渴死,是流血过多死亡还是窒息死亡,是被合法处死还是被非法处死,如此等等。

  在实行行为合法则地造成了结果的场合,容易肯定因果关系。在由于存在介入因素等原因,难以认定实行行为合法则地造成了结果的场合,则可以先采用条件关系的公式,再进一步判断结果是不是实行行为的危险的现实化。当然,条件关系的公式与合法则的因果关系并不是对立关系。所以,就某些现象而言,既可能通过合法则的因果关系肯定(或者否定)因果关系,也可能通过条件说肯定(或者否定)因果关系。以因果关系的断绝为例。前条件对某一结果还没有起作用时,与此无关的后条件导致了该结果的发生的,属于因果关系的断绝(条件关系本身被切断)。在这种情况下,前条件不是结果的原因。例如,甲以杀人故意向丙的食物中投放了足以致死的毒药,丙虽然吃了食物,但在该毒药还没有起作用时,乙开枪杀死了丙。一方面,乙的行为合法则地造成了丙的死亡,具有因果关系。另一方面,甲的行为与丙的死亡之间,不存在没有前者就没有后者的条件关系,所以没有因果关系。

实行行为合法则(或者符合客观规律必然)地造成了结果时,结果就是实行行为的危险的现实化,应当直接肯定因果关系,将结果归属于实行行为。例如,甲开枪打中乙的心脏导致乙死亡,A用绳子勒住B的脖子导致B窒息死亡,都具有合法则的因果关系,可以直接肯定因果关系。存在疑问的是以下情形:

其一,假定的因果关系。一般是指虽然某个行为导致结果发生,但即使没有该行为,由于其他情况也会产生同样结果。例如,下午1时执行死刑,在执行人正在扣动扳机的瞬间,被害人的父亲甲推开执行人,自己扣动扳机击毙了死刑犯乙。是否承认甲的行为与结果之间具有因果关系,在理论上还存在争议。持肯定回答的人认为,由于事实上是甲的行为导致了乙的死亡,故应当肯定二者之间的因果关系;作为刑法的评价对象,因果关系的有无应由事实的判断来决定,应当接近自然科学的因果关系概念,而不能附加假定的因素。[19]持否定回答的人则认为,在上述情况下,不存在没有前者就没有后者的条件关系,换言之,即使没有甲的行为也将发生乙的死亡结果,故甲的行为与乙的死亡之间没有因果关系。[20]但可以肯定的是,死刑犯是由被害人的父亲开枪打死的,亦即,开枪行为合法则地引起了死亡结果(此时此地被非法处死的结果),对此,即使不需要适用条件关系的公式,也可以直接肯定因果关系。

其二,可替代的充分条件。A想杀死C,便在C准备进行穿越沙漠长途旅行的前夜,悄悄地溜进C的房间,把C水壶里的水换成无色无味的毒药。B也想杀死C,于同一夜里的晚些时候,溜进了C的房间,在C的水壶底部钻了一个小洞。次日晨,C出发了,他没有发现水壶上的小洞。两小时之后,C 在沙漠中想喝水,但水壶是空的。由于没有其他水源,C 在沙漠中脱水而死。这种情形与假定的因果关系并不完全相同(也有学者将其归入假定的因果关系)。如果根据条件关系的公式,A 与 B 的行为都不是 C 死亡的原因,但这种结论难以被人接受。客观归责论以 B 没有在整体上恶化被害人的状况为由,仅将死亡结果归责于 A。但本书认为,C 是因脱水而死,这一具体结果是由 B 的行为合法则地造成的,故应当肯定 B 的行为与 C 的死亡之间具有因果关系。相反,A 的行为与 C 的死亡之间没有因果关系。

其三,合义务的择一的举动。虽然行为人实施违法行为,造成了结果,但即使其遵守法律,也会发生该结果的情形。德国曾有如下判例:被告人甲在一条笔直的 6 米宽的道路上驾驶着汽车,右侧的乙朝着相同的方向骑着自行车。按规则,汽车与行人应当保持 1.5 米的距离,但甲只保持了 0.75 米的距离。而乙则由于饮酒醉倒在车下,被车后轮轧死。法院否认甲的行为与乙的死亡之间具有因果关系。理由是,即使甲使汽车与乙保持适当距离,发生同样事故的盖然性仍然很高,乙仍然会死亡。但刑法理论上存在肯定说与否定说。本书赞成肯定说。因为就具体的特定时间地点的死亡而言,甲的行为合法则地造成了他人死亡。当然,如果甲对结果没有预见可能性,则不承担责任。

其四,二重的因果关系(择一的竞合)。两个以上的行为分别都能导致结果的发生,但在行为人没有意思联络的情况下,竞合在一起导致了结果的发生。例如,甲与乙没有意思联络,都意欲杀丙,并同时向丙开枪,且均打中了丙的心脏。再如,A 与 B 没有意思联络,都向 C 的食物中投放了致死量的毒药。在这种情况下,即使没有甲的行为或者没有乙的行为,丙都会死亡。否定说认为,甲、乙的行为与丙的死亡之间没有条件关系,因而没有因果关系。因为没有甲的行为丙也会死亡,没有乙的行为丙也会死亡,故不符合条件关系的公式关系。[21]但是,在被害人已经死亡的情况下,否认条件关系进而认定行为人仅承担未遂责任,实有不妥之处。条件关系修正说或者整体考察说认为,应当对条件关系公式进行修正,即在数个行为导致一个结果的情况下,如果除去一个行为结果将发生,除去全部行为结果将不发生,则全部行为都是结果发生的条件。[22]但这只是为了将结果归属于各人的行为而作出的修正,缺乏修正的根据与理由。根据合法则的条件说,只有证明了行为人发射的子弹或者所投放的毒药对被害人的死亡起到了作用,才能认定有因果关系。因此,至少可以肯定的是,如果存在时间先后关系,一方的行为对死亡并没有起作用,则应否定因果关系。

其五,重叠的因果关系。两个以上相互独立的行为,单独不能导致结果的发生(具有导致结果发生的危险),但合并在一起造成了结果时,就是所谓重叠的因果关系。例如,甲、乙二人没有意思联络,分别向丙的食物中投放了致死量50%的毒药,二人行为的重叠达到了致死量,丙吃食物后死亡。在这种情况下,由于甲、乙二人的行为分别都对丙的死亡起作用(可谓多因一果),故应肯定存在合法则的因果关系。

其六,流行病学的因果关系。流行病学是研究疾病的流行、群体发病的原因与特征,以及预防对象的医学分支学科。其对原因的解明有助于刑法上因果关系的认定。根据流行病学理论,符合以下四个条件,就可以肯定某种因子与疾病之间具有因果关系:一是,该因子在发病的一定期间之前起作用;二是,该因子的作用程度越明显,患病率就越高;三是,该因子的分布消长与流行病学观察记载的流行特征并不矛盾;四是,该因子作为原因起作用,与生物学并不矛盾。概言之,某种因子与疾病之间的关系,即使在医学上、药理学上得不到科学证明,但根据大量的统计、观察,能说明该因子对产生疾病具有高度的盖然性时,就可能肯定其因果关系。虽然流行病学因果关系,是根据经验法则认定的因果关系,但它与科学法则并不矛盾,所以,也属于合法则的因果关系。因此,流行病学的这种因果关系论,也可以运用于公害犯罪因果关系的认定中。例如,某企业在一段时间排放污水。开始排放后,附近居民开始患某种疾病;排放量越大,患疾病的人越多或者越严重。只要排放污水与居民患病之间的关系,与流行病学、生物学等科学法则不相矛盾,就可以认定排放污水的行为与居民患病之间具有合法则的因果关系。

人的认识能力是有限的,司法工作人员不可能认识到所有的因果法则。所以,在难以根据合法则的因果关系判断具体案件时,可以运用条件关系的公式,再进一步判断结果是不是实行行为的危险的现实化。条件关系的公式是,没有前者行为就没有后者结果时,前者就是后者的条件。如果不具有条件关系,就可以直接否定因果关系。

因果关系总是特定条件下的客观联系,故不能离开客观条件认定因果关系。例如,甲在协和医院门前造成了乙濒临死亡的伤害,但由于抢救及时,乙幸免于难。A 在荒山野外对 B 造成的伤害明显轻于乙的伤害,但由于抢救不及时而死亡。显然,不能否认 A 的行为与 B 的死亡之间具有因果关系。严格地说,被害人的特殊体质,并不是介入因素,而是行为时已经存在的特定条件。因此,由于被害人存在某种疾病或属于特殊体质,行为人所实施的通常情形下不足以致人死亡的暴力,导致了被害人死亡的,也应当肯定因果关系。例如,A 刺伤 B,伤势并不严重,但 B 因为患血友病而不治身亡,应当肯定 A 的行为与 B 的死亡之间具有因果关系。至于行为人是否认识到或者是否应当预见被害人存在疾病或者具有特别体质,只是有无故意、过失的问题,不影响因果关系的判断。[23]

在许多案件中,尤其是在有介入因素的案件中,仅有条件关系,还不能直接肯定结果由行为造成。实行行为是具有导致侵害结果发生的危险的行为,这种危险并不是偶然的危险,而是类型化的危险。在某些意义上说,对实行行为的危险的现实化的判断,就是为了将行为偶然造成的非类型化的结果,排除在构成要件的结果之外。例如,甲打伤乙后,乙在去医院的途中被车轧死,甲的行为与乙的死亡之间具有条件关系。但是,乙的死亡并不是甲的伤害行为的危险的现实化。反之,A 打伤 B 后,B 因医治无效而死亡时,B 的死亡才是 A 的伤害行为的危险的现实化。

问题是,在案件存在介入因素的场合,如何判断实行行为的危险的现实化。这正是在适用 原因的原因是结果的原因 的格言时所要解决的问题。总的来说,需要考虑四个方面的因素:(1) 行为人实行行为导致结果发生的危险性的大小;(2) 介入因素异常性大小;(3) 介入因素对结果发生的作用大小;(4) 介入因素是否属于行为人的管辖范围。例如,在同样是介入了医生的重大过失引起被害人死亡的案件中,如果先前的行为只是导致被害人轻伤,则应认定先前行为与结果之间没有因果关系;如果先前行为导致被害人濒临死亡的重伤,则宜认定先前行为与被害人死亡之间的因果关系。但是,在被害人受伤后数小时,他人故意开枪杀死被害人的,则应否认先前伤害行为与被害人死亡之间的因果关系。再如,如果 A 的行为已经导致 B 濒临死亡的重伤,C 后来对 B 实施殴打,只是导致 B 的死亡时间略微提前的,应肯定 A 的行为与 B 的死亡之间具有因果关系。但是,如果 C 开枪射杀已经受伤的 B,则应否认 A 的行为与 B 的死亡之间的因果关系。介入情况的异常与否,对判断因果关系也具有意义。前行为必然导致介入情况、前行为通常导致介入情况、前行为很少导致介入情况、前行为与介入情况无关这四种情形,对判断因果关系所起的作用依次递增。[24] 具体来说,值得详细讨论的是以下四种介入类型[25]:

第一,介入被害人行为的情形。在不少案件中,被告人实施行为后,介入了被害人的行为,导致了结果的发生。在这种场合,要综合考虑上述四个方面的因素,得出妥当结论。(1)被告人实施的行为,导致被害人不得不或者几乎必然实施介入行为的,或者被害人实施的介入行为具有通常性的,即使该介入行为具有高度危险,也应当肯定被告人的行为与结果之间具有因果关系。例如,甲点燃乙身穿的衣服,乙跳入水中溺死或者心脏麻痹死亡的,甲的行为与乙的死亡之间具有因果关系。又如,甲对乙的住宅放火,乙为了抢救婴儿而进入住宅内被烧死的,应肯定放火行为与乙死亡之间的因果关系。再如,甲在楼梯上对乙实施严重暴力,乙在急速往楼下逃跑时摔倒,头部受伤死亡的,甲的行为与乙的死亡之间具有因果关系。还如,甲欲杀乙,在山崖边导致乙重伤昏迷后离去。乙苏醒后,刚迈了两步即跌下山崖摔死的,应当将死亡结果归属于甲的行为。(2)被告人实施的行为,导致被害人介入了异常行为,造成了结果,但考虑到了被害人的心理恐惧或者精神紧张等情形,其介入行为仍然具有通常性时,应当肯定因果关系。例如,数个被告人追杀被害人,被害人无路可逃跳入水库溺死,或者逃入高速公路被车撞死的,应当肯定追杀行为与死亡结果之间的因果关系。再如,甲向站在悬崖边的乙开枪,乙听到枪声后坠崖身亡,甲的行为与乙的死亡之间具有因果关系。同样,A 瞄准湖中的小船开枪,船上的 B 为躲避而落入水中溺死。A 的行为与 B 的死亡之间具有因果关系。(3)被害人虽然介入了不适当或者异常的行为,但是,如果该异常行为属于被告人的管辖范围之内的行为,仍然能够肯定被告人的行为与结果之间的因果关系。例如,在深水池与浅水池没有明显区分的游泳池中,教练员没有履行职责,不会游泳的练习者进入深水池溺死的,教练员的行为与练习者的死亡之间具有因果关系。(4)被害人虽然介入了不适当的行为,造成了结果,但如果该行为是依照处于优势地位的被告人的指示而实施的,应当将结果归属于被告人的行为。例如,非法行医的被告人让身患肺炎的被害人到药店购买感冒药治疗疾病,导致被害人没有得到正常治疗而死亡的,应当认定非法行医行为与被害人死亡有因果关系。但是,如果被告人并不处于优势地位,被害人自我冒险导致结果发生的,则不能将结果归属于被告人。例如,在寒冷的冬天,甲为了取乐将 100 元扔入湖中,乙为了得到 100 元而跳入湖中因而死亡的,应否认其死亡与甲的扔钱行为之间具有因果关系(当然也能否定实行行为)。(5)被告人实施行为后,被害人介入的行为对造成结果仅起轻微作用的,应当肯定被告人的行为与结果之间具有因果关系。例如,甲伤害乙后,乙在医院治疗期间,没有卧床休息,因伤情恶化而死亡的,不能否认伤害行为与死亡之间的因果关系。再如,被害人在旅途中被行为人打伤,为了尽快回原居住地,导致治疗不及时而死亡的,应当认定伤害行为与死亡结果之间的因果关系。(6)如果被害人介入了对结果起决定性作用的异常行为,则不能将结果归属于被告人的行为。例如,甲杀乙,乙仅受轻伤,但乙因迷信鬼神,而以香灰涂抹伤口,致毒菌侵入体内死亡。再如,一般来说,加害行为引起被害人自杀身亡的,不能将死亡结果归属于加害行为(但是,自杀是加害行为的当然结果时,或许可以将死亡结果归属于加害行为,但这种情形极为罕见)。甲毁坏了乙的容貌后,乙自杀身亡,不能将死亡结果归属于甲的行为。再如,生气的妻子在寒冷的晚上不让丈夫进屋,丈夫原本可以找到安全场合,但为了表示悔意一直在门外站着,结果被冻死。冻死的结果显然不是妻子不让丈夫进屋的危险的现实化(此时并无杀人的实行行为)。

第二,介入第三者行为的情形。在结果的发生介入了第三者行为的案件中,也应综合考虑前述四个因素进行合理判断,但最重要的是判断谁的行为对结果发生起到了决定性作用,同时也要考虑第三者介入的可能性与盖然性。(1)与前行为无关的介入行为导致结果发生的,应当否认前行为与结果之间的因果关系。在前述因果关系的断绝的场合,虽然甲的投放毒药的行为具有导致死亡结果的高度危险,但事实上是乙的开枪行为导致了丙的死亡,故只能认定乙的行为与丙的死亡之间具有因果关系。(2)当被告人的伤害行为具有导致被害人死亡的高度危险,介入医生或者他人的过失行为而未能挽救伤者生命的,依然应当肯定伤害行为与死亡结果之间的因果关系。但是,如果被告人的伤害行为并不具备致人死亡的高度危险,医生或者他人的严重过失导致被害人死亡的,则应否定伤害行为与被害人死亡之间的因果关系。(3)被告人实施危险行为后,通常乃至必然会介入第三者的行为,导致结果发生的,应当肯定被告人的行为与结果之间具有因果关系。例如,行为人突然将被害人推倒在高速公路上,或者在道路上将被害人推下车,导致被害人被其他车辆轧死的,应当肯定前行为与被害人死亡结果之间的因果关系。再如,甲将一枚即将爆炸的物品扔到乙的身边,乙立即将物品踢开,由于踢到了丙的身边,将丙炸死。应当肯定甲的行为与丙的死亡之间具有因果关系。(4)被告人实施危险行为后,介入了有义务防止危险现实化的第三者的行为时,如果第三者能够防止但没有防止危险,就只能认定第三者的行为(包括不作为)与结果之间具有因果关系。例如,甲伤害乙后,警察赶到了现场。警察在将乙送往医院的途中车辆出故障,导致乙失血过多死亡的,应否定甲的行为与乙的死亡结果之间具有因果关系。再如,甲刺杀了儿童丙后逃离,丙的母亲乙发现后能够救助而不救助,导致丙因失血过多而死亡。应当认为,甲的作为与乙的不作为都是丙死亡的原因。(5)被告人的前行为与第三者的介入均对结果的发生起决定性作用的,应当肯定二者的行为都是结果的原因。例如,甲与乙分别向丙开枪,都没有击中要害部位,但由于两个伤口同时出血,导致丙失血过多死亡。对此,应当肯定甲与乙的行为都是死亡结果的原因。

第三,介入行为人行为的情形。在介入行为人行为的案件中,需要判断的是前行为导致了结果的发生,还是后行为导致的结果的发生。这在前行为与后行为的主观心理状态不同的场合,具有重要意义。(1)在故意的前行为具有导致结果发生的高度危险,后来介入了行为人的过失行为造成结果时,应当肯定前行为与结果之间的因果关系。例如,甲以杀人故意对乙实施暴力,导致乙休克,为了毁灭罪证,将乙扔入水库溺死。对此,应认定故意的前行为与死亡结果之间具有因果关系。(2)在过失的前行为具有导致结果发生的高度危险,后介入的故意或者过失行为直接造成结果时,应当肯定后行为与结果之间的因果关系。例如,甲过失导致乙重伤,为了逃避刑事责任,故意开枪杀死乙。对此,应认定为过失致人重伤罪与故意杀人罪,实行并罚。(3)故意或者过失的前行为具有导致结果发生的高度危险,后介入的故意或者过失行为并不对结果起决定性作用的,应当将结果归属于前行为。(4)在后行为对结果的发生具有决定性作用,而前行为通常不会引起后行为时,应当肯定后行为是结果发生的原因。(5)在前后均为过失行为,两个过失行为的结合导致结果发生时,应当将两个过失行为视为构成要件的行为(过失并存说)。

第四,两种以上介入并存的情形。在实践中,还会发生介入两种以上行为的情形。例如,甲将丁推入高速公路,乙开车撞倒丁,乙将丁送往医院后,医生丙的治疗行为存在过失,丁最终死亡。对此,也应综合考虑前述四个因素,得出合理结论。需要说明的是,肯定一个行为是结果发生的原因,并不必然否定另一个行为也是结果发生的原因。换言之,一个结果完全可能由数个行为造成,因此,在认定某种行为是结果的原因时,不能轻易否认其他行为同时也是该结果发生的原因。反之,一个行为可能造成数个结果,所以,在认定某种行为造成了某一结果时,也不要轻易否认该行为同时造成了其他结果。

由此可见,承认**原因的原因是结果的原因**,并不意味着刑法上的因果关系无边无际。

注 释

[1] 参见《马克思恩格斯选集》第3卷,人民出版社1995年版,第62页。

[2] 参见《马克思恩格斯全集》第20卷,人民出版社1995年版,第575页。

[3] 参见高铭暄、马克昌主编:《刑法学》(下编),中国法制出版社1999年版,第875页、第881页;苏惠渔主编:《刑法学》,中国政法大学出版社1997年版,第625页、第631页;何秉松主编:《刑法教科书》,中国法制出版社1997年版,第813页、第818页;赵秉志主编:《新刑法教程》,中国人民大学出版社1997年版,第619页;等等。

[4] 我国《刑法》第406条规定的国家机关工作人员签订、履行合同失职被骗罪,与本罪的结构完全相同。

[5] 应否以及如何区分这两种情形(什么情形属于职务过失,成立玩忽职守等罪;什么情形属于监督过失,成立与被监督者相同的过失犯罪),还值得进一步研究。

[6] 这是根据1979年《刑法》作出的判决,根据现行刑法,这种行为也成立犯罪,只是罪名不同而已。类似的判例并不少见。

[7] 参见张明楷:《外国刑法纲要》,清华大学出版社2007年版,第116页以下。

[8] 日本《大审院刑事判例集》第2卷,第485页。

[9] 日本最高裁判所1960年4月15日判决,《最高裁判所刑事判例集》第14卷第5号,第591页;日本最高裁判所1974年7月5日判决,《最高裁判所刑事判例集》第28卷第5号,第194页。

[10] 参见日本《刑事裁判月报》第9卷第11、12合并号,第806页。

[11] 后来的相当因果关系说,是在异常行为原因说的基础上产生的。

[12] 由于原因说的含义与认定方法是特定的,故不能认为我国刑法理论采取的是原因说。

[13] 参见〔日〕町野朔:《犯罪论的展开Ⅰ》,有斐阁1989年版,第164页。

〔14〕参见〔日〕前田雅英:《刑法总论讲义》,东京大学出版会2011年版,第185页以下。

〔15〕详细内容参见〔德〕克劳斯·罗克辛:《德国刑法学总论》(第1卷),王世洲译,法律出版社2005年版,第245页以下。

〔16〕但是,某些情形下因果关系的判断,实际上包含了对实行行为的判断。

〔17〕当然,此罪的预备行为可能是彼罪的实行行为。

〔18〕从我国《刑法》第16条关于不可抗力的规定也可以看出,结果回避可能性是成立犯罪的前提。

〔19〕参见〔日〕平野龙一:《刑法总论I》,有斐阁1972年版,第135页。

〔20〕参见〔日〕町野朔:《刑法总论讲义案I》,信山社1995年版,第156页。

〔21〕参见〔日〕町野朔:《犯罪论的展开I》,有斐阁1989年版,第127页以下。

〔22〕Welzel,Das Deutsche Strafrecht,11. Aufl. ,Walter de Gruyter & Co.1969,S.41.

〔23〕附带说明的是,在判断行为人对死亡具有故意、过失时,不以行为人认识或者可能认识到被害人的具体疾病为前提,而应综合各种情况进行综合判断。例如,对老年人实施伤害行为时,当然应当预见到被害人可能因为某种疾病的诱发而死亡,可以肯定故意伤害(致死)罪的成立。又如,行为人与被害人发生争吵时,或者对被害人实施暴力时,发现被害人生理反应异常。此时,行为人至少应当预见甚至已经预见实施或者继续实施暴力会造成被害人死亡。如果行为人实施或者继续实施暴力导致有特殊体质的被害人死亡的,应视具体情形认定为故意伤害(致死)罪或者故意杀人罪。

〔24〕参见〔日〕前田雅英:《刑法总论讲义》,东京大学出版会2011年版,第196页以下。

〔25〕参见〔日〕西田典之:《刑法总论》,弘文堂2010年版,第109页以下;〔日〕前田雅英:《刑法总论讲义》,东京大学出版会2011年版,第189页以下;〔日〕山口厚:《刑法总论》,有斐阁2007年版,第61页以下;〔美〕约书亚·德雷斯勒:《美国刑法精解》,王秀梅等译,北京大学出版社2009年版,第173页以下。

刑法格言的展开
Necessitas non habet legem
紧急时无法律

紧急时无法律（Necessitas non habet legem；Necessitas caret lege）的格言（也可译为"**必要时无法律**"），产生于中世纪的教会法，其基本含义是，在紧急状态下，可以实施法律在通常情况下所禁止的某种行为，以避免紧急状态所带来的危险。换言之，**情况的紧急是最佳的法律**（Honesta lex est temporis necessitas）。显然，这一法律格言的适用条件与范围是有限的，正当防卫、紧急避险、自救行为、义务冲突都是在紧急状态下实施的权利行为，而这些权利行为的共同点是，将法律在通常情况下所禁止的行为作为手段来保护法益。在紧急状态下所产生的这种权利，被称为紧急权。[1]正当防卫、紧急避险与义务冲突是证实**紧急时无法律**格言的适例。

　　根据我国《刑法》第20条的规定，正当防卫，是指为了保护国家、公共利益、本人或者他人的人身、财产和其他权利免受正在进行的不法侵害，采取对不法侵害人造成或者可能造成损害的方法[2]，制止不法侵害的行为。正当防卫无历史，**应给每人防御的机会**（Cuique defensio tribuenda），**以暴制暴，理所当然**（Vim vi repellere fas est），或者说，**自然理性允许人们在危险之中防卫自己**（Adversus periculum naturalis ratio permittit se defendere）。正当防卫分为两种：一般正当防卫（《刑法》第20条第1款）与特殊正当防卫（《刑法》第20条第3款）。后者是针对正在进行的严重危及人身安全的暴力犯罪所进行的防卫，不存在防卫过当的问题；前者是针对正在进行的其他不法侵害所进行的防卫，具有防卫限度因而存在防卫过当的问题。杀人、伤人原则上是违法的，但是，在法益受到不法侵害者的紧迫威胁时，就存在例外，允许防卫人对不法侵害者实施杀人、伤人行为。由此可见，**损害并不一概导致违法**（Non omne damnum inducit injuriam）。应当承认，正当防卫是**紧急时无**

法律格言的适例。不过,紧急避险更能印证**紧急时无法律**。所以,下面主要讨论紧急避险。

根据我国刑法的规定,紧急避险是指为了使国家、公共利益、本人或者他人的人身、财产和其他权利免受正在发生的危险,不得已给另一较小或同等法益造成损害的行为。紧急避险的观念晚于正当防卫的观念。罗马法与日耳曼法,只是允许单个的紧急避险行为,而没有紧急避险的一般概念。中世纪的教会法中虽有**紧急时无法律**的格言,但并不存在关于紧急避险的特别规定。《加罗林纳刑事法典》也只是规定,濒临饥饿时,为了自己或妻子的生命而盗窃的,由法律家决定。此后,1810年的《法国刑法典》、1851年的《普鲁士刑法典》都只是规定心理受强制时的行为不构成犯罪。1871年的《德国刑法典》也没有规定紧急避险的合法性,但在紧急状态下采取非常措施避免危险又可谓人性的要求,应当允许,于是,德国刑法理论认为紧急避险是超法规的排除犯罪的事由(违法阻却事由与责任阻却事由)。

紧急避险与正当防卫一样,都是一种紧急行为,都是排除犯罪成立的事由。最大的差别在于:正当防卫是对不法侵害的防卫,即所谓"正对不正",而紧急避险是两个合法利益之间的冲突,即所谓"正对正"。因此,需要研究的是,为什么紧急避险是合法的?换言之,为什么在紧急状态下可以采取法律在通常情况下所禁止的行为?也即为什么**紧急时无法律**?这便是紧急避险的性质问题。

关于紧急避险的性质,在刑法理论上存在争议。(1)处罚阻却事由说认为,紧急避险行为完全具备犯罪成立条件(构成要件符合性、违法性与有责性),因而成立犯罪,但刑法考虑到人情的弱点,不处罚这种行为,因此,紧急避险只是一种处罚阻却事由。这一学说现在很少有人赞成。(2)责任阻却事由说认为,紧急避险行为侵害了法益,因而是违法行为,但由于没有其他方法可以避免危险,不能期待行为人采取其他方法避免危险(不具有期待可能性),因而排除了行为人的责任。但这种观点存在疑问。诚然,**任何人都不能在紧急时从容行事**(Nemo in necessitatibus liberalis exsistit),但是,首先,当行为人为了他人的利益而进行紧急避险时,不能用缺乏期待可能性来说明。其次,当行为人为了保护较小利益而损害较大利益时,也可能没有适法行为的期待可能性,如果采取责任阻却事由说,就应承认该行为阻却责任,但这与紧急避险要求严格的法益均衡并不一致。最后,如果认为紧急避险行为具有违法性,便对此行为可以进行正当防卫,这也不妥当。(3)违法阻却事由说认为,在两种法益产生冲突、没有其他方法可以避免的情况下,通过权衡法益而损害较小法益,就阻却了实质的违法性。(4)二分说分为原则上阻却违法的二分说与原则上阻却责任的二分说。原则上阻却违法的二分说(德国的通说)又有不同观点。一种观点认为,在避险行为保护较大法益损害较小法益时,是违法阻却事由;在避险行为所保护的法益与损害的法益价值相同时,是责任阻却事由。另一种观点认为,紧急避险原则上是违法阻却事由,但不得已以牺牲生命保护生命、以伤害身体保护身体时,则是责任阻却事由。原则上阻却责任的二分说认为,紧急避险原则上阻却责任,但在冲突的利益之间存在显著差异(所保护的法益明显优于损害的利益)时,属于违法阻却事由。[3]

我国有学者认为,紧急避险不一定都对社会有益。"特别是那种为保护自己的利益而给他人造成严重损害的紧急避险,就很难说是对社会有益的。例如,为保全自己的生命而致他人重残,或者为保全自己 100 万元的财产而毁掉了他人价值 99 万元的财物。这种转嫁危险于他人的行为并不符合我国的传统道德观念。即使是从社会整体利益而言,把造成这种灾害的紧急避险说成是对社会有益的行为,自然是不合情理的。"[4]在本书看来,这种说明存在疑问。如果从个人主义的观点出发,就不应当将自己面临的危难转嫁给他人,或者说,站在个人主义立场上考虑,紧急避险是有害的,因此,紧急避险行为在民法上应承担损害赔偿的责任;但从社会整体的立场出发,在不得不丧失两个合法利益中的某一利益时,不管是谁的利益,保存价值更高的利益才是理想的,正是基于对整个社会利益的考虑,紧急避险在刑法上才是允许的。[5]因此,说保护了较大法益的紧急避险对社会有益是完全成立的。换言之,保护了较大法益的紧急避险被刑法允许,正是出于社会整体考虑,而不是出于个人利益考虑,这也正是紧急避险观念晚于正当防卫观念的重要原因。

本书原则上将紧急避险作为违法阻却事由处理。首先,紧急避险通常以损害较小的法益保护更大的法益,故从法益衡量角度来看,阻却了违法性。其次,在不得已的情况下,即使避险行为所损害的法益与保护的法益价值相等,也表明其没有造成法益侵害,因而阻却违法。最后,不得已通过侵害生命保护其他生命的避险行为(应设置更为严格的条件),虽然不排除成立违法阻却事由的可能性,但通常应作为责任阻却事由。虽然有法律格言说,**目的合法手段就合法**(Cui licitus est finis, etiam licent media),但人的生命不能作为他人的手段,所以,通过侵害生命保护其他生命的避险行为,通常具有违法性。不过,可以考虑这种情形属于超法规的责任阻却事由。[6]

紧急时无法律格言虽然是有根据的,但其适用范围与程度是有限制的。

限制之一:该格言原则上只适用于刑法领域。紧急避险行为虽然不违反刑法,但违法性是相对的,即不违反刑法的行为不一定符合其他法律的规定。行为人为了保全一种利益,而不得已损害另一较小或同等利益时,虽然在刑法上被允许,但在民法上可能承担民事责任(当然,在民法上也有对紧急避险行为不承担民事责任的情况)。因此,**紧急时在刑事案件中免除、减轻罪责,但在民事案件中却不免除、减轻责任**(Necessitas excusat aut extenuat delictum in capitalibus, quod non operatur idem in civilibus)。换言之,在民法上,以损害赔偿为前提(当然,不一定是紧急避险人赔偿),才允许牺牲一种利益以救济另一种权益。

限制之二:该格言仅适用于紧急时。刑法的禁止性规范是就一般情形下的行为而设,但现象总是有一般与特殊之分,在特殊情形下便难以遵守就一般情形所设立的规范。于是,刑法就紧急状态下的行为作出例外规定,使紧急状态下的特殊行为合法化,亦即,**在其他场合违法的,在紧急场合合法**(Quod alias non fuit licitum, necessitas licitum facit)。从形式上说,是刑法允许人们在紧急时实施一定的禁止行为;从实质上说,是因为事态紧急使得行为人不得不采取禁止行为以保护法益。因此,**紧急时之所以不受法律制约,理由在于紧急使得其他场合的非法行为变为合法行为**(Necessitas sub lege non continetur, quia quod alias non est licitum, necessitas facit licitum)。简言之,**紧急使不合法变为合法**(Propter necessitatem illicitum efficitur licitum)。但是,反过来,在紧急时允许实施的行为,在通常情形下就不一定允许实施了。因此,**基于紧急状态而存在的现象,并不能导入非紧急状态**(Quod est ex necessitate nunquam introducitur, nisi quando necessarium)。换言之,在紧急状态下合法的行为,在一般情形下可能是犯罪行为。因此,紧急是使行为合法化的事实根据。

不难看出,**紧急时无法律**格言中的紧急,首先是指法益面临紧迫的现实危险,包括由于人的行为、自然现象、动物以及社会关系所产生的危险。至于对自己招致的本人危险,能否进行紧急避险,在国外刑法理论上则存在着多种学说。(1)肯定说认为,虽然不允许滥用紧急避险,但只要符合其他条件,对自招的危险也应允许紧急避险。因为法律并没有将危险限定为必须不是自己招致的危险,而且对于避险这种本能的行为应当宽容。此说受到的批判是,当行为人由于重大过失招来的危险侵害轻微的法益时,招致危险的人在一定范围内有忍受的义务,否则就是不公平的。(2)否定说认为,对危险的概念应理解为偶然的事实,不能包括由自己的故意、过失导致的危险。但不少人批判指出,如果行为人由于轻微的过失招来了对自己生命的危险,并且损害他人的轻微利益避免了危险时,应当认为是紧急避险。而且,自己招来的危险的事态、受侵害的种类、性质各不相同,不能一概否认对自己招致的危险进行紧急避险。(3)以原因中的违法行为的法理处理的学说认为,行为人招致危险进而实行避险行为时,其避险行为符合紧急避险条件的,虽然成立紧急避险,因而阻却违法,但是,如果招致危险的行为是违法的,与避险行为造成的结果之间具有因果关系时,应当根据招致危险时的责任内容定罪量刑。(4)形式的二分说认为,故意招致危险时,应否定紧急避险;过失招致危险时,应肯定紧急避险。但上述对肯定说与否定说的批判,也适用于形式的二分说。(5) 实质的二分说分为两种观点。其中一种观点指出,招致危险的行为与避险行为不具有紧密的因果关联时,成立紧急避险。例如,当甲向狗投掷石块,招致狗的袭击时,甲为了避免紧迫的危险而逃入乙的住宅,符合紧急避险的要件,原则上成立紧急避险。但是,在招致危险的行为与避险行为的因果关联很强,可以视为整体上的一连串行为时,应例外地否认紧急避险的成立,因为在这种场合,在行为人实施招致危险的行为时刻,就可以评价为避险行为的开始,故可以认为,反击行为并不是"为了避免危险"的行为。另一种相当说认为,应根据具体情况判断是否允许紧急避险。意图利用紧急状态而招来危险时,理当不允许实行紧急避险。但是,对因偶然的事情而招来的危险(既包括过失自招的危险,也包括故意自招的危险),应当允许实行紧急避险。[7]本书基本上赞成实质的二分说中的相当说。对于行为人有意识地制造自己与他人的法益之间的冲突,引起紧急避险状态的,可以认为制造者放弃了自己的法益,既然如此,就不存在对自己"法益"的紧迫危险,因而不能允许制造者实施紧急避险。但是,当行为人虽然故意、过失或者意外实施了某种违法犯罪行为,但不是故意制造法益之间的冲突,却发生了没有预想到的重大危险时,存在紧急避险的余地。在这种情况下,对自己招致的危险能否进行紧急避险,要通过权衡法益、考察自己招致危险的情节以及危险的程度等进行综合评价。

其次,该格言中的紧急必须是没有其他合理办法可以排除的。换言之,损害另一法益出于不得已。不得已意味着采取紧急避险是唯一的方法、最后的手段、有效的途径,再没有其他避免危险的措施。必要性使紧急避险正当化,诚所谓**没有什么比必要更正当**

(Nihil magis justum est quam quod necessarium est)。对此,各国刑法都有明文规定,如德国刑法要求"无他法可以避免",意大利刑法要求"无其他可避免方式",奥地利刑法要求"难期待其(指避险人——笔者注)有其他之举动",日本刑法要求"出于不得已"。所谓不得已,从表面说是没有其他方法,从实质上说,是两种利益之间存在冲突,也可以说,所损害的利益与所保护的利益具有客观的关联:在当时的紧急状态下,被牺牲的利益处于作为保护另一利益的手段的地位。因此,如果即使牺牲某种利益也不能保护其他利益时,就不应当实施紧急避险。要求紧急避险出于不得已,在刑法理论上称为补充原则或补充性。这是紧急避险与正当防卫的重要区别。在可以或者具有其他合理方法避免危险的情况下,行为人采取避险行为的,应视行为的具体性质、情节以及行为人的责任形式分别认定为故意犯罪、过失犯罪或者意外事件。

限制之三:该格言只适用于避险所造成的损害不超过所避免的损害的场合。这就是所谓的法益权衡的原则,也是紧急避险的必要限度问题。可以肯定的是,允许为了避免更大的损害而造成较小的损害(Minus malum permittitur, ut evitetur majus),不允许损害另一较大利益来保护较小利益。此外,有四个问题值得研究。

第一,在所损害的利益小于所保护的利益时,是否一定合法?我国刑法理论的通说认为,紧急避险的必要限度,是指紧急避险所引起的损害小于所避免的损害,据此,凡是避险行为所引起的损害小于所避免的损害时,就是没有超过必要限度。[8]但本书认为,这一观点不完全正确。紧急避险的必要限度,是指在所引起的损害不超过所避免的损害的前提下,足以排除危险所必需的限度。因为紧急避险是两种法益之间的冲突,故应以尽可能小的损害去保护另一利益,即必须从客观实际出发,既保护一种法益,又将对另一较小法益的损害控制在最小限度内。避险行为所引起的损害大于所避免的损害的,一定超过了必要限度,但避险行为所引起的损害小于所避免的损害时,也不一定都属于必要限度之内的紧急避险行为。例如,为了使 50 户人家避免火灾,只需拆除 3 户人家的房屋,如果超过这种需要,拆除更多的房屋就属于超过了必要限度。但根据上述通说,可以拆除 49 户人家的房屋,这显然不利于保护法益。因此,即使避险所引起的损害小于所避免的损害,但如果所引起的损害中有一部分不是排除危险所必需的,仍然属于超过了必要限度造成不应有的损害。当然,由于**最小接近于无**(Minimum est nihilo proximum),所以,如果在保护更大法益的同时,所造成的不应有的损害并不大,则不必作为犯罪处罚。

第二,在不得已的情况下损害同等利益的,是否当然属于超过了必要限度? 我国刑法理论的通说认为,损害了同等利益时,属于避险过当。可是,法谚云:**价值等同时如何取舍并不重要**(Non refert quid ex aequipollentibus fit)。本书的看法是,在甲法益与乙法益等值的情况下,如果保护甲法益的唯一方法是损害乙法益,那么,充其量只能认为,这种避险行为没有意义,因为从社会整体上说,法益并没有受到任何损害。既然如此,就不应将这种行为认定为犯罪。否则,就是以伦理为根据处罚行为人,不符合实质的违法性观念。例如,价值 10 万元的甲利益与价值 10 万元的乙利益发生冲突,保护甲利益的唯一有效方法是损害乙利益。在这种情况下甲利益的主体损害乙利益的行为,即损害 10 万元利益以保护价值 10 万元利益的行为,从当时的紧急状态必然损失 10 万元利益的情况来分析,从社会整体利益来考虑,应当说对社会无害。即使甲是为了自己的利益而牺牲了他人的利益,但这只是伦理上的责任与民法上的责任,不能因此而追究其刑事责任。在我国,行为具有严重的法益侵害性才被规定为犯罪,而在紧急状态下,牺牲同等利益的,不应认为具有严重的法益侵害性,故不能认定为犯罪。[9]

第三,如何比较利益价值的大小?这确实存在种种困难。一般是根据不同的法益在刑法上的地位来确定,即根据将不同法益作为保护对象的各种犯罪的法定刑的轻重进行判断。大体而言,生命利益高于身体利益,自由不能以金钱评价,身体利益重于财产利益,公益应优于私益(Jura publica anteferenda privatis)。但是,还是应根据具体事态进行判断。例如,为了轻微的国家法益而牺牲他人的生命、为了避免轻微的身体伤害而毁损他人的特别高额财产,就不符合法益权衡的原则。所以,不可能有一个抽象的、一般的标准,而应当根据具体事态,按照法秩序整体的精神,作出合理的判断。利益价值的衡量,应当根据社会的一般价值观念,进行客观的、合理的判断。此外,进行利益衡量时,还要考虑危险的紧急性与重大性、损害行为的程度与副作用、当事人的忍受义务、危险源的具体状况,等等。

第四,能否牺牲一个人的生命来保护其他人的生命?这与第二点既有联系又有区别。密里欧莱特号案件是英国有名的案件,密里欧莱特号失事,三人在一小船上漂泊,其中二人为延长生命而杀死另外一人,将其肉用作充饥。哈佛大学的法哲学教授弗拉对此案作了一些修改,编成了洞穴探险家案件:A、B、C 三人在洞穴探险中,地基崩溃,洞口堵塞,但能与外界进行通讯联系。联系结果表明,挖开洞穴需要 20 天,但三人所带粮食只够生活 10 天。于是 A 提出,三人进行抽签决定输赢,二位赢者杀死输者以其肉维持生命。对应否付诸实行，他们征求了救助人员的意见，但没有得到答复。其后通讯中断，待第 20 天挖掘成功时，A 由于抽签失败而被杀，B、C 以其肉维持了生命。有部分学者认为，这种情况应当允许，因为生命是等价的，用牺牲等价的生命的方法保护等价的生命，应当没有违法性。[10]换言之，**用任何方法挽救自己的生命都应当允许**（Ignoscitur ei qui sanguinem suum qualiter redemptum voluit）。特别是在牺牲一人的生命以挽救更多人的生命的情况下，应当允许。但反对者指出："生命、身体是人格的基本要素，其本质是不可能用任何尺度进行相互比较的，与此同时，社会生活是基于这样的人格者的结合而成立的，尊重、保护人格是法秩序的基本要求，而且，在任何意义上都不允许将人格作为实现自己目的的手段，这是法的本质立场。"[11]"因此，从法的见地来看，即使是在紧急状态下，也不能允许侵害作为人格的基本要素的生命。"[12]显然这使问题处于二难境地：既然生命是等价的，那么，在不得已的情况下应允许牺牲一个人的生命以保护其他人的生命，否则，会导致更多的人丧失生命，不符合刑法保护法益的目的；但是，人的生命不应作为任何目的的手段，因此也不能作为维护其他人的生命的手段。得出肯定结论的人重视的是前者，即具体的妥当性；得出否定结论的人重视的是后者，即理论的完整性。

本书的初步看法如下：生命是人格的基本要素，其本质是不可能用任何尺度进行比较的，法秩序不允许将人的生命作为实现任何目的的手段。例如，在一个人的肝脏可以供五个肝病患者进行肝脏移植进而挽救五个人的生命时，也不能任意取出一个人的肝脏进行移植。[13]在此意义上说，将生命作为手段的行为都是违法的。然而，如果不允许以牺牲一个人的生命保护更多人的生命，则意味着宁愿导致更多人死亡,也不能牺牲一个人的生命,这难以为社会一般观念所接受,也不一定符合紧急避险的社会功利性质。由此看来,至少对保护多数人生命而不得已牺牲一人生命的行为,应排除犯罪的成立。[14]但是,由于法秩序不允许将人的生命作为手段,故上述行为通常仍然是违法的,无辜的第三者仍然可以实行防卫。因此,只能认为,避险者不具备有责性,即作为超法规的紧急避险(阻却责任的紧急避险)处理。在密里欧莱特号失事案与洞穴探险家案件中,我们没有理由让生存者承担刑事责任,否则对他们太不公平:他们要么死亡、要么受刑。所以,应当作为阻却责任的紧急避险处理。基于同样的理由,对于为了保护自己或者亲友的生命,在不得已的情况下牺牲特定他人生命的行为,也可以认定为超法规的紧急避险。显然,即使认为上述情形属于超法规的紧急避险,也仅限于被牺牲者特定化的场合。亦即,只有当某人承诺牺牲自己,或者唯有某人处于被牺牲者的地位等时,才能将牺牲其生命保护其他人的生命的行为认定为紧急避险,而且对于"不得已"的判断应当更为严格。故在上述肝脏移植的设例中,不可以任意挑选一个健康的人进行肝脏移植。[15]

  需要讨论的是,在何种情况下,以牺牲他人生命的方法保护更多生命的行为,也可能阻却违法?本书的初步看法是,在被牺牲者已经特定化,而且必然牺牲,客观上也不可能行使防卫权时,略微提前牺牲该特定人以保护多人生命的,可以认定为违法阻却事由。以著名的电车难题为例。"有轨电车失控了,一名疯狂的哲学家将五个人捆绑在前方的轨道上。万幸的是,你可以拉动一个机关,这个机关可以让电车并到另外一条轨道上。但是那个轨道上也绑着一个人。那么,你应当开启闸门,用一条性命换取五条性命吗?大多数的哲学家都认为这么做在道德上是允许的。哲学家兼法律理论家 John Mikhail 做了一系列试验,认定大多数一般人都会认同这种做法。"[16]再如,美国"9.11 事件"后,德国立法机关于 2005 年颁布了《航空安全法》,该法案规定,当国防部长发布命令后,可以击落恐怖主义飞机。这样规定是为了避免被劫持飞机撞到高层建筑,造成更多的人员伤亡,飞机上的乘客就只能作为国家的牺牲品了。2006 年 2 月,德国宪法法院宣布该法案无效。理由是,杀害乘客有悖于人类尊严。罗克辛教授对此表示赞同,因为国家无权杀害任何完全合法地活动的人,或者说,国家不得为了任何目的杀害无辜的人。但是,罗克辛教授又指出:

> 如果真的发生了这种飞机被劫持的情况,空军飞行员不得已将之击落,这里,飞机乘客按照人们的估计反正不管怎样都已经是没有希望了,不过,却挽救了大量的其他人,那么,人们还是否要真的对飞行员实施惩罚呢?毫无疑问,飞行员杀害了乘客,他对此是有罪责的,因为他本来可以不这样做的;但是,如果他没有去挽救那些通过击落飞机本来可以得到挽救的人,那么他也是同样肯定地负有罪责的。当人们在这些游离于法定规则之外的两难的边缘性问题中进行良心衡量时,至少也应该仍然可以适用超法规的答责阻却事由,因为为了进行预防,在这种情况中可能并没有处罚必要性。[17]

罗克辛教授肯定了空军飞行员行为的违法性与责任,同时认为其缺乏处罚的正当性(具体表现为缺乏以预防为目的的处罚必要性)。但是,一方面,既然肯定空军飞行员存在义务冲突(击落飞机是作为的杀人,但只杀了少数人,而不击落飞机是不作为的杀人,但杀的是多数人),就不能说他击落飞机的行为具有违法性。另一方面,如果宁愿让飞机中的无辜者和高层建筑中的很多人都死亡,也要遵守"不得为了任何目的杀害无辜的人"的规则,那么,规则功利主义就陷入了义务论。此外,如果说空军飞行员击落飞机的行为是违法且有责的,只是没有处罚的必要性,则第三者可以杀死空军飞行员。其后果是,不仅导致高层建筑的多数人死亡、飞机上乘客死亡,还会导致空军飞行员死亡。这样的结局是人们不愿意看到的。

这里涉及不能将人当做手段的问题。人是目的不是手段。可是,"把人当作手段利用与把人看做自己的目的,这两者之间的区别始终不是清楚的。康德说,我们不能'仅仅'把人'看做是一种手段'。那么,如果我们'通常'把人'看做是一种手段'会怎么样呢?……现实生活中的情况常常会使我们陷入两难境地,无论做什么,我们的行为总是可以被理解为利用他人"。[18]例如,我当老师教刑法学的一个重要动机是维持生计,这是否就证明我正在利用我的学生,把他们当作实现我的目的的手段呢?在前述电车难题案中,拉动机关(闸门)被认为将一个人当作工具了;可是,如果不拉动机关,则是容忍、放任疯狂的哲学家将五个人当作工具。在前述空军飞行员击落撞向高层建筑的恐怖主义飞机案中,击落飞机被认为将飞机上的乘客作为工具了;可是,如果不击落飞机,则是容忍、放任恐怖主义将乘客当作工具,而且,不击落飞机就没有将高层建筑中的多数人当作人来保护,甚至也可以认为,是将飞机中的乘客当作目的而将高层建筑中的人当作工具了。所以,不宜动辄以将生命作为手段为由批判行为功利主义的观点。

除了紧急避险以外,义务冲突也是**紧急时无法律**格言的适例。

义务冲突,是指存在两个以上不相容的义务,为了履行其中某种义务,而不得已不履行其他义务的情况。如德国学者所举之例:家庭专职医生确诊丈夫感染艾滋病,但丈夫没有打算将此事坦白地告诉并不知情和毫无防备的妻子。一方面,医生基于与妻子的治疗关系,有义务保护妻子的生命与健康,因而有义务告诉妻子,否则成立杀人罪或伤害罪;另一方面,从职业上的信赖保护来看,医生有义务保守丈夫的私生活秘密,否则成立侵害他人秘密罪。[19]这两种义务相互冲突,但医生必须也只能选择履行其中一项义务。义务冲突与紧急避险有相似之处,但一般认为,紧急避险是一种作为的形式,义务冲突通常是一种不作为的形式(作为形式的情况比较少见);就紧急避险而言,由于没有两个义务的冲突,本人权益面临危险时,如果愿意忍受危险,可以不实行紧急避险,就义务冲突而言,负有义务的人必须履行其中的某项义务。

义务冲突虽与紧急避险有区别,但二者都处在紧急状态下,因此,都允许以通常情形下所禁止的行为来消除紧急状态。义务冲突既可能表现为两个作为义务的冲突,如两个幼儿掉进急流中,父亲只能救起其中一个幼儿;也可能表现为作为义务与不作为义务的冲突,如前例,但在这种情况下,原则上只能是不同法益之间的冲突。[20]一般来说,两个义务都必须是法律上的义务,而且应当履行其中的重要义务,放弃非重要的义务。因此,两个义务中,一个是法律义务,另一个是道德义务时,一般应履行法律义务,而不能放弃法律义务。

阻却违法的义务冲突必须具备两个基本条件:首先,存在两个以上的义务。其次,必须权衡义务的轻重(义务的轻重只能根据履行义务所保护的法益的轻重进行判断),即必须是为了履行重要义务,放弃非重要的义务;否则可能成立犯罪(也可能阻却责任);但是,如果两种义务具有等价性,即履行两种义务所保护的法益具有等价性,则履行其中任何一种义务都阻却违法。在权衡法益时,不必考虑伦理的因素。例如,一名医生面临两个受伤者,甲是事故的被害人,乙是事故的制造者,在两个受伤者的受伤程度相同而医生只能抢救其中一人的情况下,医生没有义务考虑谁对紧急状态有过错,换言之,即使医生抢救事故的制造者,也阻却违法。

问题是,义务冲突中的义务可否是法律义务与道德义务的冲突?如果可以的话,能否放弃法律义务来履行道德义务?我们先来看看日本的一个案例:1964年的一天,某人在自杀前发电报,电报内容是自杀。邮局职员知情后,立即与上司商谈,询问是否需要通知警察。但上司认为,根据日本《宪法》第21条、《公众电气通信法》第5条以及《邮政法》第9条,应当保守通信秘密,于是没有采取任何措施。约两个小时后,发电报的人跳入电车下自杀身亡。真相大白后,引起社会舆论的极大反响。通知警察是道德义务,保守秘密是法律义务,二者发生了冲突。但我们不能认为这种法律义务重于道德义务。虽然邮局职员与其上司的行为并不违法,却受到了人们的谴责;虽然不能认为邮局职员与其上司的行为构成犯罪,但反过来,如果他们将电报内容告知了警察,不管警察实际上是否挽救了自杀者的生命,也不应当承担任何法律责任,而且会受到赞扬。看来,法律义务与道德义务可能发生冲突,而且在发生冲突的时候,可能以履行道德义务优先。尽管这种情况极为罕见,却是不能完全排除的。之所以造成这种现象,是因为成文法的局限性。这也不能责怪立法者,因为社会生活确实过于复杂,仅凭法律条文不能解决社会生活的一切问题。这便是刑法理论上承认超法规的违法阻却事由和责任阻却事由的重要原因。承认义务冲突包括道德义务与法律义务的冲突,并承认道德义务可能优先,不正是解决了法律条文难以解决的问题吗?

由上可见,在依法治国的时代,一方面,**紧急时无法律**的适用受到严格限制,另一方面,**紧急时无法律**并不意味着紧急时没有法律或者不存在法律,而是意味着法律认可在不得已的紧急状态下牺牲一种法益保护另一种较大或同等法益。因此,像贝特曼·霍尔韦格(Bethmann Hollweg,曾在施特拉斯堡、莱比锡及柏林攻读法律,第一次世界大战前及大战中为德国首相)那样,在向议会演讲时(1914年8月4日)使用**紧急时无法律**格言作为出兵卢森堡与比利时破坏其中立的辩护词的现象,不应当再次出现。

注释

[1] 参见〔日〕团藤重光:《法学的基础》,有斐阁1996年版,第239—240页。

[2] 不法侵害正在进行时,通过造成不法侵害者的身体伤害而制止不法侵害的,当然是正当防卫;与此同时,防卫人面临重大侵害时,向不法侵害人开枪但没有打中的行为,也是正当防卫。

[3] 参见张明楷:《外国刑法纲要》,清华大学出版社2007年版,第172页以下。

[4] 刘明祥:《论紧急避险的性质》,载《法学研究》1997年第4期,第99页。

[5] 参见〔日〕平野龙一:《刑法总论Ⅱ》,有斐阁1975年版,第229页。

[6] 参见〔日〕山口厚:《刑法总论》,有斐阁2007年版,第139页。

[7] 参见〔日〕东京法律精神(**リ-ガルマインド**):《刑法Ⅱ总论·结果无价值版》,东京法律精神2002年版,第169页以下。

[8] 参见高铭暄主编:《新编中国刑法学》(上册),中国人民大学出版社1998年版,第291页;何秉松主编:《刑法教科书》(上卷),中国法制出版社2000年版,第409页;苏惠渔主编:《刑法学》,中国政法大学出版社1997年修订版,第191页。

[9] 请读者注意,这一观点与上述第一点并不矛盾。

[10] 参见〔日〕平野龙一:《刑法总论Ⅱ》,有斐阁1975年版,第244页。

[11] 〔日〕木村龟二:《刑法总论》,有斐阁1978年增补版,第270页。

[12] 〔日〕阿部纯二:《紧急避难》,载阿部纯二等编:《刑法基本讲座》第3卷,有斐阁1994年版,第97页。

[13] 也有学者认为,如果事实果真如此,医生取出一个人的肝脏进行移植的行为也是紧急避险。只不过在99.9%的情况下,都不存在这种"不得已"的情形(参见〔日〕西田典之:《刑法总论》,弘文堂2010年版,第143—144页)。

[14] 关于其他情形,参见黎宏:《紧急避险法律性质研究》,载《清华法学》

2007年第1期。

［15］否则，成立故意杀人罪或者故意伤害罪。

［16］〔美〕劳伦斯·索伦：《法理词汇》，王凌皞译，中国政法大学出版社2010年版，第126页。

［17］〔德〕克劳斯·罗克辛：《构建刑法体系的思考》，蔡桂生译，载《中外法学》2010年第1期，第15页。

［18］〔美〕唐纳德·帕尔玛：《西方哲学导论》，杨洋、曹洪洋译，上海社会科学院出版社2009年版，第285页。

［19］参见〔德〕Albin Eser：《违法性与正当化》，西原春夫监修，成文堂1993年版，第115页。

［20］理论上一般不存在两个不作为义务之间的冲突，因为在这种情况下完全可以同时履行两种不作为义务。但德国学者近来承认这种情况，即行为人为了摆脱某种状态，不得不违反某种禁止性规定时，可能是不作为义务之间的冲突。例如，行为人因夜间错误地行驶在高速公路的相反车道上而避难于中央隔离带，行为人只有转换方向才能回到原处。但在这种情况下，行为人直行也好、停车也好、后退也好、转换方向也好，都是法律禁止的。行为人要摆脱这种状态，就不得不违反其中的某一项禁止性规定。此即不作为义务之间的冲突。

刑法格言的展开

Scienti et consentienti non fit injuria

得到承诺的行为不违法

得到承诺的行为不违法（Volenti non fit infuria；Scienti et consentienti non fit injuria）的法律格言，直译应为"对意欲者不产生侵害"、"对知情且意欲者不产生侵害"，即行为人实施某种侵害行为时，如果该行为及其产生的结果正是被害人所意欲的行为与结果，那么，对被害人就不产生侵害问题。换言之，如果行为人的行为得到了被害人的承诺（同意），那么，该行为就不违法。不过，适用时不能一概按照该格言的文字去执行，常常要受一定的限制。

自古以来，被害者的承诺对犯罪的成立与否有重大的影响，而且事实上，被害者的承诺历来是作为犯罪阻却事由、特别是违法阻却事由的一种来予以论述的。有的国家的刑法典对此有明确规定，如《意大利刑法典》第 50 条规定："侵害或危害权利之行为，系经依法有处分权人之同意者，不罚。"但多数国家的刑法典对此并无明文规定。例如，日本刑法典没有直接把被害人的承诺规定为违法阻却事由，因此，一部分学者们就认为，日本《刑法》第 35 条后段关于一般的正当化行为的规定[1]，包含了被害人的承诺，为它找到了一定的法规上的依据；有的学者则认为被害人的承诺是超法规的违法阻却事由。实际上，这种争论只是形式上的分类问题。

从刑法整体来看，被害人的承诺在刑法的判断上具有多种含义。承诺与犯罪的关系有以下几种情况：第一，被害人的承诺是构成要件要素的犯罪，即只有得到了被害人的承诺，才构成该罪。如国外刑法所规定的同意杀人罪、同意堕胎罪等，以被害人的承诺为前提。我国《刑法》第 360 条第 2 款规定的嫖宿幼女罪，可谓同一类型：行为人嫖宿幼女的行为显然是以幼女的承诺为前提的（尽管从实质上说，这种承诺是无效的）。如在许多国家，没有得到承诺的杀人，便构成普通杀人罪，其法定刑比同意杀人罪高得多；就我国《刑法》第 360 条第 2 款而言,如果幼女不是主动或自愿卖淫,行为人使用强迫手段与之发生性交的,就成立强奸罪。第二,在犯罪构成要件上不问被害人有无承诺的犯罪,即被害人无判断能力,也不允许反证,即使有承诺也无效的犯罪。典型的是奸淫幼女的犯罪,即使得到了幼女的承诺,也毫不影响强奸罪的成立。再如,拐卖儿童的行为,即使得到儿童的承诺,也不影响拐卖儿童罪的成立。第三,以没有被害人的承诺即以违反被害人的意思为构成要件内容的犯罪,如果得到承诺,则不符合犯罪构成要件、不违法。如强奸罪、非法侵入住宅罪等,如果得到了对方的承诺,则不可能成立犯罪。[2] 显然,**得到承诺的行为不违法**的格言,只适用于上述第三种情况。故下面所讨论的被害人的承诺,仅限于这种情况。

法谚云:**对于知情且同意者不产生违法与罪责**(Scienti et consentienti non fit injuria neque dolus)。但是,当今的刑法理论认为,被害人的同意阻却违法,因而不需要讨论罪责问题。现在要讨论的是,为什么得到被害人承诺的行为就不具有违法性?换言之,被害人的承诺阻却违法性的根据何在?这样的问题与对违法性的本质、刑法的任务、机能的理解有密切联系。国外刑法理论上存在以下不同解释。

法律行为说认为,被害人的承诺实际上是给行为人实施一定侵害行为的权利,在这个意义上,它是一种法律行为。因此,承诺的有效要件也应适用民法关于法律行为的原则,例如不能违反公序良俗。由于此说将承诺的要件完全由民法原理来判断,因而误解了刑法与民法的不同目的的规定,现在一般没有人赞成这种学说。

利益放弃说认为,法秩序把法益的维持委托给法益的保持者,承诺表明他放弃了自己的利益。被害人的承诺,是由"利益阙如的原则"(Prinzip des mangelnden Interesses)来说明的违法阻却事由的古典适例。该原则的基本思想是,刑法的任务是保护法益,而法益是分属于各个主体的,首先由各个主体予以维持,既然法益主体放弃其法益,该法益现实上也就不存在了。但是为什么承诺杀人不被允许?为什么可以免除国家的保护法益的任务?这些都是该说不能回答的问题。

法的保护放弃说认为,承诺是被害人放弃自己的法益因而放弃了法的保护。这一学说是德国的通说,其判例也采取这一立场。日本也有学者肯定这一学说。但是为什么私的放弃可以违反国家的公的保护义务?该说没能说明,而且该说对个人承诺的限度没有解明。

法政策说或利益衡量说从利益衡量的原理寻求承诺的正当化根据,认为被害人放弃自己的法益是其行使人格自由权利的表现,不妨害人格自由的权利行使应视为有社会价值,易言之,利益主体行使放弃自己法益的人格自由权利,这本身也是一种法益。这样,在一定的法秩序的限度内,个人对法益的主观评价具有决定性意义。被害人的承诺,表明法益主体认为,其行使人格自由权利的意义重于所放弃的法益本身,或者说,行使人格自由权利这种法益比所放弃的法益更为优越。既然如此,舍弃较小法益保护较大法益就是正当的。但是,这种观点同样不能说明为什么承诺杀人被禁止等问题。[3]

其实,可以将上述利益放弃说与法的保护放弃说结合起来解决这一问题。**意图推翻法律的人当然丧失法律上的利益**(Merito beneficium legis amittit qui legem ipsam subvertere intendit;Beneficium legis amittit,qui legem subvertere intendit）。刑法的目的是保护法益,而法益通常被定义为法律所保护的利益,可见法益概念有两个侧面:一是"法律的保护",二是"利益"。被害人的承诺表明作为法益主体的被害人一方面放弃了自己的法益,另一方面也放弃了法律的保护;在这种情况下,刑法仍然进行干涉,就违反了刑法的目的。换言之,被害人请求或者许可行为人侵害其法益,表明其放弃了该法益,放弃了对该法益的保护。既然如此,法律就没有必要予以保护;损害被放弃的法益的行为,就没有侵害法益,因而没有违法性。因此,合意创制法律（Consensus facit legem），合意就是法律（Conventio est lex），甚至可以说,合意胜过法律（Conventio vincit legem）。在法益主体基于自己的真实意志放弃法益时,司法人员不必过问法益主体基于什么理由放弃法益,因为意志代替理由（Stat pro ratione voluntas）。而且,放弃权利本身就是行使权利的过程,任何人行使权利都不被禁止（Suo jure uti nemo prohibetur）。

得到承诺的行为不违法格言的适用是有限制的,具体表现为必须符合下列条件:

（1）承诺者只能对自己具有处分权限的法益承诺他人的侵害行为,具有处分权限的法益只限于其个人法益。

从积极的角度而言,各人都可以放弃自己的权利（Quisque potest renuntiare juri suo），或者说,任何人都可以为了自己而放弃已有的权利（Quilibet potest renunciare juri pro se introducto）。这与前面讨论的本格言的根据密切联系:法益主体可以也只能放弃自己的个人法益。国家、社会通常不考虑对侵害国家、社会法益的犯罪给予承诺,而且事实上不可能。换言之,任何人都不可能承诺放弃国家利益与社会利益,因为国家利益与社会利益是公益,是所有人的共同利益,而不是哪一个人的利益。因此,**任何时候都不能妨害国家**(Nullum tempus occurrit rei publicae),**放弃公益就违反自然**(Derelictio communis utilitatis contra naturam est)。即使当国家、社会的利益与个人的利益竞合时,个人利益的主体也没有承诺的权利。在此意义上说,**公法优于私家**(Jura publica favent privatae domui),**公法不因私人合意而变更**(Jus publicum privatorum pactis mutari non potest)。例如,自己的房屋周围有其他住户时,烧毁其房屋的行为就危害公共安全,即使房屋的主人同意他人放火烧毁,放火者的行为也成立放火罪,而不阻却违法。基于同样的理由,对他人法益给予承诺也是无效的。[4]

那么,是否对个人利益都可以承诺放弃呢?答案也是否定的。个人虽然可以放弃自己的财产、自由等利益,换言之,**任何人都是自己事项的指挥者与支配者**(Rerum suarum quilibet moderator et arbiter),或者说,**每个人都是自己事项的支配者与裁定者**(Suae quisque rei moderator et arbiter),但关于对生命、身体的侵害的承诺也有一定的限度。**自杀是比他杀更为严重的犯罪**(Majus est delictum seipsum occidere quam alium)的法律格言,现在不会得到人们的承认,但迄今为止,一般不会承认自杀是一种权利,相反,帮助自杀、得到他人承诺的杀人,都被规定为犯罪行为。[5]美国的一位医生凯沃基姆在退休后一直从事自杀问题的研究,并研制出自杀机器。凯沃基姆便利用自杀机器多次助人自杀,也被起诉到法院。[6]我国刑法没有规定同意杀人罪,但刑法理论与司法实践一致认为得到承诺的杀人以及帮助自杀等,都构成故意杀人罪。这表明,生命不是自己可以随意处分的利益,深层原因是,生命是个人的基础,而个人是社会的一员,故个人生命对社会也是重要的利益。这样来理解,似乎只是考虑了社会利益,而忽视了个人意志,但各国刑法与司法实践上对得承诺的杀人都给予很轻的处罚,这正是考虑了个人意志。

身体伤害在重罪中是最轻的,在轻罪中是最重的(Mahemium est inter crimina majora minimum, et inter minora maximum)。个人能否承诺对自己身体的伤害,就更为棘手。莎士比亚的《威尼斯商人》中最引人注目的可能是鲍西娅使犹太人夏洛克就范于法网的情节。威尼斯仁慈的绅士安东尼,为了使巴萨尼欧与鲍西娅结婚,向犹太商人夏洛克高利贷款 3000 元,双方约定,如果安东尼届时不能偿还贷款,则割肉一磅以示惩罚。但安东尼由于经营的货船未能按时赶到,无法按期偿还贷款,安东尼便向夏洛克表示歉意,并甘愿罚款 3000 元。而夏洛克执意要割下安东尼身上的一磅肉,他认为,在契约绝对自由的时代,如果法官不允许他割下安东尼身上的肉,就会使威尼斯的法律丧失效力。但冒充律师的鲍西娅以契约上只写下了割肉,而没有讲到流血为由,使得安东尼免受了被割掉一磅肉的痛苦与伤害。人们通常称赞鲍西娅的智慧,但德国学者耶林却认为鲍西娅的辩解只是可怜的遁词、无聊的诡辩,鲍西娅如果想使安东尼免除痛苦与伤害,应以该契约违反了善良风俗因而无效为理由。[7]我们现在要讨论的是,如果安东尼同意夏洛克割去身上的一磅肉,夏洛克也这样做了的话,该怎么办? 与同意杀人罪不同,各国刑法对同意伤害一般没有规定,于是刑法理论上出现了形形色色的观点。

日本刑法明文规定了得承诺的杀人罪,其法定刑明显轻于故意杀人罪,但是没有明文规定得承诺的故意伤害罪。于是,对于得承诺的伤害应当如何处理,在刑法理论上存在激烈争论。德国《刑法》第 228 条规定:"经过受伤者的同意而实施的身体侵害行为,只有在即使该行为得到同意也违反善良风俗时,才是违法的。"从字面含义来看,如果伤害行为得到了被害人同意,但仍然违反善良风俗时,也应当以故意伤害罪论处。可是,这种将伤害承诺的有效性与善良风俗相联系的规定,难免带来争议。德国、日本在得承诺的伤害问题上,几乎存在相同的争论观点。

第一种观点主张,既然刑法只是特别规定了同意杀人罪,而没有规定同意伤害罪,就表明经过同意的伤害一概按普通伤害罪处理。诚所谓**特别规定阻止一切扩张**(Expressio specialis omnem impedit extensionem)。虽然**谁也不是自己四肢的所有权者**(Dominus membrorum suorum nemo videtur)的法律格言,可以为这一观点佐证,但这种观点明显走向了极端,因而没有得到多数人的赞成。

第二种观点主张,以是否违反公序良俗为标准判断行为是否构成故意伤害罪。日本的行为无价值论者认为,在被害人承诺的伤害案中,如果行为违反了公序良俗,就不问伤害的轻重,以故意伤害罪论处;如果不违反公序良俗,即使造成了重大伤害,也不认定为故意伤害罪。[8]德国的行为无价值论者按字面含义理解德国《刑法》第 228 条的规定,认为行为是否违背善良风俗,应从行为是否违反法秩序特别是根据行为人的动机进行判断。[9]这种观点实际上将善良风俗作为故意伤害罪的保护法益,使故意伤害罪成为对社会法益的犯罪,明显不符合刑法将故意伤害罪规定为对个人法益的犯罪的立法事实。德国与此相近的一种观点认为,身体并不是单纯的个人法益,就所有人的生命与身体健康都必须得到保护而言,存在公共利益。这里的公共利益,是指社会自我维持的利益。因此,如果得到承诺的伤害行为,使被害人长时间不能参与社会生活,社会对被害人的期待不能得以实现时,这种伤害行为就不能正当化。[10]根据这种观点,在被害人承诺时,只有造成身体长时间重伤的,才不阻却违法性。这一终局性的结论或许是可取的,但是,其理由明显不当。首先,将身体法益当作社会法益,是纳粹观点的残余。其次,根据这种观点,如果被害人本来是卧床不起的人,经过同意的伤害就是合法的;而被害人是生理机能正常的人,经过同意的伤害就是违法的。可是,前者更需要刑法的保护。再次,既然身体是社会法益,个人的承诺就应当完全无效。所以,上述观点也有自相矛盾之嫌。

第三种观点认为,得承诺的伤害一概不成立犯罪。日本的前田雅英教授认为,既然刑法只规定了得承诺的杀人罪,而没有规定基于承诺的伤害罪,就表明基于被害者承诺的伤害一概不成立犯罪。[11]但是,这种观点没有考虑身体与生命的关联性。法谚云:**伤害身体接近杀人**(Mahemium est homicidium inchoatum)。生命以身体为前提,对身体的伤害越严重,对生命的威胁就越紧迫。因此,至少可以肯定,对身体的严重伤害接近于杀人。既然如此,就不能将承诺杀人与承诺伤害作出两种截然不同的处理。德国也有学者认为,得承诺的伤害一概不可罚,进而主张删除德国《刑法》第228条。例如,持此观点的斯密特(R. Schmitt)教授指出了如下几点理由:其一,生命、身体是被害人自己的法益,被害人对生命、身体伤害的承诺应当毫无例地排除可罚性;其二,德国《刑法》第228条是纳粹时代基于其人口政策而制定的条文,现在不应当继续保留这样的条文;其三,身体是个人专属法益,第228条将其与善良风俗相联系,明显不当;其四,第228条的规定不明确,违反宪法的要求因而无效。[12]但是,这些理由难以成立。其一,根据这种观点,得到承诺的杀人也不成立杀人罪,这难以被人接受,也不符合刑法的规定。其二,德国《刑法》第 228 条的规定,并非产生于纳粹时代,而是在此之前便存在。其三,第 228 条的规定是否妥当、是否明确,是需要通过解释处理的,单纯从立法论上予以否定,不一定能得到解释者的赞成。

第四种观点认为,得承诺的轻伤害不成立故意伤害罪,但得承诺的重伤害成立故意伤害罪。如日本学者平野龙一指出,只能以伤害的重大性为标准判断得承诺的伤害是否阻却违法;如果认为"重大"的标准不明确,就以是否具有"死亡的危险"为标准作出判断。[13]西田典之教授与山口厚教授也认为,考虑到对侵害生命的承诺无效,只能认为对生命有危险的重大伤害的承诺是无效的。[14]德国有不少学者认为,身体虽然是个人的法益,但对身体伤害的承诺会受到一定限制。例如,罗克辛教授认为,对生命有危险的伤害的承诺,以及虽然对生命没有危险但不能恢复的重大伤害的承诺,是无效的。一方面,对生命的承诺是无效的,所以,对生命有危险的伤害的承诺也是无效的。另一方面,刑法要保护法益主体人格发展的可能性,不能恢复的重大伤害妨碍了法益主体的人格发展,对于这种承诺应当予以限制。[15]

从上面的介绍可以看出,不管刑法是否规定了得承诺的伤害,前三种观点存在明显的缺陷,第四种折中的观点避免了极端的做法,得出了平衡的结论,因而比较可取。[16]

我国刑法既没有规定得承诺的杀人罪,也没有规定得承诺的伤害罪。但是,刑法理论与司法实践几乎没有争议地认为,对生命的承诺是无效的,得到承诺的杀人也成立故意杀人罪。借鉴德国、

日本的上述第四种观点,本书得出如下结论:

首先,对基于被害者承诺造成轻伤的,不应认定为故意伤害罪。换言之,被害人对轻伤害的承诺是有效的。这是因为,法益处分的自由是法益的组成部分,而不是法益之外的权益。[17]所以,对身体的自己决定权,也可谓身体法益的组成部分。将客观上的轻伤害与自己决定权行使之间进行比较衡量,应当认为自己决定权的行使与轻伤害大体均衡。亦即,得到承诺造成的轻伤害,总体上没有侵害被害人的法益,不应认定为犯罪。顺便指出的是,现实生活中经常发生两人相互斗殴致人轻伤的案件,司法实践一般认定为故意伤害罪。本书认为,在两人相互斗殴时,虽然双方都具有攻击对方的意图,但既然与对方斗殴,就意味着双方都承诺了轻伤害结果。[18]所以,当一方造成另一方的轻伤害时,因被害人承诺而阻却行为的违法性,不应以故意伤害罪论处。而且,既然承认双方的行为都是违法的,双方所侵害的都只是个人法益,那么,同等不法可以相互抵销(Paria delicta mutua compensatione tolluntur),对于造成轻伤害的行为,也不应当以犯罪论处。

其次,对重伤的承诺原则上是无效的。理由如下:其一,从与得承诺杀人的关联来考虑,经被害者承诺的杀人没有例外地构成故意杀人罪;重伤一般具有生命危险[19],对于造成重伤的同意伤害认定为故意伤害罪比较合适。特别是与得到承诺的故意杀人未遂也成立故意杀人罪相比,否认对重伤承诺的有效性,是协调一致的。而且,身体是一种重大法益,人的身体不受评价(Corpus humanum non recipit aestimationem)。其二,自己决定权虽然应当受到尊重,但是,当自己决定权的行使会给法益主体造成重大的不利时,如果其承诺伤害的行为并没有保护更为优越的利益,那么,法益主体所作出的放弃保护的判断,就不具有合理性。在这种场合,法律不应当承认其承诺的有效性。[20]其三,两个刑法条文为重伤害的承诺无效提供了根据:一是,我国《刑法》第234条之一第1款所规定的组织出卖人体器官罪,显然将被害人的身体健康作为保护法益。组织出卖人体器官罪的成立,并不以违反出卖者的意志为前提。换言之,即使被害人同意出卖其器官,刑法也认为组织者的行为侵害了被害人的身体健康。而摘除人体器官的行为,一般会给被害人造成重伤。这说明,被害人对重伤的承诺是无效的。二是,聚众斗殴的行为人可能存在对伤害的承诺,而我国《刑法》第292条规定,聚众斗殴造成重伤的,以故意伤害罪论处,这也表明对重伤的承诺是无效的。概言之,刑法对自己决定权的尊重存在界限。

一方面,要考虑自我决定权的行使是否影响法益主体自身的生存(自由发展与自我实现)。诚然,"法益保护以免于来自他人的侵害为目的,而不是对来自自我侵害的保护"。[21]但是,国家是个人法益的保护者,要保护个人免受他人的不当侵害,在必要的场合,尤其是自己决定权的行使影响了法益主体的生存时,就不能尊重这种自我决定权。两个方面的不同规定,能够说明这一点:一是刑法将性行为的承诺能力规定为已满14周岁,而《人体器官移植条例》与《刑法》第234条之一第2款却将捐献器官的承诺年龄规定为18周岁;二是其他承诺并不需要书面形式,但《人体器官移植条例》第8条规定:"公民捐献其人体器官应当有书面形式的捐献意愿,对已经表示捐献其人体器官的意愿,有权予以撤销。"这是因为对重伤害的自己决定权的行使明显影响法益主体的生存。这充分说明,法益越轻微,自我决定权的行使就越没有限制;反之,法益越重大,自我决定权的行使就越受到限制。这种有限的家长主义与对自己决定权的尊重并不矛盾。因为当自己决定权的行使是给法益主体自身造成重大侵害结果时,对这种自己决定权进行适当限制,实际上是自己决定权的内在要求。[22]

另一方面,要考虑自我决定权的行使是否存在自主缺陷。"只要应当通过刑法来促进法益保护,那么,只是在当事人有自主缺陷(Autonomiedefiziten)的情况下(未成年人,精神错乱者或者对于特定的危险下不能作出正确的判断的人),国家温情主义(Paternalismus)才能合法化。"[23]一般来说,在成年人自愿捐献器官时,完全没有自主缺陷。但是,是否具有自主缺陷,需要具体的判断。联系《人体器官移植条例》关于器官移植的严格规定就可以看出,在出卖器官的问题上,对出卖者是否存在自主缺陷,需要放宽判断标准,而不能过于严格。其中,对承诺主体基于何种原因作出承诺,是需要考虑的重要因素。在受强迫捐献或者出卖器官时,被害人的意志受到了他人的压制,因而不是自主决定;出卖器官的人,都是在处于困境乃至走投无路的情况下被迫出卖自己的器官,其意志受到了环境的压制,表面上是自主决定,实际上存在自主缺陷。换言之,出卖自己器官的人,实际上是在特定困境不能作出正确判断的人。所以,出卖器官的承诺,不能得到刑法的承认。

最后,对重伤的承诺虽然原则上是无效的,但是,在被害人为了保护另一重大法益而承诺伤害的情形下(如采取合法途径将器官移植给患者),应当尊重法益主体的自己决定权,肯定其承诺的有效性。换言之,如果认为被害人对重大的或者严重的身体伤害的承诺无效,那么,在器官移植的场合,就必须承认这一结论具有相对性的例外。[24]《人体器官移植条例》第 7 条第 2 款规定:"公民享有捐献或者不捐献其人体器官的权利。"显然，公民自愿捐献器官移植于他人时，摘取其器官用于移植的医生的行为并不成立故意伤害罪。这是因为，在这种场合存在另一更为优越的法益（生命），法益衡量使得医生的行为阻却违法性。换言之，在承诺捐献器官时，是身体伤害与另一重大法益生命＋自己决定权之间的法益衡量，此时，后者更值得保护。但应注意的是，《人体器官移植条例》所规定的捐献器官的权利，并不等于承诺伤害的权利。换言之，法律只是认同捐献器官时的承诺，而没有认可一般伤害时的承诺。《刑法》第 234 条之一第 2 款的规定，也说明了这一点。

如果认为组织出卖人体器官罪的法益是他人的身体健康，而被害人对重伤的承诺原则上是无效的，那么，即使有被害人的承诺，对于组织他人出卖人体器官的行为，也能直接认定为故意伤害罪。在此意义上说，倘若没有增设《刑法》第 234 条之一第 1 款的规定，对于组织他人出卖人体器官的行为，也能认定为故意伤害罪。那么，刑法为什么一方面增加组织出卖人体器官罪，另一方面又认为本罪的法益与故意伤害罪相同，但却没有规定与故意伤害罪相同的法定刑？这是因为，对法益的处分权也属于法益的内容，既然被害人承诺处分其法益，就表明法益侵害减少，因而违法性减少。所以，组织出卖人体器官罪的法定刑总体上轻于故意重伤犯罪的法定刑。

（2）承诺必须是承诺者的真实意志，但其前提是承诺者必须具有一定的辨认能力，即必须对所承诺的事项的意义、范围、结果具有理解能力。

不能理解上述内容的幼儿及高度的精神障碍者的承诺等是无效的。**未成年人对所有权事项既不能从事行为，也不能达成合意**

（Minor ante tempus agere non potest in casu proprietatis, nec etiam convenire），更不可能有效地放弃身体、自由等重要法益。就未成年人而言，不能单纯以年龄划定绝对的界限，必须联系承诺的事项（法益侵害的种类、程度等）进行判断。例如，17周岁的人对自己的财物具有承诺能力，但不应当认为其对出卖自己的器官具有承诺能力。

特别应指出的是，承诺者只是能够理解行为本身还不够，还必须理解行为的范围与结果。因为承诺的对象不只是行为，而且包括了结果。德国、日本刑法学者常常讨论下列设例：例一，射击场上的姑娘F，手上拿着玻璃球，射击名手S谨慎地瞄准玻璃球射击，不幸失败了，打中了F的手，使之负伤。例二，S缺乏应有的注意，轻率地射击，给F造成同样的伤害。将承诺的对象仅限于"行为"的见解（行为说）认为，上述两例都不是基于被害人承诺所实施的行为，因而是违法的。认为承诺的对象也包括"结果"的见解（结果说）则主张，两例的伤害结果包括在承诺中，因而阻却违法性。[25]既然被害人的承诺实际上是放弃自己的部分法益，那么，将承诺仅限于对行为本身的承诺就没有多大意义，因此，承诺的对象不仅包括具体的危险行为，而且包括行为的侵害结果。既然如此，就要求承诺人对行为的结果具有理解能力。[26]

要求承诺人具有一定的辨认能力，是为了让承诺人作出反映真实意志的承诺。但具有承诺能力的人所作出的承诺，并不一定都是基于真实意志。因此，戏言性的承诺不是有效的承诺，因为戏言与同意相对立（Jocus consensui adversatur）。基于强制或胁迫的承诺也是无效的，虽然受强制的意志也是意志（Coacta voluntas, voluntas est），但是，意志不应受强制（Voluntas non potest cogi），否则就不可能是真实的意志。同样,基于错误的承诺,即对承诺的事项的意义、范围、结果等产生错误时所作出的承诺,也是无效的,因为**错误就是不同意**(Non consentiunt, qui errant),或者说,**有错误时不能视为同意**(Non videntur qui errant consentire),还可以说,**错误者的意志无效**(Errantis voluntas nulla est)。但是,什么样的错误才导致承诺无效,是值得讨论的。

本质错误说(重大错误说)认为,如果被害人没有陷入错误(或者知道真相)就不会作出承诺时,该承诺无效。法益关系错误说认为,如果仅仅是关于承诺动机的错误,应认为该承诺具有效力,阻却违法;如果因为受骗而对所放弃的法益的种类、范围或者危险性发生了错误认识(法益关系的错误),其所作出的承诺则无效。例如,妇女甲以为与对方性交,对方便可以将其丈夫从监狱释放;但性交后对方并没有释放其丈夫。根据本质错误说,甲的承诺是无效的;根据法益关系错误说,甲的错误仅仅与承诺的动机有关,故不影响其承诺效力,对方的行为不成立强奸罪。再如,行为人冒充妇女乙的丈夫实施奸淫行为时,黑暗中的乙以为对方是自己的丈夫而同意发生性关系。根据本质错误说与法益关系错误说,乙的承诺均无效。由此看来,两种学说并不是完全对立的。应当认为,法益关系错误说原则上是妥当的。但是,其一,如何确定法益关系的错误的范围,还存在疑问,对此,需要联系具体犯罪的法益作出判断。一般来说,欺骗行为使被害人对于法益的有无、性质与范围产生错误而作出承诺的,承诺无效。例如,欺骗行为使被害人误以为不会导致法益侵害而承诺,但事实上造成了法益侵害的,该承诺无效。又如,欺骗行为使被害人误以为只会造成轻微的法益侵害而承诺,但事实上造成了严重的法益侵害的,该承诺无效。其二,需要考虑被害人承诺的重要目的是否得到实现。法益主体处分某种法益时,常常是为了保护、救助另一法益。如果其保护、救助另一法益的重要目的没有得到实现,难以认为其承诺有效。例如,甲欺骗乙向地震灾区捐款,乙为了救济灾民而捐款,但甲将所得捐款据为己有。乙的承诺无效,甲的行为构成诈骗罪。再如,甲欺骗乙,声称其子女需要移植眼角膜,乙献出了眼角膜,但甲将乙的眼角膜改作他用。乙的承诺无效,甲的行为成立故意伤害罪。基于相同的理由,上述妇女甲的承诺是无效的。[27]其三,需要考虑欺骗行为对被害人作出承诺的影响程度。亦即,欺骗行为事实上使被害人不可能行使自己决定权,因而不可避免地陷入错误时,应认为承诺无效。例如,谎称存在紧急避险情形,使得被害人作出承诺的,该承诺无效。如甲谎称乙饲养的狗是疯狗,使得乙承诺甲捕杀狗的,乙的承诺无效。再如,欺骗行为使被害人误以为不论自己同意与否法益都会受侵害而承诺的,该承诺无效。如电梯司机在被害人进入电梯后,突然将电源关闭,谎称电梯事故,使被害人同意自己被关在电梯内的,不阻却拘禁行为的违法性。

(3) 被害人必须有现实的承诺。

被害人没有承诺时,行为人针对被害人所实施的侵害行为不可能是得到被害人承诺的行为,所以,阻却行为的违法性以被害人存在承诺为前提。在此问题上,刑法理论存在不同学说。意思方向说认为,只要被害人具有现实的承诺,即使没有表示于外部,也是有效的承诺。在这种场合,**他希望但没有言说**(Voluit, sed non dixit)。意思表示说认为,**未表示等同于不存在**(Idem est non esse et non significari),承诺的意思必须以语言、举动等方式向行为人表示出来。限制的意思表示说(中间说)认为,被害人对承诺的表示,除了明示之外也包括默示,因为**沉默视为同意**(Consentire videtur qui tacet),**沉默推定为同意**(Qui tacet consentire videtur),**沉默就是同意**(Qui tacet consentit)[28],或者说,**默示的同意与明示的同意具有同等效力**(Eadem vis est taciti atque expressi consensus)。当然,**明示优于默示**(Expressum facit silere tacitum)。因此,只要所给予的信息足以使行为人知道被害人有承诺的意思,就可以了。[29] 行为无价值论一般主张意思表示说(但也有例外),二元论者一般主张限制的意思表示说,本书采取结果无价值论,主张意思方向说。因为承诺本身是自我决定权的表现,只要存在于行为人的内心即可。

相关的问题是,是否要求行为人认识到被害人的承诺?理论上也存在必要说与不要说的对立。一般来说,根据意思表示说,行为人对承诺的认识是必要的,因为这种认识使行为人主观上缺乏侵害法益的罪过,或者说使行为人的主观内容合法化;根据意思方向说,行为人对承诺的认识是不必要的。于是,如果行为人缺乏对承诺的认识,依据前说一般成立既遂犯,依据后说为无罪或犯罪未遂。[30]本书赞成意思方向说,既然被害人同意行为人的行为与法益损害结果,就不存在受保护的法益,故不必要求行为人认识到被害人的承诺。在此问题上,会出现以下两种情况:一是被害人事前已有承诺,但行为人没有认识到这种承诺而实施侵害行为;二是被害人原本没有承诺,但行为人误认为有承诺而实施侵害行为。对于前一种情况,彻底的结果无价值论者主张无罪,因为行为实际上没有造成侵害结果;彻底的行为无价值论者主张犯罪既遂,因为行为人完全是出于犯罪故意实施了犯罪行为。本书主张结果无价值论,亦即,行为人虽然出于故意实施侵害行为,但其结果是被害人承诺的,因而缺乏法益侵害,所以不能成立犯罪。对于后一种情况,显然应当认定为过失犯罪,但也不排除意外事件的可能性。例如,被害人假装承诺但内心里没有承诺,**假装的行为不产生任何效果**(Actus simulatus nullius est momenti),行为人误以为被害人真实承诺而侵害其法益,可能属于意外事件。

(4)承诺的表示时间应在结果发生之前,而不能在结果发生之后。

承诺是对结果的承诺,所以,承诺必须在结果发生前、至迟在结果发生时存在承诺,结果发生前的承诺还必须持续到法益侵害时。[31] **同意具有约束力**(Solus consensus obligat),预先给予的承诺,只要没有特别的情况变更或没有被撤回,就是有效的;反之,如果被害人在结果发生前变更承诺,则**应当考虑最终的意思**(Novissima voluntas servatur),即原来的承诺无效,因为**最终的意思具有更强的效力**(Suprema voluntas potior habetur)。事后的承诺当然是无效的,否则,国家的追诉权就会受被害人意志的任意左右。

(5)经承诺所实施的行为不得超出承诺的范围。

承诺的内容与行为的内容是一致的,即行为人是根据被害人的承诺实施行为的。承诺的内容与承诺的权限具有一定联系,承诺的内容或者说基于承诺所实施的行为,不能超出承诺者的处分权限。例如,甲同意乙砍掉自己的一个小手指,而乙砍掉了甲的两个手指。这种行为仍然成立故意伤害罪。

符合上述条件的,阻却行为的违法性,即行为人对所承诺的法益造成损害的行为不具有违法性。但是,经承诺所实施的行为是否侵犯其他法益因而构成其他犯罪,则是另一问题。例如,即使妇女同意数人同时对其实施淫乱行为,但如果数人以不特定或者多数人可能认识到的方式实施淫乱行为时,虽不构成强奸罪,但不排除聚众淫乱罪的成立。

以上所述都是事实上存在被害人承诺的情况。在社会生活中还存在另一种情况:事实上没有被害人自身的承诺,但如果被害人知道了事实的真相,当然会作出承诺,在这种情况下,推定被害人的意思所实施的行为,就是基于推定的承诺的行为。例如,在发生火灾之际,屋主不在场,为了避免烧毁其房屋及其他财产,而拆除房屋的一部分,或者进入屋内搬出贵重物品的行为,就是基于推定的承诺的行为。即在这种情况下,推定屋主同意上述行为,使上述行为阻却违法性。

基于推定的承诺的行为的性质或正当化根据,在学说上很有争议。有人认为,推定的承诺是被害人的承诺的延伸,与被害人的承诺一样,基于"利益阙如的原则",而排除违法性。但是,推定的承诺与被害人的承诺毕竟是有区别的,将二者完全等同起来似欠妥当。有人认为,基于推定的承诺的行为,是一种事务管理行为,因而排除违法性。然而,民法上的事务管理,本来只是考虑偿还费用或赔偿损失的一种制度,它与刑法上的推定的承诺在性质上是不同的。有人认为,推定的承诺是一种超法规的紧急避险,因而排除违法性。不过,紧急避险是牺牲第三者的利益,而推定的承诺是为了保护被害人的此利益而牺牲被害人的彼利益,不能认为基于推定的承诺的行为,是一种紧急避险行为。有人认为,基于推定的承诺的行为,既不是基于被害人承诺的行为,也不是紧急避险行为,而是介于二者中间的一种基于被允许的危险的独立的违法性阻却事由。可是,这一观点忽视了推定的承诺实际上与被害人意思的一致性。大体可以认为,基于推定的承诺的行为,基本上是基于被害人承诺的行为的延伸,但又是一种具有独特性质的超法规的违法性阻却事由。

基于推定的承诺的行为,必须具备以下条件:其一,被害人自身没有现实的承诺,否则就是基于被害人承诺的行为了。其二,推定被害人知道真情将承诺行为人的行为。其三,一般来说,应是为了被害人的法益而实施行为,即为了被害人的一部分法益而牺牲其另一部分法益[32],但所牺牲的法益不得大于所保护的法益。其四,必须是针对被害人有处分权限的个人法益实施的行为。否则,就属于紧急避险了。

上述几个条件中,最值得研究的是第二个条件,即如何推定?一般来说,这种推定要以合理的一般人的意识为基准,即行为人应站在合理的一般人的立场进行判断,既不是以行为人的异常意识为基准,也不是以被害人的实际意识为基准。例如,某人急病,丧失意识,需要做手术。这就可以根据合理的一般人的意识,推定被害人会承诺。但手术后,患者由于宗教的理由,而并不承诺该手术。在这种情况下,仍应排除违法性。但是,如果行为人知道被害人有反对的意思,即使认为被害人的反对意思不合理,也不能进行推定。例如,患者小腿患有恶性肿瘤,根据现代医学方法,唯一有效的方法是截肢。医生向患者作了必要说明,但患者拒不同意截肢,而宁愿死亡。虽然医生、家属、亲人等都认为患者的选择不合理,但医生不能违反患者已经表明的意思进行所谓的推定,否则便是违法的。

还需要说明的是,推定的承诺具有补充性,只有在不可能得到被害人的现实同意时才能考虑适用推定的承诺。换言之,只要有可能通过各种途径询问被害人的意志,就不允许推定被害人承诺。[33]况且,"由于对他人的决定的相关推定常常伴随一定的风险,所以,只有当行为人对所有情况凭良心进行认真审查之后,才允许介入他人的法领域。如果行为人没有按照义务进行审查,其介入行为与被害人的真实意志相矛盾,就是违法的"。[34]所以,**不能轻易推定他人放弃权利**(Renuntiatio non praesumitur),或者说,**对他人放弃权利应当进行最严格的解释**(Renuntiatio est strictissimae interpretationis)。

综上所述,在现代社会,**得到承诺的行为不违法**的法律格言,具有严格的限制条件,得到承诺的行为只有符合这些限制条件才不违法。因此,不能原封不动地按照字面含义适用。

注 释

[1] 该条规定:"依据法令或者基于正当业务而实施的行为,不处罚。"

[2] 德国、日本刑法理论认为犯罪成立条件是构成要件符合性、违法性与有责性,因此,可以将被害人的承诺分为两种类型:一是被害人的承诺导致行为本身并不符合犯罪构成要件,称为阻却构成要件符合性的承诺(合意 Einverstandnis);二是被害人的承诺虽然不影响构成要件符合性,但导致行为没有违法性,称为阻却违法的承诺(同意 Einwilligung)。例如,经被害妇女同意与之性交的,阻却强奸罪的构成要件符合性;经被害人承诺而毁坏其财物的,则阻却故意毁坏财物罪的违法性。其实,二者的区分是相当困难的。例如,甲应乙的请求,将乙的电视机扔到垃圾堆的行为,也可以被评价为不符合构成要件的行为。故本书不作上述区分,在此一并讨论。

[3] 以上参见〔日〕振津隆行:《被害人的承诺》,载芝原邦尔等编:《刑法理论的现代的展开——总论Ⅰ》,日本评论社 1988 年版,第 156—157 页。

[4] 当然,在特殊情况下,监护人对被监护人法益的承诺可能是有效的。

[5] 参见德国《刑法》第 216 条、奥地利《刑法》第 77 条、瑞士《刑法》第 144 条和第 145 条、意大利《刑法》第 579 条和第 580 条、日本《刑法》第 202 条和第 203 条以及我国台湾地区"刑法"第 275 条。如果说自杀是一种权利,那么,帮助自杀就是帮助他人行使权利,而不可能违法。但事实上并非如此。刑法理论上有一种观点指出,自杀是一种权利,但是这种权利只能由主体自己行使,他人不能干涉或者参与其中。可是,这种说明没有任何意义。

[6] 参见何家弘:《域外痴醉录》,法律出版社 1997 年版,第 170—178 页。

[7] 参见〔日〕山田晟:《法学》,东京大学出版会 1964 年版,第 44 页。

[8] 参见〔日〕大塚仁:《刑法概说(总论)》,有斐阁 2008 年版,第 419 页。

[9] 参见〔德〕Albin Eser:《违法性与正当化》,西原春夫监修,成文堂 1993 年版,第 140 页。

〔10〕T. Weigend, Über die Begründung der Straflosigkeit bei Einwillgung des Betroffenen, ZStW 98, S. 63ff.

〔11〕参见〔日〕前田雅英:《刑法总论讲义》,东京大学出版会2011年版,第348页以下。

〔12〕R. Schmitt, Strafrechtlicher Schutz des Opfers vor sich sebst? in: Festschrift für Reinhart Marurach zum 70, C. F. Müller 1972, S. 118ff.

〔13〕参见〔日〕平野龙一:《刑法总论 II》,有斐阁1975年版,第249页。

〔14〕参见〔日〕西田典之:《刑法总论》,弘文堂2010年版,第189页;〔日〕山口厚:《刑法总论》,有斐阁2007年版,第163页。

〔15〕C. Roxin, Strafrecht Allgemeiner Teil, Band I, 4. Aufl., C. H. Beck, 2006, S. 558ff.

〔16〕美国《模范刑法典》第211.1条(1)事实上也承认了轻伤害时承诺对成立犯罪的影响,但没有规定承诺影响重伤害的成立。

〔17〕参见〔日〕山口厚:《刑法总论》,有斐阁2007年版,第159页。

〔18〕C. Roxin, Strafrecht Allgemeiner Teil, Band I, 4. Aufl., C. H. Beck, 2006, S. 570.

〔19〕人们认为某些重伤没有生命危险,是考虑到了事后治疗的及时性与有效性。

〔20〕参见〔日〕山中敬一:《刑法总论》,成文堂2008年版,第205页。

〔21〕〔德〕克劳斯·罗克辛:《刑法的任务不是法益保护吗?》,樊文译,载陈兴良主编:《刑事法评论》第19卷,北京大学出版社2007年版,第154页。

〔22〕参见〔日〕井田良:《讲义刑法学·总论》,有斐阁2008年版,第322页。

〔23〕〔德〕克劳斯·罗克辛:《刑法的任务不是法益保护吗?》,樊文译,载陈兴良主编:《刑事法评论》第19卷,北京大学出版社2007年版,第154页。

〔24〕C. Roxin, Strafrecht Allgemeiner Teil, Band I, 4. Aufl., C. H. Beck, 2006, S. 559.

〔25〕倘若S故意瞄准F的手进行射击,则可能产生故意伤害的问题。

〔26〕不过,在许多情况下,行为人负有说明义务。例如,在本例中,S应向F说明,有击中手的可能性。如果S保证绝对不可能击中手,那么,F对伤害结果就

没有承诺,S击中F的行为仍然具有违法性。

[27] 不过,即使承诺无效,但由于欺骗者的行为并不符合强奸罪的构成要件,也不可能成立强奸罪。

[28] 也有格言说:只要法律没有命令发言,沉默就不是同意(Silentium non est consensus,nisi lex loqui jubet)。

[29] 参见〔德〕Albin Eser:《违法性与正当化》,西原春夫监修,成文堂1993年版,第132—133页。

[30] 也有学者认为,采取意思方向说与承诺的认识必要说并不矛盾。在缺乏承诺的认识的场合,只要根据事前的一般判断能肯定行为具有具体的危险性,就有成立未遂犯的余地。

[31] 行为无价值论会认为,承诺必须存在于行为前。着手实行后实行终了前的承诺,虽然使侵害结果正当化,而承诺之前则存在犯罪未遂问题。

[32] 有学者认为,为了行为人或者第三人的利益而实施的行为,例如,邻居家的水管破裂浸害了自己或者第三人的家具时,砸坏邻居家的门进入邻居家中修复水管的行为,也属于基于推定承诺的行为;再如,朋友不在场时,从朋友的香烟盒里拿出一支香烟吸的,属于基于推定承诺的行为(参见〔日〕山口厚:《刑法总论》,有斐阁2007年版,第168页)。

[33] Vgl. C. Roxin, Strafrecht Allgemeiner Teil, Band I, 4. Aufl., C. H. Beck, 2006, S. 826;〔日〕内藤谦:《刑法讲义总论(中)》,有斐阁1986年版,第621页;〔日〕山中敬一:《刑法总论》,成文堂2008年版,第574页。

[34] H. Jeschck/T. Weigend, Lehrbuch des Strafrechts. Allgemeiner Teil, 5. Aufl., Duncker & Humblot 1996, S. 388.

Bartholomeus van Bassen(1590—1652), *Interior of a Church*(*detail*).

刑法格言的展开

Infans non multum a furioso distat

幼年人无异于精神错乱者

幼年人无异于精神错乱者(Infans non multum a furioso distat)的法律格言告诉人们,幼年人与精神错乱者都没有辨认能力与控制能力,都是无责任能力的人,都不对自己的行为承担法律责任;在刑法上说,他们都是不负刑事责任的人。

现代各国刑法都有关于刑事责任年龄与刑事责任能力(精神错乱者)的规定。关于刑事责任年龄,有的国家刑法采取积极规定,即规定已满××岁的人犯罪,应当负刑事责任。如我国《刑法》第17条的规定。有的国家采取消极规定,即规定不满××岁的人的行为不处罚。如德国《刑法》第19条规定:"行为人行为时未满14岁者无责任能力。"日本《刑法》第41条规定:"不满14岁的人的行为,不处罚。"关于精神错乱者的规定,实际上是关于责任能力的消极规定。[1]如德国《刑法》第20条规定:"行为人于行为之际,由于病理的精神错乱、深度的意识错乱、心智薄弱,或其他严重的精神反常,致不能识别其行为之违法,或不能依其识别而为行为者,其行为无责任。"法国新《刑法》第122-1条第1款规定:"在行为发生之时患精神紊乱或神经精神紊乱,完全不能辨别或者控制自己行为的人,不负刑事责任。"奥地利《刑法》第11条规定:"行为时,因精神病、愚钝或严重之意识障碍,或其他相似之严重精神障碍,致无法辨别自己行为不法或无法依其辨别而为行为者,其行为无责任。"再如,日本《刑法》第39条规定:"心神丧失人的行为,不处罚。"我国《刑法》第18条第1款也采取了消极规定。这些消极规定,从另一方面肯定了责任能力是成立犯罪的条件。

就对责任年龄与责任能力的规定而言,刑法对犯罪主体(行为主体)的质的要求是具有辨认控制能力[2],成年人明显具有这种能力(某些精神病人除外),反之,幼年人明显没有这种能力,因此,**幼年人没有任何罪过**(In parvulis nulla deprehenditur culpa),其实施的违法行为不应当受到谴责。问题是处于从幼年向成年过渡时期的人,其辨认控制能力难以具体认定。英美普通法对于 10 岁以上不满 14 岁的人制定了特殊规则,这些人因为年龄小,原则上无实施犯罪行为的能力,但是,**恶意补足年龄**(Malitia supplet aetatem),即如果他们知道是恶行而实施时,则追究其刑事责任。[3] 例如,一个 12 岁的人杀人后将尸体予以隐藏并撒谎说自己没有杀人的,证明他知道杀人是恶行,这种恶意便补充了年龄的不足,因而追究刑事责任。英美普通法的这种做法既说明对主体的质的要求是具有辨认控制能力,也说明处于从幼年向成年过渡时期的人的责任能力难以认定。大陆法系国家不采取上述办法,而是通过直接规定年龄的方法来解决。因为一方面,现代科学发展水平还不能使司法机关很简单地测量过渡时期的人的责任能力,仅凭科学技术测定一个过渡时期的人有无责任能力进而认定其应否承担刑事责任,并不现实;采用恶意补足年龄的方法,则会导致认定上的随意性,从而有损法的安定性,与法治理念不相符合。另一方面,人的责任能力并非与生俱来,而是随着身心发育、接受教育和参加社会实践逐渐增长的,因此,人的责任能力受到年龄的制约,只有达到一定年龄的人,才会具有责任能力。所以,刑法采用通过规定年龄来确定过渡时期的人是否具有责任能力的方法。即凡是达到责任年龄的人,只要没有精神病,就认为具有责任能力;没有达到法定年龄的人,不管实际能力如何,都不追究其刑事责任。这可谓法律上的拟制。**法考虑衡平**(Jus respicit aequitatem),**法律的拟制总是蕴含着衡平**(In fictione juris semper aequitas existit),或者说,**法律的拟制无害于任何人**(Fictio legis neminem laedit)。所以,通过年龄来认定责任能力,是一种理想的方法。但也不可否认,在某些情况下,拟制不符合真实。如 13 周岁的少年大学生,在刑法上也被拟制为没有责任能力的人;反之,已满 15 周岁的人,即使其责任能力实际上低于 13 周岁的人,也被刑法拟制为具有相对责任能力的人。**这确实非常僵硬,但法律是这样规定的**(Hoc quidem perquam durum est, sed ita lex scripta est)。因为如果不这样规定,就没有可操作的具体标准。在此意义上说,通过年龄来规定责任能力又是一种不得已的方法。不过,仅采用年龄标准也不合理,如某些精神病人达到了责任年龄却没有责任能力,于是刑法另就精神病人作出特殊规定。这样,在刑法上,没有达到责任年龄的人与没有责任能力的精神病患者,都成为不负刑事责任的人,因此,**幼年人无异于精神错乱者**。

既然对犯罪主体的质的要求是辨认控制能力,那么,只要行为时没有辨认控制能力就应当认定为无罪,为什么必须因为精神错乱而丧失辨认控制能力才认定为无罪呢？人除了由于精神错乱而丧失辨认控制能力外,还由于什么原因丧失辨认控制能力,现代科学对此知之甚微,而且辨认控制能力的有无,是根据实施刑法禁止的行为后的一段时间的材料进行判断的,要再现行为人在行为当时的心理与能力则极为困难乃至不可能。[4] 如果导致无辨认控制能力的原因没有限定,那么,任何犯罪人都可能主张在行为时没有辨认控制能力,而事后又无法证明,这必然有损法的安定性,刑法会变成一纸空文。[5] 所以,只有因精神错乱而丧失辨认控制能力的,才不负刑事责任。

责任能力是责任要素,没有责任能力就没有责任,这是由责任的基础决定的。人的意志受到环境、生理等各方面的制约和影响,不可能是完全自由的。但是，具有责任能力的人，具有接受法律规范的要求、实施合法行为的可能性，因而具有相对的意志自由。具有相对的意志自由的人，如果不接受法律规范的要求，实施了符合构成要件的违法行为，就能够对之进行非难。之所以采取这一立场，是因为刑法上的责任概念，原本就是以自由意志为前提而形成的。可以认为，倘若不以行为人具有自由意志为前提，刑法学上恐怕难以存在当今的责任概念。[6]然而，意志自由的前提是行为人具有辨认控制能力。**精神错乱者不能约束自己的行为，也不能理解自己的行为，因而不能实施任何行为**（Furiosus stipulare non potest, nec aliquid negotium agere, quia non intelligit qood agit）。此外，责任能力与故意过失（罪过）也有密切关系。一般来说，责任能力是罪过的前提，辨认、控制能力与罪过的认识因素、意志因素相对应，没有辨认或控制能力一般不可能产生故意与过失。所以，**精神错乱者没有意识**（Furiosi voluntas nulla est），因而没有罪过，没有责任。责任是成立犯罪的要件，没有责任就不受刑罚处罚。概言之，**精神错乱者只能受精神错乱的惩罚**（Furiosus furore suo punitur; Furiosus solo furore punitur），而不能受刑罚处罚。

我国刑法基于我国的政治、经济、文化的发展水平，少年儿童接受教育的条件，依据我国的地理、气候条件，采取**法律救助未成年人**（Lex succurrit minoribus）的政策，对法定年龄作了如下规定：

第一，不满14周岁的人，不承担刑事责任（绝对无责任时期或完全无责任时期）。换言之，对不满14周岁的人所实施的符合构成要件的违法行为，不以犯罪论处。[7]这是对《刑法》第17条的规定进行解释得出的当然结论。之所以如此规定，一方面是因为不满14周岁的人，还处于幼年时期，身心发育不成熟，一般地说，他们对自己行为的内容、社会意义与结果，还缺乏明确的认识，又很难控制自己的行为。另一方面是基于刑事政策的理由。刑法的这一规定具有严格性与绝对性，司法机关必须遵守。**法律就是这样表述的**(Ita lex scripta est)，即使差一天乃至一小时，也不能突破刑法的规定，不允许以行为人发育早熟、具有责任能力为由，将不满14周岁的人的行为以犯罪论处。

第二，"已满14周岁不满16周岁的人，犯故意杀人、故意伤害致人重伤或者死亡、强奸、抢劫、贩卖毒品、放火、爆炸、投毒罪的，应当负刑事责任"。这是《刑法》第17条第2款的明文规定。这一时期为相对负责任时期。刑法之所以这样规定，是基于以下理由：(1)已满14周岁不满16周岁的人，对严重犯罪行为已具有辨认控制能力，所以已满14周岁不满16周岁的人，实施刑法所列举的上述犯罪行为的，应当承担责任。已满14周岁不满16周岁的人实施此外的行为的，不成立犯罪。这一规定既有辨认控制能力程度的根据，也有刑事政策的理由。(2)刑法列举上述几种犯罪，除考虑犯罪的严重性外，还考虑了犯罪的常发性，即已满14周岁不满16周岁的人通常实施的严重犯罪行为的范围。事实上还有许多犯罪的严重性并不轻于上述几种犯罪，但由于已满14周岁不满16周岁的人往往难以甚至不能实施，故刑法未作规定。(3)刑法对已满14周岁不满16周岁的人承担责任的范围，不作概括性规定而予以明确具体规定，既是罪刑法定原则的明确性要求，又有利于更有效、更准确地处罚严重危害社会的犯罪，减少司法实践中的分歧，还充分体现了国家对有越轨行为的未成年人重教育、轻处罚的刑事政策。

第三，"已满16周岁的人犯罪，应当负刑事责任"。这是《刑法》第17条第1款的明文规定,意指已满16周岁的人对一切犯罪承担责任(完全负责任时期)。已满16周岁的人,已接受了较多的教育,身心发育比较成熟,对什么行为是犯罪、什么行为不是犯罪,都有比较明确的认识,也能够控制自己是否实施犯罪行为,具有责任能力,故应对一切犯罪承担责任。

此外,《刑法》第17条第3款规定:"已满14周岁不满18周岁的人犯罪,应当从轻或者减轻处罚。"刑法理论通常称为减轻责任时期。这样规定,一方面是因为这些人还属于未成年人,身心发育不十分成熟,辨认控制能力比成年人要差一些,故其非难可能性低于犯罪的成年人。另一方面,未成年人的可塑性较大,比较容易接受教育改造。所以,根据罪刑相适应原则与刑罚目的的要求,对未成年人犯罪应当从轻或者减轻处罚。另外,我国一直关怀青少年的成长,重视对青少年的教育,这也是对未成年人犯罪从宽处罚的政策理由。

对于法定年龄的计算,应当有统一的标准。根据有关司法解释,刑法所规定的年龄,是指实足年龄,刑法特别使用"周岁"一词,旨在限定为实足年龄,而不是指虚岁。实足年龄以日计算,并且按公历的年、月、日计算。[8]例如,已满14周岁,是指过了14周岁生日,从第二天起,才是已满14周岁。如行为人1992年4月5日出生,2006年4月6日即认为已满14周岁。[9]已满16周岁、已满18周岁年龄的计算,也与此相同。[10]

法定年龄是以实施行为时为基准进行计算,还是以结果发生时为基准进行计算?在行为与结果发生在同一天的情况下,这个问题没有意义;但在行为与结果不发生在同一天的情况下,则直接影响责任的有无与轻重。例如,行为人在实施行为时不满14周岁,但结果发生时已满 14 周岁;或者在实施行为时不满 16 周岁,但结果发生时已满 16 周岁。对此,有一种观点认为,行为与结果是一个不可分割的整体,在这种情况下,为了保护国家与人民利益,应以结果发生的时间为基准进行计算。[11]但是,犯罪是行为,责任能力是辨认与控制自己"行为"的能力,因此,责任能力也必须是"行为时"的辨认控制能力;行为与结果虽然密切联系,但二者毕竟可能分离,一般的行为概念并不包含结果,结果概念也不包含行为。因此,法定年龄应以行为时为基准进行计算。但是,如果行为人在发生结果时具有防止结果发生的义务,则可能根据不作为犯罪的时间进行计算。例如,行为人在不满 14 周岁的时候安放了定时炸弹,而发生爆炸时,行为人已满 14 周岁。如果认定构成犯罪,就应认为,行为人已满 14 周岁后,对自己在不满 14 周岁时所安放的定时炸弹,具有撤除的义务,或者说有义务防止自己的先前行为造成危害结果。问题是,对自己没有达到责任年龄时的危险行为是否具有防止结果发生的义务? 本书持肯定回答。因为作为义务来源的先前行为本身并非等于犯罪行为,因而不必具备有责性。基于同样的理由,如果行为是从未达到责任年龄时一直持续到达到责任年龄时的,行为人理当承担责任。

关于跨法定年龄阶段的犯罪,应注意以下两点。(1)行为人已满 16 周岁后实施了某种犯罪,并在已满 14 周岁不满 16 周岁期间也实施过相同的行为。至于应否一并追究责任,则应具体分析。如果在已满 14 周岁不满 16 周岁期间所实施的是《刑法》第 17 条第 2 款规定的特定犯罪,则应一并追究责任;否则,只能处罚已满 16 周岁以后的犯罪行为。已满 14 周岁不满 16 周岁期间所实施的行为,如果与已满 16 周岁后实施的犯罪行为具有密切联系,能够说明行为人的特殊预防必要性大的,可以在责任刑之下作为量刑情节予以考虑。(2)行为人在已满14周岁不满16周岁期间,实施了《刑法》第17条第2款规定的特定犯罪,并在未满14周岁时也实施过相同行为,对此不能一并追究责任,只能处罚已满14周岁后实施的特定犯罪行为。

我国刑法关于责任能力的规定,是比较完善的。《刑法》第18条第1款前段规定:"精神病人在不能辨认或者不能控制自己行为的时候造成危害结果,经法定程序鉴定确认的,不负刑事责任。"据此,对责任能力要进行医学与法学判断:首先判断行为人是否患有精神病,其次判断行为人是否因为患有精神病而不能辨认或者不能控制自己的行为。前者由精神病医学专家鉴定,他们在鉴定时,必须得出是否具有精神病以及精神病种类与程度轻重的结论。后者由司法工作人员判断,但他们不应当否认精神病医学专家对有无精神病以及精神病的种类、程度所作出的结论(如果司法工作人员对原鉴定结论有合理怀疑,可以按照刑事诉讼法的规定,再次送请鉴定),只能在精神病医学专家的鉴定基础上进一步判断行为人是否具有责任能力。如果精神病医学专家的鉴定结论是行为人没有患精神病,司法工作人员就必须肯定行为人具有责任能力;如果精神病医学专家的鉴定结论是行为人患有精神病,司法工作人员则应在此基础上进一步判断行为人是否具有责任能力。只有这样,才是坚持了医学标准与法学标准的统一,才能正确判断行为人是否具有责任能力。可是,我国司法实践上的通常做法是,行为人是否具有责任能力,完全由精神病专家鉴定,即精神病鉴定专家直接得出有无责任能力的结论,检察官与法官不再作任何判断,完全采纳精神病专家的鉴定结论。其结果是,要么由精神病鉴定专家同时进行了医学与法学的判断,要么仅由精神病鉴定专家进行医学判断,而没有法学判断。显然,这种做法严重违反了《刑法》第18条的规定,需要改正。

《刑法》第18条所称的"自己行为"显然不是泛指任何行为,而是造成了"危害结果"的特定行为。因此,要根据精神病与特定行为的关系来确定行为人是否具有责任能力。这里特别要注意的是部分责任能力的问题。部分责任能力,是指行为人由于精神障碍对某一类犯罪没有责任能力,但对其他犯罪具有责任能力的情形。这里的"某一类犯罪"不是指严重犯罪,而是与其精神障碍有联系的某一类犯罪。例如,具有好诉妄想的偏执狂患者,对诬告陷害罪没有责任能力,但对与好诉妄想无关的犯罪,则具有责任能力。又如,癔病患者因某种刺激产生异常的环境反应时,对由这种反应所表现出来的侮辱、伤害等行为没有责任能力,但对与此无关的其他犯罪则具有责任能力。所以,一方面,不能因为精神病人对某些犯罪具有责任能力,就认定其对所有犯罪都具有责任能力;另一方面,也不能因为精神病人对某种犯罪没有责任能力,就认定其对一切犯罪都没有责任能力。显然,部分责任能力与限制责任能力(《刑法》第18条第3款规定的情况)是不同的概念:前者对某一类犯罪没有责任能力,而对其他犯罪完全有责任能力;后者则对所有犯罪都具有责任能力,只是明显减弱而已。部分责任能力与相对责任能力(《刑法》第17条第2款规定的情况)也不相同:前者是因为精神障碍而对与该精神障碍有联系的某一类犯罪(不一定是严重犯罪)没有责任能力;后者是因为年龄关系导致责任能力低而只对严重犯罪承担刑事责任。部分责任能力与减轻责任能力(《刑法》第17条第3款规定的情况)也不同:具有部分责任能力的人,对其能够辨认和控制的犯罪负完全的刑事责任,而对其不能辨认或控制的部分犯罪完全不负刑事责任;减轻责任能力则是由于年龄关系而对其所实施的犯罪从轻或者减轻处罚。

《刑法》第 18 条第 2 款规定:"间歇性的精神病人在精神正常的时候犯罪,应当负刑事责任。"人有时可能有能力,有时可能无能力(Homo potest esse habilis et inhabilis diversis temporibus),因此,应当将具有责任能力与不具有责任能力的情况严格区分。间歇性精神病人,在精神正常期间即精神错乱中断的期间,具有辨认控制能力。精神错乱者在精神错乱中断期间可以制作遗嘱(Furiosus tempore intermissi furoris testamentum facere potest),同样,精神错乱者在精神错乱中断期间应当对自己的犯罪行为承担责任。间歇性精神病人在精神正常期间实施犯罪行为后,即使再次精神错乱,也应当追究刑事责任。因为责任能力是行为时对特定行为的辨认控制能力,而不是刑罚适应能力,所以,后发的精神错乱并不导致以前完成的行为无效(Furor superveniens non perimit actum prius perfectum)。反之,如果实施行为的时候精神错乱,不具有责任能力,该行为便不成立犯罪;即使后来精神正常的,也不应当承担刑事责任。不难看出,一旦精神错乱就总被推定为精神错乱(Semel furiosus semper praesumitur furiosus)的格言,并不完全妥当。

问题是,间歇性精神病人在精神正常的情况下决定并着手实行犯罪,在实行过程中精神病发作丧失责任能力的,应当如何处理?德国曾发生如下案件:被告人起先用铁锤殴打被害人但没有致人死亡,由此陷入无责任能力状态,在无责任能力状态下继续实施殴打行为导致被害人死亡。对此问题,国外学者提出了三个解决途径:一是适用原因自由行为的法理。因为行为人在实施与结果有直接因果关系的行为时已经没有责任能力,所以与原因自由行为的事例相同。但是,实行中途丧失责任能力不同于原因自由行为,不应当适用原因自由行为的法理。二是将具有责任能力时的实行行为与陷入无责任能力后的实行行为作为"一体"或"一个"行为来考虑,从而肯定行为人对陷入无责任能力时的引起结果发生的行为也具有责任能力。可是,为什么将二者作为"一体"或者"一个"行为来考虑,还缺乏充分理由;而且如何判断一体性、一个行为,也是不明确的。三是作为因果关系的错误(或客观归责)问题来解决。即在陷入无责任能力状态前,就已经存在犯罪的未遂。对行为人是否适用既遂的刑罚,就取决于无责任能力状态的出现,是否表现为因果关系的非重大偏离。如果因果关系的偏离重大,行为人便不承担既遂责任。但一般来说,在上述场合,因果关系的偏离并不重大,行为人应负既遂的责任。[12]本书认为,可以将上述第二、三种途径结合起来考虑。只要开始实施实行行为时具有责任能力与故意、过失,丧失责任能力后所实施的行为性质与前行为的性质相同,而且结果与其行为之间具有因果关系,即使结果是在其丧失责任能力的情况下发生,行为人也应负既遂责任,而不宜认定为犯罪未遂。例如,甲以故意杀人将有毒饮料交给乙后突发精神病,丧失责任能力,乙喝了毒药后死亡,应认定甲的行为成立故意杀人既遂。但是,如果开始实施实行行为时具有责任能力与故意、过失,然后丧失责任能力,在无责任能力阶段实施的是另一性质的行为,由该另一性质的行为导致了结果的发生,则行为人仅对前行为承担未遂犯的责任(当然,如果前行为已经既遂,行为人当然承担既遂犯的责任)。

《刑法》第 18 条第 4 款规定:"醉酒的人犯罪,应当负刑事责任。"醉酒是酒精中毒的俗称,分为生理性醉酒与病理性醉酒两种情况。生理性醉酒即普通醉酒不是精神病,其引起的精神障碍属于非精神病性精神障碍。刑法理论一般认为,在生理性醉酒的情况下,还具有责任能力,故对其实施的犯罪行为应当承担责任;即使其责任有所减弱,但由于醉酒由行为人自己造成,也不得从轻或者减轻处罚。当然,其中也具有刑事政策的理由。醉酒引发和显露一切罪行(Omne crimen ebrietas et incendit et degegit)。如果醉酒的人犯罪不负刑事责任或者从轻、减轻处罚,必然导致犯罪增加。病理性醉酒则属于精神病状态,多见于通常并不饮酒或对酒精无耐受性或并存感染、过度疲劳、脑外伤、癫痫症者,在偶然一次饮酒后发生。病理性醉酒人的行为紊乱、记忆缺失、出现意识障碍,并伴有幻觉、错觉、妄想等精神病症状,且其行为通常具有攻击性。一般认为,病理性醉酒属于精神病,醉酒人完全丧失责任能力。在此意义上说,酩酊者最接近精神错乱者(Nihil similius est insano quam ebrius)。既然如此,在行为人没有意识到的首次病理性醉酒导致结果发生时,不能认定为犯罪。但行为人在得知了自己有病理性醉酒的历史,预见到自己饮酒后会实施攻击行为,造成结果的情况下,故意饮酒造成结果,或者由于饮酒过失导致结果发生的,则应当承担责任。

最后,幼年人无异于精神错乱者,只是就二者没有责任,因而不负刑事责任而言,因此,在他们实施了危害行为时,应分别作出不同处理:对于前者,应责令家长或者其监护人加以管教,必要时由政府收容教养;对于后者,应当责令他的家属或者监护人严加看管和医疗,必要时由政府强制治疗。这也表明,幼年人与精神错乱者虽然没有责任,但其行为依然可能是违法的。亦即,行为人是否达到责任年龄与是否具有责任能力,并不影响其实施的行为是否具有违法性。

注 释

［1］没有见到采取积极规定的立法例。这是因为，如果刑法规定，具有辨认控制能力的人才承担刑事责任，那么，检察机关就必须对所有的被告人都作司法鉴定，证明被告人具有辨认控制能力，这便增加了司法负担。不仅如此，与证明被告人无责任能力相比，证明被告人有责任能力是相当困难的。

［2］当然，就责任年龄而言，还有一个刑事政策的问题。亦即，就未成年人而言，即使具有一定的辨认控制能力，但国家为了保护未成年人的成长，也会以年龄小为根据而不处罚。

［3］参见〔英〕鲁珀特·克罗斯、菲利普·A.琼斯：《英国刑法导论》，赵秉志等译，中国人民大学出版社 1991 年版，第 83 页。

［4］参见〔日〕平野龙一：《刑法总论Ⅱ》，有斐阁 1975 年版，第 286 页。

［5］参见〔日〕墨田葵：《责任能力》，载阿部纯二等编：《刑法基本讲座》第 3 卷，法学书院 1994 年版，第 244 页。

［6］采取相对的意志自由论，还基于以下几个理由：(1) 虽然自由意志难以得到证明，但自由意志是值得向往和保护的。刑法禁止的一些犯罪（如强奸罪、外国刑法规定的胁迫罪等），不仅保护人的行动自由，而且保护人的意识活动自由。如果人没有自由意志，其一举一动完全是被决定的，那么，法律就没有必要保护人的意识活动自由。(2) 否认自由意志的结局，要么像新派的代表人物之一菲利(Ferri)那样，主张没有责任与刑罚的刑法典，要么认为法律责任不以自由意志为前提。但是，前者行不通，后者不能说明刑法上的责任。(3) 承认意志自由，可以解决刑法上的诸多问题。例如，正是因为人有自由意志，刑法规范可以影响人们作出适当的意志决定，预防犯罪才有可能，并且成为刑罚的目的。(4) 刑法的重要机能是保障被告人的自由，承认意志自由，对被告人更有利。否认自由意志的结果，要么

否认责任,从而使刑罚不能受到责任的限制,导致刑罚过重;要么完全由一般预防的必要性大小决定刑罚轻重,使被告人成为预防他人犯罪的工具。(5) 即使认为自由意志是一种假定,这种假定也和社会契约论一样,具有积极意义。事实上,即使不(完全)承认自由意志或者不使用自由意志概念的刑法学者,其理论也往往以人具有自由意志为前提。概言之,承认人具有自由意志比否定人具有自由意志更好。

[7] 请注意,在这种情况下,并不是说,行为人的行为成立犯罪,只是因为其没有达到法定年龄,而不承担法律后果;而是说,行为人的行为虽然具有违法性,但缺乏非难可能性所需要的年龄,故其行为缺乏有责性,因而不成立犯罪。

[8] 参见最高人民法院1985年8月21日《关于人民法院审判严重刑事犯罪案件中具体应用法律的若干问题的答复(三)》。

[9] 值得研究的是,1996年(闰年)2月29日出生的人,是2014年3月1日已满18周岁,还是2010年3月2日已满18周岁?本书倾向于后者。

[10] 此外,根据最高人民检察院2000年2月21日《关于"骨龄鉴定"能否作为确定刑事责任年龄证据使用的批复》,犯罪嫌疑人不讲真实姓名、住址,年龄不明的,可以委托进行骨龄鉴定或其他科学鉴定,经审查,鉴定结论能够准确确定犯罪嫌疑人实施犯罪行为时的年龄的,可以作为判断犯罪嫌疑人年龄的证据使用。如果鉴定结论不能准确确定犯罪嫌疑人实施犯罪行为时的年龄,而且鉴定结论又表明犯罪嫌疑人年龄在刑法规定的法定年龄上下的,应当依法慎重处理。

[11] 参见何秉松:《关于犯罪主体的几个问题》,载《河北法学》1987年第2期。

[12] 参见张明楷:《外国刑法纲要》,清华大学出版社2007年版,第211页以下。

刑 法 格 言 的 展 开

Non reus nisi mens sit rea

无犯意则无犯人

无犯意则无犯人(Non reus nisi mens sit rea)是英国人用拉丁语表述的法律格言,其含义是,如果行为人在实施刑法禁止的行为时不具有犯意(包括故意与过失,下同),那么,其行为就不构成犯罪,行为人就不是犯罪人,对行为人就不能适用刑罚。用我国的刑法用语可表述为,没有罪过就没有犯罪,没有罪过就没有犯罪人。大陆法系国家刑法理论的通说认为,犯罪的成立条件是构成要件符合性、违法性与有责性,有责性也称为责任。[1]责任是指非难可能性,责任的要素包括责任能力、故意与过失、违法性认识的可能性与期待可能性。因此,上述格言用大陆法系国家刑法用语也可表述为,**没有责任就没有刑罚**(Nulla poena sine culpa)。这种观念在现代刑法理论中称为责任主义。

古代实行的是结果责任与团体责任。前者是指,只要发生结果,不管行为人主观上有没有罪过,都作为犯罪处罚;后者是指,不仅犯罪的人承担刑事责任,而且与犯罪人有关的人也承担刑事责任。责任主义则以主观责任与个人责任为内容。主观责任是指,如果行为人没有责任能力,没有故意、过失,没有违法性认识的可能性,没有实施合法行为的期待可能性,其行为便不构成犯罪,对行为人就不能科处刑罚。[2]主观责任的产生,一方面废止了结果责任,另一方面形成了未遂责任。法谚云:**即使没有发生结果,恶意也要受处罚**(Affectus punitur, licet non sequatur);**在重大不法中,即使没有发生结果,恶意也要受处罚**(In atrocioribus delictis, punitur affectus licet non sequatur effectus)。当然,这并不意味着有犯意就得受处罚。个人责任是指,只能就行为人实施的行为对行为人进行谴责,而不能株连其他没有犯罪的人。通常所说的责任主义,是指个人责任原则。此外,责任主义有积极的责任主义与消极的责任主义之分:积极的责任主义是指**有责任就有刑罚**(Ubi culpa est, ibi poena subesse debet)、**刑罚伴随责任**(Culpam poena premit comes)的原则,即行为符合构成要件,具有违法性,行为人具有责任时,就成立犯罪,应当科处刑罚。不仅有故意就要处罚,而且**有过失就有处罚**(Ibi sit poena,ubi et noxa)。消极的责任主义是指**没有责任就没有刑罚**的原则。由于责任主义是限定犯罪成立的原则,而非扩张犯罪成立的原则,因此,责任主义通常是指消极的责任主义。消极的责任主义中,特别重要的是没有故意、过失就没有刑罚即**无犯意则无犯人**的狭义的责任主义。

无犯意则无犯人的责任主义的确立经历了漫长的过程。英国盎格鲁·撒克逊时期的法律,不考虑被告人的内心,只要证明被告人的行为客观上造成了损害结果,就科处刑罚,绝对责任或严格责任(absolute or strict liability)占支配地位。但这个时期的处罚,没有区分民事制裁与刑事制裁,对杀人罪也科处金钱赔偿或者罚金。随着国王权力的扩大,与国王权力相抵触的行为便增多,被认定为犯罪的行为也逐步增加。一方面,刑事法与民事法相分离,以死刑为中心的刑罚极为严酷,于是,在金钱赔偿时代其不合理性还不明显的严格责任,随着刑罚的严酷性,逐渐显露出问题与缺陷。另一方面,受重视犯罪人主观罪过的教会法的影响,人们逐渐认识到了由主观要件限定刑罚处罚范围的必要性。这种主观要件称为犯意(mens rea)。在科克时代,**没有犯意的行为不能构成犯罪**(Actus non facit reum, nisi mens sit rea; Actio non facit reum, nisi mens sit rea)成为英国刑法的原则[3],而其中的犯意就包括了故意与过失。

在刑法理论上,旧派与新派对于为什么将故意与过失作为犯罪成立条件的问题,存在不同看法。旧派认为,人的意志是绝对自由的,可以任意选择行为,犯罪是人的自由意志的产物,但是,一方面,没有辨认控制能力的人是没有自由意志的,因此没有辨认控制能力的人的行为不成立犯罪;另一方面,没有故意、过失时,不能证明其行为是自由意志的产物,所以没有故意、过失的行为不成立犯罪。新派则认为,犯罪是人的素质与环境的产物,犯罪人并不具有选择犯罪行为与合法行为的能力,即不具有自由意志,因此,就犯罪行为对行为人进行谴责是不可能的。刑法是针对犯罪人将来再犯罪的可能性即性格的危险性,进行社会防卫的手段。但是,没有故意、过失的人,不可能具有性格上的危险性,因此,成立犯罪要求行为人主观上具有故意或者过失。

由于责任主义的贯彻在许多场合十分困难,同时为了使责任主义得到全面贯彻,现代刑法理论往往在宪法上寻找责任主义的根据,即认为责任主义是宪法上的原理。如原联邦德国宪法法院 1966 年 10 月 25 日的判决指出:

> 对刑法上的不法行为的刑罚以及对其他不法行为的类似刑罚的制裁等一切刑罚均以存在责任为前提的原则,具有宪法价值。该原则在作为基本法的本质原则之一的法治国原理中可以找到根据;法的安定性与实质的正义也是法治国原理的内容;此外,正义的理念要求构成要件与法律效果之间具有实质的适合关系。……刑罚、秩序罚对行为人的违法行为进行非难。这种刑法上的非难以具有非难可能性为前提,因此以刑法上的责任为前提。如果不是这样,刑罚便成为对行为人不应当承担责任的事实的一种报应,这与法治国原理不一致。因此,对没有责任的行为人的举止进行刑法的威慑或者

类似刑法的威慑违反了法治国原理,侵害了行为人所享有的《基本法》第 2 条第 1 款的基本权。[4]

日本一些学者也在宪法上寻找责任主义的根据。例如,内藤谦在《宪法》第 13 条有关尊重个人的规定中寻找责任主义的宪法根据[5];荻原滋在《宪法》第 31 条有关实体的正当程序的规定中寻找责任主义的根据[6];神山敏雄在《宪法》第 39 条有关禁止溯及既往与双重处罚的规定中寻找责任主义的根据。[7]

我国刑法理论一直既反对主观归罪,也反对客观归罪;无犯意则无犯人是我国刑法理论一贯坚持的原则。

社会物质生活条件决定人们的意识,但是,当人们一经认识了客观事物的发展规律的时候,又可以凭借这种认识支配自己的行为,这便是自由意志的能动作用。另一方面,人不仅是自然的存在物,更重要的是社会的存在物。正是由于人具有能动性与社会性,使得国家有可能要求人们按照一定的社会标准,选择和决定自己的行为,并且以此为尺度,对人们的行为进行肯定的或者否定的评价。如果人没有能动性,或者在行为的当时不可能发挥能动性,就不存在对其行为进行肯定或者否定评价的前提。责任与自由意志不可分离,没有自由意志就没有选择,没有选择就没有责任。"当人的意志能够选择为或不为该种行为时,意志的作用便是使人的行为受到称赞或者责难的唯一因素。"[8]选择与责任成为高度统一的哲学范畴。因为人是在特定的社会关系、特定的法律秩序范围内进行选择的,各种社会关系相互联系,相互作用,形成一个整体。人的选择必然给社会关系带来种种影响,作出选择的人应当对此影响负责。如果行为及其实害不是人选择的结果(即没有故意与过失），那么，行为人当然不可能承担责任。[9]

人应当受到尊重。"对人类的普遍'尊重'在某种意义上是'找不到根据的'——它是一种终极的态度，而这一点本身是不能用更终极的术语来加以说明的。"[10]尊重人首先意味着将人作为自在目的，而不能作为实现其他任何目的的手段。对于没有故意、过失的行为也追究刑事责任，无非是为了通过惩罚这种行为以达到防止这种行为的目的，这实际上是将人作为实现目的的手段对待的，背离了尊重人的观念。尊重人还意味着尊重人的意志，肯定人的主观能动性，从而肯定人与一般动物的区别。没有故意、过失的行为不是行为人主观选择的结果，将其作为犯罪就否定了人的意志，实际上将人视为一般动物，不是尊重人的表现。

刑罚应当受到限制。刑法的机能除了法益保护外，还有自由保障。刑法的合理性取决于处罚范围与程度的合理性。刑罚的宣告、适用，有利于实现法益保护机能，而刑罚的限制则有利于实现自由保障机能。为了实现法益保护机能与自由保障机能的协调，必须明确划定犯罪与刑罚的界限。**人皆平等**。所有的人都是自由且平等的"法的主体"，只有将个人责任与行为责任作为犯罪与刑罚的前提而划定犯罪与刑罚的界限，才能保障行为人的权利与自由，保障个人的尊严。易言之，为了不致使国家刑罚过于恣意地侵害国民的权利与自由，必须制约国家的刑罚权，制约的方式是通过个人责任与行为责任合理划定犯罪与刑罚的界限。

犯罪应当得到抑制。罪刑法定主义与责任主义都对犯罪起抑制作用。根据罪刑法定主义，国家通过事先明文预告犯罪与刑罚，使人们能够正当区分犯罪与非罪，从而对犯罪产生"反对动机"，作出不实施犯罪的意思决定，实现行为的规制。如果没有罪刑的事先预告,人们因为不知何为犯罪而不可能对犯罪产生"反对动机",无法抑制犯罪。同样,如果不采取责任主义,在行为人对结果没有故意与过失时,也将行为作为犯罪科处刑罚,那么,由于缺乏对结果的预见(故意)与结果的预见可能性(过失),便不可能通过设定为了避免结果发生而不实施犯罪行为的"反对动机"来规制行为。[11]换言之,处罚没有犯意的行为,不可能抑制在将来的同样状况下发生相同的"犯罪"行为(不存在预防犯罪的效果);对在刑罚不可能产生影响的心理状态下实施的行为处以刑罚,就收不到刑罚的效果。

犯罪与意外事件不同。意外事件虽然与人的行为有联系,但却是不依人的意志为转移的,故与自然事件没有任何实质上的差异。如果因为某人的行为与意外事件有关联,便追究其刑事责任,那么,行为人就不是因为自己有意识的行为而承担责任,而是因为自己不幸运遇上了意外事件而承担责任。这样,人们在日常生活中就会恐惧命运,就会因为担心遇上意外事件而限制自己的行为,造成行为的萎缩。可见,对意外事件追究行为人的责任,必然限制公民的行动自由。因此,**意外事件不能归责**(Casus non est imputabilis),**任何人不对意外事件承担责任**(Casus a nullo praestantur),承担责任的前提是行为人具有故意或者过失。

英美至今仍然实行严格责任,当然可以认为是古代结果责任的残余。另一方面,由于现代社会活动的复杂化使得行为的危险性不断增加,为了使人们特别是从事危险活动的人们履行注意义务从而保护公共利益,避免因立证困难而导致扩大不处罚的范围,也是英美实行严格责任的理由。[12]显然,严格责任理论试图通过扩大刑罚处罚范围来保护公众利益,虽然重视了对社会利益的保护,但忽视了对公民人权的保障。尤其不能令人们接受的是,因为立证困难便不要求有犯意的理由。依此逻辑,只有容易立证的因素才是犯罪成立条件,立证困难的因素就不是犯罪成立条件。然而,立证的易难与行为的性质、行为的危险程度等并没有必然联系;根据立证的难易程度确定犯罪成立条件,犯罪的定义只能是"容易立证的行为"。

总之,责任存在于处罚之前,矫正存在于犯罪之后(Culpa quam poena tempore prior, emendari quam peccare posterius est),无犯意则无犯人的格言具有充分的理由与根据。我国《刑法》第16条规定:"行为在客观上虽然造成了损害结果,但是不是出于故意或者过失,而是由于不能抗拒或者不能预见的原因所引起的,不是犯罪。"这明确肯定了责任主义原则。然而,在刑法理论与司法实践中,责任主义的全面贯彻还值得研究。

(1) 关于过失犯罪的理解与认定问题。

犯罪的成立原则上以有故意为必要,作为例外即使没有故意时,也以法定过失为必要。所以,没有恶意就没有刑罚(Poena sine fraude esse non potest),没有过失就没有犯罪(Ubi non est cupla, ibi non est delictum),任何人都不对无过失产生的结果承担责任(Quae sine cupla accidunt, a nullo praestantur)。在这方面有两个值得注意的问题。一是超新过失论是否违背了责任主义;二是对疏忽大意过失的认定如何防止违反责任主义。

过失与对结果的预见可能性有关。过于自信的过失时,行为人虽然已经预见过自己的行为可能发生危害社会的结果,但同时又否认了结果的发生(轻信可以避免结果发生),结局是依然没有预见到结果发生,但行为人对结果具有预见可能性。疏忽大意的过失时,行为人应当预见自己的行为可能发生危害社会的结果但因为疏忽大意而没有预见。所以,可以肯定,过失以行为人对结果具有预见可能性为前提。问题在于预见可能性的内容,以往的过失理论一般将预见可能性理解为具体的预见可能性,即对于自己的行为与结果之间的基本关系的预见可能性。但是,超新过失论认为,对结果的预见不要求具体的预见,只要有模糊的不安感、危惧感就成立过失。即行为人对自己的行为有模糊的不安感、危惧感时,就是已经预见到了危害结果;应当产生这种不安感、危惧感时,便是应当预见危害结果。该理论产生于日本,森永牛奶案件就是一个动因。森永乳业公司德岛工厂一直从有信用的药店购买一种提高粉乳溶解度的安定剂——磷酸氢二钠。但一个时期,该药店所出售的不同于上述安定剂、含有砷的"松野制剂",也被称为磷酸氢二钠,德岛工厂购进了该制剂,加入了这种制剂的奶粉造成了许多婴儿的死伤。德岛地方裁判所以制造方法本身不能生产有害物质、工厂信赖了药店等为由,否认工厂厂长的过失责任。但高松高等裁判所认定成立业务上过失致死伤罪,理由是,对药店将"松野制剂"称为磷酸氢二钠而出售虽然是不能预见的,但在购进了与预定要求不相同的物品时,使用这种物品应当有不安感,这种不安感就是对危险的预见。[13]日本的藤木英雄等刑法学者在理论上使这一判决理由进一步发展,形成了不安感说或超新过失论。

不安感说虽然对公害犯罪的认定、对法益的保护起到了一定的积极作用,但受到了批判。其中最大的问题是,过于扩大过失处罚范围,有时会形成结果责任,因而违反责任主义。例如,只要驾驶机动车,就会有发生事故的不安感、危惧感。再如,以开发新药为例,对开发者而言,无论如何采取措施,仍然对未知的副作用有不安感。如果以此为基础处罚过失的话，就使刑事责任等同于结果责任。[14] 除了上述判例之外，日本再也没有肯定不安感说的判例，而且有判例明确否定不安感说。如札幌高等裁判所1976年3月18日就北海道大学电动手术刀案件的判决指出，认定过失犯中的违反注意义务，要求有结果发生的预见可能性。这种预见可能性，不是指内容不特定的、一般的、抽象的危惧感或不安感，而是要求对特定的构成要件结果以及导致该结果发生的因果关系的基本部分的预见可能性。"如果因为抱有内容不特定的、一般的、抽象的危惧感或者不安感，就直接肯定行为人对结果具有预见和避免义务，过失犯的成立范围就可能无限定地逐步扩大，从责任主义的见地来看，这是不适当的。"[15]

本书不赞成不安感说。其一，这种学说扩大了过失犯的处罚范围，实际上会导致结果责任。因为随着社会生活的复杂化，驾驶机动车、建立核电站和高速铁路、开发新药品、治疗疾病、从事高层建筑等危险行为越来越多；但这些具有危险性的行为，在社会生活中不可避免地存在着，而且对社会的发展具有有用性与必要性；如果禁止这些危险行为，社会就不可能发展和进步。可是，人们在实施这些危险行为时，都会具有不安感或危惧感，但不能据此认定行为人具有过失；医师虽然对患者可能死亡具有不安感，但**不得将不可避免的死亡结果归责于医师**（Medico imputari eventus mortalitatis non debet）；建设核电站的技术人员对发生事故具有不安感，但不得将不可避免的结果归责于技术人员。易言之，只要他们对结果没有具体的预见可能性，即使造成了损害结果，也不应当认定有过失。如果因为行为人产生了不安感就认定为过失，那么，凡是实施对社会有利的危险行为而造成了损害结果的，都成立过失犯罪。

这实际上放弃了对过失的要求,显然违反了无犯意则无犯人的责任主义原则。其二,不安感说事实上也会造成不公平现象:胆量大的人在实施某种行为时,可能不会产生不安感,因而难以成立过失犯罪;而胆量小的人在实施相同行为时,可能产生不安感,因而容易成立过失犯罪。其三,如何判断行为人应否产生不安感、是否产生了不安感,也是极为困难的。其四,我国《刑法》第 15 条第 1 款规定:"应当预见自己的行为可能发生危害社会的结果,因为疏忽大意而没有预见,或者已经预见而轻信能够避免,以致发生这种结果的,是过失犯罪。""危害社会的结果"是一个外延极广的概念,我们只能在法律规定的范围内进行理解。因为过失犯罪以发生危害结果为构成要件,构成要件是由刑法规定的,故这里的"危害社会的结果",只能是刑法分则对过失犯罪所规定的具体的犯罪结果。例如,过失致人死亡时,行为人所应当预见或者已经预见而轻信能够避免的是自己的行为可能发生他人死亡的法定的具体结果,而不是其他结果。当然,具体结果也是相对的,在危害公共安全的过失犯罪中,行为人所应当预见或者已经预见而轻信能够避免的结果不一定很具体,但必须是刑法分则所规定的结果。而不安感说所主张的预见并不是一种具体的预见,因此,照搬不安感说会违反我国刑法的规定。

  不采取不安感说,并不意味着不会违反责任主义原则;尽管刑法规定了过失的要件,但如果将没有过失的行为认定为具有过失的行为,也违反责任主义原则。疏忽大意过失的成立以行为人能够预见、应当预见危害结果为前提,但如何判断能否预见、应否预见,则是值得注意的问题。如果站在行为后的立场判断能否预见,或者认为结果严重行为人就应当预见,或者因为行为人实施了不道德或者违法行为就认定应当预见,或者不考虑案件的特殊情况便根据通常情况认定为应当预见,那么,就必然出现结果责任的现象。因此,在认定疏忽大意过失犯罪时,要特别注意以下四点:第一,从分析行为入手,根据行为本身的危险程度、行为的客观环境以及行为人的智能水平,判断行为人在当时的情况下能否预见危害结果。如果从结果发生之后进行观察,就会因为行为与结果的因果关系已经显现出来,而容易认定行为人能够预见、能够避免,因而容易违反责任主义。第二,不能因为结果严重就断定行为人能够预见、应当预见。行为人能否预见结果发生与实际发生的结果是否严重,具有一定联系,因为对于危险程度越高的行为,行为人预见发生危害结果的可能性就越大;但是不能由此认为,凡是结果严重的,行为人就能够预见、应当预见。只要行为发生了严重结果,就千方百计追究行为人刑事责任的做法,是结果责任的残余,违反责任主义原则。第三,行为人在实施不道德、违法乃至犯罪行为时,有时也会发生行为人所不能预见的其他结果,不能因为行为人实施的是不正当行为,就断定他能够、应当预见自己行为的一切结果。特别是不能因为行为人的行为本身不构成犯罪,就针对其不能预见的结果追究疏忽大意过失犯罪的刑事责任。第四,要注意案件的特殊环境。有的行为人在一般条件下能够预见某种行为可能发生危害结果,但在特殊条件下,由于客观环境的限制,却不能预见某种行为可能发生危害结果。因此,不能离开行为的客观环境判断行为人能否预见。例如,在房前屋后锯树应当预见大树倒下可能砸死砸伤他人,但深夜在没有人烟的荒山野外锯树时,则不一定具有这种预见可能性。

顺便指出的是,区分故意与过失也是责任主义的要求。因为故意与过失是两种责任形式,如果将过失认定为故意,也不符合责任主义的要求。过失表现为对结果具有预见可能性,而故意已经认识到结果的发生。所以,已知道、应知道、能知道具有同一性(Idem est scire aut scire debere aut potuisse)的法律格言,并不适用于故意与过失的区分。

(2)关于奸淫幼女犯罪的问题。

我国《刑法》第 236 条第 2 款规定:"奸淫不满 14 周岁的幼女的,以强奸论,从重处罚。"由于条文没有写明必须"明知是幼女",所以有人认为,"即使行为人不知道或者不认为该幼女不足 14 周岁,但是,只要事实上该幼女不满 14 周岁,行为人就应当负奸淫幼女犯罪的刑事责任",并认为奸淫幼女犯罪属于严格责任的犯罪。[16]如果这种观念得以成立,那么,无犯意则无犯人的原则就不能成立了。

本书认为,我国刑法所规定的奸淫幼女行为,不是严格责任的犯罪。奸淫幼女的成立要求行为人认识到对方是幼女,既包括认识到对方一定是幼女,也包括认识到对方可能是幼女(其中包括不管对方是否幼女而决意奸淫的情况)。理由如下:第一,犯罪构成的客观要件规制着主观要件的内容,就故意犯罪而言,故意的认识内容是符合客观要件的事实。这是责任主义的体现。奸淫幼女的客观要件是"奸淫幼女",故行为人必须认识到自己在"奸淫幼女":一方面要认识到自己在实施"奸淫"行为,另一方面要认识到自己在奸淫"幼女"。否则不能认为有奸淫幼女的故意。如同故意杀人时,行为人必须认识到是在杀人一样,如果行为人只认识到"杀",没有认识到杀"人",而是认识到在杀动物或者尸体,则不能认为有杀人的故意。第二,根据刑法总则的规定,故意犯罪要求行为人认识到自己的行为会发生危害社会的结果,而奸淫幼女的结果是损害"幼女"的身心健康。然而,如果没有认识到对方是幼女,就不可能认识到自己的奸淫行为会发生损害"幼女"身心健康的结果。换言之,认识到是幼女,是认识到奸淫幼女的危害结果的前提条件。刑法分则条文之所以不写明要求明知是幼女,是因为总则关于故意的规定已经包含了这一内容。第三,在实践中,有些幼女发育早熟,身材高大,且谎报年龄,又自愿与男方发生性交,男方在不知道也不可能知道其为幼女的情况下与之发生性交的,显然不具有奸淫幼女的故意。如果根据前述观点将该行为以奸淫幼女犯罪论处,则明显违反了<u>无犯意则无犯人</u>的责任主义原则。只有认为明知对方是幼女是该罪的认识内容,才不致发生结果责任的现象。

那么,分则条文没有对奸淫幼女要求"明知是幼女",是否意味着奸淫幼女的成立不要求行为人明知是幼女呢?答案是否定的。因为总则指导分则、补充分则,如果分则没有例外的、特别的明文规定,就必须适用总则的规定。既然根据刑法总则的规定,任何故意犯罪的成立,都要求认识到犯罪的客观构成要件要素(包括犯罪对象),那么,只要分则没有特别规定,奸淫幼女的成立就必须以明知对方是幼女(犯罪对象)为条件。也正因为如此,有的国家(如意大利、格陵兰、加拿大)刑法规定,奸淫幼女的,不得以不知被害人年龄作为无罪的辩解,甚至规定过失的奸淫幼女罪。但是,在我国刑法将奸淫幼女规定为故意犯罪,又没有类似特别规定与过失犯罪规定的情况下,对被害人年龄的不知,便成为无罪的理由。

许多人习惯于以刑法分则只对部分犯罪(如赃物罪、窝藏罪等)规定了明知要件,而没有对奸淫幼女规定明知要件为由,主张奸淫幼女为严格责任犯罪。其实,这种观点是没有明确分则条文中的"明知"规定属于注意规定所致。注意规定是在刑法已作基本规定的前提下,提示司法工作人员注意,以免司法工作人员忽略的规定。它有两个基本特征:其一,注意规定的设置,并不改变基本规定的内容,只是对相关规定内容的重申;即使不设置注意规定,也存在相应的法律适用根据(按基本规定处理)。其二,注意规定只具有提示性,其表述的内容与基本规定的内容完全相同,因而不会导致将原本不符合相关基本规定的行为也按基本规定论处。分则关于"明知"的规定,都属于注意规定,即提醒司法工作人员注意的规定。即使分则没有"明知"的规定,也应根据总则关于故意的规定,要求故意犯罪的行为人必须明知犯罪构成的客观要件要素(客观的处罚条件或客观的超过要素除外)。因为根据总则的规定,在故意犯罪的情况下,行为人必须明知犯罪客观方面的构成事实,并且希望或者放任危害结果的发生。易言之,对于犯罪构成客观方面的事实,行为人必须有认识,否则便阻却故意。因此,刑法分则关于"明知"的规定都属于注意规定。基于这一理由,即使刑法分则没有明文规定"明知"要素,对于犯罪构成的客观要素,故意犯罪的行为人主观上也必须明知。例如,《刑法》第171条第1款前段规定:"出售、购买伪造的货币或者明知是伪造的货币而运输,数额较大的,处3年以下有期徒刑或者拘役,并处2万元以上20万元以下罚金。"表面上看,运输假币时,才需要"明知是伪造的货币";出售、购买假币时,则不需要明知是伪造的货币。但事实上并非如此。在本罪中,行为对象是特定的,属于客观的构成要件要素,行为人对此必须有认识;如果不明知是假币而出售或者购买,就不可能明知自己的行为会发生破坏货币的公共信用的危害结果,就不会存在犯罪故意。《刑法》第 171 条之所以这样规定,是因为在运输时不明知是假币的可能性较大,于是,为了提醒司法工作人员注意,特别写明"明知是伪造的货币而运输"。而出售、购买假币时,一般表现为以少量真货币换取大量假币,或者将大量假币换取少量真货币,行为人通常明知是假币,所以没有必要特别提醒。尽管如此,司法工作人员仍然要查明行为人在出售、购买假币时,是否明知是伪造的货币。例如,一位企业家的儿子将自费赴美国留学,需要一定数量的美元。由于在银行兑换的美元有限,该企业家便在银行外购买美元,但他花 10 万元人民币购买的却是面值 1.2 万元的假美元。由于行为人根本不知其购买的是伪造的货币,故不可能将其行为认定为购买假币罪。所以,尽管《刑法》第 171 条未要求出售、购买伪造的货币时必须"明知是伪造的货币",但根据刑法总则关于故意的规定,仍然需要行为人明知是伪造的货币。奸淫幼女犯罪也是如此。

成立奸淫幼女犯罪要求行为人明知是幼女,并不意味着放弃对幼女的特殊保护。其一,对幼女的特殊保护主要体现在:在明知是幼女的情况下与之发生性关系的,即使行为人没有采取暴力、胁迫等强制手段,也成立强奸罪;对奸淫幼女的,依法从重处罚;理论上与实践上对奸淫幼女实行了与普通强奸不同的既遂标准,也旨在对幼女进行特殊保护。[17]但是,刑法不能超出必要的范围予以特殊保护:一方面,不能不顾及刑法的公平正义予以特殊保护。刑法对杀害幼女的,也没有实行严格责任;在这种情况下,要求对奸淫幼女实行严格责任,会导致处罚的不公平。另一方面,不可放弃刑法的自由保障机能予以特殊保护。在法治时代,只要行为人没有实施刑法以刑罚所禁止的行为,就不能追究行为人的刑事责任。刑法并不禁止行为人与已满 14 周岁的女性在自愿的前提下发生性关系,这种行为充其量只能受到道德上的谴责。单纯受到道德谴责的心态,并不等于刑法上的故意。在行为人确实不知对方是幼女而与之自愿发生性关系时,就行为人一方面而言,等同于与已满 14 周岁的女性自愿发生性交;在这种情况下,单纯在道德上应受谴责的心态,与刑法所规定的客观行为的结合,并不构成刑法上的故意犯罪。其二,在行为人不明知是幼女的情况下,如果采取暴力、胁迫或者其他手段与幼女发生性关系的,依然成立强奸罪。其三,要求行为人明知是幼女,并不限于行为人明知对方肯定是幼女,而是包括明知对方可能是幼女。也因为如此,奸淫幼女可以由间接故意构成。即行为人在认识到对方可能是幼女的情况下,即使不希望发生损害幼女身心健康的结果,但因为对年龄持漠不关心的态度,进而对损害幼女的身心健康结果持放任态度的,如果对方实际上是幼女,仍然成立强奸罪。如前所述,只有当幼女发育早熟、身材高大、言行举止明显不像幼女、且谎称已满 14 周岁时,行为人才可能确实不知其为幼女;也只有在这种情况下,行为人才可能以确实不知对方为幼女为由提出无罪辩解。对于那些小学教师、初中教师与其女学生发生性关系的,与邻居、亲属的幼女发生性关系的,那些根本不考虑对方是否幼女而与之发生性关系的,追求与处女发生性关系的,以及存在对方可能是幼女的迹象的,都应当认定行为人明知对方是或者可能是幼女,因而认定具有奸淫幼女的故意。由此可以看出,不明知的辩解只有在极为狭窄的范围内才成立。其四,对奸淫幼女的明知,还可以采取推定的方法予以认定。事实的推定是证明被告心理状态的唯一手段。推定也是基于常情。例如，**隐秘的赠与总是引起怀疑**（Dona clandestina sunt simper suspiciosa），**隐秘的被推定为不正当**（Clandestina injusta praesumuntur）。可见，推定是根据客观事实推导行为人的心理状态，客观事实正是检验行为人心理状态的根据。推定不是主观臆断，司法机关可以运用推定方法证明行为人有无故意心理状态，只要幼女并非"发育早熟、身材高大、谎称已满14周岁、言行举止明显不像幼女"时，就可以推定行为人明知是幼女。

（3）关于醉酒人犯罪的刑事责任问题。

一种观点认为，对于醉酒的人犯罪追究刑事责任，是严格责任的表现。本书不同意这样的看法。在醉酒的情况下，醉酒人通常具有辨认控制能力，因而其实施危害行为时具有故意或者过失的心理态度。而且，通常所说的醉酒的人犯罪，是指生理性醉酒的人犯罪，而不包括第一次病理性醉酒的人的危害行为。因为病理性醉酒属于精神疾病，行为人不具有辨认控制能力，通常也就没有故意与过失。但是，知道自己病理性醉酒后会实施危害行为而故意饮酒以致实施危害行为的，则不能免除其刑事责任。此外，有些生理性醉酒的人也可能没有辨认控制能力，但也不能免除其刑事责任。然而，这并不是严格责任，根据原因自由行为的法理可以说明他们仍然具有故意与过失。

行为人故意或者过失使自己陷入无辨认控制能力的状态，然后在无辨认控制能力的状态下实施刑法禁止的行为造成危害结果的，属于原因自由行为。使自己陷入无辨认控制能力状态的行为（如饮酒行为）称为原因行为，在陷入无辨认控制能力状态时所实施的刑法禁止的行为（如致人死亡的行为）称为结果行为。**醉酒时犯罪，醒酒后赎罪**（Qui per fraudem agit, frustra agit），**醉酒时犯**

罪,醒酒后赔偿(Qui peccat ebrius,luat sobrius)的法律格言就肯定了原因自由行为的可罚性。现代刑法理论一直认为,对原因自由行为应以犯罪论处,并致力于说明这样做并不违反没有责任就没有刑罚的原则。第一是间接正犯类比理论。行为人利用自己的无责任能力的状态,就像间接正犯利用他人的无责任能力一样,既然间接正犯构成犯罪,原因自由行为也构成犯罪。这种观点将原因行为作为处罚根据。密尔实际上持此观点,他说:"例如喝醉酒这件事,通常不能成为法律干涉的恰当问题;但是若有人曾在酒力影响下对他人横加强暴以致一度定有罪名,这时法律便要单独对他加以特殊的限制;使他知道倘以后再被查到有喝醉之事将不能免于受罚,而且假如他再因喝醉而又一次犯罪,处罚还要加重;这样做我认为是完全合法的。一个喝醉就要伤人的人而让自己喝酒,这就是对于他人的罪行。"[18]第二是广义行为理论。"责任与行为同时存在"即行为时必须具有责任能力和犯意,是责任主义的要求。但是,这里的行为不是狭义的实行行为,而是广义的行为。行为人打算喝醉后杀人时,其喝酒行为就是预备行为,实施预备行为时具有责任能力、具有犯意即可,而不要求狭义的实行行为时具有责任能力与犯意。第三是意识决定论。对责任的评价,是指向行为人的意识决定的,然而,行为人的意识决定并非总是在实行行为时作出的,因此关键是在作出意识决定时是否具有辨认控制能力、是否具有故意。[19]

毫无疑问,上述观点都可能有缺陷。但是,理论总会不断完善的,刑法理论在此问题上的方向应当是:如何说明处罚原因自由行为不违反无犯意则无犯人的原则,而不是论证严格责任的合理性。事实上,醉酒人犯罪的刑事责任,主要不是有无故意与过失的问题,而是有无责任能力的问题。换言之,行为人在实施原因自由行为时,通常是具有故意或者过失的。因此,令醉酒的犯罪承担刑事责任,并不违反无犯意则无犯人的原则。

(4)关于结果加重犯的问题。

不法者对不法行为产生的一切结果承担责任(Versanti in illicito imputantur omnia, quae sequuntur ex delicto)的古老法律格言,被人们称为 Versanti 原则,据此,行为人实施基本犯罪而发生了加重结果时,不管行为人对加重结果有无故意与过失,都应当对加重结果负责。这一原则虽然是中世纪教会法决定神职人员的不合格性时所采用的原则,但在相当长的历史时期乃至现在,不要求对加重结果具有故意与过失的立法、实践与观点仍然存在。例如,德国在1953年以前,一直不要求对加重结果具有故意与过失。德国1884年的《爆炸物法》第5条规定:"因使用爆炸物,故意引起对他人的财产、健康或者生命的危险的,处重惩役刑。行为引起重伤害的,处5年以上惩役;引起死亡的,处无期或者10年以上惩役。行为引起他人死亡,行为人对该结果可能预见的,处死刑。"德国在19世纪末曾经发生过以下案件:被告人虐待被害人时,被害人非常兴奋,兴奋与遗传体质的结合导致精神病。德国帝国法院1895年3月12日的判决,认定被告人对不能预见的精神病结果承担责任,因为重伤害罪只要求行为与重伤结果之间具有因果关系,而不要求行为人对重伤害结果具有过失。[20]日本的审判实践一直坚持 Versanti 原则,认为只要加重结果与基本犯罪之间具有条件关系,行为人就应对加重结果承担责任[21];日本刑法理论上也有人认为结果加重犯的成立不要求行为人对加重结果具有过失。[22]在美国,行为人犯重罪或者其未遂罪时致人死亡的,以及犯轻罪时致人死亡的,即使死亡结果与行为人的主观上没有关联,也要认定为谋杀罪或者故意杀人罪。前者称为重罪规则(felony rule),后者称为轻罪规则(misdemeanor rule)。[23]

然而,Versanti 原则受到了许多批判。德国学者李斯特说,结果加重犯是"古代结果责任的残余",不管是根据现代的法律意识,还是根据合理的刑事政策的基本原则,无疑是不适当的。马乌拉哈(Maurach)则称结果加重犯是"不满意的时代错误的一族"。拉德布鲁赫指出,如果说从结果责任转向主观责任是刑法史的潮流,那么,认为结果加重犯是仅因发生加重结果而加重刑罚的犯罪,认为仅有所谓条件主义的因果关系就够了,则容易成为有意抵制刑法史潮流的结果;而且即使从逻辑上说,对仅因存在条件主义的因果关系的事实就追究刑事责任的不当之处,当然应给予非难。[24]由于 Versanti 原则确实违反了责任主义,扩大了加重处罚的范围,因此,有人主张废除结果加重犯的概念。然而,各国刑法分则都规定了结果加重犯,所以,废除结果加重犯的概念是不现实的。于是,有人主张,基本犯罪行为与加重结果之间仅有条件关系时,还不能作为结果加重犯处罚;只有二者之间具有相当因果关系时,才能加重处罚。[25]这种观点虽然限定了结果加重犯的成立范围,但仍然不符合责任主义的要求。通说认为,法律应当要求行为人对加重结果具有过失。这种观点既限定了结果加重犯的成立范围,也维护了责任主义原则,被一些国家的立法采纳。德国从 1909 年的刑法预备草案起,就采取了这种主张。1953 年 8 月 4 日第三次刑法改正法新设的第 56 条规定:"法律对行为的特别结果规定了较重刑罚的,行为人至少因过失引起了该结果时,才能科处较重刑罚。"1975 年的刑法总则第 18 条规定:"法律就犯罪的特别结果加重刑罚的,只有当正犯与共犯者对该结果至少具有过失时,才能适用。"德国刑法的上述规定,得到了世界范围的肯定,被称为将责任主义贯彻于结果加重犯的光辉典范。奥地利《刑法》第 7 条第 2 款也作了类似规定:"犯罪行为有结果加重之规定者,以行为人至少对此结果有过失时,始予以加重处罚。"日本 1974 年的改正刑法草案也效仿了德国刑法,其第 22 条规定:"因发生结果而加重刑罚的犯罪,不能预见该结果时,不得作为加重犯处罚。"[26]这一规定虽然没有法律效力,但得到了日本学者的普遍肯定。

我国刑法总则对结果加重犯没有明文规定,但刑法理论一直认为结果加重犯的成立以行为人对加重结果具有过失为条件。笔者以前主张现在也仍然主张,结果加重犯的成立,至少要求行为人对加重结果有过失或者能够预见。[27]但是,在司法实践中,似乎没有出现因行为人对加重结果不能预见而对加重结果不承担责任的案例,因此,司法机关是否将过失作为结果加重犯的成立要件,还有疑问。从刑法理论上说,还有以下两个问题没有解决,而成为贯彻责任主义的障碍。

其一,行为人实施基本犯罪行为而导致了加重结果时,如果因为行为人对加重结果不能预见而只追究基本犯罪的刑事责任,是否有悖公民的法感情?例如,行为人甲对乙实施故意伤害行为,却造成了死亡结果,但行为人对死亡结果不能预见。如果只追究甲的故意伤害罪的责任,则会带来两个问题:一是对甲的行为是按轻伤的法定刑处理、还是按重伤的法定刑处理?因为乙已经死亡,要认定甲的行为对乙造成了什么伤害,在许多场合是不可能的。因为虽然有些伤害行为是经过重伤结果致人死亡的,但有些伤害行为却是直接导致他人死亡的,在这种情况下只有死亡结果,除死亡结果以外不可能认定轻伤与重伤。二是即使令甲负重伤的责任,那么,乙的死亡没有人负责。然而,乙的死亡毕竟是甲有意识的行为造成的,这与单纯的意外事件存在很大差异,如果甲不负责,公民的法感情能否接受?我们来看一个真实案件:被告人甲手拿半块砖头,在被害人乙之后15米左右追赶乙,意图伤害乙,甲将砖头砸向乙,但没有砸中,而是砸在电线杆上,可是砖头破裂后的碎片刺中了乙的太阳穴,导致乙当场死亡。应当说,甲对这种因果关系是不可能预见的,或者说甲没有预见到自己的行为会产生死亡结果。但是,如果因此认为甲不对死亡负责,对甲的行为是按轻伤的法定刑量刑,还是按重伤的法定刑量刑?如果乙的死亡不由甲负责,由谁负责?如果没有人负责,是否意味着人为造成的结果只能归结为命运?普通公民是否接受这样的处理?显然,如果这样的问题不解决,要想司法实践在结果加重犯问题上贯彻责任主义原则,是不可能的。在本书看来,在上述场合,从客观方面来说,既然已经造成了死亡,而死亡是可以包含重伤的,所以,认定行为人造成了重伤应当没有疑问。从主观方面来说,认定行为人对重伤有故意,或者对轻伤有故意对重伤有过失,是不存在障碍的。而故意伤害致人重伤既包括基本犯(对重伤具有故意),也包括结果加重犯(仅有轻伤故意但因过失造成重伤结果),所以,在上述场合,认定为故意伤害致人重伤没有问题。

其二,刑法分则所规定的结果加重犯,都是因为基本犯罪行为通常可能导致加重结果而加重刑罚。如伤害致死,抢劫致人重伤、死亡,强奸致人重伤、死亡,非法拘禁致人重伤、死亡,等等。这一方面说明,刑法已经就结果加重犯的成立范围进行了限定,换言之,结果加重犯的成立并非漫无边际。如许多国家规定了遗弃致死伤罪,而我国刑法对遗弃罪就没有规定结果加重犯,因此,我国对遗弃致人死亡的,不存在结果加重犯的问题。另一方面向我们提出了以下问题:既然刑法只是就基本犯罪行为通常可能导致的加重结果而加重刑罚,就说明实施基本犯罪行为的人能够预见加重结果,因而理当具有过失。例如,故意实施伤害行为的人,都能够预见伤害行为可能导致死亡结果,因为伤害身体接近杀人。既然如此,在刑法规定了结果加重犯的场合,一般容易肯定行为人对加重结果具有过失。没有过失的情形,是极为罕见的。尽管如此,也不排除行为人在特殊情况下不能预见加重结果的发生。所以,司法机关仍需具体判断行为人是否对加重结果有过失。

(5)关于法定刑条件的认识问题。

我国刑法分则有许多条文规定了具体的法定刑升格条件。例如,《刑法》第263条对抢劫罪规定了八种法定刑升格条件:"(一)入户抢劫的;(二)在公共交通工具上抢劫的;(三)抢劫银行或者其他金融机构的;(四)多次抢劫或者抢劫数额巨大的;(五)抢劫致人重伤、死亡的;(六)冒充军警人员抢劫的;(七)持枪抢劫的;(八)抢劫军用物资或者抢险、救灾、救济物资的。"再如,《刑法》第318条第1款对组织他人偷越国(边)境罪规定了七种法定刑升格条件:"(一)组织他人偷越国(边)境集团的首要分子;(二)多次组织他人偷越国(边)境或者组织他人偷越国(边)境人数众多的;(三)造成被组织人重伤、死亡的;(四)剥夺或者限制被组织人人身自由的;(五)以暴力、威胁方法抗拒检查的;(六)违法所得数额巨大的;(七)有其他特别严重情节的。"此外,很多条文仅将犯罪数额巨大、数额特别巨大作为法定刑升格条件;不少条文仅将情节严重、情节特别严重作为法定刑升格条件。

上述条文所规定的致人重伤、死亡的情形,明显属于结果加重犯。如前所述,就结果加重犯而言,行为人对加重结果至少必须具有过失。问题是,有关结果加重犯的这一理论,是否适用于所有的法定刑升格条件？本书认为,对此需要具体分析。

首先,有一部分法定刑升格条件,是不需要认识的。一是当分则条文将某种犯罪的首要分子作为法定刑升格条件时,不要求行为人对自己是首要分子具有认识,只要行为人事实上属于首要分子即可。二是当刑法分则将"多次"规定为法定刑升格条件时,只需要行为人对每次犯罪有犯意。行为人在第三次犯罪(如抢劫)时,误以为自己只是第二次犯罪(如抢劫)的,仍然应当适用多次的法定刑。三是当刑法分则将犯罪行为孳生之物或者报酬的违法所得数额(特别)巨大作为法定刑升格条件时,不需要行为人有认识。例如,当行为人认识到自己在实施伪造货币的行为时,只要数额特别巨大的假币是其行为造成的,就应对行为人适用伪造货币数额特别巨大的法定刑。

其次,在取得型财产罪以及部分取得型经济犯罪中,行为人取得的财物数额(特别)巨大(即加重财产损失),是法定刑升格条件。适用加重法定刑时,是否要求行为人认识到数额(特别)巨大,就成为需要研究的问题。例如,甲侵入普通家庭实施盗窃行为时,没有发现贵重物品,估计被害人床头柜上的手表价值1000元左右,便将其盗走。其实,该手表价值12万元。能否认定甲盗窃了数额特别巨大的财物,进而适用"十年以上有期徒刑或者无期徒刑"的法定刑？本书的观点是,当刑法将严重财产损失作为法定刑升格条件时,如果基本犯是故意,那么,行为人对该犯罪的加重结果也应限于故意。上例中的甲虽然客观上盗窃了数额特别巨大的财物,但不能适用盗窃数额特别巨大的法定刑。因为甲由于认识错误导致没有认识到所盗财物数额特别巨大时,即使其应当预见到数额特别巨大,也不能认定为故意盗窃了数额特别巨大的财物,充其量认为行为人对加重结果有过失。但是,由于刑法并不处罚过失盗窃行为,所以,不能令行为人对数额特别巨大承担责任。因为过失造成的财产损害并不具有可罚性,如果将过失造成财产重大损失的情形也认定为结果加重犯,让行为人对没有预见的数额特别巨大的结果承担刑事责任,就属于间接处罚,违反了罪刑法定主义。

再次,除了致人重伤、死亡与造成重大财产损失之外,刑法分则条文对某些犯罪还规定了法定刑升格的其他具体条件。于是,在适用相应的加重法定刑时,是否以行为人对具体升格条件的认识为前提,就成为重要问题。例如,适用入户抢劫的规定时,是否要求行为人认识到自己所进入的是"户"?再如,行为人误将抢险物资当作普通财物进行抢劫时,是否适用加重的法定刑?本书的观点是,只有当行为人对具体升格条件具有认识时,才能适用与具体升格条件相应的加重法定刑。虽然客观上符合具体升格条件,但行为人对此没有认识的,只能适用基本犯罪的法定刑。所以,当行为人误以为自己是进入商店抢劫,但事实上是进入住宅抢劫的,不能适用入户抢劫的规定,只能认定为普通抢劫;当行为人误将军用物资、抢险、救灾、救济物资当作普通财物实施抢劫时,不应适用抢劫军用物资或者抢险、救灾、救济物资的规定,只能适用普通抢劫的法定刑。

最后,我国刑法分则还规定了不少情节(特别)严重、情节(特别)恶劣之类的抽象升格条件。这种情形需要具体分析:一是当具体案件中属于(特别)严重情节的事实,是首要分子、多次、犯罪行为孳生之物或者犯罪行为的报酬数额(特别)巨大时,只要客观上存在(特别)严重情节,就应适用加重的法定刑。二是当具体案件中属于(特别)严重情节的事实,是致人重伤或者死亡时,完全应当按结果加重犯的原理处理,即只要行为人对致人重伤、死亡的事实具有过失即可。三是当具体案件中属于(特别)严重情节的事实,是对财产造成的严重损失时,只有当行为人对加重财产损失具有认识时,才能适用加重的法定刑。四是当具体案件中属于(特别)严重情节的事实,是加重结果以外其他客观事实时,只有当行为人对该客观事实具有认识时,才能适用加重的法定刑。[28]

总之,无犯意则无犯人是应当遵循的原则,但该原则的全面贯彻,还面临值得研究的问题。

注 释

[1] 请注意,这里的责任与我国刑法、刑法理论中所说的刑事责任不是等同概念,突出的区别表现在:这里的责任是犯罪的成立条件之一,而我国所说的刑事责任是犯罪的法律后果。

[2] 主观责任并不是与主观归罪等同的概念,而是与结果责任相对立的概念。

[3] 参见〔日〕木村光江:《主观的犯罪要素的研究》,东京大学出版会1992年版,第3页。

[4] 转引自〔日〕西原春夫等编:《刑法资料》,柏书房1995年版,第119—120页。

[5] 参见〔日〕内藤谦:《刑法讲义总论(下)I》,有斐阁1991年版,第738页。日本《宪法》第13条规定:"一切国民都作为个人受到尊重。对于国民谋求生存、自由以及幸福的权利,只要不违反公共福祉,在立法及其他国政上都必须予以最大尊重。"

[6] 参见〔日〕荻原滋:《实体的正当程序理论的研究》,成文堂1991年版,第80页。日本《宪法》第31条规定:"非依法律规定程序,不得剥夺任何人的生命或自由,或科以其他刑罚。"

[7] 参见〔日〕神山敏雄:《两罚规定与业务主的刑事责任》,载《法学演习》第227号(1994年),第85页。日本《宪法》第39条规定:"对任何人的行为在其实行当时为合法或已经判处无罪者,不得追究刑事责任。对同一犯罪不得重复追究刑事责任。"

[8] 布莱克斯顿(Blackstone)语,转引自〔英〕哈特:《惩罚与责任》,王勇等译,华夏出版社1989年版,第166页。

[9] 参见张明楷:《犯罪论原理》,武汉大学出版社1991年版,第252页以下。

[10]〔美〕范伯格:《自由、权利和社会正义》,王守昌、戴栩译,贵州人民出版社 1998 年版,第 135 页。

[11] 参见〔日〕内藤谦:《刑法总论讲义(下)I》,有斐阁 1991 年版,第 739 页。

[12] 参见〔日〕木村光江:《主观的犯罪要素的研究》,东京大学出版会 1992 年版,第 4 页以下。

[13] 参见日本《高等裁判所刑事判例集》第 19 卷第 2 号,第 136 页。

[14] 参见〔日〕早稻田司法考试研究室:《刑法总论》,早稻田经营出版 1990 年版,第 198 页。

[15] 日本《高等裁判所刑事判例集》第 29 卷第 1 号,第 787 页。

[16] 胡杨成:《试论严格责任的主观心态》,载《人民检察》1997 年第 10 期,第 41 页。

[17] 就最后一点而言,妥当与否还值得研究。

[18]〔英〕约翰·密尔:《论自由》,程崇华译,商务印书馆 1959 年版,第 106 页。

[19] 以上参见〔日〕川端博:《原因自由行为》,载藤木英雄编:《刑法的争点》,有斐阁 1984 年增补版,第 68 页以下。

[20] 参见〔日〕西原春夫等编:《刑法资料》,柏书房 1995 年版,第 200 页。

[21] 参见日本最高裁判所 1951 年 9 月 20 日判决,载《最高裁判所刑事判例集》第 5 卷第 10 号,第 1937 页;日本最高裁判所 1957 年 2 月 26 日判决,载《最高裁判所刑事判例集》第 11 卷第 2 号,第 906 页。

[22] 参见〔日〕藤木英雄:《刑法讲义总论》,弘文堂 1975 年版,第 93 页;〔日〕西原春大:《刑法总论》,成文堂 1977 年版,第 188 页。

[23] 参见〔日〕西原春夫等编:《刑法资料》,柏书房 1995 年版,第 193 页。

[24] 参见〔日〕香川达夫:《结果加重犯的本质》,庆应通信 1978 年版,第 3 页、第 6 页。

[25]〔日〕藤木英雄:《刑法讲义总论》,弘文堂 1975 年版,第 93 页。

[26] 显然,德国、奥地利刑法与日本改正刑法草案的规定有一定区别:前者要求至少有过失,言下之意,对加重结果持故意也可能成立结果加重犯;后者要求对加重结果能够预见,这便可能(但不必然)排除故意的结果加重犯。

[27] 参见张明楷:《刑法学》(上),法律出版社1997年版,第325页;《犯罪论原理》,武汉大学出版社1991年版,第418页。

[28] 以上参见张明楷:《法定刑升格条件的认识》,载《政法论坛》2009年第5期。

刑法格言的展开

Ignorantia juris non excusat

不知法律不免责

不知法律不免责(Ignorantia juris non excusat)的格言,也常常被译为不知法律不免罪、不知法律不宽恕、不知法律不赦、法律错误不被允许,等等,格言所表达的内容是一项原则:"在作为主观的犯罪成立要件的犯意中,不要求认识到自己行为的违法性。"[1]这一原则起源于一概不允许认识错误的诺曼底时代的绝对责任。事实认识错误在 13 世纪的布莱克顿(Bracton)的教科书中,已被承认为抗辩理由;与此相对,关于不知法律或者法律认识错误,却一直不影响犯罪的成立,乃至不影响量刑。[2]于是形成了以下局面:**不知法律有害,但不知事实无害**(Juris ignorantia nocet,facti non nocet),换一个角度来说,**不知事实免责,但不知法律不免责**(Ignorantia facti excusat,ignorantia juris non excusat; Ignorantia excusatur, non juris sed facti; Ignorantia facti, non juris excusat)。正因为如此,刑法理论与审判实践上一直重视区分法律错误与事实错误。但是,社会日益复杂化,使**不知法律不免责**的格言面临着一些争论与问题。下面,先介绍英美国家与大陆法系国家的理论、判例与立法,然后联系我国的理论观点进行讨论。

在英美国家,不知法律(ignorance)与法律认识错误(mistake)是在相同意义上使用的概念。不知法律是指不知道存在某种法律,在英美判例上包括两种情况:其一是行为人长时期生活在外地或者海上因而不知道某法律的施行。如英国 1880 年的 Buruns v. Nowell 案,船长在航海期间,不知国家于 1872 年施行《诱拐禁止法》,违反该法运载南洋诸岛当地居民。又如美国 1812 年的 The Ann 号案,被告人不知美国 1808 年的《船舶出港禁止法》,将船舶从纽伯里波斯驶向牙买加。这两个案件的被告人均被法院认定有罪。其二是外国人不知道自己的行为在所在国是犯罪。如最著名的是 1852 年的 R. v. Barronet and Allqin 案,法国当时不处罚决斗行为,法国人不知决斗在英国构成谋杀罪,而实施了决斗的帮助行为,被英国法院宣告有罪。法律错误属于对法律解释的错误,是指虽然知道存在某种法律,但由于误解法律而认为自己的行为根据法律不构成犯罪。[3]例如,英国 1840 年的 R. v. Price 案,被告人知道法律规定了申报出生户口的义务,但误认为自己属于英国国教会成员因而没有必要申报,也被法院认定为犯罪。

不知法律不免责的原则,具有各种理由或根据。英美刑法判例主要反映出三个理由:第一,这一原则是维护公共政策的必要。公共政策的原则之一是,负有遵守法律义务的人,不得主张不知法律。第二,这一原则是维护公共利益的必要。为了维护公共利益,**我们遵守法和法律**,否则,社会福利与国家安全就都得不到保障。因此,不允许任何人以不知法律为理由逃避法律责任。第三,这一原则是刑法得以有效实施的必要。司法机关往往很难查明行为人是否不知法律,如果被告人主张不知法律就免责,刑法就难以有效地实施。这便导致了**不知法律不给任何人提供免责理由**(Ignorantia legis neminem excusat)。英美刑法理论也从三个方面说明了**不知法律不免责**的根据:第一,具有责任能力的人,都应当知道法律。布莱克斯顿(Blackstone)说:"具有辨认能力的任何人,不仅应当知道法律,而且必须知道法律,并推定其知道法律。因此,法律认识错误在刑事法上不成立任何抗辩理由。这是罗马法的格言,也是我国法律的格言。"[4]第二,如果不知法律是免责事由,事实上又难以证明,因此根本不可能裁判。第三,法秩序具有客观性,法律是具有客观含义的规范;刑法所表现的是通过长期历史经验和多数人社会舆论形成的客观伦理。当法律与个人的信念相对立时,法律居于优先地位,故法律认识错误不是免责事由。[5]

不知法律不免责的原则因为具有上述充足的理由与根据,在相当长时间内一直成为英美法系国家审判实践上的铁则。但进入 20 世纪后,也出现了一些变化,特别是在美国,出现了承认这一原则有例外的判例,其中最重要的是因信赖州最高法院的判决而实施的行为不可罚的 State v. O'nell 案。美国衣阿华州最高法院于 1902 年和 1906 年两次判决认为,将贩卖、购入麻醉饮料的行为规定为犯罪的法律,违反了美国宪法因而无效。O'nell 案的被告人信赖上述判决,于 1908 年实施了贩卖、购入麻醉饮料的行为。但在 1909 年,衣阿华州最高法院变更了以前的判决,认为将上述行为规定为犯罪的法律符合美国宪法因而继续有效。于是,地方法院对上述被告人作出了有罪判决。但该有罪判决被衣阿华州最高法院撤销,理由是,信赖自己所属州的最高法院的判决而实施的行为,应作为**不知法律不免责**原则的例外而免除责任。后来又出现了信赖地方法院判决而实施的行为不构成犯罪的判例。这样,在美国,在某种法律以前被法院判定为违宪后来又判定合宪时,信赖违宪判决而实施的行为,就被认定为**不知法律不免责**原则的例外而不处罚。

此外,美国 1911 年的 State v. White 案还确定,信赖具有某种权限的行政官员的意见,误认为某种犯罪行为被允许而实施该行为时,也不可罚。案情是,被告人实际上没有选举权,但事先根据选民登记官员的决定,误认为自己具有选举资格,于是以选民身份登记。原审法院判决被告人有罪,但密苏里州最高法院撤销了原审判决。理由如下:虽然认为任何人都知道法律,但事实上,连受到最严格训练的法官有时也难以知道什么是正确的法律。在本案中,被告人是根据具有选举资格审查权的行政官员的决定实施的行为,如果认定被告人有罪则过于苛刻,因为行政官员自身犯了错误,对被告人提出了不适当的意见。

美国《模范刑法典》第2.02条第(9)项规定:"关于行为构成犯罪或规定犯罪成立要件之法律的存在、意义以及适用的认识、轻率及过失,并非犯罪成立要件,但规定犯罪的法律或本法有特别规定时,不在此限。"这一规定原则上肯定了**不知法律不免责**的原则,但其第2.04条又肯定了上述原则的例外。第2.04条第(1)项规定:"关于事实或法律的不知或错误,在下列所定场合,即可作为抗辩:(a) 其不知或错误系在否定证明犯罪基础要件所必要的目的、认识、确信、轻率或过失时;(b) 由其不知或错误所证明之心理状态,经法律规定可作抗辩时。"第(3)项规定:"确信其行为在法律上不构成犯罪时,如有下列所定情形,可作为对基于其行为所生之罪的追诉的抗辩:(a) 行为人不知规定犯罪之制定法或其他成文法规的存在,且至实行被追诉的行为时,其法令尚未公布或处于其他不能知悉法令存在的状态时;(b) 基于相当理由,信赖包括Ⅰ制定法及其他成文法规、Ⅱ法院的裁定、意见或判决、Ⅲ行政命令或许可、Ⅳ就规定该罪之法律的解释、适用或执行在法律上负有责任的公务员或公之机关正式解释等公之法律见解而实施行为,其后该法律见解变得无效或错误时。"[6] 近年来,美国许多州的刑法遵从《模范刑法典》的规定,承认**不知法律不免责**存在例外。其中,有的州的刑法比《模范刑法典》严格,规定"经过适当努力仍不能知道法律的存在时"才可以作为抗辩理由(伊利诺斯州、堪萨斯州、密苏里州、蒙大拿州);有的州的刑法比《模范刑法典》缓和,规定"只要对被告人而言不能合理得到该当法律,就承认其法律认识错误作为抗辩"(夏威夷州刑法草案)。另一方面,有的州刑法则回避有关不知法律的明文规定(康涅狄格州、科罗拉罗州、衣阿华州、肯塔基州、新罕布什尔州、纽约州、北科达他州、西弗吉里亚州);有的州刑法还明文规定,不知法律不是抗辩理由(得克萨斯州、俄克拉荷马州);还有一些州刑法只规定事实认识错误可以作为抗辩理由。

由上可见,在美国,**不知法律不免责**仍然是处理法律认识错误的基本原则,只是在进入20世纪后,才逐步承认这一原则的例外。所谓例外,也只限于基于相当理由完全不知法律存在的场合以及信赖有关权威机关的意见的场合;而且,不知法律能否成为抗辩理由,还取决于法院具体的、实质的认定;还必须认识到,事实上,前述一些州例外承认不知法律作为抗辩理由的规定,也只限于对行政刑罚法规(行政刑法)的认识错误。这是因为,违反行政刑罚法规的行为,通常不认为对社会或个人造成了重大侵害,故容易承认抗辩。

那么,进入20世纪后,美国承认**不知法律不免责**原则存在例外的原因是什么呢?日本刑法学者福田平的回答是:"由于行政机关非常发展,在实际惯例上,行政机关的裁决在许多场合具有最终的决定力,因此,行政机关成了在各自的部门里具有权限的机关,故允许个人信赖行政机关的解释。信赖具有权限的行政机关的意见的人,与其说具有违反法律的意图,不如说具有遵守法律的意思,因此,不能因为行政机关意见的错误而将行为人认定为犯罪人。"而且,"由于社会经济的发展,商业生活复杂化,对于包含了现代化商业生活最复杂局面的法规,信赖其专业人员的意见所实施的行为,没有理由追究行为人的责任"。[7] 社会的复杂化等原因,使得法官对法律的见解发生变化,使行政官员和法官对相同法律持不同见解的情况增多,与此同时,对因信赖其中一方而实施的行为不能予以谴责的情况也在增加。美国法院判例的变化正反映了这一点。

与美国例外承认不知法律可能免责相反,英国的立法与司法机关现在还严格遵守**不知法律不免责**的原则,不承认不知法律或误解法律是抗辩事由。在英国,不知法律的存在而实施的行为,不可能免责。至于因法律认识错误而欠缺违法性认识的情况则大致分为两类:一是信赖公共机关的意见而对自己的行为进行错误的法律评价;二是对法规符合性欠缺认识。

对于第一种类型的法律认识错误,英国迄今为止仍然不承认其为抗辩理由。如 1965 年的 Battersby 案,就有偿抚养他人小孩的契约是否属于要求郡政府许可的"养子"契约问题,被告人请示郡政府,郡政府的回答是,如果周末送回亲生父母则不属于"养子"。被告人未经郡政府的许可而实施了抚养行为。英国法院认定被告人的行为违反了 1958 年的《儿童法》(Children Act) 而判决有罪。

关于第二种类型的法律认识错误,即没有周密认识行政刑罚法规而没有认识到自己的行为违反该法规的情况,英国也不承认其成立抗辩。如 1982 年的 Burgess v. West 案,被告人在驾驶汽车时,从时速 40 英里的区间进入时速 30 英里区间后,仍以超过 30 英里的速度行驶,而该道路上并没有减少速度的标志,被告人在进入时速 30 英里的区间后,仍诚实地确信还是时速 40 英里的区间,也被法院认定为违反速度罪。

不过,在刑法理论上,英国学者提出了一些批评意见。如马德威斯(Matthews)指出,**不知法律不免责**原则的理由,是"所有的人都知道法律"或维护公共政策的必要,这在以往或许是成立的,但在重视责任主义、法律又相当复杂的现代,上述理由并不成立。认定犯罪最重要的要求是对行为人具有非难可能性(blameworthiness),对法律认识错误应从刑事责任的整体上进行考察。史密斯(A. T. Smith)也指出,刑法学说上不一定要维持而应当修正审判实践上严格遵守的**不知法律不免责**的原则。[8] 尽管如此,英国1985年的刑事法草案以及修改后的1989年的刑事法草案,对不知法律仍然采取了与以往一样的严格态度,并没有像美国的《模范刑法典》那样对上述原则作例外规定。

综上所述,普通法一贯坚持的**不知法律不免责**的原则,进入20世纪后,在同属普通法系的美国与英国,其维持程度却不同:美国在坚持上述原则的同时,承认其例外情形;英国则严格维持上述原则,几乎不承认有任何例外。造成这种差异的原因在于:第一,美国国土辽阔,各个州的文化规范存在相当大的差异,各个州又有自己的法律。在这种国情之下,难以一律要求国民知法,故有必要承认上述原则的例外。而英国显然不同,还没有必要承认上述原则的例外。第二,美国联邦最高法院具有法律的违宪审查权,州最高法院对本州法律也有违宪审查权。当法院宣布某法律违宪时,公民便认为可以实施该法律所禁止的行为。但法院又可能变更以往的判决,认为该法律合宪。在这种情况下,如果不承认上述原则的例外,就会引起公众的不满情绪,而且造成公民无所适从。而英国不存在上述问题,故没有必要承认上述原则的例外。第三,美国各级政府的行政权力相当大,行政机关的裁决往往具有最终的决定力。在这种情况下,信赖行政机关的意见或裁决而实施的行为难以被认定为犯罪,也需要承认上述原则的例外。相比之下,英国的情况略有不同,行政机关的裁决不一定具有最终的决定力,故在这方面不承认上述原则的例外。第四,美国是强调价值观念多元的国家,对于许多行为难以从伦理道德上进行评价,公民在不少情况下不能确认某种行为是否具有危害,因而在左右为难时不得不借助有关机关的解释。在有关机关的解释发生错误的情况下,便不能归责于行为人。英国的情况显然也与之不同。

在大陆法系国家,不知法律与法律认识错误都是在责任论中讨论的,一个问题是,故意的成立是否以具有违法性的认识为前提;另一个问题是,如果故意的成立不以违法性认识为前提,那么,没有违法性的认识时是否影响责任?代表性的观点有以下几种[9]:

第一是违法性认识不要说。此说认为,违法性的认识不是故意的要件,即使存在违法性的错误也不阻却故意,不影响犯罪的成立。同样,违法性认识的可能性,也不是责任的要素。不要说的理论根据,要么认为法是他律规范,受规范指令的人没有必要知道其违法性,要么假定国民都必然知道违法。显然,前者是基于权威主义的法律观;后者只不过是为了处罚的方便而作出的拟制。可是,**没有法律就没有拟制**(Numquam fictio sine lege),换言之,这种拟制没有法律根据。**论述如于法无据,我们便感到羞愧**(Erubescimus, cum sine lege loquimur)。另一方面,事实真相是,国民的确可能不知道自己的行为违法。**存在真实的地方不存在法律拟制**(Fictio juris non est ubi veritas),或者说,**拟制止步于可能发现真实的地方**(Fictio cessat, ubi veritas locum habere potest),**拟制屈服真实**(Fictio cedit veritati)。概言之,违法性认识不要说采取了过度的必罚主义,明显违反责任主义。[10]

第二是严格故意说。此说认为,违法性的认识是故意的要素。因此,要认定故意,就必须现实地存在违法性的认识。根据此说,违法性的错误阻却故意。在处罚过失犯的场合,关于违法性的错误存在过失时,作为过失犯处罚。故意犯的处罚之所以重于过失犯,就是因为故意中包含了违法性的认识。违法性的认识,正是故意与过失的分水岭。但是,首先,激情犯、确信犯、常习犯等常常欠缺违法性的认识,而刑法仍然处罚甚至加重处罚。这是严格故意说不能解释的。其次,根据严格故意说,因过失而欠缺违法性的认识时,可能阻却故意,但如果缺乏过失犯的处罚规定,就不可罚,这在刑事政策上是不合理的。再次,在行政犯中,要证明违法性的认识是困难的,严格故意说导致行政刑法难以达到行政管理目的。最后,如果认为故意的成立以违法性的认识为前提,那么,无论如何都会造成以下现象:越是知法懂法的,就越可能成立故意犯罪,越是不知法不懂法的,就越是不可能成立故意犯罪;换言之,知法懂法者,成立故意犯罪的可能性大,而不知法不懂法者,成立故意犯罪的可能性小。这不仅不公平,而且与公民的知法义务相冲突。自有法律以来,不允许对法律的无知,国家按照通行方式颁布法律之后,便期待公民知道法律。或许**任何人都不被认为不知道法律**(Nemo censetur ignorare legem)的法律格言存在不合理之处,但它正确地肯定了公民有知道法律的义务,而上述观点的实际结局可能是怂恿公民不知法律。

第三是自然犯、法定犯区别说。此说主张,就自然犯而言,不必将违法性的认识作为故意的要素,但法定犯要求将违法性的认识作为故意的要素。这是因为,**反自然的犯罪是最严重的犯罪**(Peccata contra naturam sunt gravissima),其反社会性不依赖于刑法所规定的构成要件,所以,只要行为人认识到犯罪事实而实施行为,就征表行为人的反社会性格;与此相对,法定犯自身并不是犯罪,将其作为犯罪是基于政策上的理由,因此,仅有犯罪事实的认识还不够,只有知道该事实是违法的而实施行为,才能认定其反社会性格。但是,自然犯与法定犯的区别是相对的,将违法性的认识的需要与否依存于这种不明确的区别,是不合理的。

第四是限制故意说。此说认为,故意的成立不要求现实的违法性认识,但要求违法性认识的可能性。根据此说,即使欠缺违法性的认识,但如果具有违法性的认识的可能性,就不阻却故意;如果没有该可能性,就阻却故意。团藤重光将人格责任论作为其根据。根据他的观点,决定非难程度的,不是违法性的认识的有无、强弱本身,而是其背后的人格形成。例如,对于违法性认识迟钝的常习犯人,所谴责的是其人格形成。因此,故意责任的本质,不是意识到规范却要违反规范这种意思,而在于"人格态度的直接的反规范性"。既然认识到犯罪事实,行为人就直接面临着规范问题。所以,违法性的认识本身不是故意的要件。但是,对欠缺违法性的认识具有合理理由时,必须阻却故意责任。限制故意说在将"可能性的认识"作为界限的故意概念中,加入了"认识的可能性"这种过失的要素,试图将故意与过失这种本质上相互排斥的矛盾概念结合起来,存在逻辑上的缺陷。人格责任论的说明,也存在疑问。

第五是责任说。此说将违法性认识的可能性解释为与故意相区别的责任要素,因此,违法性的错误与故意的成立无关,但该错误不可能回避时,阻却责任;可能回避时,只能减轻责任。责任说又分为严格责任说与限制责任说,前者将正当化事由的错误理解为违法性的错误,后者将正当化事由的错误理解为事实错误。根据责任说,违法性认识的可能性不是故意的要素,而是责任要素;实施了符合构成要件的违法行为的行为人不具有违法性认识的可能性时,不能对其进行非难,不能肯定责任的存在。因为具有违法性认识的可能性时,才能产生遵从法的动机,才具有非难可能性;对于不能知道自己的行为被法律禁止的人,不能从法律上要求他放弃该行为,因而不能追究其责任。唯有如此,才能保障行为人的行动自由。这一道理,不仅适用于故意犯,也适用于过失犯。换言之,违法性认识的可能性,是独立于故意、过失之外的,故意犯与过失犯共同的责任要素;缺乏违法性认识的可能性时,不阻却故意、过失,但阻却责任。

从刑事立法上看,大陆法系国家刑法的规定也可谓五花八门。例如,意大利《刑法》第5条明确规定**不知法律不免责**的原则:"不得因不知法律而免除刑事责任。"瑞士《刑法》第20条规定不知法律在一定情况下属于从宽处罚的事由:"行为人如有充分理由确信其行为合法时,法官得依自由裁量减轻或者免除其刑。"日本《刑法》第38条、南斯拉夫《刑法》第10条也有类似规定。德国《刑法》第17条规定不知法律在一定情况下免除刑事责任:"行为人于行为之际,欠缺为违法行为之认识,且此认识错误系不可避免者,其行为无责任。如系可避免者,得依第49条第1项减轻其刑。"奥地利《刑法》第9条、葡萄牙《刑法》第17条、西班牙《刑法》第6条、韩国《刑法》第16条也有相同规定。值得一提的是法国,法国以往对**不知法律不免责**的原则坚定不移,但新法国《刑法》第122-3条作出一项全新的规定:"证明自己是由于不可避免的法律认识错误而认为可以合法完成其行为的人,不负刑事责任。"不过,法官对这一条文往往作出严格的解释。

由上可见,在大陆法系国家,尽管**不知法律不免责**的原则发生了一定的动摇,但可以免责的情况仍然是有严格条件的。从整体上看,与前述美国的情况实际上大体相似。

在我国,对于违法性认识的讨论事实上限于对形式违法性认识的讨论。在是否需要违法性认识(可能性)的问题上,主要表现为以下几种观点:第一种观点坚持**不知法律不免责**的原则。[11]但是,这种观点不利于保障国民的自由。第二种观点相反,认为犯罪故意中的认识只能是违法性的认识,而不是社会危害性的认识。因为社会危害性是一个需要价值评判的概念,要求行为人认识不合适;认识社会危害性应以违法性作为客观参照标准;违法性的认识符合罪刑法定原则的基本精神。[12]根据这种观点,行为人认识到行为的违法性却实施了行为时,成立故意犯罪;行为人实施行为时虽然没有认识到行为的违法性,但存在认识的可能性时,就是过失犯罪;行为人没有认识也不可能认识其行为的违法性时,不成立犯罪。[13]但是,这种观点可能导致对构成要件事实的认识(事实的故意)丧失应有的独立意义。第三种观点认为,在行为的社会危害性与违法性之间,只要认识其中之一即可。[14]但是,这种观点同时存在上述两种观点的缺陷。第四种观点认为,认识行为的违法性一般来说不是犯罪故意的内容,但不能绝对化。根据行为人的具体情况,如果确实不知法律,而认为自己的行为是合法的,则不能认定为故意犯罪。[15]但是,这种观点明显自相矛盾,亦即,违法性的认识通常不是故意的内容,特殊情况下又是故意的内容。第五种观点指出:"如果行为人认识自己的行为是社会危害性行为而有意识地实施,则不能因为他自称不知法律,而排除故意的罪过……如果行为人确因不认识行为的违法性,从而也不认识行为的社会危害性,则应排除犯罪的故意。"[16]但是,这种观点忽略了违法性认识的可能性的地位与作用。

在违法性认识的地位的问题上,有的学者主张,违法性认识是故意的要素,犯罪故意的成立以具有违法性认识为必要(严格故意说);有的学者主张,违法性认识(可能性)不是故意的要素,只是责任要素(责任说)。[17]如前所述,严格故意说存在明显缺陷。

能作区分就能作良好判断(Bene judicat,qui distinguit)。在讨论故意的成立是否要求有违法性的认识时,显然应当区分形式的违法性与实质的违法性。形式的违法性是指行为违反法规范。但人们不能不问:"法规范禁止什么允许什么?"要回答这一问题,就必然用"违反制定法"以外的实质根据来说明违法性。法谚云:**不得损害合法利益**(Beneficium legis non debet esse captiosum),**使用己物不得侵害他人**(Sic utere tuo ut alienum non laedas)。通说认为,违法性是对法益的侵害或者侵害的危险(法益侵害说),这便是违法性的实质。形式的违法性与实质的违法性虽然不是对立的概念,但行为人认识到实质违法性时,不一定能认识到形式违法性。而大陆法系国家刑法理论却是在不加区分的情况下讨论的,于是出现了混乱现象。本书的观点如下:

首先,故意犯罪的成立不要求行为人现实地认识到形式的违法性,或者说不要求行为人现实地认识到自己的行为被刑法所禁止(以下所说违法性均指形式的违法性)。理由如下:(1)当行为人认识到自己行为的内容、社会意义与危害结果,并希望或者放任这种结果发生时,就反映出行为人积极侵犯法益的态度;并不是只有认识到违法性时,才能反映这种态度。将这种态度认定为故意,不会扩大故意犯罪的处罚范围。(2)形式违法性是法益侵犯性的法律表现,既然要求行为人认识到行为的实质违法性,就没有必要还要求行为人认识到形式违法性。有学者认为,"大义灭亲"时"行为人认为自己的行为是正义行为,有益于社会,应该说行为人没有认识到社会危害性,但是,行为人知道杀人犯法,应该说行为人认识到违法性"。[18]以此说明,故意的成立要求行为人认识到形式的违法性。然而,刑法仅将具有法益侵犯性的行为规定为犯罪,既然认识到形式的违法性,就表明认识到了实质的违法性。因为任何人都知道法律禁止的行为是侵犯法益的行为,立法者不可能禁止对社会有利的行为。称"大义灭亲"为正义行为,只是看到了其中的一面,但这种行为的法益侵害性质可谓有目共睹,行为人不可能没有认识到。因此,认识到了形式的违法性时,不可能没有认识到行为的实质违法性。(3)如果要求故意的成立以形式违法性的认识为前提,那么,司法机关一方面根据行为人对行为及结果的认识与意志来区分故意与过失,另一方面又要根据对形式违法性的认识来区分故意与过失,当二者存在冲突时,便难以认定责任形式。例如,甲、乙都明知嫖宿幼女是侵犯法益的行为,会发生危害结果。根据前述故意的认识是违法性的认识以及故意的认识包含违法性认识的观点,如果甲知道该行为违法,便成立犯罪;如果乙以为该行为不违法,但具有违法性认识的可能性,则属于过失嫖宿幼女;但本罪的成立以故意为必要,结局是乙的行为不成立犯罪。这可能缺乏合理性。(4)在特殊情况下,如果行为人由于不知法或者由于对法的误解而不能认识行为的社会意义与危害结果,进而不成立故意时,并不是因为缺乏违法性的认识而不成立故意,而是因为缺乏对行为的社会意义与危害结果的认识而不成立故意。例如,某种行为(如捕杀麻雀)历来不被法律禁止,人们历来不认为该行为是危害行为、该行为的结果是危害结果;但后来国家颁布法律宣告禁止实施该行为(将麻雀列入国家保护的鸟类);在这种情况下,如果行为人由于某种原因确实不知该法律,不知自己的行为是违法的,也就不可能明知自己的行为会发生危害社会的结果,因而不具备故意的认识因素,不成立故意。

其次,违法性认识的可能性,是故意与过失之外的独立的责任要素,而且是故意犯与过失犯都必须具备的责任要素;缺乏违法性认识的可能性,意味着没有责任,因而也可谓责任阻却事由。本书借鉴限制责任说,认为违法性认识的可能性不是故意的要素,而是责任要素;实施了符合违法构成要件的违法行为的行为人不具有违法性认识的可能性时,不能对其进行法的非难。一方面,具有违法性认识的可能性时,才能产生反对动机(才能产生遵从法的动机),对行为人而言才具有他行为可能性,法律才能要求他放弃符合构成要件的违法行为,进而才具有非难可能性;不可能知道自己的行为被法律禁止的人,不能产生反对动机,不能从法律上要求他放弃该行为,因而不能追究其责任。唯有如此,才能保障行为人的行动自由。另一方面,**法律追求完美**(Lex appetit perfectum),但刑法具有不完整性,且实行罪刑法定原则,侵犯法益的行为并不一定被刑法规定为犯罪。因此,即使在行为人认识到自己的行为侵犯了某种法益(具有实质的故意),但合理地相信自己的行为并不被刑法所禁止时,亦即违法性的错误不可回避时,也不具有非难可能性。这一道理,不仅适用于故意犯,也适用于过失犯。换言之,违法性认识的可能性,是独立于故意、过失之外的,故意犯与过失犯共同的责任要素;缺乏违法性认识的可能性时,不阻却故意、过失,但阻却责任。

那么，以什么基准、如何判断违法性认识的"可能性"？这与缺乏违法性的认识"是否不可回避"是本质相同的问题。诚然，一般人在一般情况下对自己的行为一般具有违法性认识的可能性，但是，一般中隐藏错误（In generalibus latet error），一般中存在错误（In generalibus versatur error）。如果对"不可回避"作过于严格的解释，就会完全返回到不知法律不免责的立场。因此，只要缺乏违法性的认识具有"相当的理由"，行为人认为其行为被法律允许具有"可以接受的理由"，就阻却责任。

要认定存在违法性错误的回避可能性，必须具备以下条件：（1）行为人必须具有认识违法性的现实可能性；（2）行为人必须具有对其行为的法的性质进行考量的具体契机；（3）必须可以期待行为人利用向其提供的认识违法性的可能性。回避可能性的判断基准，不是"一般人"，而是具体状况下的"行为者本人的个人的能力"。由于是责任的判断，所以，不能以一般人能否回避为基准。

要避免违法性的错误，就需要进行法的状况的确认。大体而言，下列三种情形提供了对法的状况进行确认的契机：（1）对法的状况产生了疑问时。行为人对法的状况产生疑问，意味着对行为的违法性产生疑问，但行为人没有真正地考虑该疑问，而是轻率地相信其行为具有合法性时，存在违法性的错误，而且该错误是可能避免的，行为人具备有责性。在行为人对法的状况进行了咨询等情况下，并非一概具有或者不具有避免可能性。例如，行为人遵从最高人民法院的判例产生了违法性的错误时，或者在判例有分歧，行为人遵从了上级法院的判例而产生了违法性的错误时，以及行为人信赖了主管机关的见解产生了违法性的错误时，均应认定为不可避免的错误。行为人信赖作为私人的专家意见而产生违法性的错误时,并非均属于不可避免的错误,因为即使是律师、法律学者等专家,也不属于对刑罚法规的解释、运用、执行负有法律责任的司法工作人员,所以,如果允许信赖私人意见而实施行为,就有害于法制度的统一性。但另一方面,完全不允许国民信赖专家的意见,也是存在疑问的。所以,当行为人在信赖具有资格的法律家的意见时,应当进行具体的判断,有时也能阻却责任。(2)知道要在法的特别规制领域进行活动时。行为人要在法的特别规制领域从事活动时,没有努力收集相关法律信息的,其违法性的错误原则上属于可能避免的错误,不阻却责任。例如,从事证券业务的人员,对证券犯罪具有违法性认识的可能性。(3)知道其行为侵害基本的个人、社会法益时。行为人认识到自己的行为侵害他人或者公共的安全时,即使具有违法性的错误,该错误也是可能避免的,不阻却责任。例如,私自关押他人的行为人,具有违法性认识的可能性。[19]

此外,就证据而言,由于法律推定任何人都知道法律,不能要求起诉人在起诉时证明被告人知道法律,而且,**不知法律就是重过失**(Ignorare legem est lata culpa),故不知法律的事实应由被告人提出。前述法国《刑法》第 122-3 条便是这样规定的,美国《模范刑法典》第 2.04 条第(4)项也规定,不知法律的抗辩,"被告人应以较优越之证据予以证明"。这是值得借鉴的。

由上可见,**不知法律不免责**并不是一项绝对的原则。准确的表述或许应当是,虽不知法律但能知法律的不免责。

注 释

［1］ Cross Jones & Card, *Introduction to Criminal Law*, 11th ed, Butterwords, 1988, p.72.

［2］ 参见〔日〕木村光江:《主观的犯罪要素的研究》,东京大学出版会1992年版,第79页。

［3］ 在英美以及大陆法系国家,法律错误仅限于这种情况(本书下面所说的法律错误也是如此),既不包括对行为的罪名与法定刑的认识错误,也不包括行为在法律上无罪而行为人误认为有罪的情况(幻觉犯)。不过,由于不知法律与法律认识错误的性质完全相同,没有必要进行绝对准确的划分,下面除必要情况以外,通常表述为不知法律。

［4］ W. Blackstone, *Commentaries on the Laws of England*, 1965, p. 27. 转引自〔日〕木村光江:《主观的犯罪要素的研究》,东京大学出版会1992年版,第84页。

［5］ 以上参见同上书,第82页以下。

［6］ 关于对该规定的详细分析,参见张明楷:《英美刑法关于法律认识错误的处理原则》,载《法学家》1996年第3期。

［7］〔日〕福田平:《关于法律错误序说的考察》,载《神户法学杂志》第2卷第1号,第40页。另参见〔日〕福田平:《违法性的错误》,有斐阁1960年版,第280页以下。

［8］ 参见〔日〕木村光江:《主观的犯罪要素的研究》,东京大学出版会1992年版,第111页以下。

［9］ 参见〔日〕早稻田司法考试研究室:《刑法总论》,早稻田经营出版1990年版,第172页以下。

［10］ 有的学者以实质的故意概念主张违法性认识不要说。这一见解,不是形式地将故意理解为"犯罪事实的认识",而是理解为使故意非难成为可能的犯罪事实的认识;这种实质的故意概念的内核,是"一般人能够意识到的关于该犯罪类型的违法性的认识"。换言之,实质的故意概念,将违法性认识的可能性纳入故意

中。这种学说也认为,如果行为人虽然具有故意但以为被允许而不能非难时,可以作为例外的(超法规的)责任阻却事由,在期待可能性领域处理。就将违法性的认识作为故意要件这一点来说,该见解与限制故意说大体相同;但就不将违法性的认识问题作为独立的要件这一点而言,该见解类似于违法性认识不要说。此说受到的主要批判是,将故意概念实质化,会导致故意概念丧失明确性;而且容易导致超出个人的违法性认识的可能性追究个人的责任。

[11] 参见杨春洗、杨敦先主编:《中国刑法论》,北京大学出版社1998年版,第108页。

[12] 参见贾宇:《犯罪故意概念的评析与重构》,载《法学研究》1996年第4期;黎宏:《刑法总论问题思考》,中国人民大学出版社2007年版,第251页。

[13] 参见冯军:《论违法性认识》,载赵秉志主编:《刑法新探索》,群众出版社1993年版,第226页以下。

[14] 参见高铭暄主编:《刑法专论》(上编),高等教育出版社2002年版,第263页以下。

[15] 参见高铭暄主编:《中国刑法学》,中国人民大学出版社1989年版,第127页。

[16] 曾宪信、江任天、朱继良:《犯罪构成论》,武汉大学出版社1988年版,第109页。另参见高铭暄、马克昌主编:《刑法学》,北京大学出版社、高等教育出版社2010年版,第116页。

[17] 参见陈兴良、周光权:《刑法学的现代展开》,中国人民大学出版社2006年版,第204页以下。

[18] 冯军:《论违法性认识》,载赵秉志主编:《刑法新探索》,群众出版社1993年版,第263页。

[19] 以上参见〔日〕山中敬一:《刑法总论》,成文堂2008年版,第660页以下。

刑法格言的展开

Lex non cogit ad impossibilia

法律不强人所难

法律不强人所难（Lex non cogit ad impossibilia；Lex neminem cogit ad impossibilia）的格言，直译为法律不强求不可能的事项或法律不强求任何人履行不可能履行的事项。[1]法律既是针对司法人员的裁判规范，也是针对一般人的行为规范。就对一般人的行为规范而言，其内容往往表现为禁止与命令，即禁止人们实施一定的行为，命令人们实施一定的行为。换言之，**法律警告但不教示**（Lex moneat,non doceat），**法律命令而不争论**（Lex jubeat,non disputet）。但是，禁止也好、命令也罢，都是以人们在行为的当时可以不违反禁止规范或者命令规范为前提的，也可以说以自己能够控制不实施违反规范的行为为前提。因精神障碍而没有责任能力的人，基于冲动所实施的举动，对其本人而言就是必然的，不可避免的，不得使他承担法律责任；即使是精神正常的人，但由于当时的客观情况决定了他别无选择，只能实施特定的行为时，法律也不能追究他的责任。因此，法律不能命令人们实施不可能实施的行为，也不能禁止人们实施不可避免的行为。[2]这便是**法律不强人所难**格言的基本含义。

正义是国家的基础（Justitia est fundamentum regnorum），当然是法的重要理念。**即使世界消亡，也要实现正义**（fait institia pereat mundus）。但难以否认的是，不管人们如何理解正义，正义概念本身就存在矛盾，这从正义的要求就可以看出来。正义是排除恣意的，故正义在原则上以一般正义（generalisierende Gerechtigkeit）表现出来，但将一般正义适用于各个具体的事态时，常常反而出现不正义的结果。于是，与一般正义相对，产生了个别正义（individualisierende Gerechtigkeit）的概念。这两个原理一方面都是正义，另一方面却相互矛盾。衡平（equity；Billigkeit）观念属于个别正义，英国的衡平法对普通法的僵硬化起着缓解作用。因此,从法理念上说,一般正义与个别正义虽然都是重要的,但前者会带来冷酷与僵硬,后者会导致恣意与不公平。但正义不应跛行,法律首先必须公平,所以,一方面要以实现一般正义为原则,另一方面要以个别正义为补充。法律是社会的规范,它不是以圣人、英雄为标准的,而是以一般人、普通人为标准的。一般的、抽象的法律规范的形成,是着眼于一般正义,但同时考虑到在实施过程中不能出现损害个别正义的结果。于是,刑法在设立一般规范的同时,又设立一些特殊规范,旨在使一般正义与个别正义相结合与相协调,避免二者之间过于明显的矛盾。在行为人不可能实施其他合法行为,只能实施违法行为时,不追究法律责任;或者说,任何人都不受不可能事项的拘束(Nemo tenetur ad impossibile; Contra impossibile nemo tenetur),这便避免了一般正义与个别正义之间的矛盾关系。[3] 法律不强人所难的格言,正是起到了这样的作用。

哲学界关于自由意志的讨论中,"可供取舍可能性"(alternate possibilities; alternative possibilities)原则起到了统辖性作用。"这个原则说,只有当一个人本来能够做其他行动的时候,他才能对他所做的行动负有道德责任。"[4] 换言之,"一个人为了能够对自己的行为承担道德责任,他就必须(在到达那个行为的某个相关点上)具有某种类型的可供取舍的可能性,这是一个基本的、广泛的假设。这个基本观念被概括在'可供取舍的可能性原则'中,它的各种版本都要求道德责任要伴随着可供取舍的可能性的出现"。[5] 根据这种观点,行为人对 A 行为及其结果的道德责任[6],是以其在实施 A 行为的当时本来能够实施 B、C 等行为为前提的。这种可供取舍的可能性就是刑法理论上的他行为可能性或期待可能性。

是否承认可供取舍的可能性,在何种范围内承认可供取舍的可能性,是哲学家、法学家们长期争论的问题。决定论者并不承认人的自由意志与可供取舍的可能性。有的学者否定"只有当一个人本来能够以其他的方式行为时,他才对他所做的事情负有道德责任"的观点,但肯定"只有当一个人本来可以履行一个给定的行为时,他才能对没能履行那个行动负有道德责任"的论断。[7] 本书不可能就此展开讨论,只是站在非决定论的立场论述**法律不强人所难**的问题。之所以站在非决定论的立场,是因为刑法上的责任概念,原本就是以自由意志为前提而形成的。如所周知,"确定体系性意义中的责任概念、对责任刑法的展开作出重大贡献的,是启蒙思想家 S. 普芬道夫(Samuel Pufendorf,1632—1694)。他将人作为具有理性、基于自由意志而行为的存在来把握,即将人作为可以基于自由意志决定实施好行为或者恶行为的存在来把握。于是,他认为,只有这样的自由的行为,可以主观地归属于行为人,只有在这样的场合对行为才是有责的。普芬道夫将行为理解为自由意志的产物,使自由意志占据归责中心的观点,对其后的学说产生了很大影响"。[8] 在刑法上,普芬道夫"由意思自由的前提出发,得出责任只有在具备归责能力和辨认能力的情况下才成立,由此创设出责任刑法的一个新学说。国家目的中合道德性的设立,限制了教育和威慑作为刑法的目的,预防代替了复仇。普芬道夫刑罚威慑的道德强制思想走在了费尔巴哈的心理强制学说的前面"。[9] 可以认为,倘若不以行为人具有自由意志为前提,刑法学上恐怕难以存在当今的责任概念。概言之,在人们具有相对意志自由的前提下,才可能对之作出禁止或者命令规范,才可能评价其行为是否遵守了规范，才可能追究行为人的责任；如果人们在行为的当时只能实施某种行为，那就不是他自由选择的结果，就不能追究行为人的责任。反过来说，如果人们在行为的当时不能遵守法律，就不会受到法律的谴责，亦即**法律宽恕不能**（Impotentia excusat legem）。这是人们都接受的观点，所以，我们也能接受**法律不强人所难**的格言。

但是，**法律不强人所难**的格言真正上升为刑法理论，还是 19 世纪末 20 世纪初的事，这个理论便是期待可能性理论。期待可能性，是指根据具体情况，有可能期待行为人不实施违法行为而实施其他合法行为；或者说，根据当时的具体情况，行为人能够实施合法行为而不实施违法行为。期待可能性的理论认为，如果根据当时的具体情况不能期待行为人实施合法行为，就不能认为行为人主观上具有责任，因而不能令他承担刑事责任。

期待可能性理论，源于 1897 年 3 月 23 日德国帝国法院第四刑事部对所谓"癖马案"（Leinefanger 案，或称"惊马案"、"马车绕缰案"）的判决。被告人是一位马车夫，从 1895 年起受雇于经营马车出租业的雇主。在受雇期间，被告人驾驭双辔马车，而其中一匹马为绕缰之马，经常用尾巴绕住缰绳并用力压低，妨害被告人驾驭。被告人与雇主对该马的缺点都清楚，被告人曾提出更换此马，但雇主不同意。1896 年 7 月 19 日，该马在某街头突然用尾巴绕住缰绳并用力往下压，被告人虽然想拉缰绳制御该马，但不奏效，马向前飞跑，导致一行人受伤。检察官以过失伤害罪提起公诉，但原判法院宣告无罪，检察官不服，提出抗诉，案件移至德国帝国法院。该法院第四刑事部驳回了抗诉，理由是，认定过失责任，不能仅凭被告人曾经认识到"驾驭有恶癖的马可能伤害行人"，还要考虑被告人当时能否基于该认识而向雇主提出拒绝使用该马。显然,不能期待被告人不顾自己的职业损失、违反雇主的命令而拒绝使用该马,因此,被告人不负过失责任。简言之,由于不能期待被告人实施其他行为,所以,其行为不构成过失责任。这一判决告诉人们,即使是善良的事项,但**如果不可能,法律也不强求**(Bona sed impossibilia non cogit lex),换言之,**法律不追求不可能的事项**(Lex non intendit aliquid impossibile)。此后,不少德国刑法学者以此为契机,使期待可能性的理论得以确立和发展。有的学者(如Frank)提出,要使行为人对自己的行为及其结果承担责任,除了要求有责任能力、故意或过失之外,还要求有"附随情况的正常性"。有的学者(如Goldschmidt)则指出,责任的更本质的要素是义务违反性,并提出了二元的规范论:一是要求人们采取一定外部态度的法律规范;二是命令人们作出采取外部态度所必要的内心态度的义务规范。违反前一种规范的,具有违法性;违反后一种规范的,具有有责性。但如果衡平法容认违反义务,则不承担责任。有的学者(如Freudenthal)运用丰富的事例,说明了责任的实体是行为人应当并且可以采取其他态度,但他违反这种期待而实施行为。还有学者(如E. Schmidt)指出,法律规范可以从不同侧面分为评价规范与意识决定规范,评价规范是针对一般人的,意识决定规范只是针对可以依法作出意识决定的人;追究责任除了要求行为人具有故意、过失的心理要素之外,还要求可能期待行为人实施其他合法行为而不实施违法行为的规范要素(期待可能性的要素)。至此,期待可能性的理论得以确立。[10]

期待可能性的理论后来传到日本。1933年11月21日日本大审院对"第五柏岛丸事件"所作的判决,最先肯定了期待可能性的理论。被告人是持有乙种二等驾驶员执照的海员,他从1922年6月起受雇于广岛县音户町的航运业主木村,担任一机帆船(船名为第五柏岛丸,载重9吨)的船长,从事运送旅客的业务。该船的乘客定员为24名,如超载则有倾覆危险,对此,被告人也清楚。1922年9月13日晨6时左右,该船却载乘客128名从某港口出发,上午10时许行驶在某海面时,另一机帆船(船名为第二新荣丸)从后边驶来,并从右边超越,相距约16米宽。第五柏岛丸的一部分乘客为了避免浪水溅身,便从右边移向左边,致使船向左边倾斜。又由于载客过多,船尾吃水较深,海水从船尾浸入,使船倾覆,导致28人死亡,8人受伤。原判认定被告人犯有业务上致死伤罪,判处6个月的禁锢。大审院则认为量刑不当,改判处以300日元罚金。其理由有两点:第一,由于当时上班乘客异常多,而交通工具极为缺乏,乘客不顾船员阻止争先恐后上船。第二,该船的航行费用,需要超过乘客定员数倍的船票费,才能弥补其收支平衡。被告人曾就超载乘客的危险再三向船主提出忠告,但船主不予采纳,仍令其超定员运载乘客。这两点理由实际上都说明被告人是不得已而超定员运载乘客的,因而所处的刑罚相当轻。[11]显然,这一判决是以期待可能性的理论为依据的,但判决没有宣告被告人无罪,而是从轻处罚。

近年来,我国刑法理论也引入了上述期待可能性理论。我国《刑法》第16条规定:"行为在客观上虽然造成了损害结果,但不是出于故意或者过失,而是由于不能抗拒或者不能预见的原因所引起的,不是犯罪。"这其中的"由于不能抗拒"的原因造成损害结果,就是缺乏期待可能性的情况。因为既然是不能抗拒,就意味着在当时的情况下只能如此,行为人无可避免;"只能如此"意味着行为人没有实施其他合法行为的可能性；"无可避免"意味着行为人只能实施特定作为或者不可能履行特定义务。刑法明文规定这种行为"不是犯罪"，正是体现了期待可能性的思想，反映了**法律不强人所难**格言的内容。

不过，仔细考察会发现，刑法理论上至少在四种不完全相同的意义上使用期待可能性概念。（1）作为心理强制可能性的期待可能性——作为责任基础的期待可能性。期待可能性理论，是规范责任论的当然结论。规范责任论的特色是，在与法律规范的关系上把握责任。法律规范终究是以对个人的命令、禁止表现出来的，这种命令、禁止就行为人一方而言，只有在能够遵从即能够实施犯罪行为以外的行为时，才是适当的。所以，责任非难，以行为人在行为当时具有适法行为的期待可能性（他行为可能性）为基础。亦即，缺乏期待可能性，就没有非难可能性。这种意义上的期待可能性，并不只是与责任能力、故意、过失相并列的责任要素，而是责任的基础。（2）作为责任要素的期待可能性——狭义的期待可能性。如同作为违法根据的法益侵害必须具体化为构成要件要素一样，上述作为责任基础的期待可能性，也应当具体化为责任要素。责任能力、故意、过失以及违法性认识的可能性，实质上是他行为可能性的具体化，因而也是作为责任基础的期待可能性的具体化。但是，上述责任要素的设定，是以能够期待行为人实施其他合法行为为前提的。换言之，认为具有责任能力、具有故意或过失以及违法性认识的可能性，就值得非难，是就通常情形所作的设定，或者说是以行为时的附随情况的正常性为前提的。在社会生活中，不排除在极少数情况下，由于行为时的附随情况异常，导致具有责任能力的人，即使认识到或者可能认识到符合构成要件的违法事实，即使具有违法性认识的可能性,却依然不能期待其实施其他合法行为的情形。所以,必须将特殊情形下的期待可能性作为责任要素。这个意义上的期待可能性可谓狭义的期待可能性。[12]我国刑法理论界所讨论的期待可能性,大体上是指这种狭义的期待可能性。(3) 作为义务强制可能性的期待可能性——不作为犯中的作为可能性。成立不作为犯罪,需要有作为可能性。作为可能性的判断,既要以附随情况正常性与否为资料,也要以保证人的个人能力为资料。即使认为作为可能性是构成要件符合性的判断,因而只能以社会的一般观念为标准,也不可否认另需要根据保证人的个人能力作出判断。后者实际上也是期待可能性的问题。(4) 作为过失犯成立条件的期待可能性——过失犯的成立要素。就疏忽大意的过失而言,行为人缺乏预见可能性(不能预见)时,刑法就不能期待其预见(不应当预见),因而不能成立过失犯;就过于自信的过失而言,行为人预见自己的行为会发生法益侵害结果时,如果他不可能避免结果发生,就不能期待其避免结果(与不作为犯存在交叉与重合)。只有当行为人预见了法益侵害结果,能够放弃该行为或者采取有效措施避免结果时,刑法才期待他放弃该行为或者采取有效措施,进而肯定过失犯的成立。

  作为责任要素的期待可能性即狭义的期待可能性,是我们以下所要讨论的问题(以下所称期待可能性,均指狭义的期待可能性)。

  狭义的期待可能性是责任的积极要素,还是消极要素? 对此存在不同看法。复合的责任概念认为,责任能力、故意或过失、期待可能性,是责任的积极要素,换言之,期待可能性是与责任能力、故意或过失相并列的第三个责任要素。纯粹的责任概念主张,故意、过失是违法问题,只有责任能力、违法性认识的可能性与期待可能性是责任要素,但在有责性标题上讨论的实际上是责任阻却事由,故缺乏期待可能性是责任阻却事由;或者认为,责任能力、故意、过失是责任的原则要素,期待可能性是责任的例外要素,因此,缺乏期待可能性是一种责任阻却事由。[13] 其实,上述两种观点并没有实质的对立,充其量只是判断方法上的差异。因为,责任阻却事由与责任要素,是一个问题的两个方面。一方面,要对一个人实施符合构成要件的违法行为进行非难,就要求行为人具有实施其他行为的期待可能性。在此意义上说,期待可能性是责任要素。但是,另一方面,由于一般人通常都具有合法行为的期待可能性,所以,在认定犯罪时,并不需要公诉机关举证证明行为人具有期待可能性。然而,如果在特殊案件中,行为人的确没有期待可能性,就阻却责任。所以,从前一方面说,期待可能性是责任的积极要素,从后一方面说,缺乏期待可能性是责任阻却的事由。换言之,从非难可能性以期待可能性为条件的角度来说,将期待可能性作为责任的积极要素是成立的;从缺乏期待可能性就不能给予非难的角度来说,将缺乏期待可能性作为责任阻却事由,也是成立的。

作为责任基础的期待可能性,必然在分则条文中得到反映。换言之,分则规定构成要件时,一般会将缺乏期待可能性的情形排除在犯罪之外。例如,行为人犯罪后作虚假供述、毁灭、伪造证据或者掩饰、隐瞒犯罪所得及其产生的收益的,虽然妨害了刑事司法,但刑法并没有规定处罚行为人(伪证罪的主体不包括犯罪人;帮助"当事人"毁灭、伪造证据的,才成立犯罪;本犯以外的人才成立掩饰、隐瞒犯罪所得、犯罪所得收益罪),就是因为不能期待行为人犯罪后不实施上述行为。

在德国、日本，直接以缺乏期待可能性为由而宣告无罪，的确很罕见。因为缺乏期待可能性的情形，基本上已类型化在刑法规定中，使得刑法明文规定之外，基本上不再有缺乏期待可能性的情形。所以，德国刑法理论与部分日本学者否认将缺乏期待可能性作为超法规的责任阻却事由具有相当根据。但是，这并不意味着我国也必须持否认态度，因为我国刑法明显没有完全将缺乏期待可能性的情形类型化在刑法中。例如，我国古代法律实行同居相隐不为罪的制度。罗马法格言也说，**对友人犯罪应予隐瞒的观念是正当的**(Peccatum amici recte velandum putas)。可是，古代中国、旧中国已经法定化的缺乏期待可能性的情形，以及当今德国、日本等国刑法中已经法定化的缺乏期待可能性的情形，并没有作为法定的责任阻却事由规定在我国刑法中。既然如此，我们就必须承认缺乏期待可能性，是一种超法规的责任阻却事由，不以犯罪论处。例如：(1) 刑事案件的犯罪嫌疑人、被告人实施妨害作证行为的，是否成立本罪？根据规范责任论的基本观点，如果犯罪嫌疑人、被告人采取一般的嘱托、请求、劝诱等方法阻止他人作证或者指使他人作伪证的，因缺乏期待可能性，而不应以妨害作证罪论处。只有当犯罪嫌疑人、被告人采取暴力、威胁、贿买等方法阻止他人作证或者指使他人作伪证时，才能认为并不缺乏期待可能性，进而认定为妨害作证罪。(2) 行为人帮助配偶、近亲属(当事人)毁灭、伪造证据的，是否成立帮助毁灭、伪造证据罪？虽然司法实践中对这种行为通常以犯罪论处，但这种做法有悖责任主义原理，应当将其作为缺乏期待可能性的情形宣告无罪。(3) 对犯罪人的配偶、近亲属实施的窝藏、包庇行为，应如何处理？虽然司法实践中对这种行为一般也以犯罪论处，但宜以行为人缺乏期待可能性为由宣告无罪。(4)脱逃罪的行为主体是依法被关押的罪犯(已决犯)、被告人与犯罪嫌疑人。问题在于,事实上无罪的人能否成为本罪的行为主体?从实质上说,肯定说与否定说涉及的是优先保护国家利益,还是优先保护个人利益的问题;从法律上说,肯定说与否定说除涉及如何理解和判断"依法"之外,还涉及期待可能性的问题。诚然,**国家关心监狱安全**(Interest rei publicae, ut carceres sint in tuto)。在此意义上说,只要是被依法关押的人,都不能随意脱逃。但不能忽视的是,在行为人原本无罪,完全由于司法机关的错误导致其被关押的情况下,行为人只是单纯脱逃的,应认为缺乏期待可能性,不以犯罪论处。所以,**被不当监禁的人即使脱逃也不应受处罚**(Injuste detentus in carcere impune potest aufugere)。

问题是,以什么标准判断行为人在行为当时是否具有期待可能性?所谓期待可能性的判断标准,是指判断行为人在实施符合构成要件的违法行为时是否具有适法行为的期待可能性的标准。

行为人标准说主张,以行为时的具体状况下的行为人自身的能力为标准。如果在当时的具体状况下,不能期待该行为人实施适法行为,就表明缺乏期待可能性。可是,如果行为人本人不能实施适法行为,就不期待其实施,那么就没有法秩序可言。而且,这一学说不能说明确信犯的责任,因为确信犯大多认为自己的行为是正当的,倘若以行为人为标准,这些人就缺乏期待可能性,因而不能承担责任,但事实上并非如此。平均人标准说认为,如果对处于行为人状态下的平均人,能够期待其实施适法行为,则该行为人也具有期待可能性;如果对处于行为人状态下的平均人,不能期待其实施适法行为,则该行为人也不具有期待可能性。但是,此说没有考虑到对平均人能够期待而对行为人不能期待的情况,这就不符合期待可能性理论的本意。法规范标准说或国家标准说主张,以国家的法秩序的具体要求为标准,判断是否具有期待可能性。因为所谓期待,是指法秩序对行为人的期待,而不是行为人本人的期待,所以,是否具有期待可能性,只能以法秩序的要求为标准,而不是以被期待的行为人或平均人为标准。然而,期待可能性的理论本来是为了针对行为人的人性弱点而给予法的救济,故应考虑那些不能适应法秩序期待的行为人,法规范标准说则没有考虑这一点;而且究竟在什么场合法秩序期待行为人实施适法行为,是一个不明确的问题,因此,法规范标准说实际上没有提出任何标准。

其实,上述三种学说只是把握了期待可能性判断标准的部分侧面,其对立并无重要意义。换言之,行为人标准说,侧重于判断资料;平均人标准说,侧重于判断基准;法规范标准说,侧重于期待主体。但三者是可以并无矛盾地适用的。

就行为人的身体的、心理的条件等能力而言,必须以具体的行为人为基准,而不可能以一般人为基准,但这并不意味着,以"因为是这个行为人所以没办法"为由而阻却责任。"平均人"也不意味着统计学意义上的平均人,而是具有行为人特性的其他多数人。"此一'平均'概念,是判断行为人合法行为可能性时不可或缺的技术性概念,因为如果不是和其他人作对照,我们根本不可能判断某一特定人的行为可能性。因此,所谓行为人、平均人或类型人,实际上的意义并没有差别。"[14]

法规范标准说与行为人标准说也不是对立的。因为,期待可能性的判断,并不是单纯从行为人一方的他行为可能性的观察就可以得出合理结论,而是要考虑法秩序的需要。换言之,期待可能性的判断,是对个人与法秩序之间的紧张关系的一种判断。

结果只能是,站在法益保护的立场,根据行为人当时的身体的、心理的条件以及附随情况,通过与具有行为人特性的其他多数人的比较,判断能否期待行为当时的行为人通过发挥其能力而不实施违法行为。[15]例如,在许霆案中,根据许霆的能力,完全可以期待其在行为当时不实施取款行为,因而不缺乏期待可能性。结婚后因遭受自然灾害外流谋生,或者因配偶长期外出下落不明,造成家庭生活严重困难,又与他人形成事实婚姻的,因强迫、包办婚姻或因婚后受虐待外逃,或者已婚妇女在被拐卖后,与他人形成事实婚姻的,都是由于受客观条件所迫,不具有期待可能性,因而阻却责任,不宜以重婚罪论处。但是,上述妇女又与他人前往婚姻登记机关登记结婚的,并不缺乏期待可能性。大体而言,不具有期待可能性主要表现为以下几种情形:一是由于客观环境、条件所限,行为人当时根本不可能实施其他合法行为;二是行为人没有实施其他合法行为的主观能力;三是虽然可以实施其他合法行为,但他必须冒生命危险;四是行为人虽然可以实施其他合法行为,但他必须冒身体重伤的危险。[16]在后两种情况下,也可以说行为人面临了很大困难,但**大困难视为不可能**(Magna difficultas impossibilitati aequiperatur)。在困难很小特别是容易实施其他合法行为的情况下,不能认为没有期待可能性。

总之,**法律不强人所难**的法律格言具有充分根据,应当得到适用。但是,必须区分作为责任基础的期待可能性与作为责任要素的期待可能性(作为责任阻却事由的缺乏期待可能性)。一方面,对于刑法有关责任阻却、减少事由的一些规定,刑法理论可以从作为责任基础的期待可能性予以说明;另一方面,对于确实没有期待可能性，又无其他明文根据宣告无罪的，应作为超法规的责任阻却事由宣告无罪。但是，的确不能滥用狭义的期待可能性理论，即不能动辄以行为人缺乏期待可能性（具有超法规的责任阻却事由）为根据宣告无罪。对于刑法应当类型化而还没有类型化的责任阻却事由（缺乏期待可能性的事由），刑法理论应当予以类型化。在类型化之外，只有在极为特殊的情形，才可能得出因缺乏期待可能性而无罪的结论。因此，不得滥用**法律不强人所难**的法律格言。

注释

[1] 显然,本格言的中文表述是有缺陷的,故请读者将本格言中的"难"理解为"不可能",至于"难"与"不可能"的关系,下面会提到。

[2] 康德曾就道德方面提出,"因为你应当做,所以你能够做"(Du kannst, denn du sollst)。就道德而言或许可以提出这种严格要求,但在法的世界,尤其是在刑法领域,只能说"因为你能够做,所以你应当做"(Du sollst, denn du kannst)。由此看来,区分法律与道德是必要的(参见〔日〕团藤重光:《法学的基础》,有斐阁1996年版,第53页)。

[3] 参见同上书,第222页以下。

[4] 〔美〕哈里·法兰克福:《可供取舍的可能性与道德责任》,载徐向东编:《自由意志与道德责任》,江苏人民出版社2006年版,第359页。

[5] 〔美〕约翰·马丁·费尔希:《法兰克福式例子与半相容论》,载同上书,第392页。

[6] 道德责任是与因果责任相对的概念。道德责任并不特别需要与道德上的对错相联系,而是与人的反应性态度相联系。可以认为,在刑法上,因果责任是客观归责问题,而道德责任是主观归责问题。但是,这并不意味着刑法上的责任是一种伦理责任或者道义责任。

[7] 〔美〕约翰·马丁·费尔希:《法兰克福式例子与半相容论》,载徐向东编:《自由意志与道德责任》,江苏人民出版社2006年版,第394页以下。

[8] 〔日〕堀内捷三:《责任论的课题》,载芝原邦尔等编:《刑法理论的现代的展开——总论I》,日本评论社1988年版,第172—173页。

[9] 〔德〕格尔德·克莱因海尔、扬·施罗德主编:《九百年来德意志及欧洲法学家》,许兰译,法律出版社2005年版,第345页。

[10] 有关这一方面的中文资料,可参见洪福增:《期待可能性之理论与实践》,载蔡墩铭主编:《刑法总则选文选辑》(上),台湾五南图书出版公司1984年版,第473页以下。

[11] 参见日本《大审院刑事判例集》第12卷,第2072页。

[12] 参见〔日〕平野龙一:《刑法总论 II》,有斐阁1975年版,第154页。

[13] 参见〔韩〕李在祥:《韩国刑法总论》,韩相敦译,中国人民大学出版社2005年版,第263页。

[14] 黄荣坚:《基础刑法学》下,台湾元照出版有限公司2006年版,第664页。

[15] 〔日〕山口厚:《刑法总论》,有斐阁2007年版,第251—252页。

[16] 在第四种情况下,可能存在法益衡量问题,不能绝对化。另一方面,也可能存在其他导致行为人不可能实施其他合法行为的情况。

Friedrich Gauermann(1807—1862), *The Harvest Wagon*(*detail*).

刑 法 格 言 的 展 开

Ad auctores redit sceleris coacti culpa

受强制实施的恶行应当归责于强制者

受强制实施的恶行应当归责于强制者（Ad auctores redit sceleris coacti culpa）的法律格言，一方面表述了期待可能性的思想，即受强制的人因为丧失自由意志，不能期待其实施其他合法行为，所以，不能将恶行及其恶果归责于受强制人；另一方面表述了间接正犯的基本理论，即强制他人实施恶行的人，应当对他人实施的恶行及其恶果承担责任。在**法律不强人所难**的格言里已对前一点进行了讨论，下面仅就后一方面的含义展开说明。

正犯概念，大体上分为单一的正犯概念、扩张的正犯概念与限制的正犯概念。

单一的正犯概念认为，凡是参与犯罪的人都是正犯。我国有学者以《刑法》第29条第2款的规定为根据，认为我国刑法采取了单一的正犯概念。[1]这是以该款的其中一种字面含义为根据选择的立场，而没有考虑到单一的正犯概念的固有缺陷，为本书所不取。一方面，单一的正犯概念将因果关系的起点视为构成要件的实现，既无限扩张了刑事可罚性的范围，也有违反罪刑法定原则之嫌。例如，根据这种观点，刑法分则所规定的行为原本就包括了教唆行为与帮助行为，因此，对于教唆行为与帮助行为可以直接根据分则的规定定罪量刑，对于教唆未遂与帮助未遂，也可以直接按照正犯未遂处罚。但是，这种结论难以令人赞成。另一方面，在身份犯的场合，这种观点又会限制共犯的处罚范围。例如，根据这种观点，教唆犯与帮助犯都是正犯，于是，贪污罪、受贿罪等身份犯的教唆犯与帮助犯，也必须具有特殊身份，否则不成立教唆犯与帮助犯。但是，这种结论不可能被人接受。

扩张的正犯概念认为，对犯罪的实现起任何条件作用的人，或者说凡是引起了构成要件结果的人，都是正犯；但是，刑法例外地将教唆犯与帮助犯规定为狭义的共犯。刑法的这种规定限制了对正犯的处罚范围,即本来教唆犯与帮助犯也是正犯,但刑法将其规定为共犯,限制了刑罚处罚(表现为其处罚比正犯轻)。此即所谓刑罚限制事由。根据这一观点,间接正犯自然是正犯,不需要有间接正犯的概念。但是,教唆犯、帮助犯在社会观念上是与正犯不同的类型,扩张的正犯概念却认为它们的实质相同,因而不妥当。

限制的正犯概念认为,原则上,以自己的身体动静直接实现分则规定的构成要件的是正犯,此外的参与者都是共犯。所以,刑法规定对正犯以外的共犯进行处罚,是对处罚范围的扩大,即所谓刑罚扩张事由。这里特别涉及间接正犯的问题,由于间接正犯是利用他人实施犯罪行为,因而是共犯。由于这一结论不妥当,所以,主张限制的正犯概念的学者,必须说明间接正犯是正犯。本书采用限制的正犯概念。限制的正犯概念虽然面临着间接正犯的难题,但如后所述,刑法理论完全可以解决这一难题。更为重要的是,限制的正犯概念,有利于维护构成要件的类型性,也符合社会的一般观念。

间接正犯是指利用他人实行犯罪的情况。[2] **我自己不能做的也不能通过他人做**(Quod per me non possum, nec per alium),故间接正犯没有例外地要受到处罚。间接正犯在立法例上始于德国1913年《刑法草案》第33条。现行德国《刑法》第25条第1项规定:"自己实行犯罪,或通过他人实行犯罪的,依正犯论处。"所谓"通过他人实行犯罪",就是指自己不直接实行犯罪,而利用他人的不知情、无意志、受强制等状态使其实施法律禁止的行为。日本《改正刑法草案》第26条规定:"自己实行犯罪的,是正犯。利用非正犯之他人实行犯罪的,也是正犯。"日本现行刑法没有规定间接正犯,但是,不仅刑法理论承认间接正犯,而且审判实践上一直肯定间接正犯。例如,日本大审院1903年12月20日的判决指出,利用没有是非辨别能力的幼儿实现犯罪的,是实行正犯。[3] 日本最高裁判所1956年7月3日的判决指出,利用不知情的第三者使之实施犯罪的,与其自己实行犯罪没有差异,因而是正犯。[4] 日本最高裁判所1993年9月21日的判决指出,利用对自己平时的言行举止感到畏惧而压抑意志的12岁的养女实行盗窃的人,即使该女是具有是非善恶判断能力的人,利用者也是盗窃罪的间接正犯。[5]

关于间接正犯概念产生的原因,刑法上有两种不同解释。一种解释是,基于限制的正犯概念,以及共犯(指教唆犯与帮助犯)的极端从属性的观点,只有直接正犯者的行为具有构成要件符合性、违法性与有责性,教唆者、帮助者才成立共犯;但将没有责任能力的他人作为工具实现犯罪时,利用者既不符合直接正犯的条件(没有直接实行犯罪),也不符合教唆犯、帮助犯的条件(被利用者缺乏有责性);为了避免处罚上的空隙,作为一种二次性的、补充的方案,将这种情况作为间接正犯处罚。另一种解释是,**通过他人实施行为即为自己实施行为**(Qui facit per alium, est perinde ac si faciat per se ipsum; Qui facit per alium, facit per se),对于间接正犯,应当从规范的观点,肯定它与直接正犯具有相同性质。现在一般采用后一种解释。

那么,为什么**受强制实施的恶行应当归责于强制者**呢?换言之,承认间接正犯的正犯性的根据是什么呢?德国刑法理论上有各种不同的学说。由麦耶尔(M. E. Mayer)等人提倡的工具理论认为,被利用者如同刀枪棍棒一样,只不过是利用者的工具;既然利用刀枪棍棒的行为是正犯,那么也应肯定利用他人行为具有正犯性。但是,将被利用者视为工具存在不妥当之处。由威尔采尔(Welzel)等人主张的行为支配说认为,由于利用者的行为支配了被利用者,故利用者的行为具有正犯性。具体地说,利用有责任能力的人与利用无责任能力的人,存在相当差异。利用有责任能力的人实行犯罪时,利用者知道除了自己以外还有责任分担者,自己对行为的支配可能性完全是间接的;与此相反,利用无责任能力的人实行犯罪时,利用者知道自己是唯一的责任者,自己对行为的支配可能性是直接的或者至少是接近直接的。可是,利用者在什么情况下具有支配行为的可能性,仍然存在疑问。由赫格拉(Hegler)提出的优越性理论认为,利用者一方优越于被利用者一方,因此利用者是正犯。然而,这种理由并不透彻。[6]日本有不少学者认为,从规范主义的观点来看,间接正犯的正犯性,与直接正犯的正犯性不存在实质差异,利用者的利用行为,通过被利用者客观上的身体活动,对一定的法益侵害或威胁存在必然的、现实的危险性。[7]还有一种规范障碍说认为,在被利用者没有规范的障碍的情况下[8],利用者便如同自己亲手实行犯罪一样,其行为具有正犯性。[9]现在占通说地位的是犯罪事实支配说。即对犯罪实施过程具有决定性影响的关键人物或核心角色,具有犯罪事实支配性,是正犯。其中,行为人不必出现在犯罪现场,也不必参与共同实施,而是通过强制或者欺骗手段支配直接实施者,从而支配构成要件实现的,就是间接正犯。由于间接正犯并不以自己的身体动作直接实现构成要件,故被利用者必须客观上实施了符合构成要件的违法行为(由于违法具有相对性,利用被害人行为的除外)。概言之,之所以肯定间接正犯的正犯性,是因为间接正犯与直接正犯、共同正犯一样,支配了犯罪事实,支配了构成要件的实现。

我国刑法没有将共犯人分为正犯、教唆犯与帮助犯,但完全可以在刑法理论上作出这种区分。从实质上看,对侵害结果或者危险结果的发生起支配作用的就是正犯。亦即,行为人自己直接实施符合构成要件的行为造成法益侵害、危险结果的(直接正犯),或者通过支配他人的行为造成法益侵害、危险结果的(间接正犯),以及共同对造成法益侵害、危险结果起实质的支配作用的(共同正犯),都是正犯。

肯定间接正犯,意味着间接正犯必须对被利用者所造成的法益侵害结果承担责任。例如,甲令6岁的儿童窃取邻居桌上的手机(价值7000元)的,应认定甲的行为成立盗窃罪,盗窃数额为7000元。值得研究的是以下情形:乙令10岁的X进入某办公楼盗窃他人财物,X正欲进入办公楼时,遇到了10岁的Y,二人合意后进入办公室共同盗窃,X窃取了一部手提电脑(价值8000元),Y窃取了一部手机(价值3000元)。本书的初步看法是,由于共同犯罪是违法形态,所以,X与Y在违法层面构成共同正犯;又由于对共同正犯采取部分实行全部责任的原则,故应将被害人价值1.1万元的财产损失归属于X的行为;又由于乙应当对被利用者X的法益侵害果承担责任,所以,乙犯盗窃罪的数额为1.1万元,而不是8000元。而且,在这种场合,既不能否认乙的利用行为与被害人价值1.1万元的财产损失结果之间具有因果性,也不能否认乙对该财产损失结果缺乏故意。

德国学者罗克辛将支配犯的间接正犯归纳为三种情形:

第一,幕后者能够通过迫使直接实施者实施符合构成要件的行为,从而达成自身对于犯罪事实的支配性(通过强制达成的意思支配)。第二,幕后者可以隐瞒犯罪事实,从而欺骗直接实施者并且诱使对真相缺乏认知的实施者实现幕后者的犯罪计划(通过错误达成的意思支配)。第三,幕后者可以通过有组织的权力机构将实施者作为可以随时替换的机器部件而操纵,并且据此不再将实施者视为个别的正犯而命令,进而达成对犯罪事实的关键支配(通过权力组织的支配)。除了上述三种基本支配情形之外,不可想象其他情形。利用无责任能力、减轻责任能力和未成年人的情形,在构造上只是强制性支配与错误性支配的结合而已。[10]

在我国,可以将通过权力组织的支配类型,归入通过强制达成的支配类型。换言之,间接正犯主要表现为强制他人实行犯罪,或者利用他人的错误支配犯罪事实。除此之外,具有特殊身份的人利用无身份者实现身份犯构成要件的,也可能成立间接正犯。如果利用者只是使被利用者实施帮助行为,则利用者不成立间接正犯(成立帮助犯)。具体而言,间接正犯主要有以下类型:

第一,利用无责任能力者的身体活动。无责任能力者缺乏辨认控制能力,不具有非难可能性,只能将结果归责于其背后的利用者,肯定利用者的行为支配了犯罪事实。例如,利用幼儿、严重精神病患者的身体活动实现犯罪的,是间接正犯。问题在于,利用未达到法定年龄的人实施犯罪的是否均成立间接正犯?本书的观点是,虽然一般来说,这种情形成立间接正犯,但是,在被利用者具有辨认控制能力,利用者并没有支配被利用者时,不能认定为间接正犯。换言之,未达到法定年龄的人与达到法定年龄的人共同犯罪时,并非后者均为间接正犯。只有当后者支配了犯罪事实时,才能将其认定为间接正犯。例如,18 周岁的甲唆使 15 周岁的乙盗窃他人财物的,不是间接正犯(而是教唆犯)。15 周岁的乙只是因为缺乏有责性,而不承担责任。教唆限制责任能力者实施犯罪的,不宜认定为间接正犯。因为减轻责任能力者依然具有一定的辨认控制能力,难以认定教唆犯支配了犯罪事实。

第二,利用他人不属于行为的身体活动。例如,利用他人的反射举动或者睡梦中的动作实现犯罪的,属于间接正犯。

第三,利用者对被利用者进行强制,使之实施一定的犯罪活动(受强制的行为的介入)。利用者对他人进行强制(包括物理的强制与心理的强制),压制他人意志,使他人丧失自由意志时,不能将结果归责于受强制者,只能归责于强制者,强制者成立间接正犯。对此,可分为两种情形:一是利用"死亡的工具"(totes Werkzeug),这主要是指利用者使被利用者处于不能抵抗的受强制状态,受强制者在不得已的情况下实施了刑法禁止的行为。意大利《刑法》第 86 条明文规定:"使他人陷入无辨别及无意思能力之状态,而利用其为犯罪行为者,应负该犯罪行为之刑责。"[11]这可谓**受强制实施的恶行应当归责于强制者**格言的法律化。关于这种情况下被强制者不承担刑事责任的理由,日本刑法学者牧野英一起先认为,被强制者没有责任能力,因而不成立犯罪[12];后来认为,被强制者的行为是一种紧急避险行为。[13]但是,被强制者并非都没有责任能力,事实上不少被强制者具有责任能力,被强制者的行为本身也不是一种合法行为,故牧野英一的两种说明都不妥当。一般认为,被强制者在当时没有实施合法行为的期待可能性,因而缺乏有责性。[14]二是基于"违法拘束命令"(rechtswidriger bindender Befehl)

的行为。人们在社会生活中，**必须遵从适法命令**（Legitime imperanti parere necesse est）。但是，社会生活中也存在"违法拘束命令"，亦即，上级的命令虽然违法，但下级必须服从的情况。**必须服从的人没有任何罪过**（Ejus nulla culpa est, cui parere necesse sit）的法律格言告诉我们，受强制的人与必须服从命令的人主观上也没有罪过。在法益受到人为侵害或者威胁的情况下，既然不能将结果归责于受强制者或必须服从的人，那么，就只能将结果归责于强制者或命令者。例如，在武装部队里，下级对上级的命令具有绝对服从的义务，在上级命令违法时，下级根据该违法命令所实施的行为，便是基于违法拘束命令的行为。在这种情况下，下级执行违法命令的行为不成立犯罪，发布命令的上级是间接正犯，**上级应负责**（Respondeat superior）。对于执行违法命令不承担刑事责任的理由，在国外有违法阻却事由说与责任阻却事由说（没有期待可能性）。[15]我国《刑法》第427条规定："滥用职权，指使部属进行违反职责的活动，造成严重后果的，处5年以下有期徒刑或者拘役；情节特别严重的，处5年以上10年以下有期徒刑。"这也肯定了**受强制实施的恶行应当归责于强制者**的原则。

第四，利用缺乏故意的行为。这就是所谓利用不知情者的间接正犯。例如，医生指使不知情的护士给患者注射毒药，医生构成故意杀人罪的间接正犯。再如，甲明知前方为人，却对乙谎称前方有野兽，将自己的猎枪给乙射击，乙开枪射击导致他人死亡。乙成立过失致人死亡罪，甲是故意杀人罪的间接正犯。[16]另一方面，被利用者虽然具有其他犯罪的故意而缺乏利用者所具有的故意时，利用者也可能成立间接正犯。例如，甲明知丙坐在丙家的某贵重财物后面，便唆使乙开枪毁坏贵重财物，不知情的乙开枪致丙死亡。乙虽然具有毁坏财物的故意,但没有杀人故意。故意杀人罪的结果应归责于甲,甲成立间接正犯。[17]

问题是,就身份犯而言,一般人故意利用有身份的不知情者的,应当如何处理?例如,一般公民甲冒充警察,声称取证需要,让邮政工作人员乙开拆若干信件。甲的行为是否成立私自开拆邮件罪(《刑法》第253条)的间接正犯?本书持否定回答(如后所述,能够成立教唆犯)。由于乙没有犯私自开拆邮件罪的故意,所以,其行为不可能构成该罪。虽然甲利用了乙,但仅此并不能肯定甲的行为成立私自开拆邮件罪。因为在真正身份犯的场合,特殊身份是针对正犯而言的,间接正犯也是正犯,理当具备特殊身份。如果认为间接正犯可以不需要具有特殊身份,就必然使构成要件丧失定型性,有违反罪刑法定原则之嫌。[18]再如,普通公民A欺骗国家工作人员B,声称自己需要现金购买住房,可以在10天之内归还。B将公款挪给A后,A将该款用于贩卖毒品,10天之内归还公款。如果B明知A借用公款是为了贩卖毒品,B的行为当然构成挪用公款罪(参见《刑法》第384条,A可能与B构成挪用公款罪的共犯)。但B并不明知这一真相,A又不具有国家工作人员身份,因此,A的行为不构成挪用公款罪的间接正犯(仅成立挪用公款罪的教唆犯)。[19]

第五,利用有故意的工具。有些犯罪的成立除了要求有故意之外,还要求有特定目的,或者要求行为人具有一定的身份。所谓有故意的工具,就是指被利用者虽然有责任能力并且有故意,但缺乏目的犯中的目的或者不具有身份犯中的身份。德、日刑法理论一般认为,利用有故意的工具的情况,也属于间接正犯。因为当目的与身份是构成要件的要素时,缺乏该构成要件要素的行为,就是不符合构成要件的行为;利用不符合构成要件的行为,成立间接正犯。但是,也有学者反对这种结论。从犯罪事实支配的角度来考察,由于直接实施者具有犯罪故意,故难以肯定幕后者操纵或支配了其行为,因而难以认定为间接正犯。从自由意志的角度来考察,由于直接实施者完全具有意志自由,能够将行为的结果归责于直接实施者,故能否一概将利用者认定为间接正犯,也存在疑问。但是,持反对意见的人,也并非一概否定上述情形属于间接正犯,而是对其中的部分情形以其他理由认定为间接正犯。对此,应联系间接正犯的本质与我国刑法的规定进行判断。

例如,甲以牟利目的利用没有牟利目的的乙传播淫秽物品。如果乙明知甲具有牟利目的,则乙与甲就传播淫秽物品牟利罪成立共同犯罪。如果甲支配了犯罪事实,则成立传播淫秽物品牟利罪的间接正犯,否则成立教唆犯或者帮助犯。刑法理论一般认为,如果乙不仅自己没有牟利目的,也不明知甲有牟利目的,则应认为甲支配了犯罪事实,成立传播淫秽物品牟利罪的间接正犯。

再如,国家工作人员甲指使知情的妻子乙接受贿赂时,甲是否成立受贿罪的间接正犯?第一种观点认为,甲成立受贿罪的间接正犯,乙成立受贿罪的帮助犯。理由是,有关受贿罪的法规范,只针对具有一定身份的人,只有具有该身份的人才可能实施违反法规范的实行行为。因此,甲利用不能实施实行行为的非身份者收受贿赂的行为,可谓利用欠缺规范障碍的人的行为,具有实现犯罪结果的现实危险性,可以肯定为间接正犯。就乙而言,因为其不具有法规范所要求的身份,因而不能实施受贿罪的实行行为,故不能成立正犯,只能成立帮助犯。第二种观点认为,甲成立受贿罪的教唆犯,乙成立受贿罪的帮助犯。理由为,就甲而言,在利用有故意的人的场合,由于被利用者具有规范的障碍,而不可能成立单纯的工具。因此,利用者不能随心所欲地对之进行支配与利用;利用者不可能像自己实行犯罪那样,具有实现犯罪计划的确实性。所以,利用者的行为不能成立实行行为,只能成立教唆犯。就乙而言,由于其欠缺身份,不可能成立正犯,只能成立帮助犯。第三种观点认为,应当根据非身份者的参与情况进行区分。如果身份者甲对非身份者乙处于单方的支配关系,则甲是间接正犯,乙是帮助犯;如果甲与乙处于相互协力的状态,则成立受贿罪的共同正犯。本书的基本看法是,甲虽然没有直接接受贿赂,但受贿罪的构成要件并不是单纯地接受财物,而是要求利用职务上的便利,或者说要求财物与职务行为的交换性。因此,甲当然是受贿罪的直接正犯。换言之,甲直接支配了对职务行为不可收买性的侵害,因而是直接正犯;乙缺乏侵犯职务行为不可收买性的国家工作人员身份,故不能成为正犯,仅成立帮助犯。

第六,利用他人缺乏违法性认识的可能性的行为。例如,司法人员甲欺骗乙说:"捕杀麻雀是完全合法的行为,你可以大量捕杀。"乙信以为真,实施捕杀行为。甲成立间接正犯。其他利用他人的责任阻却事由的行为,也会成立间接正犯。

第七,利用他人的合法行为。利用他人的合法行为实现犯罪的,成立间接正犯。[20]但也要具体分析。例如,甲诱导 X 对乙进行不法侵害,乙正当防卫杀害了 X。乙的行为是正当防卫,但甲不成立故意杀人罪的间接正犯。因为在本例中,只能认定 X 支配了犯罪事实,而不是甲支配了犯罪事实。但由于甲教唆 X 实施不法侵害行为,故甲仅针对 X 成立教唆犯。再如,A 为了使 B 死亡,以如不听命将杀害 B 相威胁,迫使 B 攻击 Y,Y 正当防卫杀害了 B。此时,B 与 Y 都是 A 的工具,应认定 A 为杀人的间接正犯。

第八,利用被害人的行为。刑法理论一般认为,当利用者使被害人丧失自由意志,或者使被害人对结果缺乏认识或产生其他法益关系的错误,导致被害人实施了损害自己法益的行为时,利用者成立间接正犯。例如,甲谎称乙饲养的狗为疯狗,使乙杀害该狗的,是故意毁坏财物罪的间接正犯。再如,行为人强迫被害人自杀的,成立故意杀人罪的间接正犯。[21]

在肯定**受强制实施的恶行应当归责于强制者**的情况下,对强制者的处罚程度,则是值得讨论的问题。通说认为,对于间接正犯应按照正犯来处理,但与教唆犯相比较,则存在难题。根据《刑法》第 29 条的规定,教唆不满 18 周岁的人犯罪的,应当从重处罚。如果认为其中的不满 18 周岁的人,仅指达到了法定年龄而不满 18 周岁的人,那么,唆使没有达到法定年龄的人犯罪时,属于间接正犯,却不具有法定从重情节。这是不协调的。所以,应当认为,《刑法》第 29 条中的"不满 18 周岁的人"包括没有达到法定年龄的人。如教唆 13 周岁的人犯罪的,应当从重处罚。或许有人认为,这种情形属于间接正犯,不应当适用教唆犯的规定。其实,即使肯定这种行为成立间接正犯,但由于间接正犯与教唆犯并不是对立关系,相反应当认为这种情形的间接正犯也完全符合教唆犯的成立条件,故应当对其适用上述规定。否则,会导致刑法的不协调。

虽然关于间接正犯还有许多值得研究的问题,但**受强制实施的恶行应当归责于强制者**的法律格言的基本内容,是不可否认的。

注 释

[1] 参见刘明祥:《"被教唆的人没有犯被教唆的罪"之解释》,载《法学研究》2011年第1期。

[2] 在大陆法系国家,间接正犯不是指行为人,而是指行为。我国一般认为间接正犯是指行为人,本书对此没有严格区分。

[3] 日本《大审院刑事判决录》第10辑,第2415页。

[4] 日本《最高裁判所刑事判例集》第10卷第7号,第955页。

[5] 日本《最高裁判所刑事判例集》第37卷第7号,第1070页。

[6] 以上参见〔日〕松生光生:《利用错误的间接正犯》,载刑法读书会:《犯罪与刑罚》第2号,成文堂1986年版,第49页以下。

[7] 参见〔日〕大塚仁:《共犯》,载团藤重光编:《注释刑法(2)II》,有斐阁1969年版,第686页。

[8] 关于规范的障碍,参见张明楷:《未遂犯论》,法律出版社1997年版,第97页。

[9] 〔日〕西原春夫:《刑法总论》,成文堂1977年版,第309页。

[10] C. Roxin, Strafrecht Allgemeiner Teil, Band II, C. H. Beck 2003, S. 23.

[11] 法国旧《刑法》第64条、日本旧《刑法》第75条、奥地利《刑法》第114条、荷兰《刑法》第40条、罗马尼亚《刑法》第130条、第133条、美国《伊利诺斯州刑法》第7—11条、《纽约州刑法》第35.35条、美国《模范刑法典》第2.09条等,都作出了类似规定。

[12] 〔日〕牧野英一:《日本刑法上卷》,有斐阁1937年重订版,第178页。

[13] 〔日〕牧野英一:《刑法总论上卷》,有斐阁1958年全订版,第472页。

[14] 参见〔日〕小野清一郎:《刑法概论》,学文社1960年增补新版,第145页以下。

[15] 参见〔日〕大塚仁:《刑法概说(总论)》,有斐阁2008年版,第476页。

[16] 德国学者罗克辛指出:"在 A 忘乎所以要向稻草人开枪时,B 虽然认识到 A 其实是将野宿者 L 误认为是稻草人,却仍然将自己的猎枪借给 A,导致 A 错误地杀死了 L 时,B 是故意杀人罪的间接正犯。"(C. Roxin, Strafrecht Allgemeiner Teil, Band II, C. H. Beck 2003, S. 30)。得出这一结论,与德国刑法将被帮助者的故意作为帮助犯的成立前提有关。倘若采取结果无价值论与限制从属性说,则应认为,B 不是故意杀人罪的间接正犯,而是故意杀人罪的帮助犯。亦即,A 实施了符合故意杀人罪构成要件的违法行为(只是缺乏故意杀人罪的责任要件),B 故意实施了帮助行为,因而成立故意杀人罪的帮助犯。

[17] 如果乙具有过失,则成立过失致人死亡罪。

[18] 甲仅成立侵犯通信自由罪(我国《刑法》第252条)的间接正犯。

[19] 在上述场合,日本刑法理论的通说认为,A 的行为成立间接正犯。因为日本《刑法》第65条第1款规定:"对于因犯罪人身份而构成的犯罪行为进行加功的人,虽不具有这种身份的,也是共犯。"刑法理论将这里的"共犯"解释为包括正犯在内的广义的共犯,故没有身份的人"也是正犯"。但我国刑法没有这样的规定,故难以采纳日本刑法理论上的通说观点。

[20] 不过,刑法理论上所举之例,大多为利用不知情的第三者行为。事实上,如果第三者知情,则难以称之为利用正当行为。例如,甲为了非法拘禁乙,谎称乙是现行犯,使警察拘留了乙。刑法理论一般认为甲是利用正当行为的间接正犯。其实,这种情况也可谓利用不知情者的间接正犯。如果警察明知乙不是现行犯而拘留,甲难以成立非法拘禁罪的间接正犯。

[21] 参见〔日〕山口厚:《刑法总论》,有斐阁2007年版,第70页。

Dirck van Delen (1605—1671), *An Architectural Fantasy* (*detail*).

刑法格言的展开

Lex specialis derogate legi generali

特别法优于普通法

特别法优于普通法(Lex specialis derogate legi generali)是处理法条竞合关系的一项原则。

　　当一个行为同时触犯几个法律时,必须根据一定的适用原则决定对该行为适用哪一项法律。例如,存在**在时间上后法优于先法**(Constitutiones tempore posteriores potiores sunt his quae ipsas praecesserunt)、**新法优于旧法**(Lex posterior derogate priori; Jus posterius derogat priori)或者新法废止旧法的适用原则。当然,新法并不是废止一切旧法,**新法废止与其冲突的旧法**(Leges posteriores priores contrarias abrogant)。此外,**新普通法并不优于旧特别法**(Lex posterior greneralis non derogat priori speciali)。亦即,当一个行为同时触犯了新的普通法与旧的特别法时,应当适用特别法。

　　一般来说,**特别法优于普通法**,是就不同的法律文件而言。在刑法中,是指一个行为同时符合相异法律中的普通刑法与特别刑法。"相异法律"指仅从形式上而言不是一个法律文件,但实质上都是刑法。在这种场合,毫无疑问适用**特别法优于普通法**的原则。由于我国现行刑法采取的立法方式是将所有犯罪规定于一部法典中(只有个别例外),导致特别法条与普通法条的竞合关系增多,因此,**特别法优于普通法**的法律格言,在我国现行刑法中,基本上意味着特别法条优于普通法条。

　　法条竞合(法条单一),是指一个行为同时符合了数个法条规定的犯罪构成要件,但从数个法条之间的逻辑关系来看,只能适用其中一个法条,当然排除适用其他法条的情况。换言之,法条竞合是指法条之间具有竞合(重合)关系,而不是犯罪的竞合。[1]显然,法条竞合关系不同于法条关系。只有当两个法条之间存在包容关系(如特别关系)或者交叉关系时,才能认定为法条竞合关系。[2]

法条竞合的主要或基本表现形式,是普通法条与特别法条的关系(特别关系)。

从形成原因上看,特别关系主要表现为以下情况:(1)因犯罪主体的特殊性而设立特别法条,形成普通法条与特别法条的竞合。如军人战时造谣惑众,动摇军心的行为,既符合《刑法》第433条的战时造谣惑众罪的犯罪构成要件,又符合《刑法》第378条的战时造谣扰乱军心罪的犯罪构成要件。(2)因犯罪对象的特殊性而设立特殊法条,形成普通法条与特别法条的竞合。如与现役军人配偶结婚的行为,既符合《刑法》第258条的重婚罪的犯罪构成要件,又符合《刑法》第259条的破坏军婚罪的犯罪构成要件。(3)因犯罪目的的特殊性而设立特别法条,形成普通法条与特别法条的竞合。如以牟利为目的的传播淫秽物品的行为,既符合《刑法》第363条第1款规定的传播淫秽物品牟利罪的犯罪构成要件,又符合第364条规定的传播淫秽物品罪的犯罪构成要件。(4)因犯罪手段的特殊性而设立特别法条,形成普通法条与特别法条的竞合。如冒用他人名义签订合同骗取财物的行为,既符合《刑法》第224条规定的合同诈骗罪的犯罪构成要件,又符合《刑法》第266条规定的诈骗罪的犯罪构成要件。(5)因危害结果的特殊性而设立特别法条,形成普通法条与特别法条的竞合。如交通肇事致人死亡的,既符合《刑法》第233条规定的过失致人死亡罪的犯罪构成要件,又符合《刑法》第133条规定的交通肇事罪的犯罪构成要件。(6)同时因手段、对象等特殊性而设立特别法条,形成普通法条与特别法条的竞合。如以特定手段诈骗贷款的行为,既符合《刑法》第266条规定的诈骗罪的犯罪构成要件,又符合第193条规定的贷款诈骗罪的犯罪构成要件。

要确定条文之间是否存在特别关系,除了必须明确法条竞合与想象竞合的区别外,还必须明确特别关系与交叉关系、补充关系、吸收关系之间的关系。

第一,关于法条竞合与想象竞合的区别。从形式上说,触犯一个法条(如特别法条、重法条等)便必然触犯另一法条(如普通法条、轻法条)时,属于法条竞合(当然,触犯普通法条时并不必然触犯特别法条);触犯一个法条并不必然触犯另一法条,而是由于客观事实触犯了另一法条时,属于想象竞合犯。例如,军人故意泄露军事秘密触犯《刑法》第432条时,必然触犯第398条,因而这两个法条之间具有竞合关系。再如,行为人交通肇事致人死亡因而触犯第133条时,必然触犯第233条;行为人交通肇事致人重伤因而触犯《刑法》第133条时,必然触犯《刑法》第235条。所以,《刑法》第133条分别与第233条、第235条之间具有法条竞合关系。而且,第133条是特别法条,第233条、第235条是普通法条。如果认为交通肇事致人死亡属于想象竞合犯,适用从一重罪论处的原则,可能导致在一些情况下违反刑法的明文规定。例如,甲违反交通运输管理法规,导致一人死亡,不具有法定刑升格的情节,根据《刑法》第133条,其适用的法定刑为"3年以下有期徒刑或者拘役";如果将该行为适用过失致人死亡罪的规定,又不属于"情节较轻"的情形,因而应当适用"3年以上7年以下有期徒刑"的法定刑。如果认为甲的行为属于想象竞合犯,那么,就应以过失致人死亡罪论处。但这一结论,明显违反了《刑法》第233条的"本法另有规定的,依照规定"的规定。所以,不应认为交通肇事致人伤亡属于想象竞合犯,而应承认《刑法》第133条与第233条、第235条之间具有法条竞合关系。同样,任何故意杀人行为,都必然同时触犯故意伤害罪(杀人未遂时,既可能是故意伤害既遂,也可能是故意伤害未遂)。于是,《刑法》第 232 条是特别法条,第 234 条是普通法条。

从实质上说,法条竞合时,只有一个法益侵害事实;想象竞合时,则有数个法益侵害事实。[3]换言之,法条竞合时,虽然行为同时违反了数个罪刑规范,但仅侵害了其中一个罪刑规范的保护法益,因为规范之间存在包容与交叉关系;想象竞合时,行为因为侵害了数个罪刑规范的保护法益,因而触犯了数个罪刑规范。据此,行为人开一枪导致一人死亡、一人重伤时,属于想象竞合。因为该行为侵害了生命与身体健康两个法益。行为人开一枪导致两人死亡时,也是想象竞合。因为生命为个人专属法益,两人死亡意味着存在两个法益侵害事实。但如果刑法规定了杀害尊亲属罪,则规定故意杀人罪的法条与规定杀害尊亲属罪的法条,具有法条竞合关系。需要说明的是,由于刑法规定的某些犯罪所保护的是双重法益(复杂客体),因此,所谓"只有一个法益侵害事实",是指行为仅侵害了一个犯罪的保护法益;所谓"有数个法益侵害事实",是指行为侵害了两个以上犯罪的保护法益。例如,票据诈骗行为既侵害了财产,也侵害了金融管理秩序,但其侵害的法益,并没有超出票据诈骗罪的保护法益,故"只有一个法益侵害事实",其与诈骗罪属于法条竞合,而不是想象竞合。再如,抢劫行为既侵犯了人身也侵犯了财产,虽然同时触犯盗窃罪,但其侵害的法益没有超出抢劫罪的保护法益,其与盗窃罪属于法条竞合。[4]反之,在他人心脏病发作时,故意盗走他人的救心丸(假定数额较大),致人死亡的,则属于想象竞合。因为故意杀人罪的保护法益是生命,而不是财产;盗窃罪的保护法益是财产,而不是生命。而上述行为侵害了两个犯罪的保护法益,故不是法条竞合,而是想象竞合。

不过,我国刑法分则对于犯罪的分类并不是十分准确的,而且特别条款的设置过多,导致原本属于侵害同一法益的行为,可能成为侵害不同法益的行为。对此,应当合理地确定相关犯罪的保护法益,妥当处理法条竞合与想象竞合的关系。例如,贪污罪与职务侵占罪被规定在刑法分则中的不同章节,导致人们认为贪污罪不是财产犯罪。但事实上并非如此。换言之,贪污罪与职务侵占罪都是财产犯罪,所以,二者之间存在法条竞合关系。因为任何符合贪污罪构成要件的行为,也必然符合职务侵占罪的构成要件。再如,《刑法》第277条规定了妨害公务罪,第368条规定了阻碍军人执行职务罪,但不应认为二者的保护法益完全不同[5],相反,应认为二者的保护法益相同,进而承认二者之间具有法条竞合关系。

"一行为违反了数条相互之间不能通过法条竞合排除的刑法规定,就构成想象竞合或者一罪。"[6]所以,大体上可以肯定的是,法条竞合现象的减少会导致想象竞合现象的增加;反之,想象竞合的限缩会导致法条竞合现象的增加。法条竞合处理原则的目的,主要是为了防止对行为的重复评价,而想象竞合处理原则的目的,主要是为了防止对行为的双重处罚。严格地说,法条竞合时,不能认定行为触犯了数个罪名,只能认定行为触犯了所应适用的法条的罪名;而想象竞合时,应当认为行为触犯了数个罪名,只是按照一个重罪(定罪)处罚而已。正因为如此,法条竞合时仍属单纯一罪(或本来的一罪),而想象竞合则为科刑上一罪。[7]单纯一罪与科刑上一罪的区别,意味着在排除其他因素的情况下,想象竞合的法益侵害应当重于法条竞合的情形。上述以行为侵害一个法益还是数个法益为标准区分法条竞合与想象竞合的观点,正是考虑了法条竞合与想象竞合的实质区别。

　　第二,关于特别关系与交叉关系。山口厚教授将法条竞合区分为包摄关系(特别关系、补充关系)与交叉关系(择一关系)。其中的交叉关系或者择一关系,并不是所谓对立关系,而是指一个法条规定的构成要件与另一法条规定的构成要件存在交叉关系的情形。例如,日本《刑法》第224条规定:"略取或者诱拐未成年人的,处3个月以上7年以下惩役。"第225条规定:"以营利、猥亵、结婚或者对生命、身体的加害为目的,略取或者诱拐他人的,处1年以上10年以下惩役。"于是,当行为人以营利、猥亵等目的略取、诱拐未成年人时,略取、诱拐未成年人罪与营利目的等略取、诱拐罪就相竞合,这便是典型的交叉关系。对这种交叉关系的竞合,适用重法条优于轻法条的原则。[8]换言之,交叉关系的确不同于特别关系。但在我国刑法分则中很难找到山口厚教授所说的典型的交叉关系(倘若存在,便适用重法优于轻法的原则)。

　　第三,关于特别关系与补充关系。一般认为,补充法条的特点在于,为了避免基本法条对法益保护的疏漏,有必要补充规定某些行为成立犯罪。补充法条所规定的构成要件要素,少于或者低于基本法条的要求,或者存在消极要素的规定。"因此,如果已经实施了真正的或者更严重的侵害并应受到处罚,则不再适用补充性的法条。"[9]例如,日本刑法理论公认,相对于伤害罪的规定而言,暴行罪是一种补充规定。因为伤害罪以造成伤害结果为要件,而暴行罪不仅减少了伤害结果的要件,而且不得发生伤害结果(如日本《刑法》第208条对暴行罪所规定的构成要件为"实施暴行而没有伤害他人的")。显然,如果暴行导致他人伤害,则不能认定为暴行罪,而应认定为伤害罪。这便是**基本法优于补充法**(Lex primaria derogat legi subsidiariae)的原则。[10]在这种情况下,暴行罪的成立显然不可能以行为符合伤害罪的构成要件为前提。这种默示的补充关系,究竟是否属于法条竞合,还存疑问。因为既然行为符合暴行罪的构成要件时,并不符合伤害罪的构成要件,刑法又明文将造成他人伤害的情形排除在暴行罪之外,那么,二者就是一种相互排斥的关系,而没有竞合之处。再以我国《刑法》第 114 条与第 115 条为例。一般认为,两个条文之间具有竞合关系,前者为补充法,后者为基本法。其实,二者的关系并不是简单的基本法与补充法的关系。首先,当行为人实施了放火、爆炸等危害公共安全的行为,造成不特定或者多数人的伤亡实害结果,并且对该结果具有认识并且持希望或者放任态度时,应当适用《刑法》第 115 条第 1 款。[11]这种情形属于普通的结果犯。与结果犯相对应,《刑法》第 114 条规定的便是未遂犯。因为第 114 条与第 115 条第 1 款是以是否造成严重伤亡实害结果作为区分标准的,所以,是否造成严重伤亡实害结果,成为区别适用这两个条文的基本标准。其次,当行为人只是对具体的公共危险具有故意,对发生的伤亡实害结果仅具有过失(并不希望或者放任实害结果发生)时,属于典型的结果加重犯。"特别关系总是存在于基本的构成要件与其结果加重和特殊的变异之间。"[12]所以,从基本犯罪与结果加重犯的关系来说,第 114 条与第 115 条是特别关系。最后,虽然第 115 条以"致人重伤、死亡或者使公私财产遭受重大损失"为要件,第 114 条以"尚未造成严重后果"为适用前提,表面上看二者既相互衔接,又相互排斥;其间既无遗漏,也无重叠交叉。但事实上并非如此。因为"尚未造成严重后果"只是表面的构成要件要素,两个法条之间并不存在相互排斥的关系。[13]因此,在行为人实施了放火等危险行为,客观上也存在一人死亡的事实,却不能证明被害人的死亡由放火行为造成时,也能适用第114条。显然,凡是符合第115条的行为必然符合第114条,第115条只是在第114条规定的基础上增加了加重结果的要素。所以,在这个意义上说,第115条是特别法条,第114条是普通法条。

国外刑法理论认为,除了默示的补充关系外,还存在一种明示的补充关系。如日本《刑法》第108条规定了对现住建筑物等放火罪,第109条规定了对非现住建筑物等放火罪,第110条规定:"放火烧毁前两条规定以外之物,因而发生公共危险的,处1年以上10年以下惩役。"该规定属于明示的补充规定。在这种情况下,同样适用基本法优于补充法的原则。[14]但本书认为,二者之间完全是特别法条与普通法条的关系,而不是所谓补充关系。即使认为存在与特别关系相并列的补充关系,对二者也只是观察的角度不同。正如有的学者所言:"补充关系的形成,系指截阻规范与基准规范的关系,亦属规范内部之静态关系,此种关系的观察,应为由下而上的观察方向,从此一观点而言,补充关系的观察方面,正好与特别关系形成反向关系,二者则形成规范彼此间静态观察的双向关系。"[15]

第四,关于特别关系与吸收关系。法条竞合中是否存在吸收关系,是争论最激烈的问题之一。[16]简单地说,一个法条吸收另一法条时,二者之间便具有吸收关系,适用完全法优于不完全法(Lex consumens derogate legi consumptae)或者重刑罚吸收轻刑罚(Poena major absorbet minorem)的原则。但是,关于吸收关系的举例,的确五花八门。[17]本书的基本观点是,可以否认法条竞合的吸收关系,将吸收犯作为包括的一罪处理。(1)所谓实行行为吸收预备行为,并不具有意义。因为某种行为的预备行为发展为实行行为后,会出现两种结局:要么预备行为对定罪没有独立意义,要么预备行为仍然是独立的犯罪。例如,准备杀人工具后实施了杀人行为,即使没有吸收犯的概念,也只能认定为一个杀人罪。更为重要的是,对杀人预备与杀人既遂所适用的分则条文是同一的,而一个法条不可能存在竞合问题。又如,行为人非法侵入他人住宅后实施杀人的实行行为,非法侵入他人住宅的行为虽然触犯了另一罪名,但即使行为人没有实施杀人的实行行为,对该行为也应认定为故意杀人的预备行为,而不宜仅认定为非法侵入他人住宅罪,故非法侵入他人住宅是杀人行为的一部分;由于侵入住宅杀人的行为具有一行为触犯数罪名的特点,故成立想象竞合犯,而不是吸收犯。如果承认牵连犯的概念,也可以认为非法侵入住宅杀人的,属于手段行为触犯了其他罪名,因而成立牵连犯。再如,为了非法吸收公众存款而先伪造金融机构经营许可证的,应实行数罪并罚。可见,不管是哪一种情况,都不存在实行行为吸收预备行为的现象,也不存在法条竞合中的吸收关系。(2)所谓既遂犯吸收未遂犯,如前所述,在着手后没有间断地到达既遂的场合,没有必要考虑罪数问题;在着手后有间断,后来又实行犯罪导致既遂的,则是包括的一罪(或同种数罪),而不是法条竞合中的吸收关系。对于同一犯罪的未遂与既遂所适用的分则条文是同一的,因而缺乏成立法条竞合的基本前提。(3)所谓主行为吸收从行为,也难以成立。在正犯、教唆犯与帮助犯的分类上,共犯的竞合也不是法条竞合,而是包括的一罪。[18] 特别是在正犯行为、教唆行为、帮助行为触犯同一罪名时,适用的是同一法条,不可能存在法条竞合关系。况且,在我国,共犯人是主犯还是从犯、胁从犯,需要根据其在共同犯罪中所起的作用认定,而这种作用大小必须综合考察,故不存在吸收问题。换言之,共犯人的所有行为,都是认定其属于主犯、从犯还是胁从犯的事实根据,不存在一部分行为吸收另一部分行为的问题。而且,在罪数理论中论述吸收犯,是为了区分一罪与数罪,所谓主犯吸收从犯、胁从犯,只是为了确定行为人属于哪一类共犯人,并不涉及罪数问题。

普通法条与特殊法条竞合时,只能适用一个法条,但适用哪一法条,则必须确立一定的原则。

首先,一个行为同时符合相异法律之间的普通刑法与特别刑法规定的犯罪构成时,应严格依照**特别法优于普通法**的原则论处。在上述情况下,之所以严格依照**特别法优于普通法**的原则论处,是由特别刑法与普通刑法的关系决定的。普通刑法,是在一般范围内普遍适用的刑法,特别刑法,是在特定范围内适用的刑法,特别刑法的效力,或者仅及于具有特定身份的人,或者仅及于特定地域,或者仅及于特定犯罪。国家在普通刑法之外又制定特别刑法,是为了惩治特定犯罪,保护特定的法益。其用意是将特定犯罪依特别刑法论处,从而对特定的法益予以特殊保护。所以,行为符合特别刑法的规定时,应适用特别刑法,而不适用普通刑法。否则,特别刑法就丧失了应有意义。需要说明的是,"通说所谓特别法优于普通法,意思不可能是特别法所规定的任何犯罪都优先于刑法所规定的犯罪而被适用。因为不管是'刑法'或单行刑法,本身都有错综复杂的犯罪类型以及构成要件的规定,如果欠缺个别条文之间的保护法益上的关联,则根本欠缺任何仅能论以一罪的法理基础,并且也不是立法意旨所在"。[19]换言之,即使就不同文本的特别刑法与普通刑法而言,也只是在个别条文之间存在竞合关系时,才适用特别刑法优于普通刑法的原则。

其次,一个行为同时符合同一法律的普通条款与特别条款规定的犯罪构成时,应依具体情况与法律规定,分别适用特别法(条)优于普通法(条)、重法(条)优于轻法(条)的原则。

同一法律内部条文之间,也可能存在普通法条与特别法条的关系。这种情况既会发生在普通刑法之内,也会发生在特别刑法之内。普通法条是指在一般场合普遍适用的刑法条文(款);特别法条是指在普通法条基础上附加特定条件、在特别场合适用的法条(款)。定罪量刑时应视具体情况与法律规定采取不同原则。

当一个行为同时触犯同一法律的普通法条与特别法条时,在通常情况下,应依照特别法条优于普通法条的原则论处。这也是因为,立法者在普通法条之外又设特别法条,是为了对特定犯罪给予特定处罚,或因为某种犯罪特别突出而予以特别规定。因此,行为符合特别法条时,应按特别法条的规定论处。

当一个行为同时触犯同一法律的普通法条与特别法条时,在特殊情况下,应适用重法条优于轻法条的原则,即按照行为所触犯的法条中法定刑最重的法条定罪量刑。这里的"特殊情况"是指以下两种情况:

第一,法律明文规定按重罪定罪量刑。例如,刑法分则第三章第一节第149条第2款规定:"生产、销售本节第141条至第148条所列产品,构成各该条规定的犯罪,同时又构成本节第140条规定之罪的,依照处罚较重的规定定罪处罚。"该节第140条规定的是生产、销售一般伪劣产品的行为,第141条至第148条规定的是生产、销售特定伪劣产品的行为。因此,第140条是普通法条,第141条至第148条是特别法条。行为既符合特别法条又符合普通法条的规定时,原则上依照特别法条的规定定罪量刑;但如果普通法条处刑较重时,则按照普通法条的规定定罪量刑。

第二,法律虽然没有明文规定按普通法条规定定罪量刑,但对此也没作禁止性规定,而且按特别法条定罪明显不能做到罪刑相适应时,按照重法条优于轻法条的原则定罪量刑。从我国刑法的规定来看,许多特别法条规定的犯罪并不轻,但其法定刑轻于普通法条的法定刑,如果绝对地采取特别法条优于普通法条的原则定罪量刑,就会造成罪刑不均衡的现象。在这种情况下,只要刑法没有禁止适用重法条,或者说只要刑法没有指明适用轻法条,为了贯彻罪刑相适应的基本原则,就应按照重法条优于轻法条的原则定罪量刑。诚所谓正规的不奏效时就求助于例外的(Recurrendum est ad extraordinarium quando non valet ordinarium)。

根据以上分析,适用重法条优于轻法条的原则必须符合以下三个条件:其一,行为触犯的是同一法律的普通法条与特别法条,否则,应严格适用特别法条优于普通法条的原则。其二,同一法律的特别法条规定的法定刑,明显低于普通法条规定的法定刑,并缺乏法定刑减轻的根据,而且,根据案件的情况,适用特别法条明显违反罪刑相适应原则。其三,刑法没有禁止适用普通法条,或者说没有指明必须适用特别法条。否则,必须适用特别法条。即当刑法条文规定了"本法另有规定的,依照规定"时,禁止适用普通法条,或者虽然没有这样的规定,但从立法精神来看,明显只能适用特别法条时,禁止适用普通法条。后者如,军人实施违反军人职责罪的行为,同时触犯普通法条时,只能适用刑法分则第十章的法条,不得适用普通法条。

例如,《刑法》第 192 条至第 197 条所规定的各种金融诈骗罪的法定刑,均不轻于甚至重于普通诈骗罪的法定刑,但保险诈骗罪的法定刑却轻于普通诈骗罪的法定刑。这里首先需要研究的一个问题是,对于保险诈骗数额特别巨大或者有其他特别严重情节的,能否适用重法优于轻法的原则以普通诈骗罪论处?

《刑法》第 266 条针对数额特别巨大或者有其他特别严重情节的普通诈骗,规定了"10 年以上有期徒刑或者无期徒刑,并处罚金或者没收财产"的法定刑;从某种意义上说,保险诈骗罪因为侵犯了双重法益,其法定刑应当更重,但《刑法》第 198 条针对数额特别巨大或者有其他特别严重情节的保险诈骗,规定了"10 年以上有期徒刑,并处 2 万元以上 20 万元以下罚金或者没收财产"的法定刑。这会使人们觉得法定刑不均衡,因而在保险诈骗数额特别巨大或者有其他特别严重情节时,产生适用重法优于轻法原则的欲望。但是,本书认为,即使存在这种不均衡,相对于普通诈骗罪而言,也只能适用特别法优于普通法的原则,即对保险诈骗数额特别巨大或者有其他特别严重情节的,不能认定为普通诈骗罪(如下所述,能否认定为合同诈骗罪,则另当别论)。

首先,虽然《刑法》第 198 条规定的法定刑轻于第 266 条规定的法定刑,但由于《刑法》第 266 条存在"本法另有规定的,依照规定"的规定,所以,如果在上述情况下仍然适用第 266 条,便明显违反了第 266 条的规定。《刑法》第 266 条中的"本法另有规定的,依照规定"的规定对相关犯罪的定罪具有实质意义,即行为虽然符合第 266 条,但同时符合其他规定的,不得依照第 266 条定罪,而应适用其他规定。**法律就是这样表述的**,我们只能遵守。换言之,在刑法明文规定不得适用第 266 条的情况下,如果仍然适用第 266 条的规定,实质上是对罪刑法定原则的违反。因为罪刑法定原则除了具有禁止对法无明文规定的行为定罪量刑的基本内容外,还包括禁止对法有明文规定的行为恣意定罪量刑的内容。例如,故意伤害罪虽然是刑法明文规定的犯罪,但不能因为法有明文规定,就可以将故意伤害行为认定为故意杀人罪或者过失致人死亡罪。否则,也违反了罪刑法定原则。所以,不能因为保险诈骗已属法有规定的行为,便违反《刑法》第266条的规定将其认定为普通诈骗罪。或许有人认为,由于保险诈骗罪原本符合《刑法》第266条,所以,对其以普通诈骗罪论处并没有违反《刑法》第266条。其实,所谓没有违反《刑法》第266条,只是没有违反《刑法》第266条关于罪状与法定刑的规定,但违反了《刑法》第266条的"本法另有规定的,依照规定"的规定。

其次,**法是正当化的规范**(Jus est norma recti),成文刑法是正义的文字表述,正义首先要求对"相同"案件应当相同地处理,对不同案件应当不同地处理;在刑法上,对于更重的罪不能判处更轻的刑罚,否则,刑法就丧失了正义性。然而,**即使天塌下来也要履行正义**(Fiat justitia ruat caelum),所以,对保险诈骗数额特别巨大或者有其他特别严重情节的,适用《刑法》第266条,使之受到相应的刑罚处罚,符合刑法的正义性要求。但是,在实行法治的时代,在刑法规定了罪刑法定原则的时代,刑法的正义性只能是罪刑法定原则之下的正义性,而不能在罪刑法定原则之外追求正义性。例如,现实生活中存在一些行为的法益侵害性与非难可能性严重,而刑法却没有将其规定为犯罪的情形(如公然猥亵、拐卖已满14周岁的男性公民、强制猥亵男性公民等);在某种意义上说,对这种行为不以犯罪论处,也有悖于刑法的正义性。但是,在经济发展的复杂社会与重视人权的法治时代,不可能直接根据正义理念定罪量刑;不能以刑法存在漏洞(因而不正义)为由,对法无明文规定的行为定罪量刑。否则,就会导致法的不安定性和任意性。因为,正义"随时可呈不同形状并具有极不相同的面貌"[20],活生生的正义必须具体化、实证化。换言之,"在论述自然法时,永远不可能是谈论一个完整的、随时随地(hic et nunc)都可以应用的制度,而是仅仅涉及正义的一些原则。但是,这些原则需要进行某种具体化,才能应用于某些特定的生活情景。这种必要的改造由实证化(Positivierung)来完成,实证化把那些原则变为具体的、切实可行的法的规则"。[21]正因为如此,以实现民主与尊重人权(保障国民自由)为己任的罪刑法定原则,要求以成文的法律规定犯罪与刑罚(成文法主义);对于法无明文规定的行为,不能以追求刑法的正义性为由而追究行为人的刑事责任。同样,对于法有明文规定的行为,也只能在符合罪刑法定原则的前提下,追求刑法的正义性。亦即,**正义服从成文的法律**(Justitia est obtemperatio spriptis legibus)。既然刑法禁止对保险诈骗行为适用普通诈骗罪的法条,司法工作人员只能在不适用普通诈骗罪法条的前提下,追求刑法的正义性。

最后,虽然从立法论上来说,人们或许可以建议提高保险诈骗罪的法定刑或者降低普通诈骗罪的法定刑,换言之,尽管人们可能批判刑法对保险诈骗罪与普通诈骗罪规定的法定刑不协调,但是,从法益侵害程度以及被害人学的角度来考察,也不一定有充分理由否定刑法规定的合理性。更为重要的是,在刑法没有修改的情况下,必须严格遵守刑法的明文规定并解决现实问题。

那么,对于保险诈骗数额特别巨大或者有其他特别严重情节,适用《刑法》第198条导致罪刑不均衡时,能否以合同诈骗罪论处呢？本书持肯定回答。

首先，如果认为《刑法》第192条至第198条与《刑法》第224条之间不存在特别法条与普通法条的关系，对于利用保险合同诈骗数额特别巨大或者有其他特别严重情节的，宜认定为想象竞合犯（也可能认定为牵连犯），以合同诈骗罪论处。

可以肯定的是，难以认为《刑法》第192条至第198条与《刑法》第224条之间均存在特别法条与普通法条的关系。因为如后所述，特别法条的适用以行为符合普通法条为前提，但金融诈骗罪的成立并不以行为符合合同诈骗罪的构成要件为前提，否则便会不当缩小金融诈骗罪的成立范围。例如，票据诈骗罪、金融凭证诈骗罪、信用卡诈骗罪等，均不一定利用经济合同。换言之，票据诈骗罪、金融凭证诈骗罪、信用卡诈骗罪，并不一定符合合同诈骗罪的构成要件。所以，如果认为利用保险合同诈骗数额特别巨大或者有其他特别严重情节的，不属于法条竞合，而属于想象竞合犯（或者认定为牵连犯），则应从一重罪处断，以合同诈骗罪论处。

其次，即使认为《刑法》第198条与《刑法》第224条之间存在特别法条与普通法条的关系，对于利用保险合同诈骗数额特别巨大或者有其他特别严重情节的，也可能适用重法优于轻法的原则，以合同诈骗罪论处。

保险诈骗行为都利用了保险合同，在此意义上说，保险诈骗行为都触犯了保险诈骗罪与合同诈骗罪（以其他方法骗取对方当事人财物），人们可能认为规定合同诈骗罪的第224条与规定保险诈骗罪的第198条，存在普通法条与特别法条的关系。在这种前提下，如果一概适用特别法条优于普通法条的原则，会出现不合理现象：利用保险合同诈骗保险金的，无论数额多少、情节多么严重，最高只能判处15年有期徒刑;而利用其他经济合同骗取财物的,最高可能判处无期徒刑。因此,本书认为,即使认为《刑法》第198条与《刑法》第224条之间存在特别法条与普通法条的关系,在符合适用重法条优于轻法条原则条件的前提下,宜适用该原则,以实现罪刑相适应原则。其一,利用保险合同骗取保险金的行为,触犯的是同一法律的普通法条与特别法条;其二,同一法律的特别法条规定的法定刑,明显低于普通法条规定的法定刑,并缺乏法定刑减轻的根据,而且,根据案件的情况,适用特别法条不符合罪刑相适应原则;其三,《刑法》第224条没有禁止适用普通法条,即没有像《刑法》第266条那样明文规定必须适用特别法条。既然如此,就可以适用重法条优于轻法条的原则。

严格地说,如果特别法条的设置合理(不仅具有设置的根据,而且设置的法定刑具有根据),是不需要采用重法条优于轻法条原则的。但在我国,事实上并非如此。

在国外的刑事立法中,特别关系存在两种类型:一是基本类型与加重类型(如侵占罪与业务上侵占罪),二是基本类型与减轻类型(如故意杀人罪与同意杀人罪)。[22]不仅如此,加重类型必然是违法加重或者责任加重乃至二者均加重;减轻类型也必然是违法减轻或者责任减轻乃至二者均减轻。所以,在德国、日本,当法条竞合关系表现为特别关系时,没有必要、也不可能适用重法优于轻法的原则,因为立法完全是按照罪刑相适应原则设置特别法条的。

但是,我国刑法分则设置特别法条基本上是没有"章法"的,至少存在如下情形:

第一,特别法条设置的法定刑与普通法条设置的法定刑完全相同(基本类型与同等类型的竞合)。例如,《刑法》第375条第1

款规定的伪造、变造、买卖、盗窃、抢夺武装部队公文、证件、印章犯罪的法定刑,与第 280 条第 1 款规定的伪造、变造、买卖、盗窃、抢夺、毁灭国家机关的公文、证件、印章犯罪的法定刑完全相同(而且前者还遗漏了毁灭行为)。再如,第 368 条所规定的阻碍军人执行职务罪的法定刑,与第 277 条所规定的妨害公务罪的法定刑完全相同。对此,适用特别法条并不存在疑问。不过,从立法论上而言,第 375 条第 1 款与第 368 条的规定是完全没有必要的。

第二,特别法条设置的法定刑重于普通法条设置的法定刑,并且具有加重的根据(基本类型与加重类型的竞合)。对此,严格适用特别法条也不存在疑问。例如,与第 364 条规定的传播淫秽物品罪相比,第 363 条规定的传播淫秽物品牟利罪明显具有加重根据(要么认为牟利目的导致违法性加重,要么认为牟利目的导致有责性加重)。所以,当行为符合《刑法》第 363 条规定的传播淫秽物品牟利罪的构成要件时,不能适用第 364 条。在此种场合,特别法条优于普通法条与重法优于轻法,实际上是重合的。

第三,特别法条设置的法定刑轻于普通法条设置的法定刑,并且具有减轻的根据(基本类型与减轻类型的竞合)。我国刑法分则基本上不存在像德国、日本等国刑法分则所规定的典型的基本类型与减轻类型的特别关系的犯罪,大体可以称得上基本类型与减轻类型的特别关系如:(1)《刑法》第 232 条后段(情节较轻的故意杀人)与《刑法》第 234 条第 2 款中段(故意伤害致死)。情节较轻的故意杀人必然触犯故意伤害致死,但由于情节较轻的故意杀人一定具有违法或者责任减轻的理由,故只能适用《刑法》第 232 条后段的规定。(2)《刑法》第 280 条第 1 款后段与第 3 款的后段。居民身份证也是国家机关证件,但刑法对其作了特别规定。

伪造、变造国家机关证件情节严重的,处 3 年以上 10 年以下有期徒刑,而伪造、变造居民身份证情节严重的,处 3 年以上 7 年以下有期徒刑。这是因为,居民身份证只对证明居民身份起作用,伪造、变造居民身份证行为的违法性轻于伪造、变造国家机关其他证件的行为。在这种情况下,当然不能适用重法优于轻法的原则。(3)《刑法》第 418 条规定:"国家机关工作人员在招收公务员、学生工作中徇私舞弊,情节严重的,处 3 年以下有期徒刑或者拘役。"由于这种行为的法益侵害性轻于普通滥用职权罪,故其法定刑轻于普通滥用职权罪的法定刑。此外,勉强可以称得上基本类型与减轻类型的特别关系,还必须联系刑法总则关于中止犯的规定才能确定。例如,故意杀人罪与故意伤害罪是包容关系,前者包含了后者,但规定故意杀人罪的法条是特别法条(其构成要件要素多于故意伤害罪)。当行为人故意杀人致人重伤乃至严重残疾后,中止杀人行为的,既是故意杀人罪的中止,也是故意伤害罪的既遂。在这种场合,认定为故意杀人罪的中止犯,也可能导致刑罚轻于故意伤害罪既遂。即使如此,也不能适用故意伤害罪的规定。因为对中止犯的减免规定是具有特别理由的(除违法性、有责性减少外,还具有刑事政策的理由)。

第四,特别法条设置的法定刑轻于普通法条设置的法定刑,但是不具有减轻的根据,相反只具有加重的理由(表面上是基本类型与减轻类型的竞合,实质上是基本类型与加重类型的竞合)。以诈骗罪与保险诈骗罪为例。按照刑法理论公认的说法,诈骗罪仅侵犯了财产,而保险诈骗罪不仅侵犯了财产,而且侵犯了金融管理秩序。既然如此,设置有关保险诈骗罪的特别规定时,理当规定重于诈骗罪的法定刑,但《刑法》第 198 条并非如此,而是对保险诈骗罪规定了轻于普通诈骗罪的法定刑。尽管如此,笔者也不主张适用普通法条,因为《刑法》第266条明文禁止适用普通法条。但是,在刑法条文没有明文禁止适用普通法条时,当然要通过适用普通法条,克服刑法条文的缺陷。[23]

又如,《刑法》第264条所规定的普通盗窃罪的法定最高刑为无期徒刑,但是,《刑法》第345条对盗伐林木罪所规定的最高刑为15年有期徒刑。那么,盗伐林木罪的违法性与有责性是否轻于盗窃罪呢?显然不是。盗窃罪仅侵犯了财产;盗伐林木罪不仅侵犯了财产,而且破坏了森林资源。基于这一基本区别,还可以得出以下结论:盗窃罪仅导致现实的被害人遭受财产损失,而盗伐林木罪不仅导致现实的被害人遭受财产损失,而且导致子孙后代的生态环境恶化。[24]不难看出,在相同条件下,就对财产法益的侵害而言,盗伐林木罪并不轻于盗窃罪。此外,就盗窃罪而言,即使行为已经既遂,也可能通过各种途径挽回损失,恢复原状;但盗伐林木后,树死不能复生,不能恢复原状。总之,盗伐林木罪的违法性与有责性重于盗窃罪。本来,刑法将盗伐林木罪从盗窃罪中独立出来,是为了对森林资源进行特殊保护,但由于盗伐林木罪的法定刑轻于盗窃罪的法定刑,导致有必要对严重的盗伐林木案件适用重法条优于轻法条的原则。在这种情况下,照搬国外禁止重法优于轻法的做法,是不合适的。因为如前所述,国外刑法不存在违法与责任加重,而法定刑反而较轻的立法现象。换言之,在德国、日本等国的刑事立法中,"立法者本来就是基于罪刑相适应的考虑,认为普通条款的惩罚尺度不合适,才专门设立特别条款",但在中国的刑事立法中,并非如此。例如,在面对行为人盗伐了价值100万元的林木时,解释者没有理由说对盗伐林木罪适用盗窃罪(普通条款)的"惩罚尺度不合适"。换言之,没有根据认为立法者主张对盗窃价值100万元的普通财物处以无期徒刑是罪刑相适应的,而对盗伐价值100万元的林木处以无期徒刑是罪刑不相适应的。

在这种立法体例之下,主张**特别法优于普通法**原则的不可动摇性,要么只不过是一种简单的、过于形式的法律实证主义的观点;要么将责任推给立法者:即使特别规定的设置有缺陷,那也是立法造成的,只能由立法机关修改刑法来解决问题。然而,其一,**法律上的形式是本质的形式**(Forma legalis forma essentialis)。"我们的读者肯定能够预料现实主义者或工具主义者将会怎样批评法律形式主义。如果一个法律形式主义法官遵循制定法的平白文义,那么可能会损害制法者的意图,甚至与其背道而驰。这就是所谓'草率的'或者'机械'法学。此外,一些现实主义者认为法律形式主义实际上是在瞒天过海。形式主义法官并不是真正地遵循平白文义。事实上我们毋宁是根据自己的政策偏好来作出判决,然后用法律形式主义的语言来掩人耳目。"[25] 其二,**法律喜好衡平、渴求完善、规定正义**(Lex aequitate gaudet, appetite perfectum, est norma recti);**法学是关于神道与人事的知识,是关于正义与不正义的学问**(Jurisprudentia est divinarum atque humanarum rerum notitia, justi atque injusti scientia),而不是法条字面含义的集合。还是耶林说得好:

> 在我眼里,那种完全不顾其裁判所带来之结果,并且将责任完全推给立法者,而仅对法典的条文进行机械式适用的法官,其实不能被称为法官;他只是司法机器中一个无感情、死板的齿轮。法官不应该是这样的。在我眼里,正义的理想,并

非要法官扑灭心中的法感,也不是要他在那种错误的忠诚观念下,放弃所有对制定法作出评断的机会。过去曾经有一个时期,人们把扑灭法官心中的独立思考与感受、完全无主体性以及将自身主体性完全托付给制定法这些现象,看做正义理念的胜利。诸位先生们,这个时代已经被我们抛诸脑后。因为,我们发觉到,在所有的生活关系里,死板的规则并不能取代人类;世界并不是被抽象的规则统治,而是被人格统治。[26]

由此看来,**法官的审判庭是正义的工作室**(Curia cancellaria officina justiciae)。由此可见,将国外根据其合理的刑事立法体例所确定的禁止重法优于轻法的原则,完全适用于中国的刑法,而不考虑适用的结果如何,不是我们这个时代应有的做法。

在适用重法优于轻法的原则时,并不存在违反罪刑法定原则的问题。一方面,就"罪"的法定而言,在法条竞合的场合,行为原本构成犯罪,只是适用哪一法条的问题。换言之,"法条竞合,不是构成要件符合性判断的问题,而是犯罪成立后的刑罚法规(法条)的适用问题"。[27]另一方面,就"刑"的法定而言,刑法并没有规定在特别关系的场合,只能适用特别法条优于普通法条的原则。没有疑问的是,当刑法分则条文明确规定了"本法另有规定的,依照规定"时,必须按照特别法条优于普通法条的原则处理。但是,当普通法条并没有规定"本法另有规定的,依照规定"时,当然可能按普通法条处理。任何解释者都不应当将自己确立的规则,说成是刑法规定的原则,进而宣称相反观点违反了刑法原则。相反,既然刑法分则的许多普通法条(如第 264 条等)并没有规定"本法另有规定的,依照规定",就表明即使行为符合特别法条时,也可能适

特别法优于普通法 | 451

用普通法条。否则,刑法会在总则中规定特别法条优于普通法条的原则,或者在分则的所有普通法条中均规定"本法另有规定的,依照规定"。此外,任何原则都会有例外。在人们看来,《刑法》第149条第2款的规定可谓一个例外原则(实际上是针对刑法分则的8个特别法条规定了重法优于轻法的原则,其数量明显多于分则中的"本法另有规定的,依照规定"的规定),但是,特别法条优于普通法条这一原则的例外情形,不可能仅存在于《刑法》第149条第2款的规定之中。基于同样的理由,法官在有条件地适用重法优于轻法的原则时,也不存在法官创制法律的问题。因为如上所述,禁止适用重法优于轻法的原则,并不是刑法明文规定的原则;法官适用重法优于轻法的原则,并不是创制一个新的法律规定,而是公平正义地适用刑法的结果。

公平正义意味着对"相同"的事项应相同对待,对不同的事项应不同对待,这也正是实质法治的要求。罗尔斯提出的法治原则是:法律的可行性、类似的案件类似地处理、罪刑法定、规定自然正义的准则。他指出:"法治也包含这样的准则,即对类似的案件用类似的方法来处理。如果不遵守这个准则,人们就不能按照规章来管理自己的行动。"[28] 同样,对"相同"的犯罪应科处相同的刑罚,对不同的犯罪应科处不同的刑罚。这便要求对不同的犯罪设定、科处与之相应的刑罚。"如果一项罪行与对之设定的刑罚之间存在着实质性的不一致,那么就会违背一般人的正义感。"[29] 同样,一项判决与所判之罪之间存在实质性的不一致,也会违背一般人的正义感。因此,罪刑相适应是公平正义的表现,体现了实质法治的要求。

有条件或者例外地适用重法优于轻法,与所谓重刑主义完全是两回事。当对 A 犯罪行为适用较重的法定刑具有合理性时,如果 B 犯罪行为的违法性与有责性重于 A 罪,就没有理由对 B 罪适用较轻的法定刑。相反,只要能够找到对 B 罪判处较重刑罚的法律依据与理由,就应当适用判处较重刑罚的法条。而且,适用重法条并不意味着在重法条中选择最重刑。[30] 所以,重法优于轻法不是什么重刑主义,这是如同年少者不能将年长者作为养子(Adoptare minor majorem non potest)一样的常理。

如前所述,笔者对重法优于轻法原则的适用,明确提出了三个条件,而不主张无限制地适用《刑法》第 149 条第 2 款规定的例外规则。所以,认为笔者"将这一例外性的法律规定不受约束地扩展适用至其他条文",是难以被人接受的。

再回头来看德国、日本关于法条竞合的分类与处理原则。德国的通说认为,法条竞合分为特别关系、补充关系与吸收关系,但对吸收关系的争议很大。[31] 如前所述,日本以往的通说认为,法条竞合关系包括特别关系、补充关系、择一关系与吸收关系,但择一关系基本上已被否认。对上述特别关系、补充关系与吸收关系分别采取特别法条优于普通法条、基本法条优于补充法条、吸收法优于被吸收法的原则。其中,后两个适用原则,与重法优于轻法的适用原则是完全相同(重合)的;因为在德国、日本,基本法条的法定刑必然重于补充法条的法定刑,吸收法的法定刑也必然重于被吸收法的法定刑。特别关系仅存在两种类型:基本类型与加重类型,基本类型与减轻类型,就前者而言,适用特别法条优于普通法条的原则,与适用重法优于轻法的原则是完全相同的;与重法优于轻法不同的唯一情形是,当特别法条因为违法减轻或者责任减轻乃至二者均减轻时,必须适用特别法条。这是因为立法上具备减轻理由才如此。概言之，除了特别关系中的封闭的特权条款之外，从实际处理结局来说，法条竞合时均适用的是重法优于轻法。显然，在我国，当特别法条的法定刑轻于普通法条，而又根本不存在违法减轻与责任减轻的理由时，就不应当照搬德国、日本对封闭的特权条款的适用原则。

总之，**任何原则都有例外**（Nulla regula sine exceptione），**任何原则都允许有例外**（Omnis regula suas patitur exceptiones）。反过来说，肯定了例外，也就肯定了原则。所以，**例外确定原则**（Exceptio confirmat regulam），**例外也明示原则**（Exceptio quoque regulam declarat.）。在某种意义上说，**例外本身也是原则**（Omins exceptio est ipsa quoque regula）。问题是，如何确定该原则的"例外"范围，如果没有严格的标准，就会导致许多有损法治的结果。由于**例外是最严格的解释对象**（Exceptio est strictissimae interpretationis），**例外应放在最后考虑**（Exceptio semper ultima ponenda est），所以，在特别关系中，一般应适用**特别法优于普通法**的原则，只能按前述条件例外地、有条件地适用重法优于轻法的原则。

注释

[1] 参见〔日〕团藤重光:《刑法纲要(总论)》,创文社1990年版,第456页。

[2] 参见〔日〕山口厚:《刑法总论》,有斐阁2007年版,第366页。

[3] 同上书,第366页、第379页。

[4] 同上书,第367页。

[5] 不应认为,前者的保护法益是军事机关以外的国家机关工作人员的公务,后者的保护法益是国防利益。即使认为后者的保护法益是军事机关工作人员的公务,也不能认为前者的保护法益仅限于军事机关以外的国家机关工作人员的公务。否则,二者就是完全不相干的独立法条,因而不可能存在竞合关系。

[6] 〔德〕冈特·施特拉腾韦特、洛塔尔·库伦:《刑法总论I——犯罪论》,杨萌译,法律出版社2006年版,第442页。

[7] 参见〔日〕前田雅英:《刑法总论讲义》,东京大学出版会2011年版,第555页、第565页;〔日〕井田良:《讲义刑法学·总论》,有斐阁2008年版,第523页、第532页。

[8] 〔日〕山口厚:《刑法总论》,有斐阁2007年版,第368页。

[9] 〔德〕冈特·施特拉腾韦特、洛塔尔·库伦:《刑法总论I——犯罪论》,杨萌译,法律出版社2006年版,第437页。

[10] 参见〔日〕大谷实:《刑法讲义总论》,成文堂2009年新版,第481页。

[11] 当然,该行为是否另触犯我国《刑法》第232条、第234条,以及对一个同时触犯第115条与第234条的行为应当如何认识和处理,则是另一问题。

[12] H. Jescheck/T. Weigend, Lehrbuch des Strafrechts: Allgemeiner Teil, 5. Aufl., Duncker & Humblot 1996, S.733.

[13] 参见张明楷:《犯罪构成体系与构成要件要素》,北京大学出版社2010

年版,第 255 页以下。

[14] 参见〔日〕山口厚:《刑法总论》,有斐阁 2007 年版,第 367 页。

[15] 柯耀程:《刑法竞合论》,中国人民大学出版社 2008 年版,第 142 页。山口厚教授也认为,"补充关系是特别关系的一种"(〔日〕山口厚:《刑法总论》,有斐阁 2007 年版,第 366 页)。

[16] 〔德〕约翰内斯·韦塞尔斯:《德国刑法总论》,李昌珂译,法律出版社 2008 年版,第 479 页。

[17] 参见张明楷:《刑法分则的解释原理》下,中国人民大学出版社 2011 年版,第 697 页以下。

[18] 参见〔日〕井田良:《讲义刑法学·总论》,有斐阁 2008 年版,第 528 页。

[19] 黄荣坚:《基础刑法学》下,中国人民大学出版社 2009 年版,第 595 页。

[20] 〔美〕E.博登海默:《法理学:法律哲学与法律方法》,邓正来译,中国政法大学出版社 1999 年版,第 252 页。

[21] 〔德〕H.科殷:《法哲学》,林荣远译,华夏出版社 2003 年版,第 171—172 页。

[22] 参见〔日〕山口厚:《刑法总论》,有斐阁 2007 年版,第 366 页;〔日〕山中敬一:《刑法总论》,成文堂 2008 年版,第 982 页。

[23] 笔者并不是要批判刑事立法,而是基于刑事立法的现实,提出合理处理法条竞合的原则,以弥补刑事立法的缺陷。

[24] 我国刑法理论一般认为,盗伐林木罪的规定与盗窃罪的规定具有特别关系。其实,认为盗伐林木的行为同时触犯盗窃罪属于想象竞合是更合适的。

[25] 〔德〕劳伦斯·索伦:《法理词汇》,王凌皞译,中国政法大学出版社 2010 年版,第 223 页。

[26] 〔德〕鲁道夫·冯·耶林:《法学是一门科学吗?》,李君韬译,法律出版社 2010 年版,第 81 页。

[27] 〔日〕井田良:《讲义刑法学·总论》,有斐阁 2008 年版,第 524 页。

[28]〔美〕约翰·罗尔斯:《正义论》,谢延光译,上海译文出版社1991年版,第259页。

[29]〔美〕E.博登海默:《法理学:法律哲学与法律方法》,邓正来译,中国政法大学出版社1999年版,第287页。

[30] 笔者一直建议有权机关作出如下规定:在没有特殊理由的情况下,不得判处法定刑"中间线"(大体意义)以上的刑罚。如法定刑为3年以上10年以下有期徒刑时,如果没有特别理由,不得判处7年以上有期徒刑;法定刑为10年以上有期徒刑、无期徒刑或者死刑时,如果没有特殊理由,不得判处死刑;如此等等(参见张明楷:《刑法学》,法律出版社2007年版,第428页;2011年版,第495页)。

[31] Vgl., H. Jescheck/T. Weigend, Lehrbuch des Strafrechts: Allgemeiner Teil, 5. Aufl., Duncker & Humblot 1996, S. 735ff.

François Boucher(1703—1770), *Landscape with a Watermill*(*detail*).

刑法格言的展开

Punitur, quia peccatum est, ne peccetur

因为有犯罪并为了没有犯罪而科处刑罚

因为有犯罪并为了没有犯罪而科处刑罚(Punitur,quia peccatum est,ne peccetur)这一格言,是并合主义刑罚理念的经典表述,它将绝对主义与相对主义统合起来,认为刑罚的正当化根据在于正义性与合目的性。**因为有犯罪而科处刑罚**(Punitur quia peccatum est)是绝对主义刑罚理念的经典表述,基本含义是,刑罚在于恢复正义,刑罚的正当化根据在于作为道义的必然性的报应。**为了没有犯罪而科处刑罚**(Punitur ne peccetur)是相对主义刑罚理论的经典表述,基本含义是,刑罚是实现某种目的的手段,刑罚的正当化根据在于刑罚的合目的性与有用性(有效性)。显然,**因为有犯罪并为了没有犯罪而科处刑罚**的并合主义,是为了将绝对主义与相对主义统合起来。

绝对主义是前期旧派的观点,以绝对的报应刑论为内容(以下通常将绝对的报应刑论简称为报应刑论)。[1]绝对的报应刑论,将刑罚理解为对过去犯罪的报应,因此,刑罚是针对恶行的一种恶报;恶报与恶行必须保持均衡关系;恶报的内容必须是一种恶害。也就是说对犯人科处刑罚,是基于报应的原理;犯罪是一种恶害,刑罚的内容是痛苦或者恶害,对犯罪以刑罚这种痛苦进行报应,就是刑罚的正当化根据。概言之,**惩罚是对犯罪的报应**(Poena est noxae vindicta)。相对主义是新派的观点,以目的刑论为内容。目的刑论认为,刑罚本身并没有什么意义,只有为了实现一定的目的即预防犯罪的意义上才具有价值;换言之,刑罚在预防犯罪所必要而且有效的限度内,才是正当的。所以,目的刑论与预防论基本等同。[2]预防论分为一般预防论与特殊预防论。一般预防论中又分为通过刑罚预告的一般预防论与通过刑罚执行的一般预防论;由于**宽恕一个罪责就会鼓励多个罪责**(Qui calpae ignoscit uni,suadet pluribus），所以，**刑罚针对少数人而威慑多数人**（Poena ad paucos, metus ad omnes perveniat；Ubi poena ad paucos, metus ad omnes perveniat；Ut poena ad paucos, metus ad omnes perveniat）。特殊预防论中的惩罚论或威慑论，主张通过惩罚或者威慑犯罪人使其不再犯罪，因为**对实施恶行的人显示宽大时，他将再度实施恶行**（Bis peccas, quum peccanti obsequium accommodas），只有对犯罪人实施惩罚与威慑，他才不会再次实施犯罪。特殊预防论中的教育刑论或改善刑论，主张通过教育或者改善犯罪人使其不再犯罪；据此，**刑罚为矫正（犯）人而设**（Poena constituitur in emendationem hominum）。根据目的刑论的观点，刑罚的正当化根据在于刑罚目的的正当性与有效性。并合主义是大陆法系刑法理论的通说，以相对的报应刑论为内容。相对报应刑论认为，刑罚的正当化根据一方面是为了满足正义的要求，同时也必须是防止犯罪所必要而且有效的，应当在报应刑的范围内实现一般预防与特殊预防的目的。[3]如果仔细区分，还可以将相对报应刑论分为报应型相对报应刑论与预防型相对报应刑论，前者认为报应是刑罚正当化的主要根据，预防犯罪只是次要根据；后者认为，预防犯罪是刑罚正当化的主要根据，报应虽是刑罚的本质，但它只是预防犯罪的手段，因而只是次要根据。[4]

　　由上可见，报应刑论与目的刑论并不是关于刑罚目的本身的争论，而是针对刑罚的正当化根据而形成的。我国有不少人认为，旧派的报应刑论主张刑罚的唯一目的是报应，除此之外，刑法没有任何目的；新派的目的刑论则主张报应不是目的，预防犯罪才是刑罚目的。例如，有人说："报应主义认为犯罪是对罪犯科刑的唯一原因，刑罚是犯罪的当然结果。也就是说，报应即是国家行使刑罚权的理由,也是刑罚的目的,除了报应外,刑罚再无其他目的。"[5]其实,这是一个很大的误解。

由于中世纪及以前的刑罚极为残酷而且滥施刑罚,使刑罚表现得极不合理。启蒙思想家以及旧派的学者,便将这种不合理的刑罚推而广之,一概认为刑罚是一种恶害,"刑罚必然是一些坏事"。[6]另一方面,启蒙思想家们极力主张天赋人权,而刑罚与侵害权利的犯罪一样,恰恰是以剥夺人的权利为内容的,刑罚便与天赋人权的观点相对立。但是,这些思想家们所处的国家(事实上没有任何国家)也并没有因此而舍弃刑罚,这给人的印象是用犯罪克服犯罪(因为犯罪与刑罚一样,都以侵害权利为内容),但是,**绝不能用犯罪克服犯罪**(Numquam scelus scelere vincendum est),于是就需要讨论,为什么适用刑罚不是犯罪?即为什么适用刑罚是正当的?这便是刑罚的正当化根据问题。

旧派的报应刑论是从刑罚的功能或本质上回答这个问题的。[7]即恶有恶报、善有善报是一种古老的正义观念;犯罪是一种恶害,理应以刑罚这种恶害进行报应,这就是刑罚的正当化根据。很显然,报应是刑罚的功能,它体现了正义,旧派正是通过这一功能来说明刑罚的正当化根据的。为了说明这一点,有必要分析黑格尔的观点。

众所周知,黑格尔是采取法律报应主义的,但是通览他的《法哲学原理》,不难发现他总是在围绕"正义"来谈报应,说到底,他也是为了解释刑罚的正当化根据。即在他看来,犯罪是对法的否认,而刑罚是对不法的否定并恢复法的原状,刑罚因此是正义的。黑格尔在批判其他有关刑罚的观点时,也是因为其他观点不能说明刑罚的正义。例如,他说:

刑罚理论是现代实定法学研究得最失败的各种论题之一,因为在这一理论中,理智是不够的,问题的本质有赖于概念。如果把犯罪及其扬弃(随后被规定为刑罚)视为仅仅是一般祸害,于是单单因为已有另一个祸害存在,所以要采用这一祸害,这种说法当然不能认为是合理的(克莱因:《刑法原理》,第9节以下)。关于祸害的这种浅近性格,在有关各种刑罚的理论中,如预防说、儆戒说、威吓说、矫正说等,都被假定为首要的东西;而刑罚所产生的东西,也同样被肤浅地规定为善。但是问题既不仅仅在于恶,也不在于这个或那个善,而肯定地在于不法和正义。如果采取了上述肤浅的观点,就会把对正义的客观考察搁置一边,然而这正是考察犯罪时首要和实体性的观点。[8]

再如,黑格尔之所以批评费尔巴哈的威吓论,也是因为它没有考虑正义问题、没有说明威吓的合法性。他说:"费尔巴哈的刑罚理论以威吓为根据,他认为,不顾威吓而仍然犯罪,必须对罪犯科以刑罚,因为他事先已经知道要受罚的。但是怎样说明威吓的合法性呢?……威吓固然终于会激发人们,表明他们的自由以对抗威吓,然而威吓毕竟把正义摔在一边。"[9]值得注意的是,黑格尔在论述刑罚的正义时,接受了关于个人尊严的进步思想,他不把犯罪人看成司法的简单客体,而是把犯罪人提高到自由自决人的地位。在他看来,要做到尊重个人、实现正义,就不能仅仅以预防、改善等来说明刑罚。他指出:"认为刑罚既被包含着犯人自己的法,所以处罚他,正是尊敬他是理性的存在。如果不从犯人行为中去寻求刑罚的概念和尺度,他就得不到这种尊重。如果单单把犯人看做应使变成无害的有害动物,或者以儆戒和矫正为刑罚的目的,他就更得不到这种尊重。"[10]那么,黑格尔是否就否认了刑罚的目的呢?没有,他只是认为,刑罚的目的应当以正义为基础来考察,如果不以正义为基础来考察,仅仅从预防、改善等目的上来说明刑罚的正当性是不行的。上面这段话就明显包括了这个意思。他还指出:"关于作为现象的刑罚、刑罚与特种意识的关系,以及刑罚对人的表象所产生的结果(儆戒、矫正等等)的种种考虑,固然应当在适当场合,尤其是考虑到刑罚方式时,作为本质问题来考察,但是所有这些考虑,都假定以刑罚是自在自为地正义的这一点为基础。"[11]从上面的分析可以看出,黑格尔的法律报应主义始终都是为了说明刑罚的正义,而不是说明报应是刑罚的目的。总之,"根本不可能存在这样的情况,即立法者将特定行为规定为犯罪,却并未因而表现出预防此类[犯罪]行为的愿意与目的。因此,预防似乎成为了首要且唯一普遍的惩罚目的。如果你做了特定的事,法律将施以特定的痛苦,因而意在为你提供一个不做那些事的全新动机"。[12]

新派则是从刑罚的目的上回答刑罚的正当化根据的。新派的目的刑论认为,刑罚本身并没有什么意义,只有为了实现其他正当目的才具有意义。目的的正当性是刑罚的正当化根据。可以肯定的是,凡是从刑罚的目的的正当性的角度来说明刑罚的正当化根据的,都被称为目的刑论。如果像我国一些学者那样,认为旧派的报应刑论主张报应是刑罚的唯一目的,即认为报应也是目的,那么,岂不是也可将报应刑论归入目的刑论?但这是不可能的。

李斯特是目的刑论的倡导者,他在《刑法中的目的观念》一文中对报应刑论与目的刑论进行了分析,他明确指出,这两种观点都是为了说明刑罚的正当化根据。他说:"刑罚,是作为报应、是犯罪概念的必然结果呢?还是作为保护法益的形式、是有目的意识的国家组织的创造物乃至机能呢?是排除其他某种正当根据,从对过去的赎罪就足以说明其正当根据呢?还是不需要其他某种根据,着眼于未来寻求其正当根据呢?对这个问题的回答,有必要回顾刑罚的历史。"经过历史地分析后,他认为不能形而上学地给刑罚提出正当根据,自有原始的刑罚以来,"刑罚是被作为防卫法秩序的手段来认识的,刑罚不能不为防卫法益服务。因此,说刑罚的历史是人类法益的历史也不过分"。所以,他得出结论:"由目的观念完全约束刑罚权力,正是刑罚的正义的理想。"[13]很清楚,李斯特告诉我们,报应刑与目的刑论的争论是为了说明刑罚的正当化根据。

既然报应刑论与目的刑论都是为了说明刑罚的正当化根据,事实上都可以说明,为什么旧派采取报应刑论,新派采取目的刑论,而不是相反呢?这是因为,旧派理论以个人为本位,强调自由主义与个人主义,反对将个人作为社会的手段,而报应刑论正是从犯罪人的个人角度来说明刑罚的正当化根据的;根据黑格尔的说法,报应刑论实际上尊重了犯罪人。新派理论以社会为本位,强调国家主义与权威主义,主张为了社会而适用刑罚,而目的刑论正是从社会角度说明刑罚的正当化根据的。正如日本学者前田雅英所言:"在'为什么允许科处重大恶害的刑罚'的刑罚论中,存在报应刑论与目的刑论的对立。可以说,报应刑论主张'刑罚是作为对犯罪的报应而科处的',……是从个人(犯人)方面来谈刑罚正当化。……与此相对,认为'刑罚在广义上为了防止犯罪的目的而科处'的目的刑论,是从社会方面来谈刑罚正当化的。"[14]此外,报应刑论以意志自由为前提,而目的刑论则不以意志自由为前提。因此,新派不可能仅采取绝对报应刑论,旧派也不可能仅采取目的刑论。

但是,由于报应刑论与目的刑论是从不同角度来说明刑罚正当化根据的,故二者并不完全排斥,而可以结合成为相对报应刑论。因为承认刑罚功能或本质的人,也可能承认刑罚的目的,反之亦然。事实上,旧派学者并不否认刑罚目的。如贝卡里亚、费尔巴哈等人就积极倡导刑罚目的是预防犯罪。贝卡里亚说:"刑罚的目的仅仅在于:阻止罪犯再重新侵害公民,并规诫其他人不要做同等的事情。"[15]费尔巴哈的心理强制说,则明显表现出他主张刑罚的目的是预防犯罪(一般预防)。新派学者也有不反对报应的。李斯特虽然被人们认为是目的刑的倡导者,但李斯特不是一概否认刑罚的报应功能,他只是认为报应刑与犯罪人的人格相分离,只是考虑犯罪人的行为,因而不能正确决定刑罚的量。他认为,目的刑与报应刑不是对立的,"认为'因为'与'为了'(quia 与 ne)之间存在对立,是幻想的产物。换言之,镇压与预防没有任何对立。因此,既可以说刑罚是以镇压来预防,也可以说是以预防来镇压"。[16]

既然报应刑论与目的刑论都可以说明刑罚的正当化根据,为什么现在一定要将二者结合起来,而不承认各自本身的完全合理性呢?这是因为,对刑罚的正当化根据的回答,不仅是为了从总体上回答国家为什么可以在刑法中规定刑罚,司法机关为什么可以针对犯罪人适用和执行刑罚,而且是为了回答对具体犯罪的具体量刑根据以及具体刑罚制度的取舍,从而对刑罚的适用起限制作用,以免侵害犯罪人的正当权利。换言之,对具体犯罪的量刑以及具体刑罚制度的取舍,都取决于对刑罚功能、本质与目的的认识;

也就是说,刑罚的功能、本质与目的影响量刑指针、影响具体刑罚制度的取舍。例如,如果采取报应刑论,刑罚的程度就应当与犯罪本身的程度相适应,尤其应与客观的犯罪结果相适应;如果采取目的刑论,刑罚的程度则应当与犯罪人的社会危险性或再犯罪的危险性相适应。再如,如果采取报应刑论,就会反对不定期刑;如果主张目的刑论,就会赞成不定期刑。可见,关于刑罚的正当化根据的争论,实际上是关于刑罚的本质的争论。正因为如此,一旦具体到量刑根据以及具体刑罚制度的取舍问题上来的时候,就会发现报应刑论与目的刑论各自都有优点与缺陷,而二者的结合则正好消除了各自的缺陷。

目的刑论中虽然有各种各样的主张,但占支配地位的目的是预防犯罪,即我们通常所说的特殊预防与一般预防。但是,如果在量刑时仅考虑预防犯罪的目的,就可能出现将犯罪人作为"防止犯罪的工具"进行利用的现象,这样,刑罚就会漫无边际地严厉,甚至可能为了威慑他人而对没有犯罪的人适用刑罚。换言之,只考虑预防犯罪的目的时,刑罚便没有上限(没有最高限制)。而报应刑论正好解决了这一问题,由于刑罚是对犯罪的报应,报应刑便意味着在"同态复仇"的范围内科处刑罚,这便给刑罚划定了上限,即只能在与罪行相适应的刑罚限度内选择刑罚。但是,报应刑论主张在科处刑罚时不考虑预防犯罪的目的,即使没有预防犯罪的效果或者从预防犯罪角度而言不需要判处刑罚,但为了实现正义也必须科处刑罚。这正是报应刑论的缺陷,而目的刑论正好解决了这一问题:如果没有预防犯罪的效果或者从预防犯罪角度而言不需要判处刑罚,就不应当判处刑罚。可见,目的刑论为减轻处罚、免除刑罚处罚找到了根据。从刑罚制度来说,缓刑、减刑、假释制度,都是目的刑论的产物,根据报应刑论是不可能产生这些制度的;而对缓刑、减刑、假释条件的规定,在很大程度上取决于报应刑观念。可见,目的刑论的缺陷正好需要报应刑论的优点来克服,报应刑论的缺陷恰好要求目的刑的优点来克服。

正因为如此,国外的一些刑事立法,事实上肯定了<mark>因为有犯罪并为了没有犯罪而科处刑罚</mark>的并合主义。如德国《刑法》第46条第1项规定:"犯罪人的责任为量刑之基础。刑罚对犯罪人未来社会生活所可期待发生之影响,并应斟酌及之。"第2项规定:"法院于量刑时应权衡一切对犯罪人有利及不利之情况,尤应注意下列各项:犯罪人之动机与目的,由行为所表露之心情及行为时所具意念,违反义务之程度,实行之种类及犯罪之可归责之结果,犯罪人之生活经历,其人身的及经济的关系,以及其犯罪后之态度,尤其补偿损害之努力。"日本《改正刑法草案》第48条前两项规定:"刑罚应当根据犯罪的责任量定。适用刑罚时,应当考虑犯罪人的年龄、性格、经历与环境、犯罪的动机、方法、结果与社会影响、犯罪人在犯罪后的态度以及其他情节,并应当以有利于抑制犯罪和促进犯罪人的改善更生为目的。"这种规定充分说明它们采取了相对报应刑论。

由此来看,我们既不能说目的刑论绝对地好,报应刑论绝对地坏,也不能说报应刑论绝对地好,目的刑论绝对地坏,而是应当同时承认各自的优点与缺陷。但从国外的现实来看,究竟是以目的刑论为主,还是以报应刑论为主,则不只是理论问题,在很大程度上取决于预防犯罪目的的实现程度。

例如,在美国,虽然还不能肯定哪一种观点占支配地位,但可以肯定报应刑论现在有抬头的趋势。围绕刑罚目的,美国一直存在四种观点:报应、威慑、改善、隔离。直到20世纪60年代末,美国关于刑罚目的的思想主要是教育改善犯罪人,但进入70年代后,这一思想很快失去了支持,1976年加利福尼亚州制定的《量刑法》、1984年联邦制定的《综合控制犯罪法》中的量刑法,从正面否定了这一思想。其原因有四点:(1)教育改善思想的要点是,查明犯罪人的危险性,通过教育、改善来消除它,再查清是否收到了实效。人们乐观地认为科学的发展会使之成为可能。但是,美国人认为凭借当今的科学力量,这一思想的任何一点主张几乎都是不可能的,通过对再犯罪率等进行研究就表明了这一点。社会的一般教育机关、宗教团体,在某种意义上说,也在为预防犯罪进行不懈的努力。尽管如此,人们还是批判说,在监狱这种特殊空间能够教育、改善罪犯的观点是一种幻想,与其说监狱没有改善罪犯,不如说监狱使罪犯改恶了。(2)美国人批评道,教育改善思想导致了量刑、处遇基准不明确、不公平。依据这一思想,对于教育、改善的必要性大的人应科重刑,对该必要性小的人应科轻刑。由此导致了不定刑论,其结果是出现量刑、处遇基准不明确、不公平的现象。(3)美国人还批评说,即使从观念上考虑,由于多数国民还不能享受高等教育,而有人因为犯了罪却能安逸地享受教育、改善,与其说这是反正义的,不如说他们没有受到必要的"罚"。这种批评的背后,是对进入20世纪70年代后激增的恶性犯罪的愤怒与担心。(4)由于所谓民权运动(如黑人运动与反对越南战争运动)高涨,因而被关进监狱的人增多,美国人认为,对这些人进行所谓的教育、改善是根本不应当的;如果应当,又怎样进行教育、改善呢(丧失了统一标准)?国家只不过是在教育、改善的美名下,强加特定的价值观,这是对人格领域的不正当干涉。"水门事件"等也加深了对国家权力作为教育主体的适格性的怀疑。由于上述种种原因,在美国,教育、改善思想便衰退了。而且这一变化不单是观念上的,现实的刑事政策也作了一些重要修改。特别重要的有,废止假释、采用定期刑、死刑制度的恢复,等等。在这种状况下的美国,报应刑论抬头。即人们相信,对犯罪人以刑罚进行报应才是最现实的、最正义的,报应刑也给刑罚提供了相适应的标准。[17]

在英国,多数刑法学者认为,刑罚目的不是一个,而是几个,即报应、威慑、保护社会和改造罪犯。虽然有一些人认为报应是出于卑下的动机,但还是认为不能忽视报应。因为报应是一种古老的正义观念,如果没有刑罚的报应,就会出现私人之间的复仇。人们同时也认为,威慑与改造罪犯的目的总是不能实现,到头来,对犯罪人实行报应,将其关在监狱以防卫社会则是更现实的。[18]

从上述事实似乎可以得出如下结论:如果预防犯罪的目的越是能够得以实现,那么,报应刑论的地位就会越来越低;反之,如果预防犯罪的目的没有得到实现,报应刑论的地位就会越来越高。

近年来,报应刑论受到了批判,并合主义的刑罚观念也随之面临着诘难。本书就此发表如下看法:

第一,不能将报应与报复相等同,故不能将报复的缺陷强加于报应。"报应主义完全不同于那种因为大多数公民认为违法者应受惩罚所以要求惩罚具有公正性的观点……民众认为或感觉应怎么报复违法者是一回事,违法者应受何种惩罚是另一回事。"[19]当今的报应刑论已经排除了报复的消极内容。(1)报复的基准是单一的、几乎没有变化的(**以眼还眼、以牙还牙**)。报应的基准是随着时代而发展的。近代以来,"出现了一种粗略的、现成的'函数(function)',或者更直接地说,是相对适切的惩罚性回应的'尺度'"。[20]（2）报复不以行为人具有责任为前提，仅与实害相对应。报应以行为人具有责任为前提，只能针对有责的违法进行报应。（3）报复不具有限制刑罚的意义，但如后所述，当今的报应刑观念具有限定刑罚的意义。（4）报复使得被害人所经历的痛苦（罪行）与报复者所造成的痛苦（惩罚）之间没有距离，在加害者与被害人之间没有距离。报应在罪行与惩罚之间、加害人与被害人之间存在恰当距离，这种距离正是公正所需要的。**没有人是自己案件的法官**（Nemo debet esse judex in propria causa；Nemo judex in sua causa），**任何人都不是自己诉讼中的法官**（In propria causa nemo judex）。报应由第三方完成，而不是由被害人一方完成。（5）报复是情绪化的，报复者出于愤怒，因而与宽恕之间没有相容性。报应是理性化的，报应者基于正义，因而与宽恕之间具有相容性。（6）报复并不以建立和平关系为目的，只是为了单纯给对方造成痛苦。报应总是以建立和平关系为目的。

第二，将绝对的报应刑论作为刑罚的正当化根据，明显不妥当。因为如果单纯以报应为根据制定和科处刑罚，就只是满足国民的报应乃至报复感情，犯罪人受到不恰当的处罚，减刑、假释制度便没有存在的余地。但是，并合主义并不等同于绝对的报应刑论，只是吸收了报应刑论中限制刑罚适用的合理成分，并且剔除了其糟粕（必罚主义）。所以，不能因为绝对报应刑存在缺陷，就否认并合主义。

第三，德国学者罗克辛等人认为，报应刑论并没有追求任何对社会有用的目的，只是通过给予痛苦使行为人对自己的行为承担责任的方法，实现正义的报应、清算与赎罪。这种绝对的报应刑独立于社会效果，从社会效果中分离出来了，因而不能成为刑罚的目的。[21]然而,如前所述,报应刑论与目的刑论是关于刑罚正当化根据的理论,而不只是关于刑罚目的的理论。在讨论刑罚的正当化根据时,"因为"与"为了"不是对立的,而是并存的。诚然,**使人入狱并不是为了惩罚人,而是为了保护人**(Carcer ad homines custodiendos, non ad puniendos dari debet);**深思熟虑的人都不是因为有犯罪而处罚,而是为了没有犯罪而惩罚**(Nemo prudens punit quia peccatum est, sed ne peccetur),或者说,**深思熟虑的人都不是为了恢复过去而处罚,而是为了预防将来而惩罚**(Nemo prudens punit ut praeterita revocentur, sed ut future praeveniantur),但主张并合主义,并不意味着将报应本身当作刑罚的目的,而是意味着以报应限定目的的追求(如同以罪刑法定原则限定对保护法益目的的追求一样)。其实,预防犯罪目的的正当性,还不能完全为刑罚提供正当化根据。例如,在某种犯罪的一般预防必要性大,但又没有查明具体犯罪人时,通过对无辜者适用刑罚,也会产生一般预防的效果。但是,这种刑罚并不具有正当化根据。况且,刑罚的正当化根据,不仅涉及量刑的正当化根据,还涉及法定刑的正当化根据。由于刑法是普遍适用的规范,所以,针对各种犯罪所设置的法定刑,不可能着眼于特殊预防,只能着眼于一般预防。在着眼于一般预防时,不可能单纯按照一般预防的需要设置法定刑,而是必须考虑报应的合理性。

第四,德国学者罗克辛等人还认为,报应思想不能与预防思想融为一体。因为刑法的任务是保护法益,既然如此,就不允许使用明显不考虑法益保护目的的刑罚;不为刑法任务服务的刑罚,丧失了其在社会中的合理根据。刑法是为特殊预防和一般预防服务的,刑罚的严厉程度不是由报应思想限制,而是由责任程度限制。

而且,只要从特殊预防的角度考虑认为是必要的,也不违反一般预防的最小限度要求,刑罚就可以不达到责任的程度。[22]但联系罗克辛等人主张的积极的一般预防来看,所谓的"不违反一般预防的最小限度要求",实际上是考虑了国民的报应感情。而且,罗克辛教授也不得不承认:"尽管放弃了所有的报应,但预防性的综合理论必须纳入报应论中的决定性因素:将责任原则作为设定刑罚界限的手段。"[23]既然不能否认报应刑论的积极作用,也就难以否认并合主义的合理性。如前所述,报应是由第三方完成的。就对犯罪的报应来说,国民都期待这个第三方很中立,但这种中立只是相对于加害人与被害人而言,实现报应的第三方在科处刑罚时,当然会考虑刑罚的目的。于是,报应与预防犯罪能够相结合。也正因为如此,绝大多数报应刑论者都赞成预防犯罪的目的,尤其赞成一般预防目的。

第五,抛弃报应刑论的目的刑论,会导致犯罪人成为预防犯罪的工具,侵犯了犯罪人的尊严。"应得的概念是处罚和正义之间的唯一联接。只有当一个刑罚是应得或不应得时,我们才能说它是正义的或不正义的……因此,如果我们不再考虑罪犯应得什么,而仅仅考虑什么可以治疗他或威慑别人,我们就默认地把他从整个正义领域中排除出去了;我们现在面对的不再是一个人,一个权利主体,而是一个纯粹的对象,一个病人,一个'病例'。"[24]显然,如果我们离开了犯罪人"应得"的概念,将被害人"应得"的转变为对犯罪人的处罚,必然导致刑罚缺乏正义性。概言之,当今社会的报应刑观念,并不是为了使惩罚与罪行具有"等同性",而是为了限制惩罚程度。

第六,报应作为刑罚的正当化根据之一,至少在以下方面发挥作用:(1)禁止处罚没有实施违法行为的无辜者,即使处罚无辜者能够实现一般预防目的,也不例外。(2)禁止处罚没有责任的行为。报应与责任主义具有亲和性,要求实行没有责任就没有刑罚的消极责任主义。[25](3)刑罚的上限不能超出报应的需要,亦即,不能超过责任的程度(当然可以低于罪行的程度)。(4)实施报应的第三者(法官),不能将充满报复情绪的被害人及其家属的刑罚要求当作刑罚的正当化根据。

如果从科处刑罚的正当化根据角度来说,本书赞成**因为有犯罪并为了没有犯罪而科处刑罚**的并合主义。人类在悠久的历史过程中所形成的罪与罚的观念,成为一般人道德上的信念,恶有恶报的观念不仅仍然存在于现代文明社会,而且仍然是一种正义的观念。对什么行为科处刑罚以及如何科处刑罚,不可能不考虑一般人的价值观与正义感,既然现代社会的一般人视恶有恶报为正义,那么,就应当考虑这种价值观与正义感。因此,报应作为对犯罪科处刑罚的根据之一,是不可能否认的。另一方面,**法律不作出任何无益的命令**,在追求正义的同时,我们也必须追求功利。犯罪行为固然是犯罪人实施的,但是,**理想的是根除恶行本身而不是根除实施恶行的人**(Res bona est, non extirpare sceleratos, sed scelera),而且预防犯罪本身也是一种正义,因此,不仅在制定刑罚时应当考虑预防犯罪的目的,而且在科处刑罚时必须考虑预防犯罪的目的。换一个角度来说,报应刑论实际上是从犯罪人角度来论证刑罚的正当化根据的,而目的刑论则是从社会角度来论证刑罚的正当化根据的,但刑法既是善良人的大宪章,也是犯罪人的大宪章,既要保护社会利益,也要保障个人自由。科处刑罚时,基于报应刑论的原理,有利于保障个人权利;基于目的刑论的原理,有利于保障社会利益。因此,将二者结合起来,应是最完善的。

在主张因为有犯罪并为了没有犯罪而科处刑罚的并合主义前提下,本书主张,应当在报应刑的限度内或者报应刑之下追求预防目的的实现(在责任刑或报应刑之下考虑预防刑)。亦即,司法机关并不需要追求刑罚与罪行相当,而应在责任刑之下追究预防目的的实现。因为预防优于治疗(Praestat cautela quam medela),与恶行发生后期待恶报相比,人们肯定宁愿期待没有恶行。显然,恶有恶报是一种不得已的期待,而没有恶行则是最理想的状态。另一方面,随着时代的发展,刑罚程度肯定越来越轻,非刑罚处罚措施会越来越多地代替刑罚,目的刑论在报应刑论的限制下,可能使刑罚朝着时代进步的方向发展;报应刑论虽然可以防止刑罚过于严厉,但却不能使刑罚程度越来越轻。因为报应刑论认为科处刑罚本身就是好事,具有有罪必罚的倾向;而目的刑论认为,以施加痛苦的方式来防止犯罪,其本身并不是理想的,由于刑罚是一种必要的恶害,故如果有其他方法可能防止犯罪,就尽可能限制刑罚的适用。[26] 所以,预防的正义确实优于严厉惩罚的正义(Melior est justitia vere praeveniens quam severe puniens)。

总之,因为有犯罪并为了没有犯罪而科处刑罚是刑罚的正当化根据。报应是刑罚的功能或者本质,报应刑限制预防目的的追求,但它本身不是刑罚的目的。即使赞成因为有犯罪并为了没有犯罪而科处刑罚,也不意味着刑罚的目的包括报应与预防。

注 释

[1] 这样简称一方面是为了表述上的简便,另一方面是因为我国学者所说的报应刑论均指绝对的报应刑论。

[2] 虽然,对于目的刑论的"目的"有不同看法,但一般认为该目的是预防犯罪,故目的刑论基本上就是预防论。但作为概念,二者并非等同。

[3] 参见〔日〕大谷实:《刑法讲义总论》,成文堂2009年版,第41页以下;〔日〕早稻田司法考试研究室:《刑法总论》,早稻田经营出版1990年版,第12页以下。

[4] 参见〔日〕前田雅英:《刑法总论讲义》,东京大学出版会2011年版,第21页以下。

[5] 田文昌:《刑罚目的论》,中国政法大学出版社1987年版,第9页。

[6] 〔德〕威廉·冯·洪堡:《论国家的作用》,林荣远、冯兴元译,中国社会科学出版社1998年版,第144页。

[7] 报应究竟是刑罚的功能还是刑罚的本质,还是需要研究的问题,笔者以下暂且将它作为刑罚的功能来考虑,但不妨在有的情况下,根据外国学者的表述称报应为刑罚的本质。

[8] 〔德〕黑格尔:《法哲学原理》,范扬、张企泰译,商务印书馆1961年版,第101页。

[9] 同上书,第102页。

[10] 同上书,第103页。

[11] 同上书,第102页。

[12] 〔美〕霍姆斯:《法律的生活在于经验——霍姆斯法学文集》,明辉译,清华大学出版社2007年版,第122页。

[13] 转引自〔日〕庄子邦雄:《李斯特》,载木村龟二编:《刑法学入门》,有斐阁 1957 年版,第 88—96 页。

[14] 〔日〕前田雅英:《刑法总论讲义》,东京大学出版会 1988 年版,第 47 页。

[15] 转引自黄风:《贝卡里亚及其刑法思想》,中国政法大学出版社 1987 年版,第 85 页。

[16] 转引自〔日〕庄子邦雄:《李斯特》,载木村龟二编:《刑法学入门》,有斐阁 1957 年版,第 98 页。

[17] 以上参见〔日〕林干人:《美国刑事法律的变迁与展望》,载日本《法学家》第 919 号(1988 年),第 6 页以下。

[18] 参见〔英〕G. D. 詹姆斯:《法律原理》,关贵森等译,中国金融出版社 1990 年版,第 35 页以下。

[19] 转引自〔美〕路易斯·卡普洛、斯蒂文·沙维尔:《公平与福利》,冯玉军、涂永前译,法律出版社 2007 年版,第 404 页。

[20] 〔美〕约翰·菲尼斯:《自然法与自然权利》,董娇娇、杨奕、梁晓晖译,中国政法大学出版社 2005 年版,第 212 页。

[21] C. Roxin, Strafrecht Allgemeiner Teil, Band I, 4. Aufl., C. H. Beck 2006, S. 70.

[22] a. a. O. , S. 88f.

[23] a. a. O. , S. 91.

[24] 〔美〕詹姆斯·P. 斯特巴:《实践中的道德》,李曦、蔡蓁等译,北京大学出版社 2006 年版,第 518 页。

[25] 参见〔日〕西田典之:《刑法总论》,弘文堂 2010 年版,第 15 页以下。

[26] 参见〔日〕平野龙一:《刑法总论Ⅰ》,有斐阁 1972 年版,第 23 页。

Domenichino (1581—1641), *Landscape with Tobias Laying Hold of the Fish.*

刑 法 格 言 的 展 开

Poenae potius molliendae sunt quam asperandae

刑罚与其严厉不如缓和

刑罚与其严厉不如缓和（Poenae potius molliendae sunt quam asperandae）的格言表述了刑罚程度的谦抑性思想，即在刑事立法上，如果规定较轻的刑罚（缓和）即可，就没有必要规定较重的刑罚（严厉）；在刑事司法上，对于已经确定为犯罪的行为，如果适用较轻的刑罚（缓和）即可，便没有必要适用较重的刑罚（严厉）。

刑罚，是国家为了防止犯罪行为对法益的侵犯，根据刑事立法，对犯罪人适用的建立在剥夺性痛苦基础上的最严厉的强制措施。为了发挥刑罚的积极功能，实现刑罚目的，国家必须选择刑种、实行分类，并按轻重程度排成一定的序列，这便是刑罚体系。根据刑种服务于刑罚目的的作用大小，我国刑法将刑罚分为主刑与附加刑。主刑在刑罚体系中居于主要地位，在分则的法定刑中所占的比重较大，并在审判实践中适用较多；附加刑则居于次要地位，在分则规范和审判实践中适用相对较少。根据刑罚给予犯罪人的痛苦感受和生活上的不利反应的程度不同，我国的刑罚可分为生命刑、自由刑、财产刑与资格刑。生命刑是剥夺生命的刑罚方法即死刑，**死刑是极刑**（Mors dicitur ultimum supplicium），而且，**我们仅将死刑理解为极刑**（Ultimum supplicium esse mortem solam interpretamur），因为**人只能死一次**（A man can die but once），剥夺生命意味着剥夺了一切利益，丧失生命就丧失了一切利益。自由刑是剥夺或者限制犯罪人人身自由的刑罚，包括管制、拘役、有期徒刑与无期徒刑。[1] 除了生命、身体外，**自由优于一切**（Libertas omnibus rebus favorabilior est），有生命而没有人身自由的，也不可能或者难以享有其他利益；剥夺终身自由是仅次于死刑的痛苦，剥夺长期自由则重于剥夺短期自由；限制自由则轻于剥夺自由。财产刑也可称为金钱刑，包括罚金与没收财产。以往认为，财产是身外之物,罚金刑是针对与受刑者的人格没有关系的财产权进行适用的,即**罚金不给名誉造成损害**(Multa damnum famae non inrogat),而且其执行是一时性的,罚金缴纳完毕以后就不再有受罚的观念,故同生命刑、自由刑相比,其作为刑罚的效果差、作用小。但是,罚金刑毕竟是剥夺犯罪人所有的财产的刑罚,犯罪人当然会因为丧失了财产而感到痛苦,只不过其痛苦的程度因其财产的多少与金钱观念的轻重而不同罢了。资格刑在我国只有剥夺政治权利一种方法。在古代中国以及现代一些国家,还有身体刑,它是给犯罪人造成肉体痛苦的刑罚方法,也可以称之为肉刑。**身体刑重于一切金钱刑**(Poena corporalis major qualibet poena pecuniaria),换句话说,**最小的身体刑也重于任意的金钱刑**(Minima poena corporalis est major qualibet pecuniaria),因为身体刑给予犯罪人的痛苦是直接的,而财产刑给予的痛苦是间接的,所以,**不管什么身体刑,即使再轻微,也比任何金钱刑具有威力**(Quaelibet poena corporalis, quamvis minima, major est qualibet poena pecuniaria)。

但是,人们的价值观念总是在变化的,而且各人的价值观念并不相同,所以,生命刑、自由刑、财产刑、资格刑只是一般意义的排列。有人可能认为,金钱价值优于自由的价值,于是认为管制、拘役等自由刑轻于罚金与没收财产。具体情况的差异也可能导致刑罚的轻重不同。例如,在我国刑法的规定中,没收财产重于罚金,通常也是如此。然而,**没收以占有为前提**(Privatio praesupponit habitum),对于犯罪人并不占有的财产不可能没收;罚金则不以占有为前提,**罚金在后来征收**(Poenae exactio postponitur),犯罪人在没有财产的情况下,也可能用日后所得缴纳罚金。于是,在犯罪人现有财产极少的情况下,罚金可能重于没收。但是,刑罚的轻重是以一般人的价值观念以及通常情况下给人造成的痛苦程度为基准的;即使个别人为了蹲监狱而犯罪,也不能据此认为自由刑没有惩罚,更不能据此对其免除自由刑的宣告与执行。因为刑法规范具有普遍性,**法律不是针对个别人而是针对一般人而设计**,刑罚的适用对象事先并不特定,所以,只能根据通常情形以及一般人的平均价值观念来认识刑罚、规定刑罚、适用刑罚。况且,即使有人愿意蹲监狱,但由于一般人认为蹲监狱是痛苦,故对愿意蹲监狱的人判处自由刑,也会实现一般正义,并能起到一般预防的作用。

刑罚与其严厉不如缓和的格言并不意味着刑罚种类中只能有较轻的刑种,而不能有较重的刑种。由于犯罪的轻重不同,任何国家的刑罚体系,总是既有轻刑种又有重刑种。**刑罚与其严厉不如缓和**的格言也不意味着刑罚体系中的轻刑种一概优于重刑种。因为相对于重罪而言,重刑种优于轻刑种;反之,相对于轻罪而言,则轻刑种优于重刑种。**刑罚与其严厉不如缓和**的格言意味着在可以控制处罚程度的情况下应尽量控制处罚程度,它与重刑优于轻刑的观念相对立。因此,如果肯定这一格言的合理性,就必须否定重刑优于轻刑的观念。

在我国,重刑优于轻刑的观念有其历史原因与现实原因。我国有着漫长的封建社会的历史。从刑法思想上看,主张重刑的人并不少见。商鞅主张"禁奸止过,莫过重刑"。[2] 他认为要想"禁奸止过",不但不能一般地用轻刑,而且不能就事论事地"重重"而"轻轻",唯一有效的办法是加重轻罪的刑罚,其理由是:"行刑事其轻者,轻者不至,则重者无从至矣",这样就可以"以刑去刑,刑去事成"。[3] 韩非也是重刑主义者,其理由在于,"所谓重刑者,奸之所利者细,而上之所加焉者大也。民不以小利蒙大罪,故奸必止也。所谓轻刑者,奸之所利者大,上之所加焉者小也。民以其利而傲其罪,故奸不止也"。[4]于是,他主张"重一奸之罪,而止境内之邪"。[5]这些重刑观点对当时以及后世影响很大。从刑法规定上看,封建时代的刑法所规定的刑罚都是极为残酷的。新中国成立后,特别是在20世纪50年代,社会治安令人满意,后来社会治安有越来越严峻的趋势,特别是80年代以来,犯罪率尤其是恶性案件发生率不但没有下降,反而有所上升。虽然经济高速增长,但社会的全面发展相对缓慢,于是,人们将社会治安根本好转的希望寄托在"严打"上,"刑罚世轻世重"的合理性的一面被人们广为接受,造成了治安形势越严峻刑罚便越重的局面。这其中可能存在一个可以令人接受的感性认识:既然轻刑无济于事,那就只好用重刑;用轻刑不能抑制犯罪时,用更轻的刑罚更不能抑制犯罪。然而,这毕竟只是感性认识,其背后存在不合理因素。易言之,一概承认和实行重刑,并不是理想的选择。

重刑特别是死刑的威慑力较大,对实现一般预防的目的所起的作用较大,特别是可以彻底实行特殊预防。但是,第一,抑制犯罪并非仅凭刑罚的威慑作用,而是靠社会的全面发展。封建社会的残酷刑罚,未能有效地抑制犯罪。前期旧派学者主张犯罪是自由意志的产物,主张用刑罚一种方式对付犯罪,但到19世纪末20世纪初,犯罪率上升,累犯、惯犯、少年犯增加,于是新派主张研究犯罪人,研究犯罪的社会原因,主张用刑罚与保安处分两种方式抑制犯罪;李斯特提出了"最好的社会政策就是最好的刑事政策"的著名口号,告诉人们,抑制犯罪需要社会的全面发展。

第二,"如果死刑作为一种从社会中消除一个危险个体的方式,那么,它只是比终生监禁更具经济优势而已。由于其他种种原因,人们也许更愿意采用后者"。[6]特别是在现代社会,不能依靠死刑实现特殊预防。

第三,必须认识到并尽量消除刑罚的副作用,身体刑之所以被现代各国废除,除了因为它不符合现代人道主义观念外,还因为它的副作用太多、太大。重刑尤其是死刑具有明显的副作用,特别是有助长恶性案件发生的消极作用。正如德国学者所言:"谋杀诚然是最严重的犯罪,但不能由此得出谋杀者具有特别危险的结论。事态恰好相反。被释放的谋杀者再犯罪的现象,极为罕见,而且这也是容易说明的。因为大多数的谋杀者,绝对不是倾向犯,也不是职业犯罪者,完全是在特殊的、几乎不能反复的状况下杀人的冲动犯。"[7]假如,对不具有从宽处罚情节的故意杀人既遂一律判处死刑,那么,一旦某个人基于特殊原因故意杀人后,他往往会连续杀人。倘若不存在这样的"假如",行为人基于特殊原因故意杀人后,他一般不会连续杀人[8],这样,刑罚对抑制恶性案件便会起有效作用。然而,上述"假如"在现实上却是"事实",这或许是连续杀人案件与一次杀多人案件增加的原因。因此,"任何有关死刑的判决都要衡量它对社会的有利和不利因素"。[9]事实上,我们现在已经看到了过多适用重刑所导致的恶性循环:社会治安形势严峻,于是适用重刑;重刑之后,社会治安不仅没有好转,而且恶性案件上升,于是适用更重的刑罚。这样,恶性案件越来越多,刑罚越来越重。这是一种让人担忧的局面。

第四,依法治国需要有法治观念,而法治的基础观念之一是尊重人的观念,没有尊重人的观念就不可能有法治观念,因为**任何法都是为人设计的**(Hominum causa omne jus constitutum est)。而过多地适用死刑,不利于人们树立尊重人的观念。另一方面,**法律与**

其指向恶不如指向善（Magis de bono quam de malo lex intendit），法律禁止恶行是为了使人们只实施善行，实现社会正义，所以，**法是善与衡平的技术**（Jus est ars boni et aequi），换言之，**善与衡平乃法中之法**（Aequum et bonum est lex legum），而过多地适用死刑显然与法的内在精神不相符合。

以上只是关于死刑的一般性论述，以下有必要联系刑罚的正当化根据讨论死刑。

在与报应刑的关联上，死刑存在以下问题：

第一，死刑背后的观念，是**以眼还眼、以牙还牙**的报复刑观念，而不是经过洗练的报应刑观念；是个人的报复欲，而不是作为刑罚正当化根据的报应理念。诚然，法治所要求的比例原则在刑法上表现为罪刑相适应。但是，相适应的基准是随着社会的发展而不断变化的。在中世纪，只有对严重犯罪科处死刑，才认为是相适应的；但在近现代的欧洲国家，对严重犯罪科处无期徒刑或者15年左右的有期徒刑，就会认为是相适应的。"报应的基准是随着时代而发展的。报应感情与复仇心是应当区别的，而且即使是复仇，已经经历了从没有限度的'血仇'到'**以眼还眼、以牙还牙**'这种物物交换的原理，再到'以钱还眼'这种交换原理的变化。近代的国家刑罚不是复仇。近代以来，虽然报应刑也受到了批判，但是存在划定刑罚上限的'罪刑均衡'原则。这种均衡是等价性的。等价性是由社会关系的应有状态决定的。"[10]如果意识到犯罪是社会的副产品，考虑到人们物质生活水平的不断提高，如若注重维护犯罪人的尊严，尊重犯罪人的人格，那么，死刑就不再是与犯罪等价的刑罚。所以，法国哲学家利科（P. Ricoeur）指出："司法不仅要使自己与野蛮的复仇相分离，而且也要与宗教式的复仇——以正义之名行以血还血之事为特征的复仇——相分离。"[11]

第二，相对于杀人罪而言，死刑也不一定能够实现公正。**最严厉的法律往往最不公正**(Summum jus summa injuria)。表面上看，对罪行极其严重的犯罪人判处死刑，有利于实现罪刑相适应原则，实现刑法的公平正义。但事实上并非如此。"相同的名义之刑不是相同的实在之刑。"[12] 例如，人们常说的是，20 岁、30 岁的人被判处死刑，与 50 岁、60 岁的人被判处死刑，便存在重大差异，并不公平。身体健康的人被判处死刑，与身患癌症的人被判处死刑，也存在重大差异。同样，杀 1 人被判处死刑，与杀 5 人、10 人被判处死刑，也是不公平的。与刑法规定的时效制度相比，也可以发现死刑是不公平的。我国刑法对于最高刑为无期徒刑与死刑的犯罪，规定了 20 年的追诉时效。关于刑法设立追诉时效的根据，刑法理论上存在证据湮灭说、改善推测说、准受刑说、规范感情缓和说、尊重事实状态说等学说。[13] 这些学说各具道理，也不一定相互矛盾。但是，由此可以明确死刑与时效制度相冲突。例如，既然最高刑为死刑的犯罪经过 20 年就推测行为人已经改善，那么，经过 20 年监狱改造的犯罪人，当然也已经改善。再如，既然最高刑为死刑的犯罪经过 20 年就认为行为人如同已经受到了 20 年的刑罚处罚，那么，在监狱关押了 20 年的犯罪人，更是受到了刑罚处罚。况且，在行为人没有受刑罚处罚而逃匿的场合，是行为人自由隔离社会；而在犯罪人被关押于监狱的场合，属于受强制而隔离社会。又如，既然最高刑为死刑的犯罪经过 20 年后，人们对犯罪的规范感情得以缓和，不一定要求给予现实的处罚，那么，经过 20 年的刑罚执行后，人们对犯罪的规范感情更能得到缓和。这些都足以说明，20 年以上的刑罚基本上是不公正的，死刑更是不公正的。或许有人认为,我国的追诉时效过短,应当延长。可是,姑且不论应否延长,但可以肯定的是,无论如何都不应认为严重犯罪的追诉时效为"终身",否则就丧失了追诉时效制度的意义。

第三,法院作为第三方,不应当单纯站在被害人一边,否则就使惩罚与罪行之间没有恰当距离。作为一个第三方,必然不能像犯罪人那样对付犯罪人,作为一个第三方,必然同时考虑被害一方的利益与被告一方的利益。死刑给人的感觉是,法院站在被害人一边,与被害人一起对付犯罪人。从另一角度说,死刑往往是将国家应当做的事情推向了犯罪人,让犯罪人负担不应由他负担的责任。犯罪发生后,存在被告人与被害人的关系。但由于禁止私刑与复仇,所以,被告人与被害人的关系只能由国家处理,于是形成了三种关系,国家在三种关系中分别起不同的作用。(1)在被告人与被害人的关系中,国家既不能放任被告人与被害人关系的任意发展,也不是一个单纯的中间人,而是需要在加害人与被害人之间,进行恢复性司法。[14](2)在国家与被害人的关系中,国家需要设立被害人补偿制度,使被害人得到国家的补偿。(3)在国家与被告人的关系中,国家要以国家的名义公正地处罚被告人,而不是将被害人的要求加于被告人。但是,我们现在混淆了三者的关系,本应由国家负担的使被害人康复的使命,无形地转变为对被告人的严厉处罚。换言之,通过对被告人的严厉处罚,满足被害人暂时的情绪,却不能使被害人得到真正的补偿。结果,报应观念不是限制了刑罚,而是加重了刑罚。

第四,死刑不能体现宽恕,没有给犯罪人一个未来,这与报应刑观念不协调。根据利科的观点,大多数西方国家废除死刑是出于两个原因,一是"给犯人一个未来";二是"国家的自制",即"国家禁止自己对犯人使用同样的暴力"。[15]

在与预防刑的关联上,死刑存在如下问题:

首先,可以肯定的是,死刑有利于特殊预防。但是,仅着眼于特殊预防而判处死刑,是不合适的。(1)仅有特殊预防的作用,不能成其为正当化根据;只有同时具备特殊预防作用与一般预防作用时,该刑罚才可能是正当的。不能因为死刑具有特殊预防作用,就肯定其正当性。(2)认为死刑有利于特殊预防,是因为人们过度地期待了刑罚的特殊预防功能。其实,"如果某一个罪犯经过判决执行之后,与蹲监狱之前相比,其犯罪次数减少,情节减轻,则表明了他的犯罪生涯受到了削弱。在这样的情况下,应该承认判决执行取得了相对的成功。除了犯罪作案的强度之外,再犯的速度也可能减慢。在判决执行之后,再次作案之间的间隔时间也延长了"。[16]所以,即使以前是因为故意杀人而被判处执行15年徒刑的人,只要在释放后,没有再犯与故意杀人相当的犯罪,就应认为产生了特殊预防的效果。(3)人们常说,对于没有改造可能的罪犯,应当判处死刑。可是,根据什么说某个罪犯没有改造可能呢?这充其量只是人们根据罪犯已经实施的行为所作的预测,可是,预测并不都是准确的,而且,**任何人不负预测责任**(Nemo tenetur divinare)。与减刑、假释相比较就能说明这一点。如果认为,法官在量刑时对报应与预防需要所作的预测是准确的,就不应当有减刑与假释制度。反过来说,减刑与假释制度的存在,说明了任何罪犯的改造,都可以比法官预想的快。既然如此,为什么我们偏要预测有的罪犯是不可能改造的呢?再者,你都没有试一试,怎么就知道他不可能改造呢?(4)已经服刑15年左右的人,在释放后基本上很少重新犯罪。**事实胜于雄辩**(Facta sunt potentiora verbis)。我国有关部门关于重新犯罪的调查分析能够证实这一结论。[17]国外的相关数据也能够说明这一点。[18]（5）按照国内外刑法理论的思路,在保留死刑的情形下,死刑基本上仅适用于故意杀人罪。但对故意杀人罪的预防,并不依赖于死刑。不管是否保留死刑,各国的故意杀人罪的发案率一直都相当稳定。[19]美国与日本都保留了死刑,但故意杀人罪的发生率相差很远。法国、德国与英国都废除了死刑,但其故意杀人罪的发生率却介于美国与日本之间。**事实本身说话**（Res ipsa loquitur）。这充分说明,死刑对抑制故意杀人罪并没有明显作用。另一方面,上述国家对盗窃都不适用死刑,但美国的盗窃发生率却低于法国、德国与英国。（6）最长为20年的追诉期限,已表明经过20年就能推测犯罪人已经改恶从善。既然如此,在服刑15—18年后,更能推测犯人已经改恶从善。倘若服刑15—18年后犯人仍然没有改善,那只能表明我们的行刑制度与方法存在问题。

其次,死刑的一般预防作用也没有得到证实。（1）死刑没有一般预防的威慑力。死刑之所以缺乏威慑力,是因为许多人以为犯罪后不会被发现。"据说,扒窃在英国一度是死罪,而且绞刑是公开的,这都是为了产生最大的威慑效果。但是,公开的绞刑不得不取消了,因为扒窃之类的罪行如此频繁地发生在围观绞刑的过程中！"[20]死刑之所以缺乏威慑力,还因为许多犯罪是基于冲动。对于冲动犯而言,常常是因为他们不可能或者没有经过深思熟虑而实施犯罪的,在当时,他们大脑中根本不存在刑法,不存在刑罚。所以,就这些犯罪而言,死刑难以起到一般预防的作用。一般来说,刑罚的威慑力只是在通常情形下,对比较有规范意识的人具有作用,但对通常情形下具有一定规范意识的人来说,不需要以死刑威慑,以较轻的刑罚威慑就能起到作用。概言之,刑罚的一般威慑功能是有限的,死刑极为有限的威慑力并不是其存在理由。(2)即使是积极的一般预防的实现,也以对刑罚的合理限制为前提,但死刑不能起到限制刑罚的作用。根据积极的一般预防理论,刑罚的正当化根据在于,唤醒和强化国民对法的忠诚、对法秩序的存在力与贯彻力的信赖,从而预防犯罪。换言之,通过对犯罪人的适当处罚,以事实证明刑法规范的妥当性,从而使国民的法意识安定化,增强国民的规范意识,实现一般预防。[21]但是,积极的一般预防理论,也以责任主义作为设定刑罚界限的手段。因为积极的一般预防理论存在明显的缺陷[22],尤其是缺乏对刑罚的限制,故需要通过禁止超出责任限度的刑罚的方法加以补救。[23]然而,既然现在已经能够肯定死刑是超出责任限度的刑罚,那就缺乏实现积极的一般预防的必要限制功能。(3)在我国,虽然没有见到详细的统计资料,但以下基本事实大体可以说明死刑缺乏一般预防的效果:现行刑法对盗窃罪废除了死刑,但现行刑法施行以来,盗窃罪发生率并没有增加;现行刑法对故意伤害致死等情形没有废除死刑,但现行刑法施行以来,故意伤害罪的发生率也没有降低,而且1998年当年明显上升;拐卖妇女、儿童罪的死刑没有变化,但近几年其发生率明显下降;在1983年增加了传授犯罪方法罪并规定且执行了不少死刑后,当时传授犯罪方法的行为仍然猖獗,现行刑法仍然规定了传授犯罪方法罪,但没有判处一起死刑,却基本上没有发生传授犯罪方法的犯罪。

以上基本否定了死刑的作用,接下来还需要从整体上继续进行一般性讨论。

如前所述,**因为有犯罪并为了没有犯罪而科处刑罚**,是刑罚的正当化根据。**因为有犯罪而科处刑罚**，既说明了刑罚的前提是犯罪，也说明了科处刑罚是基于报应的原理，即恶有恶报、善有善报。但是，这种古老的朴素的正义观念，要求报应具有限度。对轻罪科处重刑，违反了报应的原理。**为了没有犯罪而科处刑罚**，说明了刑罚的目的。然而，为了实现预防犯罪的目的，刑罚似乎越重越好，甚至可以对无罪的人适用刑罚，这便将人作为预防犯罪的手段了，因而是非正义的。于是，目的刑需要报应刑的制约，而不能只追求预防犯罪的效果。换言之，只能在与罪行相均衡的限度内，追求一般预防与特殊预防的目的。不能为了追求预防犯罪的目的，而使刑罚漫无边际地严厉；否则，反而有损预防犯罪目的的实现。就一般预防来说，刑罚本身不是一种理想的社会统制手段，在刑罚以外的措施可以发挥抑制犯罪的效果时，就不应当适用刑罚；即使适用刑罚，也应当尽量适用缓和的刑罚。这是刑法的补充性原理决定的。刑罚要在社会内有效地发挥其机能，就必须依赖公民的规范意识与正义感；公民的规范意识与正义感的形成，对预防犯罪起着重要作用；明显违反公民的正义感的刑罚，不可能导致社会的安定；而要使公民理解、接受适用刑罚的事实，刑罚就不能超出罪行的程度。就特殊预防来说，"刑罚的有效性完全取决于惩罚给罪犯心里留下的印象"[24]，适当的刑罚会使犯罪人觉得自己罪有应得，从而改过自新。过重的刑罚会在犯罪人心目中留下刑法与刑罚不公平、国家与社会对自己过于严厉的印象，这不仅不可能使犯罪人得到改造，反而会导致他产生反国家、反社会的心理，从而再次实施犯罪。从历史事实来看，违反公民的正义感的严厉刑罚往往阻碍法律的实施。孟德斯鸠曾指出，日本古代刑罚十分严厉，差不多所有的犯罪都处死刑，连在法官面前撒谎的也处死刑，对于不服从天皇的行为就不用说了。日本古代过于严厉的法律,虽然曾经成功地摧毁了基督教,但实际上却软弱无力。"一个日本天皇耽溺于可耻的逸乐,不娶妻室,因此有绝嗣的危险。大老送给他两个很美丽的少女。为着对大老的尊敬,他娶了其中一个,但是不跟她在一起。他的乳母让人为他遍寻帝国美丽的女子,但他都不要。最终有一位兵器工人的女儿中了他的心意,他决定娶她,生了一个儿子。宫廷中的贵妇们看到这样出身卑贱的人反比她们得宠,极为愤慨,便把那个小孩窒死了。这个罪行曾被隐瞒,不让天皇知道,否则便要使很多人流血。所以法律过于严酷,反阻碍了法律的实施。如果刑罚残酷无度,则往往反而不处刑了。"[25]由此可见,过于严厉的刑罚因为违反了公民的正义感,反而容易导致公民阻止刑罚的适用。

刑罚预防犯罪的目的,决定了判处重刑需要有良好的行刑环境与条件,如果只"判"重刑,而不执行好刑罚,那么,被判重刑的人迟早会重新犯罪或者脱逃后再犯罪。反之,如果对判轻刑的罪犯贯彻良好的行刑方针,也就有利于特殊预防。所以可以说,轻刑并非无效,而是需要改善轻刑的执行环境、条件、方式,等等。如果不注重行刑,则重刑与轻刑都将无效。以往的短期自由刑论主要论证短期自由刑的弊害和探讨代替短期自由刑的措施,而现在的短期自由刑论大多充分肯定短期自由刑的积极意义。从各国司法实践来看,至少对交通犯罪人与经济犯罪者,比较大量地适用短期自由刑。引人注目的是荷兰、瑞典、瑞士等国,增加短期自由刑的倾向相当明显;之所以如此,是因为这些国家通过改进短期自由刑的执行方式,使其成为有效的轻刑。如荷兰从20世纪60年代开始,以"三S"(short,sharp,shock)理论为指导,频繁地适用短期自由刑。1978年宣告的自由刑中,不满1个月的占51.8%,不满3个月的占70.7%(包括不满1个月的),不满6个月的占83.6%(包括不满3个月的),自由刑中只有4.3%的超过1年。这些事实说明,改进轻刑的执行方式,是可以使之收到成效的。值得一提的是德国,德国刑法理论奉行目的刑论,同时认为在短期自由刑期间内不可能有效地对犯罪人实行矫正处遇,而且相互感染的危险性高,因此对短期自由刑基本上持否定态度。[26]德国《刑法》第47条特别规定科处短期自由刑仅属例外情形,即只有根据犯罪人个人的或所犯之罪的某些特殊情况,认为只有判处自由刑才能影响犯罪人和维护法律秩序时,才能判处6个月以下的自由刑;即使刑法没有规定罚金和6个月以上自由刑,在没有必要判处自由刑的情况下,也可以判处罚金。尽管如此,德国短期自由刑的适用率仍然很高,如1982年的自由刑平均拘禁日为6.2个月。由此看来,不可避免的是轻刑,可以避免的是重刑。

此外,刑罚的及时性也比刑罚的严厉性更为重要。这是因为,如果刑罚及时,即使比较轻缓,也能使行为人与一般人体会到刑罚后果与犯罪之间的关系,因而有利于预防犯罪。如果刑罚过于延迟,不仅难以产生预防犯罪的效果,而且可能起到鼓励犯罪的作用。所以,法谚云:**延迟处罚就会放纵恶行**(Qui differt poenas, peccandi laxat habenas)。

当今社会,犯罪人大多数是青少年,如果对他们适用的刑罚过于严厉,将会导致他们长时期内在封闭的监狱度过,不能接受正常的家庭教育、学校教育与社会教育,导致人格异常,就业机会减少,从而对他们的未来生活产生极为不利的影响,成为再次犯罪的重大隐患。如果适用相对较轻的刑罚,他们接受正常的家庭教育、学校教育与社会教育的机会就会增多,就业机会也会增多。这无论对他们本人还是对社会,都是十分有利的。

"刑罚的完善总是——不言而喻,这是指在同样有效的情况下——随着刑罚的宽大程度一起并进。因为不仅各种宽大的刑罚本身是较少的弊端,它们也以最符合人的尊严的方式引导着人离开犯罪行为。因为它们在身体上引起的痛苦愈少,愈少一些恐怖,它们就愈是符合道德;与此相反,巨大的身体苦难在受难者本人身上减少耻辱感,在旁观者身上则减少厌恶感。"[27]刑罚处罚程度由重到轻,是历史发展的进步表现与必然结果。这从刑法在法律体系中的地位演变过程就可以看出来。笔者曾经指出,刑法自产生以来,经历了由全面法发展为部门法再到保障法的过程。笔者所说的全面法(该用语不一定妥当),是指刑法在保护法益方面发挥着全面作用,即一切法益都由刑法保护。我国奴隶制、封建制刑法就是如此。以《唐律》为例,它用刑罚手段调整和保护着一切领域的关系。后来,由于社会的进步,经济基础不断发展,社会关系日益复杂,许多法律从刑法中独立出去,使刑法成为诸多法律中的一种,即成为一个部门法。立法者在制定作为部门法的刑法时,不一定事先考虑用刑法以外的法律制裁某种危害行为,而是根据某种规则,机械地认为一部分行为由刑法处理,一部分行为由其他法律处理。相对作为全面法的刑法而言,作为部门法的刑法使刑罚的处罚范围变窄了,这显然是历史的进步。而使刑法从部门法发展为保障法,又是历史的一大进步。这表现在只有适用其他法律不足以保护法益时,才适用刑法,刑法成为保障其他法律实施的法律。这样,刑罚的适用范围又缩小了。从法律体系来看,不仅整体的制裁越来越轻,而且严厉措施的适用范围越来越小。[28]在此意义上说,"轻刑化"也是历史发展的必然趋势,**刑罚与其严厉不如缓和**的格言千真万确。

但是,我们也不能片面理解**刑罚与其严厉不如缓和**的格言,不能认为在任何时代、任何条件下刑罚都越轻越好。因为,刑罚的轻重必须符合国情,必须适应时代的价值观念。

使犯罪人承受一定剥夺性痛苦,是刑罚的惩罚性质,是刑罚的内在属性。没有痛苦内容的措施,在任何时代都不可能成为刑罚;任何被刑法规定为刑罚的措施,首先都要具有惩罚性质,否则,就不成其为国家最严厉的强制手段,无从体现国家对犯罪行为的否定评价和对犯罪人的谴责。可是,一方面,从总体上说,人们衡量什么是剥夺性痛苦以及痛苦程度如何,又是以一定社会条件下的价值观念为标准的。在某一社会条件下,人们认为具有剥夺性痛苦或者痛苦程度强烈的某些措施,在另一社会条件下,则可能不被认为痛苦强烈,甚至不被认为是一种剥夺性痛苦;反之亦然。所以,一个国家不同历史时期的刑罚体系、种类以及各种犯罪的法定刑,都不是立法者随心所欲的创作,而是该特定政治、经济、文化背景下的社会价值观念影响的产物,或者说它至少不能背离这种价值观念的基准。易言之,国家总是根据一定社会条件下的平均价值观念,将剥夺犯罪人具有或者可能具有而又最为需要的利益的措施作为刑罚方法,绝不可能将剥夺犯罪人不具有或者可有可无的所谓利益的措施作为刑罚方法。从个案来说,"正如身体和道德的感觉十分不同一样,随着地方和时代的不同,刑罚的轻重程度也是千差万别和变换不定的。因此,在一个特定的个案中有理由称之为残酷的东西,在另一个个案里可能本身是必要的"。[29]所以,刑罚的轻重取决于社会的平均价值观念,取决于国情。为了说明上述观点,有必要简单分析刑罚的历史发展过程。

在奴隶社会,**所有人要么是自由人要么是奴隶**(Omnes homines aut liberi sunt aut servi),奴隶是奴隶主的工具。由于奴隶本身没有人身自由,所以,剥夺或者限制犯罪人的人身自由的自由刑,对奴隶来说就不是剥夺性痛苦,因而不具有惩罚性质;由于奴隶本身是奴隶主的财产,而自己没有财产,因此,罚金与没收财产等财产刑,对于奴隶来说没有意义。由于奴隶仅有生命与身体,因此,奴隶社会的刑罚主要是生命刑与身体刑,生命刑对于奴隶来说,当然是剥夺性痛苦,身体刑使奴隶直接承担身体痛苦,当然表现出惩罚性质。

到了封建社会,农民除了具有生命与身体外,还有一定的人身自由与财产。于是,除了生命刑、身体刑之外,还有自由刑与财产刑,因为自由刑与财产刑对犯罪的农民已明显具有惩罚性质。但是,资格刑还不可能发展起来,因为各种资格刑所要剥夺的内容,农民原本就不具有,在这种情况下,资格刑对农民而言就不是痛苦,因而没有惩罚性质。

资本主义社会的前期与后期情形并不一样。总的说来,人们除了拥有生命、身体外,对自由与财产的拥有范围与程度也远远超过了封建社会,资本主义的民主,也使得社会成员享有一定政治权利与社会权利,于是,除了生命刑外,自由刑、财产刑、资格刑的地位越来越高,其发挥的作用越来越大,因为它们能够充分体现惩罚性质。在资本主义社会,金钱成为行使其他权利的前提,在市场经济条件下,**商人的金钱比非商人的金钱更有价值**(Plus valet pecunia mercatoris quam non mercatoris),故财产刑的惩罚作用越来越明显,于是,罚金刑的适用率越来越高,事实上成为刑罚体系的中心。

由此可见,刑罚的内容总是剥夺犯罪人已经具有的利益,或者不使犯罪人享有某种利益,又由于刑法规范具有普遍性,刑罚适用对象并非事先特定的,因此,一方面,社会成员还不具有的利益,不可能成为刑罚剥夺的对象;另一方面,刑罚所剥夺的利益是社会一般人都具有的利益,仅极少数人才享有的利益,不可能成为刑罚剥夺的内容。例如,在奴隶社会与封建社会,不可能将剥夺选举权与被选举权作为刑罚方法。又如,在一个国家仅有极少数人有驾驶资格时,禁止驾驶不可能成为刑罚方法。

我们可以进一步发现,随着社会向前发展,随着社会成员的物质、精神生活水平的提高,随着社会成员的利益越来越多,原来不具有惩罚性质的一些措施,现在却变成了刑罚;换言之,国家越发达,公民的物质、精神生活水平越高,可用以作为刑罚的措施就越多。如上所述,在人们没有私家车的时代,剥夺驾驶资格不可能成为刑罚;但在人们都有私家车,而且驾驶资格成为工作的必要资格时,剥夺驾驶资格则可能成为刑罚。在不远的将来,我国刑法完全可能将剥夺驾驶资格作为刑罚。也就是说,如果我们站在一个固定不变的时期去看刑罚的历史发展,就会发现,物质、精神生活水平越高,刑罚程度就会越轻。"在公民享有一种巨大自由的地方,……公民也将生活在一种更高的富裕水平之中;他的心灵将会更为轻松愉快,他的幻想将会更为动人,而刑罚将能够在严厉方面有所松弛,又不丧失其效果。"[30]然而,如果我们站在变化的历史长河中去观察,就会发现,轻重不同的刑罚在不同的社会条件下所起的惩罚作用实际上可能完全相同,或者说,在我们现在看来是轻重不同的刑罚,在不同的社会条件下给人们造成的痛苦感受是相同的。例如,物质、精神生活水平较低条件下的长期自由刑给犯罪人造成的实际痛苦,与物质、精神生活水平较高条件下的短期自由刑给犯罪人造成的实际痛苦,可能是相同的。

基于同样的理由,在某种社会条件下被认为必要的刑罚,在另一种社会条件下可能是多余的、不必要的。例如,死刑在奴隶社会、封建社会以及资本主义初期,都是必要的刑罚,但现在不少发达国家已经废除死刑,因为社会成员物质、精神生活水平的提高,使人们认为终身自由刑已经是最重的惩罚了。再如,身体刑在奴隶社会与封建社会也是必要的,但现在普遍认为身体刑是不必要的刑罚、不人道的刑罚。

我国还处在社会主义初级阶段,人们的物质、精神生活水平还不高。我们虽然应当借鉴发达国家的刑罚制度,但是,这种借鉴不可脱离国情与一般人的价值观念。例如,有的发达小国,将禁止周末出入酒店、游乐场所作为刑罚方法,因为人们的生活观念与生活规律是:日常勤奋工作,周末尽情享受,可是,刑罚禁止罪犯周末享受,这便是痛苦。我们现在肯定不能照搬这种刑罚方法。我国的多数农民不一定出入酒店与游乐场所,他们也不关心何时是周末;城市的人们也没有将出入酒店与游乐场所视为生活不可缺少的内容;再说,人口众多的我国,要禁止什么人出入酒店与游乐场所,也基本上不可能。由此看来,在我国,将刑罚当作摧残人、折磨人的报复手段,固然是错误的,但如果不切实际地照搬发达国家的刑种,也是不妥当的。前些年,许多地方为了防止刑满释放的青少年再次犯罪,街道居委会等单位便为他们安排工作。那些没有犯罪而老老实实在家待业的青年、他们的家属以及其他社会成员就不可思议:为什么没有犯罪的青年只能在家里待业,而那些犯罪的青年却可以获得一个职业?于是,有的青年为了得到职业而去犯罪。

本书并不是批评给刑满释放的青少年安排职业的做法，而是想说明，如果超越我国社会主义初级阶段的国情、社会的平均价值观念以及人道主义所能允许的限度，把刑罚视为仁慈的东西，似乎不应有任何剥夺性痛苦，甚至把服刑人的生活待遇提高到超过劳动群众的一般水平而令人向往的地步，这也是背离刑罚的基本属性，不能为国家和人民所容忍的。手段是为目标服务的，提供了目标就提供了达到目标的手段（Qui dat finem, dat media ad finem necessaria），刑罚是手段，预防是目标，破坏手段就破坏了目标（Qui destruit medium, destruit finem）。为了达到预防犯罪的目标，我们必须维持刑罚的痛苦属性。

总之，刑罚与其严厉不如缓和的格言应当肯定，但是，何谓"严厉"、何谓"缓和"，应以本国国情、人民群众的物质、精神生活水平以及社会的平均价值观念为标准进行衡量。不能以发达国家的刑罚为标准来指责发展中国家的刑罚；而且我们始终应当牢记：刑罚是惩罚，刑罚是痛苦，否则刑罚就不是犯罪的法律后果了。

注 释

[1] 西方国家的自由刑一般仅限于剥夺自由的刑罚,如惩役、监禁、拘役等,而没有像我国的管制这样的限制自由的刑罚。

[2]《商君书·赏刑》。

[3]《商君书·靳令》。

[4]《韩非子·六反》。韩非的这一观点,也可谓一种心理强制说,其内容与费尔巴哈的心理强制说相似。

[5] 同上。

[6] 〔美〕斯金纳:《科学与人类行为》,谭力海等译,华夏出版社 1989 年版,第 320 页。

[7] 〔德〕Arthur Kaufmann:《转换期的刑法哲学》,〔日〕上田健二监译,成文堂 1993 年版,第 265 页。

[8] 除了杀人狂以外,一个人坚定杀人之念并付诸实现,一定有特殊原因,但一个人一辈子不会总是遇到这样的特殊原因。

[9] 〔美〕斯金纳:《科学与人类行为》,谭力海等译,华夏出版社 1989 年版,第 320 页。

[10] 〔日〕生田胜义:《报应感情的思考》,载《法学讨论》1993 年第 10 号,第 44 页。

[11] 〔法〕保罗·利科:《论公正》,程春明译,法律出版社 2007 年版,第 166 页。

[12] 〔英〕吉米·边沁:《立法理论——刑法典原理》,李贵方等译,中国人民公安大学出版社 1993 年版,第 70 页。

[13] 参见张明楷:《外国刑法纲要》,清华大学出版社 2007 年版,第 425 页。

[14] 参见〔日〕高桥则夫:《刑法的保护的早期化与刑法的界限》,载《法律时报》第75卷第2号,第18页。

[15] 杜小真编:《利科北大讲演录》,北京大学出版社2000年版,第24—25页。

[16] 〔德〕汉斯·约阿希姆·施奈德:《犯罪学》,吴鑫涛、马君玉译,中国人民公安大学出版社、国际文化出版公司1990年版,第925页。

[17] 参见北京市监狱管理局"重新犯罪"课题组:《北京市在押犯重新犯罪情况的调查分析》,载《中国司法》2005年第6期;欧渊华、陈晓斌、陈名俊:《福建省刑满释放人员重新犯罪问题研究》,载《福建公安高等专科学校学报》2007年第3期。

[18] 日本法务综合研究所:《平成18年版犯罪白书》,国立印刷局2006年版,第128页。

[19] 同上书,第37—38页。

[20] 〔美〕詹姆斯·P.斯特巴:《实践中的道德》,李曦、蔡蓁等译,北京大学出版社2006年版,第516页。

[21] Vgl., C. Roxin, Die Wiedergutmachung im System der Strafzwecke, in: Heinz Schoch(hrsg.), Wiedergutmachung und Stragrecht, 1987, S.48f.

[22] 其实,"积极的一般预防并非是刑罚的特定任务"(〔德〕冈特·施特拉腾韦特、洛塔尔·库伦:《刑法总论 I——犯罪论》,杨萌译,法律出版社2006年版,第15页)。不仅如此,积极的一般预防论还存在其他缺陷。例如,第一,同样会导致重罚的倾向。第二,根据这一理论,刑罚的目的指向与犯罪行为无关的其他人对"法的忠诚",这与威慑预防论一样,是将犯罪人作为实现其他利益或目的的工具了。第三,即使是支持规范预防论的人也认为,这种理论还没有经验科学的基础(参见〔日〕城下裕二:《量刑基准的研究》,成文堂1995年版,第132页)。

[23] C. Roxin, Strafrecht Allgemeier Teil, Band I, 3. Aufl., C. H. Beck 1997, S.59.

[24] 〔德〕威廉·冯·洪堡:《论国家的作用》,林荣远、冯兴元译,中国社会科

学出版社1998年版,第144页。

[25]〔法〕孟德斯鸠:《论法的精神》(上册),张雁深译,商务印书馆1961年版,第83—84页。

[26]参见〔德〕Kaiser:《犯罪学》,〔日〕山中敬一译,成文堂1987年版,第167页以下。

[27]〔德〕威廉·冯·洪堡:《论国家的作用》,林荣远、冯兴元译,中国社会科学出版社1998年版,第144页。

[28]参见张明楷:《刑法的基础观念》,中国检察出版社1995年版,第36页以下。

[29]〔德〕威廉·冯·洪堡:《论国家的作用》,林荣远、冯兴元译,中国社会科学出版社1998年版,第144页。

[30]同上书,第145页。

刑法格言的展开

Nemo bis punitur pro eodem delicto

任何人不因同一犯罪再度受罚

任何人不因同一犯罪再度受罚（Nemo bis punitur pro eodem delicto）的法律格言，是指任何人不因同一犯罪受双重刑罚处罚，即对被告人的某一犯罪事实科处刑罚以后，不能重新以该犯罪事实为根据再度科处刑罚。换言之，**任何人不因一个犯罪而再度受罚**（Nemo debet bis puniri pro uno delicto），或者说对一个犯罪不能重复追究刑事责任。英语法律格言 **一罪不可两治**（Never hang a man twice for one offence）表达的也是同一思想。适用于一切法领域的 **任何人不因同一事件再度承受痛苦**（Nemo debet bis vexari pro una et eadem causa）的法律格言，适用于刑事法领域里时，也是指 **任何人不因同一犯罪再度受罚**。

除了 **任何人不因同一犯罪再度受罚** 的法律格言外，还有众所周知的 **对同一犯罪不得再度裁判**（Ne bis in idem）的法律格言。[1] 但是，一方面，可以将该格言作出与前面完全相同的实质性理解，即经过审判对同一犯罪定罪量刑后，不得再次通过审判定罪量刑；另一方面也可以从形式上理解为，对同一犯罪已作出具有法律效力的判决后，不得再进行审判。显然，后一方面的理解目前还没有被我国采纳。在我国，对发生法律效力的无罪判决，对发生法律效力的量刑畸轻的判决，仍然可以通过审判监督程序改判有罪或者科处适当刑罚。但这都没有以同一犯罪事实为根据科处双重刑罚。因此，在目前的我国，**对同一犯罪不得再度裁判**的法律格言，需要作出与**任何人不因同一犯罪再度受罚**格言相同的实质解释。

对同一事项不得再度起诉（Bis de eadem re ne sit actio）或者 **就同一事项没有再度诉权**（Ne bis de eadem re sit actio）的法律格言，也存在相同的解释问题。从实质上理解，在刑事司法领域，是指对同一犯罪不得进行两次（以上的）起诉，从而使被告人受到双重刑罚处罚。从形式上理解(或从程序法上理解),起诉后由于某种原因不受理或者判决无罪的,就不得再起诉。这种形式上的理解也还没有被我国接受。例如,根据我国《刑事诉讼法》第195条的规定,对于证据不足,不能认定被告人有罪的,人民法院应当作出证据不足、指控的犯罪不能成立的无罪判决。但人民检察院就同一犯罪事实补充证据后,仍然可以再行起诉。所以,在目前的我国,对同一事项不得再度起诉的法律格言,也需要从实质上理解。

任何人不因同一犯罪再度受罚的法律格言,反映了保障被告人自由的思想。刑法的机能一方面是针对犯罪人的恣意保护国家、社会与他人的法益,另一方面是针对国家的恣意保障犯罪人的自由。在没有刑法的时代,也可以给犯罪人以刑罚处罚,可以迅速地惩罚犯罪、保护法益,但却不能有效地防止司法机关的恣意,不能有效地保障犯罪人的自由。所以,制定刑法首先在于针对司法机关的恣意保障犯罪人的自由。"在刑事诉讼中,被告人与国家之间存在一种刑事法律关系。在这一关系中,国家拥有丰富的人力与物力资源,而被告人以一己之单薄力量,处于极为不利的地位。如果允许国家反复努力,对被告人的同一行为定罪处刑,则必将迫使该公民陷于精神上的窘迫、时间与金钱上的消耗以及人格上的严重折磨,使其处于持续的忧虑与危险之中。这样,往往即使是无辜者也极有可能被定罪。"[2]即使对有罪的人而言,反复处罚同一犯罪,意味着可以对有罪的人无限制地科处刑罚,意味着犯罪人的权利无穷无尽地受剥夺,这显然与刑法的机能背道而驰。坚持任何人不因同一犯罪再度受罚的原则,就保护了犯罪人的权利,不致使他们陷入无限制的痛苦之中。

看看一些国家的宪法规定就更加清楚了。美国《宪法修正案》第 5 条将这一格言的内容予以肯定："任何人不得因同一犯罪而两次受生命或者健康的危险。"此即"禁止双重危险"的原则。众所周知,第 1 条至第 10 条修正案是美国宪法生效的当年(1789年)提出来的,它是对 1787 年宪法的直接补充,理论上一般将这10 条称为美国宪法的"权利法案"。[3] 第 5 条修正案关于禁止双重危险的规定,便将免受双重处罚视为公民的宪法权利,旨在为犯罪人的权利提供宪法保障。日本《宪法》第 39 条后段规定："对同一犯罪不得重复追究刑事责任。"该条规定在标题为"国民的权利与义务"的第三章中,这也表明,对同一犯罪不承担双重刑事责任是刑事被告人的权利。[4] 之所以在宪法中肯定和保障刑事被告人的权利,是因为国家刑罚权的行使,意味着对被告人的剥夺性痛苦;如果刑罚权的行使不当,就必然侵害公民的自由、财产乃至生命;即使在现代国家,这种可能性依然存在。宪法规定刑事被告人的基本权利,意味着通过肯定刑事被告人的基本权利来限制国家的刑罚权。刑法及其他法律,必须遵循宪法的规定,保障被告人的权利。

任何人不因同一犯罪再度受罚的法律格言,反映了一罪一罚的古朴正义观念。与罪刑均衡一样,一罪一罚也是一种朴素的观念。对同一犯罪反复处罚,意味着超出一般人的"一报还一报"的报应观念进行惩罚,因而违背了公平正义观念。不仅如此,对同一犯罪反复处罚,实际上等于任何犯罪没有差异地受到处罚。刑罚体系的中心是自由刑也好、是罚金刑也好,刑罚的执行以被告人具有生命为前提,但人的生命是有限的,犯轻罪后反复受处罚与犯重罪后反复受处罚,实际上没有任何区别,等于只要被告人尚有生命就处罚,等于轻罪与重罪都受同等处罚,因而违反了一罪一罚的思想。因此，不管是成文法还是习惯法，历来都不承认对同一罪行可以反复处罚。从刑法理论上来看，根据旧派的报应刑论，即使是罪行严重，也只能一次性地科处较重的刑种或者较长的刑期，而不是科处短期刑后再次科处短期刑。根据新派的目的刑论，即使为了实现特殊预防而主张不定期刑，也不等于对同一罪行可以反复处罚，而是一次性科处不定期刑。

任何人不因同一犯罪再度受罚的法律格言，虽然与罪刑法定原则没有必然联系，但在现代社会，仍然可以将它与罪刑法定原则联系起来理解。罪刑法定原则决定了在刑事立法与刑事司法上，必须实行一罪一罚，即对一种犯罪规定一定的刑罚，法院在刑法所规定的刑罚中选择一定的刑种与刑度；决定了现实发生的事实符合刑法规定的要件时，才能定罪量刑。如果一个犯罪行为已经根据刑法的规定受到处罚，那么，再次以该犯罪事实为根据进行处罚，实际上意味着后一次处罚没有根据。因为基于一个犯罪事实受两次处罚，与一次处罚基于一个犯罪事实而另一次处罚没有犯罪事实的根据，是完全相同的。所以，对同一犯罪反复处罚，实际上意味着没有根据地处罚犯罪人，这当然违反罪刑法定原则。

坚持**任何人不因同一犯罪再度受罚**的原则，也有利于维护法院判决的权威性。对法院判决的权威性的维护，实际上也是对法律本身的权威性的维护，因为判决以法律为根据，**判决是法律的阐明**（Judicium est quasi juris dictum），**判决应当具有效力**（Judicia suum sffectum habere debent）。所以，对于法院作出的有效判决，应当依法执行。在法院作出有效判决后，不管是在判决执行完毕后还是在执行过程中，根据同一犯罪再度判处刑罚，就意味着对前一判决的漠视，前一判决没有既判力，没有既判力则没有权威性。

肯定了**任何人不因同一犯罪再度受罚原则**的合理性之后,还需要明确该原则是仅属司法原则、还是既属司法原则也属立法原则。如果仅属司法原则,则意味着并不约束立法者。那么,该原则是否约束立法者呢?立法者可否任意对同一犯罪规定双重处罚呢?如前所述,日本宪法规定了禁止重复追究刑事责任的原则。有人认为,宪法的这一规定是禁止双重追诉,即属于程序法的问题,而实体法上的禁止双重处罚是罪刑法定原则的要求,意味着不能科处超出立法者意图的刑罚,因此,该原则并不约束立法者的权限。[5]有人则认为,禁止双重处罚是宪法原则,当然也是立法原则,因此,立法者不能将同一犯罪规定双重处罚。[6]从前述禁止双重处罚的实质根据来考虑,本书主张禁止双重处罚既是立法原则也是司法原则,即立法者不能对同一犯罪规定双重处罚,否则刑法就丧失了保障被告人权利的机能,违反了公平正义观念。显然,立法者也不可能明文规定对同一犯罪科处刑罚后仍然可以据此再科处刑罚,这其中主要涉及罪数问题,即立法者能否将一罪规定为数罪,从而实质上给予双重处罚。本书认为,立法者无论如何也不能将单纯一罪规定成数罪,因为这样做实际上导致了对同一犯罪实行双重处罚。但是,对于一些事实上符合两个犯罪构成的行为,立法者出于罪刑相适应、避免诉讼程序复杂等方面的考虑,既可能将其规定为数罪,也可能将其规定为一罪(作为一罪论处时通常提高法定刑或者规定从重处罚)。但这并不意味着规定为数罪时就是双重处罚,因为事实上符合两个犯罪构成的行为原本就是二罪,不存在双重处罚的危险。例如,走私犯以暴力、威胁方法抗拒缉私的,完全符合两个犯罪的构成要件,立法者当然可以规定其为数罪;运送他人偷越国(边)境的犯罪人以暴力、威胁方法抗拒检查的,也完全符合两个犯罪的构成要件,但立法者只规定为一罪,并提高了法定刑。这两种规定都是为了使法定刑与犯罪相适应,不能认为前一种规定属于双重处罚。[7]所以,应当肯定**任何人不因同一犯罪再度受罚**既是司法原则,也是立法原则。

下面有必要对本格言的适用作出一些具体解释。

任何人不因同一犯罪再度受罚格言中的"同一犯罪",是指一个而且是完全相同的一个犯罪事实,而不是指同一罪名的犯罪。即首先必须是一个犯罪,其次必须是同一个犯罪。

在我国,以犯罪构成为标准区分一罪与数罪是一种通说。据此,行为符合一个犯罪构成的,是一罪;行为符合数个犯罪构成的,成立数罪;行为数次符合同一个犯罪构成的,也是数罪。本书的看法是,在我国,原则上可以采取犯罪构成标准说;但在具体判断时,需要综合考虑法益侵害、行为数量等具体事实(个别化说的运用),并且注意刑法规定的特殊性。

犯罪构成标准说面临的一个关键问题,是如何判断行为是符合一个犯罪构成还是符合数个犯罪构成,这涉及对犯罪构成本身、构成事实以及二者之间的符合性的认识。

首先,犯罪构成具有实质内容,其实质内容又决定了它有特定的外延,因此,如果现实发生的事实完全属于某一犯罪构成及其加重构成(如结果加重犯)所预定的内容,就应认为行为符合一个犯罪构成。例如,抢劫罪是故意以暴力、胁迫或者其他方法强取公私财物的行为,因此,行为人故意以暴力方法强取他人财物时,就符合抢劫罪的犯罪构成,因为抢劫罪的犯罪构成所预定的内容包含暴力行为;即使暴力致人伤亡,也应认为该行为符合抢劫罪的犯罪构成,因为抢劫罪的结果加重犯包含了以暴力方法致人伤害或者死亡。[8]显然,采取犯罪构成标准说,首先要求对各种犯罪构成本身有正确认识。

其次,在判断现实所发生的犯罪事实是否完全属于某一犯罪构成所预定的内容时,必须从违法性到有责性进行判断。行为人在实施犯罪行为时,可能采取不同的方式、步骤,这些方式、步骤可能仅侵犯一个法益,行为人主观上只有一个故意或者一个过失内容,因此,一个犯罪行为可能包含几个具体的动作或环节。反过来,表面上看只是一罪的行为,实际上可能侵犯两个法益,行为人对两个法益侵害具备有责性,成立两个犯罪。例如,甲在某火车站偷扒上一辆待发的货车,意欲进县城游玩。甲上车后,见车厢内只有一名妇女乙(贩卖天麻的小贩),顿生恶念。列车开动后,甲猛扑上去,将乙按倒,在强行脱乙的裤子时,突然发现其裤带上串有一黑色钱包,内装有钱,遂将其钱包抢归己有。这时,乙吓得发抖,甲再也没有理睬她。大约20分钟后,列车减速进站,甲跳车逃走。甲的行为形似一个抢劫罪,其实不然。甲事先并不知道某乙裤带上串有钱包,按倒乙并解其裤带是为了强奸乙,此行为是强奸行为;发现钱包后,甲另起抢劫故意,实施了抢劫行为。如果不注重分析现实发生的事实,不注意分析行为人的责任内容,即使以犯罪构成为标准,也可能出现罪数认定上的错误。

最后,犯罪构成符合性,是指现实发生的事实完全符合刑法规定的犯罪构成。行为符合一个犯罪构成,是指行为完全符合一个犯罪的构成要件与责任要件;行为符合数个犯罪构成,是指行为符合数个犯罪构成的全部要件。例如,犯罪预备、未遂、中止都是符合犯罪构成的行为,故一个行为既遂,另一个行为未遂时,仍然成立数罪。

在以犯罪构成为标准认定罪数时,还需要具体判断以下几点:
(1)是否只对一个法益造成侵害?如果得出肯定结论,原则上就以一罪论处。例如,盗窃他人财物后又毁坏所盗财物的,或者侵占他人财物后使用诈骗方法使他人免除返还义务的,由于实质上只侵犯了一个财产法益,故以一罪论处。假如得出否定结论,则可能成立数罪(还要联系其他情况考虑)。(2)对几次相同的犯罪行为能否进行一次评价?如果得出肯定结论,原则上就以一罪论处。如对于几次走私相同物品的犯罪、几次实施的相同财产犯罪等,可以进行一次评价,即累计犯罪数额作为一罪论处。倘若得出否定结论,则不能以一罪论处。如一次盗窃犯罪与一次诈骗犯罪,不能累计其犯罪数额作一罪处理。(3)对一个犯罪行为的法律评价(包括适用加重构成时的法律评价)能否包含对另一犯罪行为的法律评价?如果得出肯定结论,原则上就以一罪论处。例如,对破坏交通设施罪的法律评价,能够包含对其中的故意毁坏财物(交通设施)的法律评价,故仅认定为一罪即可。再如,盗掘古文化遗址、古墓葬,并盗窃珍贵文物的,是盗掘古文化遗址、古墓葬罪的加重构成,故对上述行为不得认定为数罪。如若得出否定结论,则不能以一罪论处。例如,在非法采矿时发现珍贵文物而盗窃的,应认定为数罪。又如,为了杀人而盗窃枪支,并利用所盗窃枪支杀人的,不能认定为一罪。因为对故意杀人罪的法律评价,不可能包含对盗窃枪支罪的法律评价;反之亦然。再如,故意造成被保险人死亡、伤残,然后骗取保险金的行为,仅评价为故意杀人或者故意伤害罪,就不能包含对保险诈骗行为的法律评价;反之,仅评价为保险诈骗罪,就不能包含对杀人、伤害行为的评价,故应认定为数罪。
(4)由于数罪应当是符合构成要件的违法且有责意义的数罪,所以,行为人实施了符合两个构成要件的违法行为,但仅对一个违法事实具有责任时,只能认定为一罪。例如,甲犯抢劫罪后窝藏所抢劫的赃物,因为对窝藏行为缺乏期待可能性,应仅以抢劫罪论处。

就区分单纯的一罪与典型的数罪而言,犯罪构成标准说是可取的。但是,这一学说不能解释全部罪数现象。因为有些行为原本成立数罪,但刑法却基于某种理由将其规定为一罪。例如,以勒索财物的目的绑架他人后杀害被绑架人的,符合绑架罪与故意杀人罪的犯罪构成,但刑法规定仅以绑架罪论处(参见《刑法》第 239 条)。再如,三次贪污国有财产,每次都独立地符合贪污罪的犯罪构成,严格地根据犯罪构成标准说,应成立三个贪污罪,但刑法规定按一罪处理(参见《刑法》第 383 条第 2 款)。又如,官职不可出卖(Officia magistratus non debent esse venalia),为了金钱而出卖裁判的法官构成受贿罪(Baratriam committit qui propter pecuniam justitiam baractat),司法工作人员因收受贿赂而徇私枉法的,符合《刑法》第 399 条规定的徇私枉法罪的犯罪构成和第 385 条规定的受贿罪的犯罪构成,但《刑法》第 399 条第 4 款规定对这种行为依照处罚较重的规定定罪处罚。而且,既然是特殊规定,就不一定有规律可循(参见《刑法》第 157 条 2 款与第 321 条第 2 款),因而需要司法人员的高度注意。

从判断路径来说,司法人员首先判断被告人的行为在评价意义上是一罪还是数罪,如果在评价意义上是一罪,就不可能成立科刑上的一罪。只有在评价意义上是数罪时(如侵害了数个法益,或者有数个行为等),才需要进一步判断是科刑上的一罪,还是需要并罚的数罪。

明确了区分一罪与数罪的标准,就大体上明确了什么是"一个犯罪",进而也可以明确什么是"同一个犯罪"。**任何人不因同一犯罪再度受罚**格言,禁止对同一犯罪实行双重刑罚处罚,即两次以上刑罚处的事实根据,应是两个以上的不同的犯罪事实,不得是一个犯罪事实,或者说,不能将一个犯罪事实,作为两次以上刑罚处罚的共同根据。这里有一些情况需要特别注意。

就法条竞合而言,在法院已经根据**特别法优于普通法**或者重法条优于轻法条的原则认定为一罪后,不管判决是否执行完毕,不得对该行为所触犯的另一罪名另行起诉、审判和定罪量刑。例如,行为人冒充军人招摇撞骗,在法院根据**特别法优于普通法**的原则,适用《刑法》第 372 条认定为冒充军人招摇撞骗罪并量刑后,在任何时候都不得再根据《刑法》第 279 条另行起诉、审判,不得再将该行为以招摇撞骗罪定罪量刑。

就想象竞合犯、吸收犯而言,在法院已经根据从一重处罚的原则定罪量刑后,不管刑罚是否执行完毕,不得对行为所触犯的另一罪名定罪量刑。例如,行为人窃取了属于国家秘密的国有档案,在法院已经根据《刑法》第 329 条定罪(窃取国有档案罪)量刑后,不管刑罚是否执行完毕,不得再根据《刑法》第 282 条第 1 款(非法获取国家秘密罪)起诉和定罪量刑。再如,行为人伪造货币后又运输伪造的货币的,如果法院已经以伪造货币罪论处,就不得再以运输假币罪论处。另一方面,在法院仅对轻罪定罪量刑的情况下(如已经认定为运输伪造的货币),也不得在此之外再以重罪论处(不能另认定为伪造货币罪),即不得认定为数罪,只能通过法定程序撤销原判,重新根据从一重处罚的原则定(一)罪量刑。

就结果加重犯而言,如果法院仅对基本犯定罪量刑,那么,在判决已经发生法律效力的情况下,充其量只能通过法定程序,按结果加重犯的法定刑重新量刑,而不能对加重结果部分另外定罪量刑。例如,行为人强奸妇女致人重伤,在法院以强奸罪的基本犯定罪量刑后,不得再将致人重伤的部分认定为故意伤害罪,只能将强奸的基本犯与加重结果部分作为统一整体,以结果加重犯重新量刑。反之,如果法院仅对加重结果部分定罪量刑(如将强奸致人重伤仅认定为故意伤害罪),也不得再对基本犯(强奸罪)定罪量刑,即不能认定为数罪,只能通过法定程序撤销原判,按结果加重犯定罪量刑。

就持续犯、常业犯、数额犯而言[9],如果法院已经根据刑法的规定以持续犯或者常业犯论处,那么,即使判决中遗漏了部分犯罪行为,也不得再将遗漏的部分作为独立的犯罪定罪量刑。例如,行为人非法拘禁他人 3 个月之久,但法院只认定行为人非法拘禁他人 2 个月。在这种情况下,不得将此外的非法拘禁 1 个月认定为另一独立的非法拘禁罪而定罪量刑。再如,行为人非法行医达 3 年之久,但法院只认定了行为人非法行医 2 年。在这种情况下,不得将另外非法行医的 1 年重新认定为另一独立的非法行医罪进而定罪量刑。因为这样做实际上是将刑法规定的一罪分解为数罪,违反了罪刑法定原则。基于同样的理由,对于数额犯,也应采取上述原则。例如,行为人集资诈骗 3000 万,但法院只认定行为人集资诈骗 2000 万元。在这种情况下,不得将另外集资诈骗 1000 万元认定为另一独立的集资诈骗罪。当然,如果因为遗漏了部分罪行而导致量刑畸轻,可以通过法定程序改正量刑。

对于牵连犯,则应当根据刑法的规定区分是一罪还是数罪;在刑法没有明文规定按数罪处理的情况下,根据从一重论处的原则以一罪论处[10];然后再根据**任何人不因同一犯罪再度受罚**的原则处理。例如,行为人走私武器、弹药,并以暴力、威胁方法抗拒缉捕,如果法院仅认定了走私武器、弹药罪,那么,在判决尚未执行完毕的情况下,应对妨害公务罪定罪量刑,并根据《刑法》第 70 条的规定(先并后减)实行数罪并罚。在判决已经执行完毕的情况下,再以妨害公务罪定罪量刑,并执行后一判决的刑罚。再如,行为人运送他人偷越国(边)境,并以暴力、威胁方法抗拒检查,即使法院仅根据《刑法》第 321 条第 1 款定罪量刑,也不得另外对以暴力、威胁方法抗拒检查的行为以妨害公务罪起诉、审判,只能按法定程序撤销原判,适用《刑法》第 321 条第 2 款重新量刑,不得以数罪论处。

比较麻烦的是连续犯。看看日本《刑法》删除第 55 条的原因就知道其复杂性了。日本《刑法》第 55 条曾将连续犯作为科刑上一罪进行了规定:"连续实施数个行为触犯同一罪名时,作为一罪处断。"但在 1947 年删除了这一规定。删除的原因是,在此之前的日本审判实践上,将此条的"触犯同一罪名",解释为不仅包括同一名称的罪名,而且包括在刑法典同一章所规定的、虽然名称相异但罪质相同的犯罪。例如,连续实施盗窃罪与强盗罪的,也被认定为连续犯。[11]这样一来,在贯彻执行"对同一犯罪不得重复追究刑事责任"的宪法规定时就出现了问题。例如,对被告人所实施的几个较轻的盗窃行为确定了较轻的刑罚之后,又发现被告人在此期间还犯有较重的强盗罪,但由于对一个犯罪作出确定判决后,必须肯定该判决的效力,不得就同一犯罪重复追究刑事责任,而强盗与盗窃又属于连续犯的组成部分,于是对较重的强盗罪也不能再定罪量刑。[12]可是,一方面,日本战后的犯罪比较猖獗,如此轻纵犯罪不利于抑制犯罪。另一方面,日本战后修改刑事诉讼法,对警察机关的搜查权进行了限制,警察机关难以在短时间内发现连续犯的全部犯罪事实,从而一次性提起诉讼,前述不适当现象更为突出。为了避免这种现象,便删除了日本《刑法》第 55 条关于连续犯的规定。[13]这便意味着,对连续犯不作为科刑上的一罪处理,而以数罪并罚。但是,将所有的连续犯都以数罪并罚,又带来了诉讼程序上的繁琐。所以,刑法理论仍然认为,在一定范围承认连续犯是必要的。[14]事实上,日本审判实践上也在一定范围内承认连续犯。如最高裁判所 1957 年 7 月 23 日的判决,将一名医生在 4 个月内连续 38 次将麻醉剂交付给一名患者的行为,认定为一罪。[15]然而,"一定范围"的具体界限并不十分清晰。

对于连续犯,我国刑法理论一直主张以一罪论处,而不实行并罚[16],刑法的一些规定也表明了这一态度。例如,《刑法》第 153 条第 3 款规定:"对多次走私未经处理的,按照累计走私货物、物品的偷逃应缴税额处罚。"第 383 条第 2 款规定:"对多次贪污未经处理的,按照累计贪污数额处理。"这肯定了对连续犯以一罪论处。[17]刑法总则第 89 条规定,对于连续犯的追诉期限应从犯罪行为终了之日起计算,也表明对连续犯以一罪论处。在此意义上说,连续犯是法定的一罪。但是,连续犯与同种数罪容易混淆,而同种数罪完全可能并罚。这便增加了解决问题的难度。如行为人多次贪污,每次贪污数额都达到了成立犯罪所要求的标准,难以分清是连续犯还是同种数罪。从理论上说,连续犯主观上出于同一的或者概括的故意,客观上数次行为具有连续性。但是,同种数罪在客观上也可能呈现连续性的特征,因而主观上也可能出于概括的故意。所以,还需要在其他方面寻找不同点。德国、日本刑法理论对连续犯是必须侵害同一法益,还是只需侵害同种法益,存在争论。

通说认为,行为连续侵害同一法益时才是连续犯,仅侵害同种法益但不是同一法益的,成立数罪。根据这一观点,连续侵犯同一法益的行为,是连续犯,成立一罪,不得重复追究刑事责任;连续侵犯不同一的同种法益的,则是同种数罪,应当实行并罚。如果我们借鉴这一观点,则需要对刑法的许多规定作出限制性解释,如将前述第383条第2款的规定限制性地解释为,对多次贪污同一所有者的财物未经处理的,按连续犯处理,多次贪污不同所有者的财物的,则成立同种数罪。但能否借鉴上述观点,还需要深入研究。

考虑到对连续犯以一罪论处的刑法规定与司法实践,又考虑到连续犯的特殊性尤其是与同种数罪的相似性,本书倾向于采取以下做法:当法院已经根据刑法的规定以连续犯论处后,在刑罚执行的过程中,发现判决遗漏了部分犯罪行为的,不宜再将遗漏的部分作为独立的犯罪定罪量刑。当然,如果因为遗漏了部分罪行而导致量刑畸轻,可以通过法定程序改正量刑。

就同种数罪而言,也存在值得研究的问题。例如,漏罪与新罪属于同种数罪时,应当如何处理?最高人民法院1993年4月16日《关于判决宣告后又发现被判刑的犯罪分子的同种漏罪是否实行数罪并罚问题的批复》指出:人民法院的判决宣告并已发生法律效力以后,刑罚还没有执行完毕以前,发现被判刑的犯罪分子在判决宣告以前还有其他罪没有判决的,不论新发现的罪与原判决的罪是否属于同种罪,都应当依照刑法的规定实行数罪并罚。[18]通说也持这种观点。但是,这种做法与观点值得反思。

首先,一概并罚的观点存在不协调之处。判决宣告以前的同种数罪,与判决宣告以后、刑罚执行完毕以前发现同种漏罪,本质上没有任何区别。正因为如此,《刑法》第70条与第69条所规定的并罚原则相同。既然如此,对判决宣告以后,刑罚执行完毕以前发现同种漏罪的是否并罚,与对判决宣告以前的同种数罪是否并罚,就必须采取相同的原则与做法。既然判决宣告前的同种数罪,例外地不并罚,那么,对于判决执行完毕以前发现同种漏罪的,也应当例外地不并罚。

其次,一概并罚的做法导致罪刑不均衡。例如,甲在不同场所3次犯强奸罪,每次强奸1名妇女。对甲作出第一次判决前,就发现其3次强奸妇女的事实,适用《刑法》第236条第3款,最低处10年有期徒刑,最高处死刑。乙同样在不同场所3次犯强奸罪,每次强奸1名妇女。但是,在判决前仅发现乙1次强奸妇女的事实,于是法院按照《刑法》第236条第1款的法定刑,所判处的刑罚只能是3年以上10年以下有期徒刑;在乙服刑3年后,发现他所犯另外2次强奸妇女的事实。如果按同种漏罪一概并罚的做法,法院对2次强奸漏罪所判处的刑罚,如不并罚只能是3年以上10年以下有期徒刑,如并罚只能是3年以上20年以下有期徒刑;于是,对已判决的罪与新发现的罪实行数罪并罚的结果是,对乙最低处3年有期徒刑,最高处20年有期徒刑。显然,这样的处理非常不公平、不协调。[19] 在刑法条文将多次(如多次抢劫)、数额巨大或特别巨大(如盗窃、诈骗、走私等)作为法定刑升格条件以及其他不应当并罚的场合,都存在完全相同的问题。为了使量刑正当,在不应当并罚的情况下,就只能通过审判监督程序,对上述情形中的乙重新定罪量刑,适用《刑法》第236条第3款的法定刑,决定执行的刑罚;已经执行的刑期,计算在重新决定的刑期之内。

任何人不因同一犯罪再度受罚格言中的"再度受罚",显然是指再度受刑罚处罚,即任何人不因同一犯罪受两次以上的刑罚处罚。言下之意,行为人可能因同一犯罪而受到两次不同性质的处罚,如既受到刑罚处罚,又受到行政处罚(为了论述的方便,以下仅以行政处罚与刑罚处罚的并科为例展开讨论),或者先受刑罚处罚,后受行政处罚,或者先受行政处罚,后受刑罚处罚。就自然犯而言,对于一般主体的犯罪既科处刑罚又给予行政处罚虽然并不普遍,但对于国家工作人员的犯罪通常既存在刑罚处罚,也存在行政处罚;就行政犯而言,通常既受刑罚处罚又受行政处罚。在本书看来,不能认为这种不同性质的双重处罚违反了**任何人不因同一犯罪再度受罚**的原则。

国家工作人员的犯罪与行政犯都是因为违反行政法律(广义)并且情节严重而构成的犯罪,因此具有双重违法性质。例如,国家机关工作人员徇私舞弊,违反土地管理法规,滥用职权,非法批准征用、占用土地,或者非法低价出让国有土地使用权,情节严重的行为,显然既违反了《土地管理法》等行政法律、法规,又触犯了《刑法》第410条。再如,走私罪的行为既违反了《海关法》等行政法律、法规,又触犯了刑法分则的有关条文。既然行为具有双重违法性,就可以根据不同的法律分别给予不同的处罚。因为不同性质的法律制裁的目的与功能并不相同。刑罚的目的、功能与其他制裁的目的、功能,不是包容关系与交叉重叠关系(不排除在某些情况下有交叉重叠的可能性),而是互补关系或者并列关系。例如,对走私罪的犯罪人根据刑法判处罚金,体现公平正义,目的是为了预防走私犯罪;而根据《海关法》科处罚款,则是为了补偿或减少国家所受的损失。因此,对犯走私罪的既可以判处刑罚,也可以给予行政处罚。

我国的许多法律规定都肯定了对国家工作人员的犯罪和行政

犯罪可以给予不同性质的双重处罚。例如,《公司法》第 208 条第 1 款规定:"承担资产评估、验资或者验证的机构提供虚假材料的,由公司登记机关没收违法所得,处以违法所得 1 倍以上 5 倍以下的罚款,并可以由有关主管部门依法责令该机构停业、吊销直接责任人员的资格证书,吊销营业执照。"根据《刑法》第 229 条的规定,这种行为构成犯罪的,"处 5 年以下有期徒刑或者拘役,并处罚金"。在这种场合,行为人会同时受到行政处罚与刑罚处罚。又如,国务院《行政执法机关移送涉嫌犯罪案件的规定》第 11 条第 2 款规定:"行政执法机关向公安机关移送涉嫌犯罪案件前已经作出的警告,责令停产停业,暂扣或者吊销许可证、暂扣或者吊销执照的行政处罚决定,不停止执行。"显然,接受了所规定的行政处罚的行为,也完全可能受刑罚处罚。

对同一犯罪同时给予不同性质的处罚,在国外也较为普遍。如前所述,美国宪法规定了禁止双重危险的原则,但对同一犯罪同时给予不同性质的处罚的判例并不少见。例如,1943 年的赫斯(Hess)案判决,对因欺诈国家而根据刑事虚伪请求法被判处罚金的赫斯,法院根据民事虚伪请求法又判处其 2 倍额赔偿及民事罚共 31.5 美元。对于向国家进行欺诈性支付请求的行为,刑事虚伪请求法规定了刑罚,民事虚伪请求法规定"应当科处 2000 美元的民事罚并应向合众国政府赔偿因其行为而使国家受到损害的 2 倍额及诉讼费用"。[20] 应当区别以保护国家免受经济损失为主要目的的救济性诉讼与为了表明公共正义以科处刑事罚为目的的诉讼,只有后者具有进入宪法意义上的"危险"。[21] 又如,1956 年的莱克斯(Rex)案判决指出,对于因不法从国家骗取面向退役军人的降价车而被判处罚金的公司,即使再科处法律规定的定额赔偿金,也不违反禁止双重危险的原则。[22]日本宪法也规定了禁止双重处罚的原则,但判例表明,对因违反税法构成的同一犯罪,可以同时科处税法上的追征税、加算税与刑法上的罚金[23];对因违反律师法而构成的同一犯罪,可以同时科处律师法上的惩罚与刑法上的刑罚[24];对于同一犯罪,可以同时科处行政法上的罚款与刑法上的罚金[25];如此等等。

由此可见,虽然对同一犯罪不得重复追究刑事责任,但对同一犯罪可以在追究刑事责任的同时追究其他法律责任。如果这个观点得以成立,那么,刑法中的一些相关难点就迎刃而解了。如前所述,《刑法》第383条第2款规定:"对多次贪污未经处理的,按照累计贪污数额处罚。"那么,这里的"未经处理",是仅限于未经刑事处理,还是既未经刑事处理也未经行政处理呢?换言之,对于多次贪污中经过行政处理的贪污数额,能否累计处罚呢?全国人大常委会《关于惩治贪污罪贿赂罪的补充规定》第2条第3款也有与此完全相同的规定,而最高人民法院、最高人民检察院1989年11月6日《关于执行〈关于惩治贪污罪贿赂罪的补充规定〉若干问题的解答》指出:"多次贪污未经处理,是指两次以上(含两次)的贪污行为,既没有受到刑事处罚(包括免予起诉、免予刑事处分),也没有受过行政处理。"言下之意,对于已经行政处理的贪污数额,不能再作为刑事处罚的根据。刑法理论上有人赞成这一解释[26],有人反对这一解释[27],本书原则上不赞成这一解释。因为第一,对同一犯罪可以科处不同性质的制裁,故对贪污犯罪给予行政处罚后,仍然可以根据刑法判处刑罚;第二,贪污行为因行政处理后不再追究刑事责任的话,许多贪污罪就会"化整为零",即将多次连续实施的贪污罪分化为若干行政违法行为,从而仅以行政违法论处,这显然不利于打击贪污犯罪。但是,也应当注意,刑法的上述规定基本上是关于贪污罪的连续犯的规定,因此,对于属于一个连续犯之内的多次贪污,不管其中的个别贪污行为是否经过行政处理,都应当累计其数额进行处罚。但是,如果从主客观上看,个别贪污不属于连续犯之内的行为,其本身不构成独立的贪污罪,且经过行政处理的,则不宜累计其数额进行处罚。对于其他类似条文也应当作相似理解。

虽然对同一犯罪可以在追究刑事责任的同时追究其他法律责任,但本书同时认为,在某种法律制裁的功能与目的与刑罚的功能与目的有交叉重叠之处,同时科处两种不同性质的制裁在整体上导致处罚与犯罪不相适应的情况下,如果已经科处了刑罚,就不必强行再科处其他法律制裁。同样,如果已经科处了高额罚款,在刑事司法上判处主刑即可,没有必要再判处罚金特别是高额罚金(当然,刑法规定应当并科罚金的除外),或者应当将罚款折抵罚金。例如,行为人犯走私罪,已被人民法院判处主刑与高额的罚金刑,在此情况下,海关没有必要再根据海关法罚款,否则,在整体上难以做到处罚与犯罪相适应。关于这一点,美国1989年的哈尔普(Halper)判决值得借鉴。正在给享受医疗保险的患者提供医疗服务的某公司经理哈尔普,将65件实际上为3美元的请求虚假申报为12美元的请求,从政府多取得了585美元,被法院认定为违反刑事虚伪请求法的犯罪和邮政欺诈罪,判处2年监禁和5000美元罚金。此后,联邦政府根据民事虚伪请求法向哈尔普提起诉讼,要求哈尔普赔偿13万以上美元。地区法院指出,由于在刑事审判中基本立证的事实认定了哈尔普的责任,故根据民事虚伪请求法可能科处哈尔普13万美元(2000×65)以上的民事罚。法院又同时指出,民事虚伪请求法规定的民事制裁并非刑罚,但在民事罚的数额与国家的损害及支出之间完全没有关联的情况下,就成为禁止双重危险原则中的第二次刑罚。而且,由于13万以上美元的赔偿与政府的585美元的损害以及诉讼费用之间没有任何合理的关联性,故对行为人科处全额的民事罚,违反禁止双重危险的宪法条款。法院认为,13万美元的民事罚是宪法所禁止的双重危险,于是只认定了1170美元的2倍赔偿额与诉讼费用。政府一方提出上诉后,上诉审法院就双重处罚问题作了如下陈述:在评价是否双重处罚时,是刑事还是民事这种标签不是最重要的问题,刑罚的概念跨越民事法与刑事法,民事制裁也好,刑事制裁也好,其在具体案件中的适用是服务于刑罚目的时,就变成了刑罚。并且指出,在本案判处民事罚所导致的处罚与犯罪不均衡,达到了宪法所禁止的双重危险程度。[28]虽然这一判决中的某些理由与观念(如凡是服务于刑罚目的的处罚都是刑罚)不能为我们接受,但是在整体上使处罚与犯罪相适应的基本观念是可取的。所以,不能因为刑罚与其他制裁的并科不违反**任何人不因同一犯罪再度受罚**的原则,而任意地并科两种不同性质的制裁。也就是说,在二者的并科明显使处罚过于严酷的情况下,或者说二者并科在整体上明显使得处罚与犯罪不相适应的情况下,在判处刑罚之后,不宜另科处其他制裁。同样,在已经科处了高额的行政罚款后,法院没有必要在判处主刑的同时判处罚金;即使刑法规定应当并处罚金,也只应判处低额罚金,或者应当将罚款折抵罚金。我国《行政处罚法》第28条规定:"违法行为构成犯罪,人民法院判处拘役或者有期徒刑时,行政机关已经给予当事人行政拘留的,应当依法折抵相应刑期。违法行为构成犯罪,人民法院判处罚金时,行政机关已经给予当事人罚款的,应当折抵相应罚金。"国务院《行政执法机关移送涉嫌犯罪案件的规定》第 11 条第 3 款规定:"……行政执法机关向公安机关移送涉嫌犯罪案件前,已经依法给予当事人罚款的,人民法院判处罚金时,依法折抵相应罚金。"这些规定避免性质相同的双重处罚,与任何人不因同一犯罪再度受罚格言的精神相吻合。

以上讨论了任何人不因同一犯罪再度受罚格言的根据以及"同一犯罪"、"再度受罚"的含义。下面还需要对外国刑事判决的承认以及禁止重复评价的两个相关问题进行讨论。

由于刑事管辖权的冲突,本国具有刑事管辖权的行为,外国也可能有刑事管辖权;在本国具有刑事管辖权的行为(如本国公民在外国犯罪)受到外国确定的有罪判决或无罪判决的时候,本国是否承认这一判决?当该判决所确定的刑罚还没有执行完毕时,本国是否执行该刑罚?这就是外国刑事判决的承认与执行问题(广义的承认包括执行)。从各国的立法例来看,对外国刑事判决的承认分为积极承认与消极承认。

所谓积极承认,是指在本国具有刑事管辖权的行为,受到外国确定的有罪判决时,将该犯人移至本国后,执行外国所确定的有罪判决;如果犯人在外国已经将刑事判决所确定的刑罚执行完毕,或者外国法院虽宣告有罪但免除刑罚,或者对行为人作出无罪判决,则本国不再追诉。可见,积极承认具体表现为四种情况:第一,本国有刑事管辖权的犯罪,在外国被确定有罪,并判处刑罚。将该犯人移至本国后,执行该判决所确定的刑罚;如果判决确定的刑罚已经在外国执行一部分,则本国只执行尚未执行的刑罚。第二,本国有刑事管辖权的犯罪,被外国法院确定有罪,并判处刑罚。如果该判决所确定的刑罚已经在外国全部执行,则本国不就同一犯罪再行追诉。第三,本国有刑事管辖权的行为,如果被外国法院判决有罪但免除刑罚,那么,本国也不就同一行为再行追诉。第四,本国有刑事管辖权的行为,如果被外国法院宣告无罪,则本国也不就同一行为再行追诉。很显然,积极承认完全将外国的刑事判决视为本国的刑事判决,因而不存在犯罪人因同一犯罪而受到不同国家的双重处罚问题。

对外国刑事判决的积极承认的做法,在德国、法国、荷兰、瑞士四国于1868年10月17日签订的《莱茵河航行法》中就可以看到。该法第40条规定,对莱茵河的其他沿岸国的法院就违反莱茵河管理法规所宣告的罚金,缔约国应当征收;对于其他国家法院的判决应与本国法院的判决同等看待。1963年,比利时与英国也加入了这一条约。这一条约虽然只限于罚金,但其有关外国判决与本国判决同等看待的规定是引人注目的。[29] 现在,欧洲许多国家都采取了这种做法,这种做法不仅反映在它们所签订的公约与条约中,也反映在其国内刑法典中。

所谓消极承认,是指外国确定的刑事判决不制约本国刑罚权的实现,即不管外国确定的是有罪判决还是无罪判决,对同一行为本国可行使审判权,但对外国判决及刑罚执行的事实给予考虑。如日本《刑法》第5条规定:"同一行为虽然已在外国受到确定判决的,仍然可以另行处罚。但犯人在外国已经全部或者部分执行了所宣告的刑罚时,可以减轻或者免除其刑罚的执行。"我国《刑法》第10条规定:"凡在中华人民共和国领域外犯罪,依照本法应当负刑事责任的,虽然经过外国审判,仍然可以依照本法追究,但是在外国已经受过刑罚处罚的,可以免除或者减轻处罚。"这一规定所采取的是消极承认的做法。显然,消极承认意味着对同一犯罪可以再度处罚。

对于积极承认与消极承认,理论上有不同的看法。有人认为,既然进行国际协作,承认普遍管辖原则,如果犯罪人已在外国受到刑罚处罚,本国就没有必要再发动刑罚权;而且为了尊重外国的刑事立法与司法,为了使行为人顺利地重返社会,必须避免使行为人受到双重处罚,故应当采取积极承认的做法。[30] 从现实上来看,随着国际交流的增进,国际性犯罪不断增加,犯罪人常常出现于犯罪地以外的国家,犯罪的证据也往往见之于犯罪地以外的国家,犯罪地国对外国居住者难以执行刑罚等事实,也要求采取积极承认的做法。[31] 我国的刑法理论通说则认为,作为一个独立自主的主权国家,理当不受外国审判效力的约束;当然又要照顾实际情况,考虑行为人在外国已经受刑罚执行的事实。[32] 由此可见,主张积极承认的人所强调的是国际协同原则,主张消极承认的人所强调的是国家主权原则。

那么,消极承认是否违反**任何人不因同一犯罪再度受罚**的原则呢?本书认为,这一原则主要是就国内犯而言,但对于国际性犯罪而言,总是存在着并行的刑事管辖权,因而出现一事两诉的情况是不足为怪的。而且由于各国强调本国的主权,认为本国审理案件的权利不因另一国法院审判过或者正在审判该案件而受到影响,这就使一事两诉的现象常常出现。再者,消极承认也考虑犯罪人在国外已经受刑罚处罚的事实,对在国外受过刑罚处罚的通常减轻或者免除刑罚,故实际上受到双重处罚的情况比较少见。如前所述,日本《宪法》第 39 条规定禁止对同一犯罪重复追究刑事责任,但《日本刑法》第 5 条规定了消极承认。这说明二者并不矛盾。

对于同一事实或者情节,在定罪或者量刑上作不利于被告人的重复评价,实际上也有悖于**任何人不因同一犯罪再度受罚**的原则。因此,应当禁止重复评价。禁止重复评价,包括三个基本要求:第一,在某种因素(如行为、结果等)已经被评价为一个犯罪的事实根据时,不能再将该因素作为另一个犯罪的事实根据。第二,在某种严重或者恶劣情节已经作为构成要件要素予以评价时,不能再将该情节作为从重量刑的根据。第三,在某种严重情节已经作为法定刑升格的条件予以评价时,不能再将该情节作为在升格的法定刑内从重量刑的根据。如果违反这三个基本要求或其中之一,实际上会导致同一犯罪受到双重处罚。

关于第一个要求。例如,行为人为了抢劫财物,故意将他人杀死后当场立即取走财物。对于这种行为,有人主张认定为抢劫罪与故意杀人罪,实行并罚。抢劫是以暴力、胁迫或者其他方法抢劫公私财物的行为,如果行为人没有实施暴力、胁迫或者其他强制方法,就不可能成立抢劫罪。可是,如果将上述案件中的暴力致人死亡认定为独立的故意杀人罪,又将该暴力行为认定为抢劫罪中的手段行为,那么,一个暴力致人死亡的行为就受到了重复评价,使之既是故意杀人罪的事实根据,又是抢劫罪的事实根据。这实际上意味着一个行为受到双重处罚,与同一犯罪受到双重处罚没有实质差异。因此,单从这一点来考虑,上述观点就不成立。对于上述案件,只能在避免了双重评价的观点中寻找答案。

关于第二个要求。例如,我国《刑法》第 261 条规定:"对于年老、年幼、患病或者其他没有独立生活能力的人,负有扶养义务而拒绝扶养,情节恶劣的,处 5 年以下有期徒刑、拘役或者管制。"据此,情节恶劣是遗弃罪的构成要件,在行为人遗弃他人情节并不恶劣的情况下,不成立犯罪。但是,在行为人具有一个恶劣情节的情况下，便成立遗弃罪。由于已经将该恶劣情节作为犯罪构成的要素予以评价了，如果再作为从重处罚的根据，则意味着对所有构成遗弃罪的都必须在法定刑之内从重处罚。因此，只有在犯罪的成立不以情节严重、情节恶劣为前提的犯罪中，情节严重、情节恶劣才能成为从重处罚的根据。否则，就有重复评价之嫌。当然，如果情节严重或者恶劣是构成要件，而行为人具有两个以上的严重或恶劣情节，则可以将部分情节作为构成要件要素考虑，将其他情节作为量刑情节。应当指出的是，在许多情况下，某些因素在表面上受到了重复评价，但由于每次评价的侧面不同，故不属于重复评价。例如，犯罪主体17周岁的事实，在构成要件上评价其达到法定年龄，是因为他已满16周岁；而在量刑时作为从轻或者减轻处罚的根据，是因为他不满18周岁。这显然不属于重复评价。

关于第三个要求。例如，我国《刑法》第274条规定："敲诈勒索公私财物，数额较大的，处3年以下有期徒刑、拘役或者管制；数额巨大或者有其他严重情节的，处3年以上10年以下有期徒刑。"假设数额较大的起点是2000元，数额巨大的起点是1万元，那么，当行为人敲诈勒索1万元时，该情节便成为法定刑升格的根据；法院根据这一情节选择了3年以上10年以下有期徒刑的法定刑后，不得再以敲诈勒索1万元作为在该法定刑内从重处罚的根据。同样，倘若行为人的敲诈勒索情节严重，法院根据这一情节选择了3年以上10年以下有期徒刑的法定刑后，不得再将该严重情节作为在该法定刑内从重处罚的根据。否则，同一情节既是法定刑升格的根据，又是在升格的法定刑内从重处罚的根据。这种对同一情节的重复评价，实际上导致对同一行为的重复处罚，违背任何人不因同一犯罪再度受罚的原则。[33] 但是，在行为人具有两个严重情节的情况下,则可以将一个严重情节作为法定刑升格的根据,而将另一个严重情节作为在升格的法定刑内从重处罚的根据。例如,行为人敲诈勒索公私财物,既数额巨大又情节严重,在观念上可以将数额巨大作为选择 3 年以上 10 年以下有期徒刑法定刑的根据,再将其他严重情节作为在该法定刑内从重处罚的根据,反之亦然。这并不违反禁止重复评价的原则。问题出在具有特别严重情节的场合。例如,行为人聚众哄抢公私财物,数额特别巨大(如 200 万元),将这一情节作为选择 3 年以上 10 年以下有期徒刑的法定刑根据后,可否因为数额特别巨大而在该法定刑内从重处罚。本书持肯定回答。由于 10 万元便属于数额巨大,应在 3 年以上 10 年以下有期徒刑的法定刑内处罚,可是行为人聚众哄抢 200 万元,远远超出了数额巨大的起点标准,故可以将 10 万元以外的数额作为从重处罚的根据。但在情节不可能量化与分割的情况下,区分法定刑升格的依据与在升格的法定刑内从重处罚的根据,只能是观念的或者抽象的,但仍然需要牢记禁止重复评价的原则。[34]

由此看来,任何人不因同一犯罪再度受罚原则的贯彻,还面临着不少难题,但不能因此怀疑该原则自身的合理性。

注 释

[1] 一般译为"一事不再理",但由于"一事不再理"具有多种不确定含义,故没有采纳。

[2] 陈兴良:《禁止重复评价研究》,载《法治论丛》1993 年第 6 期,第 32—33 页。

[3] 参见赵宝云:《西方五国宪法通论》,中国人民公安大学出版社 1994 年版,第 31 页以下。

[4] 〔日〕阿部照哉、初宿正典编:《宪法Ⅱ(人权)》,日本评论社 1991 年版,第 178 页。

[5] 参见〔日〕佐伯志仁:《论双重处罚的禁止》,载松尾浩也、芝原邦尔编:《刑事法学的现代状况(内藤谦先生古稀祝贺)》,有斐阁 1994 年版,第 300 页。

[6] 参见〔日〕町野朔:《法条竞合论》,载内藤谦等编:《平野龙一先生古稀祝贺纪念论文集》上卷,有斐阁 1990 年版,第 418 页。

[7] 这里还存在刑法理论与刑事立法的关系问题。在刑法没有规定牵连犯、吸收犯等概念及其处理方法时,刑法理论便接受了对它们从一重论处的观点,反过来用这种观点来评价刑事立法的是非。然而,对上述形态的犯罪究竟是以一罪论处、还是以数罪论处,应取决于本国刑法的规定。所以,在处理方式可以或者应当取决于本国刑事立法的情况下,不能轻易以外国理论来否定本国立法。

[8] 当然,如果说抢劫罪的犯罪构成及其结果加重犯所预定的内容不包括暴力致人伤亡,那么,对暴力致人伤亡的行为则必须另行评价。

[9] 我国刑法只规定了以赌博为业和非法行医的常业惯犯,没有规定常习惯犯。

[10] 由于刑法典对牵连犯的处理没有总则性规定,这里只是根据刑法理论的通说得出的结论,如果主张对牵连犯一概以数罪论处,则另当别论。

[11] 参见日本大审院 1914 年 2 月 3 日判决,日本《大审院刑事判决录》第 20

辑,第 101 页。

[12] 其实,即使将触犯同一罪名解释为同一名称的罪名,也存在类似问题。例如,将几次较轻的盗窃行为确定了较轻的刑罚之后,又发现被告人在此期间还有较重的盗窃罪,如果不能重新追究较重的盗窃罪的刑事责任,也存在不妥之处。

[13] 参见〔日〕平野龙一:《刑法总论Ⅱ》,有斐阁 1975 年版,第 418 页。

[14] 〔日〕大塚仁:《刑法概说(总论)》,有斐阁 2008 年版,第 493 页;〔日〕前田雅英:《刑法讲义总论》,东京大学出版会 2011 年版,第 559 页。

[15] 日本《最高裁判所刑事判例集》第 12 卷第 7 号,第 2018 页。

[16] 参见高铭暄主编:《中国刑法学》,中国人民大学出版社 1989 年版,第 221 页以下;林准主编:《中国刑法教程》(修订本),人民法院出版社 1994 年版,第 190 页;苏惠渔主编:《刑法学》,中国政法大学出版社 1997 年版,第 260 页以下;何秉松主编:《刑法教科书》,中国法制出版社 1997 年版,第 426 页;张明楷:《刑法学》(上),法律出版社 1997 年版,第 328 页以下;等等。

[17] 有人认为,这些条文规定的是多次的一罪,与连续犯不完全相同(参见何秉松主编:《刑法教科书》上卷,中国法制出版社 2000 年版,第 492 页)。

[18] 该解释接着规定:"但如果在第一审人民法院的判决宣告以后,被告人提出上诉或者人民检察院提出抗诉,判决尚未发生法律效力的,第二审人民法院在审理期间,发现原审被告人在第一审判决宣告以前还有同种漏罪没有判决的,第二审人民法院应当依照刑事诉讼法的规定,裁定撤销原判,发回原审人民法院重新审判,第一审人民法院重新审判时,不适用刑法关于数罪并罚的规定。"

[19] 参见胡同春:《我国同种数罪处罚方法通说的内在矛盾及其解决》,载《河南司法警官职业学院学报》2008 年第 4 期。

[20] 1986 年修改为 5000 美元以上 1 万美元以下民事罚及 3 倍额赔偿。

[21] United States v. Hess,317 U. S. 357(1943).

[22] Rex Trailer Company,Inc. ,v. United Stater,350 U. S. 148(1956).

[23] 参见日本最高裁判所 1958 年 4 月 30 日判决,日本《最高裁判所民事判例集》第 12 卷第 6 号,第 938 页;日本最高裁判所 1961 年 5 月 2 日判决,日本《最

高裁判所刑事判例集》第 15 卷第 5 号,第 745 号。

[24] 参见日本最高裁判所 1954 年 7 月 2 日判决,日本《最高裁判所刑事判例集》第 8 卷第 7 号,第 1009 页。

[25] 参见日本最高裁判所 1964 年 6 月 5 日判决,日本《最高裁判所刑事判例集》第 18 卷第 5 号,第 189 页。

[26] 参见卢泰山主编:《最高人民检察院司法解释评析(1979—1989)》,中国民主法制出版社 1991 年版,第 150 页。

[27] 参见陈兴良:《禁止重复评价研究》,载《法治论丛》1993 年第 6 期,第 35 页。

[28] United States v. Halper, 109 S. Ct. 1892 (1989).

[29] 参见〔日〕森下忠:《国际刑法的新动向》,成文堂 1977 年版,第 195 页。

[30] 参见〔日〕平野龙一:《刑法总论Ⅱ》,有斐阁 1975 年版,第 440 页;〔日〕町野朔:《刑法总论讲义Ⅰ》,信山社 1995 年版,第 106 页。

[31] 参见〔日〕森下忠:《国际刑法的新动向》,成文堂 1977 年版,第 199 页。

[32] 参见高铭暄主编:《新编中国刑法学》(上册),中国人民大学出版社 1998 年版,第 52 页;苏惠渔主编:《刑法学》,中国政法大学出版社 1997 年版,第 64 页。

[33] 相反的情况也不合适。如我国《刑法》第 232 条规定:"故意杀人的,处死刑、无期徒刑或者 10 年以上有期徒刑;情节较轻的,处 3 年以上 10 年以下有期徒刑。"如果行为人故意杀人情节较轻,法院已经据此选定了 3 年以上 10 年以下有期徒刑的法定刑,那么,就不能再以此为根据在该法定刑内从轻处罚。否则便是重复评价较轻情节了,但这不违反**任何人不因同一犯罪再度受罚**的原则,只是违反了量刑原则而已。

[34] 如果刑法将"情节特别严重"作为法定刑升格的条件,则一个特别严重的情节只能作为法定刑升格的依据,不能再将该特别严重的情节作为在升格的法定刑之内从重处罚的根据。

刑 法 格 言 的 展 开

In dubio pro reo

存疑时有利于被告

存疑时有利于被告(In dubio pro reo)格言的基本含义是,在对事实存在合理疑问时,应当作出有利于被告人的判决、裁定。该原则的适用可能表现为许多情形:当事实在有罪与无罪之间存在疑问时,宣告无罪,这可以由**存疑时有利于自由**(In dubio pro libertate)的格言来表示[1];当事实在重罪与轻罪之间存在疑问时,认定轻罪,这可谓**存疑时应以轻缓优先**(In dubio par mitior est sequenda;Semper in dubiis benigniora praeferenda sunt);就从重处罚情节存在疑问时,应当否认从重处罚情节,这可谓**存疑时从轻处罚**(In dubio mitius);如此等等。此外,这一原则还适用于诉讼前提条件。例如,无法确信某一犯罪行为是否超过追诉时效时,应当认为已经超过追诉时效而不再追诉。当然,全面、准确理解与合理、妥当适用该原则,无疑十分重要,但又绝非易事。

刑事诉讼上实行无罪推定的原则,**任何人都不被推定为罪人**(Nemo praesumitur malus),**任何人在被证明有罪前,应被假定为无罪**(Nullus describatur reus, priuquam convincatur),或者说,**未受到有罪判决的,在法律上都是清白的**(Omnis indemnatus pro innoxio legibus habetur)。要使一个人受到有罪判决,必须有起诉方,并由法官根据事实与法律作出判决;起诉方不能宣告某种行为构成犯罪、某人是犯罪人,因为**任何人不得同时既是原告又是法官**(Nemo simul actor et judex)。同样,**没有原告时任何人都不是法官**(Nemo judex sine actore),没有起诉时法院不得判处任何人有罪。在刑事诉讼中,被告人无须为自己无罪加以证明,更不必证明自己有罪,**自白乃证据之王**(Confessio est regina probationum)、**原本的自白是最好的证明**(Confessio propria est omnium optima probatio)的观念已被否定;相反,仅有自白并不能认定犯罪的成立,在此意义上说,**自**

白不是证据（Confessio non est probatio）。在刑事诉讼中，证明是原告的任务（Actoris est probare），或者说，证明的任务属于主张者（Affirmantis est probatio），证明的责任在请求者（Petitori incumbit probatio），起诉方必须证明被告人在特定的时间、地点、以特定方式实施了特定犯罪行为；追诉者若没有证明，被告人便没有罪责（Accusatore non probante, reus absolvitur）。换言之，如果某项犯罪事实没有得到证明，就应认为不存在该犯罪事实，所以，未证明等同于不存在（Idem est non esse et non apparere）；不存在的不被确认（Quod non ese, confirmari non potest）。不仅如此，承担举证责任的起诉方，必须通过证据使所追诉的犯罪事实在法律上确定无疑，因为不确定视为不存在（Incerta pro nullis habentur）。法官只有在确信被告人的行为构成犯罪之后，才能形成有罪的刑事判决。行为是否成立犯罪，既涉及事实问题，也涉及法律问题。在普通法系国家，法官回答法律问题，陪审员回答事实问题（Ad quaestiones juris respondent judices, ad quaestionem facti respondent juratores）；换言之，法官不回答事实问题，只回答法律问题（Ad quaestionem facti non respondent judices, ad quaestionem juris）；陪审员是事实的法官（Juratores sunt judices facti）。但在大陆法系国家，法官负有判断、认定事实的职责。"每一个处刑判决的先决条件是，所有涉及有罪判决和处刑判决的事实（无论是积极的还是消极的），均应得到查明，……在法院依职权对所有的事实、证据进行认定后，仍不能确信的，不能使刑事诉讼程序悬而不决，而必须基于法安全事由，在规定的期限内结束刑事诉讼程序。"[2]所以，我国《刑事诉讼法》第195条明文规定，"案件事实清楚，证据确实、充分，依据法律认定被告人有罪的，应当作出有罪判决"；"证据不足，不能认定被告人有罪的,应当作出证据不足、指控的犯罪不能成立的无罪判决"。正是因为犯罪需要证明,所以,**清白的被告人害怕命运、不怕证人**(Reus innocens fortunam non testem timet)。但是,与强大的国家机关相比,被告人显得十分弱小;当发生可能触犯刑律的案件时,公安、检察机关的侦查能力、强制措施与执行力量远远胜于被告人的辩护能力、防御措施与保护力量,为了不致侵害被告的权利,**被告比原告更应受到优待**(Favorabiliores rei, potius quam actores, habentur),或者说,**被告的地位比原告的地位更优越**(Melior est conditio defendentis)。如果公安、检察机关对犯罪的证明都不能达到使人们消除合理怀疑的程度,理所当然只能作出有利于被告人的判决或裁定。所以,任何一项对罪责事实的合理怀疑均应阻碍该有罪刑事判决。假如起诉方控告被告人犯故意伤害罪,而被告人提出了正当防卫的辩护理由,则只有当起诉方确证了故意伤害罪、并合理否认了正当防卫的辩解后,法院才可以作出被告人犯故意伤害罪的判决;倘若起诉方未能否认正当防卫的辩解,即使被告人提出的正当防卫辩解存在疑问,法院的判决书也不能说:"被告人虽然主张正当防卫,但却无法对此加以证实,因而判决被告人有罪。"而只能说:"由于被告人主张正当防卫,因而无法确信被告人故意伤害之罪责,因而宣告被告人无罪。"[3] 不难看出,**存疑时有利于被告**的原则,是刑事诉讼的本质、特点决定的。[4]

与罪刑擅断相比,罪刑法定是历史的进步;罪刑法定的思想基础是民主主义与尊重人权主义;刑法虽然由立法机关制定,但立法机关制定的刑法理当体现民意、符合民心;刑法虽然不得不规定犯罪与刑罚,但处罚范围又不得过于宽泛。刑法具有法益保护机能与自由保障机能,前者意味着通过适用刑法从而保护法益的机能,后者意味着通过限制国家的刑罚权从而保障行为人自由的机能。[5]但保护机能与保障机能存在冲突;刑法以处罚犯罪人来实现保护法益的目的,故处罚范围越宽越有利于保护法益;但处罚范围越宽就越限制了公民自由,越不利于实现刑法的保障机能。所以,几百年来,人们一直在追求二者的协调与均衡。追求的结局是限制国家刑罚权的行使,使个人免受国家刑罚权无理之侵害,使个人之自由真正获得保障。[6]由此便导致了刑法的谦抑性。刑法的这种谦抑性在某种程度上也缘于刑罚的严厉性:剥夺人的重要利益,造成人的巨大痛苦。这种严厉性虽能使刑罚在一定程度上发挥预防犯罪之效用,但又使刑罚在一定范围内形成害国伤民之后果。换言之,刑罚如两刃之剑,用之不当,则国家与个人两受其害。[7]当与不当的标准当然在于是否以事实为根据、以法律为准绳。在存疑时适用刑罚,必然害国伤民。因此,**刑罚不应扩张**(Poenalia non sunt extendenda),**刑罚应当受到抑制**;**对存疑事项与其肯定不如否定**(In re dubia magis infitiatio quam affirmatio intelligenda)。人的认识能力有限。从立法上说,刑法具有不完整性;从司法上说,司法机关不可能发现和认定所有犯罪。"不放过一个坏人"的观念和做法,实际上是以冤枉无辜者为前提的。可是,罪刑法定原则的核心思想是限制立法与司法权力,保障国民自由。所以,**不惩罚犯罪人比惩罚无辜者好**(Statius est impunitum relinqui facinus nocentis quam innocentem damanari),或者说,**宁可让犯罪者自由,也不能让无辜者受罚**(Better that the guilty go free than that the innocent be punished)。而要做到不惩罚无辜者,在事实存在疑问时,明智的选择是不适用刑罚或者适用轻刑,此即有利于被告。显而易见,**存疑时有利于被告**也是刑法的机能、特点决定的。

但是,对**存疑时有利于被告**原则的理解与适用不能片面化、极端化,不要以为越是有利于被告就越正确、越合理;相反,应当明确该原则的适用条件以及对该原则的限制。

(1)并非在任何场合都必须有利于被告,只是"存在疑问"时才有利于被告。虽然学者们常常将该原则省略地表述为"有利于被告",但这种表述会带来消极后果,导致人们认为在任何场合都必须有利于被告。很明显,任何国家都不可能在任何场合都作出有利于被告的判断与判决。因为,如果说该原则意味着刑事法的适用在任何场合都必须有利于被告,那么,刑法规定犯罪、法院判决有罪,就是对被告不利的,因而违反该原则;刑法规定刑罚、法院判处刑罚,也是对被告不利的,因此违反该原则;刑事诉讼法规定强制措施、司法机关采用强制措施,均属对被告不利,所以违反该原则。结果,只有完全否认刑法,完全否认刑事诉讼法,才最有利于被告。然而,如果没有刑法、没有刑事诉讼法,更是对被告不利。对三十多年前的局面稍加回忆便可明了:"文化大革命"时期没有刑法、没有刑事诉讼法,但国家机关也想方设法、甚至千方百计处罚犯罪,当时被国家机关认为是犯罪的行为都受到了刑罚处罚,而被告人却没有任何法益可言。刑法事实上对被告人的自由发挥着重大保护作用。如前所述,法益保护与自由保障是刑法的两大机能:法益保护机能所强调的是防止一般人对他人(含国家与社会)法益的侵害,因而有必要处罚犯罪;保障机能所强调的是防止国家刑罚权的恣意发动所导致的对行为人、被告人自由的侵害,因而必须限制国家的刑罚权。所以,刑法不仅是善良人的大宪章,而且是犯罪人的大宪章;刑法在给犯罪人带来不利的同时,也保障了犯罪人的权益。由此看来,一个国家不可能没有刑法。既然需要刑法,那么,就需要设置一套法律规范的程序,来对司法机关的侦查、起诉、审判、执行活动进行规制。所谓"法律规范的程序",有三个涵义:其一,刑事诉讼在于发现实体的真实,**法律绝不允许违反真实**(Contra veritatem lex numquam aliquid permittit),刑事诉讼法所规范的程序,有助于实体法中的事实真相的发现。其二,对侦查、检察机关行使职权行为时对个人所作的侵害设定应有的界限;国家侦查权对国民权利侵害的许可范围应是,使无罪者不会受到不法的调查及过当的侵害,对有罪者亦应顾及其所享有的辩护权益;**为有罪者辩护就是使自己产生罪责**(Nocentem qui defendit sibi crimen parit)的格言,已经落后于时代。其三,经过判决的确定,使实体法的内容得以确证,使被破坏的法和平得以重现。[8]因此,刑事诉讼法同样既是善良人的保护伞,也是被告人的保护伞。不言而喻,一个国家不可能没有刑事诉讼法。有了刑法、刑事诉讼法就必须遵守,当事实没有疑问地符合刑法的规定时,当根据刑事诉讼法的规定必须对被告人采用某种强制措施时,无论结局对被告多么不利,都必须按照刑法、刑事诉讼法的规定处理,这便是人们张口就说的"依法办事"。因此,在没有疑问的场合,只能完全依照刑法、刑事诉讼法的规定处理,而不可能适用所谓有利于被告的原则。例如,在行为完全符合故意杀人罪的构成要件时,我们不能为了有利于被告,而认定为故意伤害罪;只有当事实完全符合故意伤害罪的构成要件,而对故意杀人罪的成立存在合理怀疑时,才认定为故意伤害罪。再如,当人民检察院认为犯罪嫌疑人的犯罪事实已经查清,证据确实、充分,依法应当追究刑事责任时,就应当提起公诉;只有当证据不足时,才能作不起诉的决定。正因为如此,国外的学者、法官等都将 in dubio pre reo 法谚完整地表述为**存疑时**

有利于被告,而不省略地表述为"有利于被告"。

不过,也并非存在任何怀疑时都有利于被告。"没有一个社会在决定被告有罪前要求有绝对把握。为什么?因为绝对把握对任何一个社会来说都是一个太高的、无法承受的标准。哲学家们将争论说,绝对把握是一个永远无法达到的目标,因为只有死亡是一生中唯一绝对有把握的事。这个世界无疑是不完善的,在这个世界上,人们经常根据其不完善的知识行动。这对于犯罪来说也特别正确。"[9]"因为任何与人为的事务有关并且依赖于人为的证据的东西都容易存在可能的或想象中的怀疑。"[10]所以,只有存在合理怀疑时才有利于被告;如果某种怀疑毫无根据、不具道理,纯属无中生有、无端猜测,则不能视为合理怀疑。根据英国学者的观点:"所谓合理的怀疑,指的是陪审员在对控告的事实缺乏道德上的确信、对有罪判决的可靠性没有把握时所存在的心理状态。因为,控诉一方只证明一种有罪的可能性(即使是根据或然性的原则提出的一种很强的可能性)是不够的,而必须将事实证明到道德上的确信程度——能够使人信服、具有充分理由、可以据以作出判断的确信程度。"[11]在本书看来,所谓合理怀疑,应当具备三个条件:第一,合理怀疑的构成依据是客观事实,而非随意猜测;换言之,提出怀疑是基于证据,而不是基于纯粹心理上的怀疑。第二,合理怀疑的判断标准是理智正常且不带偏见的一般人的认识;易言之,是否构成合理怀疑,应当以理智正常且不带偏见的一般人的判断为准。所以,当被告人或者辩护人提出怀疑之后,要由法官根据一般人的观念、不带偏见地作出判断。只有被告人认为法官应当产生合理怀疑时,还不足以构成合理怀疑;只有当法官以中立人的身份认为未能达到确信程度时,才属于合理怀疑。第三,合理怀疑的成立标准是证明有罪证据尚不确实、充分。例如,某个案件只有一个证人能证明被告人有罪,而没有其他证据。可是,**唯一证人等于没有证人**(Testis unus, testis nullus),换言之,**唯一证人的证言不具有效力**(Testimonium unius non valet),所以,**在任何场合都不应采纳唯一证人的证言**(Unius omnino testis responsio non audiatur),对唯一证人所证明的事实产生怀疑是合理的。再如,证据之间存在矛盾时,对有罪证据产生怀疑也是合理的。在这种场合,需要通过各种证据的来源、关联性、证明力等进行判断。**一个目击证人比十个传闻证人更有价值**(Testis oculatus unus plus valet quam auriti decem),**目击证人优于其他证人**(Testis de visu praeponderat aliis),**证人不在数量而在分量**(Testes non numerantur, sed ponderantur)等格言说明原始证据的证明力强于传来证据;**数双眼比一双眼看到的更多**(Plus vident oculi quam oculus),**整体优于部分**(Totum praefertur unicuique parti)等格言说明对证据应进行整体判断。可见,并不意味着只要证据之间存在矛盾就必须作出有利于被告的判决与裁定。反之,如果有罪证据已经确实、充分,那么,合理怀疑是不可能成立的。下面联系两个案例来讨论。

例一:一个包工队的负责人去给某单位掌握工程发包权的厂长(国家工作人员)送钱,送钱时去了三人:包工队负责人、司机和会计。当包工队负责人和会计拿着5万元现金走到厂长住宅楼下时,包工队负责人因担心两个人送钱厂长可能不收,就让会计在楼下等着,自己上楼送钱。包工队负责人进屋与厂长谈了谈,将钱给了厂长。下楼后对会计说,已经将钱送给了厂长,案发后,厂长不承认收受了5万元的贿赂,但从厂长家搜出了5万元的存折,而且存折的日期与包工队送钱的日期相符,事后,工程也发包给该包工队。但是,律师提出种种怀疑。例如,可能是厂长拒收贿赂,而包工队负责人自己将 5 万元据为己有了;可能是厂长只收了 2 万元,刚好有其他的 3 万元收入,合并存入银行,而包工队负责人将剩下的 3 万元据为己有了;即使厂长承认收受了 5 万元,但也可能是厂长在此段时间抢劫了 5 万元,为了隐瞒抢劫事实进而承担较轻的刑事责任作了虚假供述。可是,**证人的可信性存在于法官心中**(Testium fides in judicis pectore residet),作为法官应当考虑以下三点:第一,这三种怀疑的提出有事实根据吗?反过来问,包工队负责人具有侵占 5 万元或者 3 万元的事实或者证据吗?有证据证明厂长曾经在此期间犯过抢劫罪吗?显然没有。或许提出怀疑的人认为,司法实践中有时也发生这样的现象;可是,能够因为司法实践中有时发生这样的现象,便认为本案也存在这样的现象吗?第二,这三种怀疑是站在不带偏见的立场提出来的吗?显然不是。既然如此,法官当然不能认定这种怀疑是合理的。第三,检察机关提出的有罪证据是否确实、充分?与检察机关提供的有罪证据相比,上述怀疑能够成立吗?由于在认定受贿罪时,不可能要求有第三者在场的证明,故检察机关提供的证据已经确实、充分,而且足以排除上述各种怀疑。

例二:甲为一电信营业部的副经理,乙是无业人员。甲与乙共住于某房间。乙作了以下供述:某日下午 4 时许,甲给我打电话,让我和他一起到营业部搞点东西出去卖。晚上 9 时左右,我们一起到了营业部门前。甲用钥匙打开第一道门,然后又按第二道门的密码打开第二道门。进入营业室后,我们拿了若干手机和电话卡。这些手机和电话卡全部交由我出卖。卖了一部分后,我还让丙转交给甲 1000 元。公安机关查明,营业部的门窗没有被撬的痕迹,可以肯定是有钥匙并知道密码的人开的门;没有卖出的其他赃物全部在乙手中。乙的口供也一直很稳定。但甲拒不承认与乙共同犯罪,其辩解是:其一,因为与乙同住,乙完全可能趁我不注意时,将营业部的钥匙拿到楼下另配一把(楼下确实有配钥匙的人,但他不能确定乙是否配过);其二,我经常在早晨上班的时候带乙去营业部(营业部的其他职员能够证明这一点),乙可能在我开门时偷偷记住了密码;其三,由于乙无业,我曾经给他 1000 元,其托丙转交给我的 1000 元是他还给我借款。法官要考虑以下几点:第一,甲提出的辩解(相对于有罪证而言也是怀疑)有无事实根据?答案是肯定的。如果甲与乙并非住一个房间,也不能证实甲早晨上班时经常带乙去营业部,则应做否定回答。第二,站在不带任何偏见的立场,能否认定甲的怀疑具合理性?因为甲的辩解具有事实根据,法官应当作出肯定回答。第三,甲的有罪证据是否确实、充分?回答则是否定的。例如,没有在剩下的赃物上提取指纹,故不能证明赃物上有甲的指纹;不能否认甲曾经借钱给乙;不能否认乙可能配有钥匙和偷记密码。所以,本案存在合理怀疑。

(2)并非发生任何疑问时,都适用**存疑时有利于被告**原则;该原则并不适用于对法律疑问之澄清,当法律存在疑问或争议时,应当按一般的法律解释原则消除疑问,而非一概作出有利于被告人的解释。[12] 这不仅涉及刑法解释态度与方法,而且涉及对刑法本身的认识。罪刑法定主义要求以成文的法律规定犯罪与刑罚,这里的"成文"显然是指本国国民通晓的文字。因为文字可以固定下来,可以反复斟酌,可以广为传播,成为立法机关表达立法意图的唯一工具。可是,"在所有的符号中,语言符号是最重要、最复杂的一种"。[13] 任何用语的意义都会由核心意义向边缘扩展,使之外延模糊;绝大部分用语都具有多种含义;法律制定以后,其所使用的文字还会不断产生新的含义;而且言不尽意的情况总是存在。[14]尽管立法机关在制定刑法时,对许多用语进行了"科学的"界定,但是,"一般而论,科学的定义要比词语的通俗意义狭隘得多,因而实际上也不精确得多、不真实得多"。[15]所以,成文法总是存在疑问,在有疑问的情况下,必须作出合理的解释,揭示法律的真义。诚然,法律内容的确定性是罪刑法定原则的要求,可有一句法律格言说得好:**极度的确定性反而有损确定性**;事实上法律的表述也不可能十分确定。正因为如此才需要解释。诚如美国的波斯纳所言:"有很大一部分法律训练,特别是在精英法学院里,就是研究法律的不确定性。"[16]法律当然越明确越好,但又不可避免存在不明确之处。正如法国的布津尔所说:"如果法律没有不明之处,就不存在解释问题,因为在这种情况下,解释不仅无益,而且是有害的。……明确的法律条文需要解释的唯一情况是立法者在制定这项法律条文时出现了明显的笔误或差错。"[17]所以,法律上的疑问是需要解释来消除的。

法律需要理解而非阅读(Non in legendo, sed in intelligendo leges consistunt);**对文言的解释应当遵从意图而不是相反**(Verba intentioni, non e contra, debent inservire)。对刑法的解释应当把握条文的真义,遵循解释规则,实现解释的目的。刑法要同时实现法益保护与自由保障两个机能,因此,判断解释结论是否合理,要看是否在法益保护与自由保障两方面求得均衡,是否在善良人的大宪章与犯罪人的大宪章之间寻得协调,而不可能在任何场合都作出有利于被告的解释。刑法解释方法虽不能说无穷无尽,但确实多种多样,从解释技巧方面说,**所有的解释或者作出宣言,或者进**

行扩大,或者予以缩小(Omnis interpretatio vel declarat,vel extendit, vel restringit);从解释理由方面说,有当然解释、体系解释、相对解释、历史解释、比较解释、社会学解释、目的论解释,等等;人们在对某个法条进行解释时,可能同时列举多种解释理由,也可能在不同的场合使用不同的解释技巧,而目的都是为了追求解释结论的合理性。因此,当各种解释方法得出不同的解释结论时,最终起决定性作用的是目的论解释,而不是有利于被告。如果说解释目标是有利于被告,则意味着只有缩小解释是可取的,其他解释方法都得舍弃,但这显然是不可能的。所以,当出于法益保护的目的,需要对刑法条文作出必要的扩大解释时,即使不利于被告人,也要适用这种解释结论。例如,认为我国《刑法》第 252 条所规定的破坏通信自由罪中的"信件"包括电子邮件可谓一种扩大解释。如果这一解释合理,即使是对被告人不利的,在实践中也应当适用这一解释结论。再如,将我国《刑法》第 194 条的"印鉴"作扩大解释,使之包括签名式样,并不利于被告人。但是,只要这一解释不是类推解释,而且具有合理性,就应当采纳这一解释。所以,为了有利于被告人,而不顾合理性,一概对刑法条文作出限制解释,是不合适的。例如,我们显然不能为了有利于被告人,而将我国《刑法》第 232 条中的"杀人"限定为谋杀或者将其中的"人"限定为精神正常的人;也不能为了有利于被告,而将抢劫罪中的"暴力"限定为使用凶器所实施的暴力。同样,我们更不能因为自己不愿意深究法律条文,或者不善于澄清法律疑点,而在遇到法律疑点时,就来一个"有利于被告"。试想,假如法学工作者与法官不能明确抢劫罪与敲诈勒索罪的构成要件,又要有利于被告,那么,遇到所有相关案件时,都只能认定为敲诈勒索罪,刑法关于抢劫罪的规定便成为一纸废文。概言之，存疑时有利于被告之原则只与事实之认定有关，而不适用于法律之解释。

存疑时有利于被告的原则，产生于 19 世纪初的德国[18]，它只是刑事诉讼法上的证据法则，这一点在德国、日本以及英美法上没有什么争议。例如，罗克辛教授指出："罪疑唯轻原则(即存疑时有利于被告的原则——引者注)并不适用于对法律疑问之澄清。判例(BGHSt14,73)认为'罪疑唯轻原则只与事实之认定有关,而不适用于法律之解释'。因此当法律问题有争议时,依一般的法律解释之原则应对被告为不利之决定时,法院亦应从此见解。"[19]再如，耶赛克(H. Jescheck)、魏根特(T. Weigend)教授指出："如果对被告人的责任具有重要意义的事实得不到证明，就适用存疑时有利于被告的原则。与此相反,对法律问题而言,并不存在这样的原则(存疑从轻,存疑时有利于自由),亦即,在法律的解释具有多种可能性时,法官没有义务选择有利于被告人的解释。在对法规范的解释存在疑问的场合,法院不是选择最有利于被告人的解释,而是必须选择正确的解释。"[20]

我国有学者主张："各种解释都是允许的，但最终都要服从于一个解释原则：有利于被告。"[21]诚然，中国不同于德国。尽管如此，本书也不赞成以国情不同为由，将存疑时有利于被告的原则适用于法律疑问之澄清。因为任何法律条文都可能有疑问；即便原本没有疑问，在遇到具体案件时，也会有人为了某一方的利益而制造疑问；如果一有疑问就作出有利于被告人的解释，刑法就会成为一纸废文；如果一有疑问就必须作出有利于被告人的解释，刑法理论就不需要展开争论，只要善于提出疑问并知道何种解释有利于被告即可。此外，如果要求刑法解释有利于被告，必然导致定罪混乱,亦即,可以根据案件的具体情况分别适用完全不同甚至相反的学说。事实表明,在法律有疑问时,要一概作出有利于被告人的解释是不可能的。例如,刑法中的"贩卖"是否仅限于购买后再出卖,这是有疑问的。在面对行为人出卖了其所拾得的 500 克海洛因的案件时,恐怕不能得出有利于被告人的无罪结论。再如,在一个案件事实清楚,却存在抢夺罪与抢劫罪之争时,不可能不考虑其他根据,就以认定抢夺对被告有利为由认定为抢夺罪。即便是主张形式解释论的学者,也会经常得出不利于被告人的结论。

(3) 当法律就存在疑问的情形作出了特别处理规定时,必须依照法律规定处理,而不得以有利于被告为由宣告无罪。例如,我国《刑法》第 395 条第 1 款规定:"国家工作人员的财产、支出明显超过合法收入,差额巨大的,可以责令该国家工作人员说明来源,不能说明来源的,差额部分以非法所得论,处 5 年以下有期徒刑或者拘役;差额特别巨大的,处 5 年以上 10 年以下有期徒刑。财产的差额部分予以追缴。"当国家工作人员拥有巨额来源不明的财产时,意味着财产来源存在疑问,既可能是犯罪所得,也可能是一般违法所得,还可能是合法所得。由于刑法明文规定本人不能说明来源时以非法所得论,故司法机关不得以存在疑问并有利于被告为由,而宣告无罪,相反,必须根据刑法的特别规定论处。这也可谓对存疑时有利于被告原则的适用限制。[22]

(4) 在对行为人的主观心理状态的认定存在疑问时,存疑时有利于被告原则的适用受到合理推定的限制。即当刑法要求行为人明知某种构成事实或者必须具有某种目的,而行为人声称不明知或者不具有该目的,导致对行为人主观上是否明知或是否具有该目的存在疑问时,不能轻易适用存疑时有利于被告的原则,作出行为人不明知某种构成事实或不具有某种目的因而无罪的判决；而应根据客观事实合理推定行为人主观上是否明知某种构成事实、是否具有某种目的。推定，是指根据事实之间的常态联系，当其一事实存在时，推引另一不明事实存在的方法。推定是英美刑事司法经常采用的一种证明方式，大陆法系国家的法官在自由心证的过程中事实上也采取这种方法。"事实上的推定有时也称作暂时的推定。由于它往往是能够证明被告心理状态的唯一手段，因而在刑事司法中起着非常重要的作用。"推定的方法是，"从被告已经实施了违禁行为的事实中，推断出被告是自觉犯罪或具有犯罪意图，如果被告未作任何辩解，推断通常成立"。[23]推定并非主观臆断，而是根据客观事实推导行为人的心理状态，客观事实正是检验行为人主观心理状态的根据或者标准。"通过运用证据而得出结论与通过推定而得出结论这两种手段之间的区别仅仅是一种程度上的区别。"[24]同理，运用证据证明行为人明知某种犯罪要素与根据事实推定行为明知某种犯罪要素，也只是程度上的区别，并没有本质差异。所以，**强力的推定是完全的证明**（Praesumptio voilenta, plena probatio；Violenta praesumptio aliquando est plena probatio）；**强力的推定在法律上具有效力**（Praesumptio voilenta valet in lege）。此外，推定作为一种思维形式，是一个三段论推理的逻辑结构，符合三段论的公理。所以，当司法人员对被告人的主观心理存在疑问时，应当善于运用合理推定的方法，而不能简单地作出所谓有利于被告的判决。

例如，赃物犯罪的成立要求行为人明知是犯罪所得的赃物，但行为人在客观上窝藏、转移、收购、代为销售赃物后，辩解自己不明知是赃物，在没有充分证据证明行为人明知是赃物的情况下，应当根据窝藏、转移、收购、代为销售物品的时间、地点、数量、价格、品种、行为人与本犯的关系、了解程度等方面推定行为人是否明知是赃物。例如,商定在秘密地点交付物品然后实施窝藏行为的,以明显低于市场的正常价格收购大量物品的,对方交付的是个人不可能持有的公用设施器材或其他零部件而又没有单位证明的,行为人接受的是国家禁止个人经营的物品的,行为人明知对方是财产犯罪人、经济犯罪人而接受其物品并实施窝藏行为的,都可以推定行为人明知是赃物(当然,存在反证的情况除外)。在这些场合,不能以存在疑问为由,适用所谓有利于被告的原则而宣告无罪。

再如,行为人客观上走私了淫秽物品,但辩解自己不具有牟利与传播的目的,对此,应根据走私的淫秽物品的次数、数量、种类等事实推定行为人是否具有牟利与传播目的。事实上,司法实践中也经常采取这种推定方法。例如,最高人民法院、最高人民检察院1990年7月6日《关于办理淫秽物品刑事案件具体应用法律的规定》第4条指出:"走私淫秽录像带5—10盒以上,淫秽录音带10—20盒以上,淫秽扑克、书刊、画册10—20副(册)以上,或者淫秽照片、画片50—100张以上的,可以认为是以牟利或者传播为目的。"这种推定具有常理根据。因为如果不是出于牟利或者传播目的,行为人就不会走私较多的淫秽物品。同样,行为人客观上使用诈骗方法非法集资,又否认自己主观上具有非法占有目的时,司法机关应当根据客观事实推定其是否具有该目的。行为人携带集资款逃跑的,挥霍集资款,致使集资款无法返还的,使用集资款进行违法犯罪活动,致使集资款无法返还的,具有其他欺诈行为,拒不返还集资款或者致使集资款无法返还的,应当推定为具有非法占有目的。[25]所以,在能够根据客观事实推定行为人具有特定目的的情况下,不能轻易作出有利于被告的无罪判决。

当然,运用推定方法证明行为人的心理状态时,应注意以下几点:第一,推定必须以客观事实(前提事实)为根据,前提事实与推定事实之间存在一般的合理的关系[26];在推定行为人的心理状态时,推定结论的基础必须是客观行为与行为人心理状态的常态联系。第二,推定必须符合逻辑,即将前提事实与推定事实之间的常态关系作为大前提,将案件中存在的、与前提事实相符合的事实作为小前提,然后推导结论。第三,推定在绝大多数情况下是真实的,但不排除特殊情况下的虚假性,故应通过允许被告人反驳来克服虚假性。换言之,**推定屈服于真实**(Praesumptio cedit veritati)。反过来说,**只要没有反证,推定便有效力**(Stabit praesumptio donec probetur in contrarium)。第四,推定方法只是在被告人的某种心理状态有无不清、又无法找出证据证明时加以运用,不得一概以推定方法代替调查取证。这是因为,**证明胜于推定**(Probatio vincit praesumptionem)。

(5)虽然不能确信被告人实施了某一特定犯罪行为,但能够确信被告人肯定实施了另一处罚较轻的犯罪行为时,可以认定另一犯罪的成立。一方面,不能因为某种特定(尤其是所指控的)罪名不成立,而轻易宣告无罪从而有利于被告,这可谓对**存疑时有利于被告**原则的限制;另一方面,法官只能选择处罚较轻的犯罪判处,这又可谓有利于被告。例如,在能肯定行为人已经着手实行了某种犯罪,但不能确定该行为是既遂还是未遂的情况下,不能宣告无罪,而应认定为犯罪未遂。又如,有人告发国家工作人员 A 犯有贪污罪,司法机关虽然发现 A 拥有不能说明合法来源的巨额财产,但认定贪污罪的证据不足。在认定贪污罪存在合理怀疑的情况下,不能简单地宣告被告人无罪,而应择一认定 A 的行为构成巨额财产来源不明罪。再如,被害人被违章车辆撞死,现场留下了肇事车辆的油漆,也有人记住了肇事车辆的牌照,警察找到了该车,但该车被车主涂上了另外颜色的油漆,警察查明该车的底漆与现场留下的油漆相同。虽然可以肯定该车为肇事车辆,但车主拒不承认自己驾驶了该车,也拒不说明谁驾驶了该车。由于车主确实可能将该车交给或借给他人驾驶,故认定为交通肇事罪尚存疑问,因而不得认定为交通肇事罪。但不能据此宣告无罪。只要该车是由车主涂上新漆,又能推定车主明知该车曾经肇事(这一点不可忽视),则应认定车主触犯帮助毁灭证据罪。这种认定方法在德国、日本称为"择一认定"。[27]在财产犯罪与赃物犯罪、抢劫罪与敲诈勒索罪、诈骗罪与侵占罪、盗窃枪支罪与非法持有枪支罪、非法集资罪与非法吸收公众存款罪、伪造货币罪与非法持有假币罪、强奸罪与强制猥亵妇女罪、贩卖毒品罪与非法持有毒品罪、传播淫秽物品牟利罪与传播淫秽物品罪等诸多犯罪之间,都可能存在择一认定的情况。

进行择一认定时,应当注意以下几点:第一,"必须肯定,被告人只可能实施了这一种或那一种行为"[28];即被告人的行为要么构成此罪,要么构成彼罪,而不可能无罪。易言之,两个犯罪之间存在非此即彼的关系。例如,证据足以证明被告人使用胁迫的方法从被害人手中取得了财物,但不能确定这种胁迫是否达到了抢劫的程度。那么,被告人的行为不是抢劫便是敲诈勒索,而不可能有其他情形。故应择一认定为敲诈勒索罪,而不能因为在两罪之间存在疑问,便宣告无罪。第二,与第一点相联系,在择一认定为较轻的犯罪时,应当做到对较轻的犯罪排除合理怀疑,或者说,只具有在二者之间作出选择的可能性。如果还有无罪的可能性,则不能作出择一的有罪判决。例如,行为人持有他人被盗的物品。在没有其他证据的情况下,不能择一认定为窝藏赃物罪。因为既然没有其他证据,就表明有三种可能性:一是盗窃了他人财物;二是在盗窃犯盗窃之后窝藏了赃物;三是在不明知是赃物的情况下,购买或者接受了赃物。如果合理排除了第三种可能,而不能确定是第一种可能还是第二种可能,则应择一认定为窝藏赃物罪;如果不能合理排除第三种可能,则只能宣告无罪。第三,在允许择一认定的情况下,应当适用处刑较轻的法律,而不能择一重罪论处。

(6)在成立共同正犯的情况下,由于适用"部分实行全部责任"的原则,即使出现了不能查明哪一个正犯行为造成了危害结果等情况,所有的正犯都必须对结果承担责任,而不能适用存疑时有利于被告的原则。在共同正犯的情况下,由于各共犯人相互利用、补充对方的行为,使数人的行为形成为一个整体,每个正犯的行为都是其他正犯行为的一部分,其他正犯的行为也是自己行为的一部分,故正犯不仅要对自己的行为及其结果承担刑事责任,而且要对所参与的整个共同犯罪承担刑事责任,即对其他正犯造成的结果承担刑事责任;即使不能查清结果由谁的行为引起,也要让所有正犯对该结果承担刑事责任。例如,甲、乙二人以杀人故意共同加害丙,造成丙的死亡,但不能查清谁的行为导致了丙的死亡。由于甲与乙构成共同正犯,采取部分实行全部责任的原则,故甲与乙都要对丙的死亡承担刑事责任。因此,在能够认定二人以上成立故意杀人罪或故意伤害罪等共同正犯的情况下,只是分不清谁的行为导致死亡时,司法机关不能以存在疑问为由,宣告行为人无罪。因为对共同正犯采取部分实行全部责任的原则。只要认定为共同正犯,谁的行为造成了死亡结果就不是重要问题了。司法实践中常常出现这样的现象:公安机关、检察机关查明 A、B 共同伤害 X,并造成了伤害结果,但不能证明谁的行为造成了伤害结果,人民法院便以证据不足为由宣告无罪。事实上,由于构成共同正犯,采取部分实行全部责任的原则,所以,只要能认定 A、B 成立共同正犯,同时能认定伤害由 A、B 共同或者其中一人引起,就应认定为故意伤害罪的共同正犯,而且 A、B 均对伤害结果承担责任。即使查明伤害由 A 的一人行为引起,但由于 B 是共同正犯,B 也应对该伤害结果负责。

(7) 在犯罪所得与合法所得不可分地一体化的情况下,应将整体认定为犯罪所得,不能因为犯罪所得数额存在疑问,作出所谓有利于被告人的判决或裁定。日本刑法理论认为,"在正当取得的财物与非正当取得的财物不可分地一体化的情况下,窃取该财物的,应认为对其整体成立盗窃罪。例如,所窃取的游戏机弹子与正当取得的弹子不可能区别时,应认定为对全部弹子成立盗窃罪"。[29]"对公务员职务外的业余劳动的报酬中,包含了对职务行为的谢礼时,就报酬的整体数额认定贿赂性。"[30]日本的审判实践也采取了这种做法。例如,某公务员负责对官营制铁所接受的机械进行审查,接受机械的业者对该公务员提供了报酬,该报酬中既包括对该审查机械的职务行为的不正当报酬,又含有对该公务员在职务外为该业者设计图纸等的正当报酬,但二者不可分割。日本大审院的判决指出,在对方将职务行为的报酬与职务外行为的报酬不可分割地提供给公务员时,公务员知道其性质而收受,其收受的报酬的各个部分就具有贿赂性质,公务员就该报酬的整体成立贿赂罪,而不能从相反的角度否认其全部或部分报酬的违法性。[31]此后,日本裁判所均作出了完全相同的判决。这样认定不仅具有法律上的理由,而且具有政策上的根据。在这种情况下,不能以存在疑问为由而宣告行为无罪。

我国现行刑法规定了罪刑法定原则,现行刑事诉讼法也确立了无罪推定原则;这两个原则都旨在限制司法权力,从而保障公民、行为人、被告人的自由。但是,我们也不能走向极端,导致在任何时候都作出有利于被告人的判断与判决。可是,现在似乎存在这样的现象:面临争议的案件时,如果主张无罪,就显得时髦、被认为明智;如果主张有罪,则显得落伍、被认为僵化。在争议面前,无罪的观点即使理由苍白也总是容易被人们接受,有罪的观点纵然道理充分也轻易地遭受拒绝。这大概与人们没有正确理解存疑时有利于被告的原则有关;至于背后的原因是什么,或许不言而喻,或许难以言说。

注 释

[1] 当然,存疑时有利于自由还有另外的含义。

[2] 〔德〕汉斯·海因里希·耶赛克、托马斯·魏根特:《德国刑法教科书》,徐久生译,中国法制出版社2001年版,第178页。

[3] 参见〔德〕C. Roxin:《德国刑事诉讼法》,吴丽琪译,台湾三民书局1998年版,第142页。

[4] 存疑时有利于被告的原则只适用于刑事诉讼中,而不可能适用于行政诉讼、民事诉讼中,这是不言自明的道理。

[5] 参见〔日〕前田雅英:《刑法总论讲义》,东京大学出版会2011年版,第4页。

[6] 参见张明楷:《法益初论》,中国政法大学出版社2003年版,第322页以下。

[7] 这是德国学者耶林的名言,转引自林山田:《刑罚学》,台湾商务印书馆1985年版,第127页。

[8] 参见〔德〕C. Roxin:《德国刑事诉讼法》,吴丽琪译,台湾三民书局1998年版,第2页以下。

[9] 〔美〕约瑟芬·R.朴秋桃:《"排除一切合理怀疑"后定罪的含义》,童守云译,载《国外法学》1988年第2期,第32页以下。

[10] 〔英〕塞西尔·特纳:《肯尼刑法原理》,王国庆、李启家等译,华夏出版社1989年版,第549页。

[11] 同上书,第549页。

[12] 参见〔德〕C. Roxin:《德国刑事诉讼法》,吴丽琪译,台湾三民书局1998年版,第145页。

[13] 叶蜚声、徐通锵:《语言学纲要》,北京大学出版社 1991 年版,第 31 页。

[14] 参见张明楷:《刑法的基础观念》,中国检察出版社 1995 年版,第 191 页以下。

[15] 〔法〕基佐:《欧洲文明史》,程鸿逵、沅芷译,商务印书馆 1998 年版,第 7 页。

[16] 〔美〕查理德·A. 波斯纳:《法理学问题》,苏力译,中国政法大学出版社 2002 年版,第 55 页。

[17] 〔法〕亨利·莱维·布律尔:《法律社会学》,郑钧译,上海人民出版社 1987 年版,第 69 页。

[18] 〔日〕松尾浩也:《日本刑事诉讼法》(上卷),丁相顺译,中国人民大学出版社 2005 年版,第 246 页。

[19] 〔德〕C. Roxin:《德国刑事诉讼法》,吴丽琪译,台湾三民书局 1998 年版,第 145 页。

[20] H. Jescheck/T. Weigend, Lehrbuch des Strafrechts: Allgemeiner Teil, 5. Aufl., Duncker & Humblot 1996, S.154.

[21] 邓子滨:《中国实质刑法观批判》,法律出版社 2009 年版,第 194 页。

[22] Vgl., Wessels/Beulke, Strafrecht Allgemeiner Teil, C. F. Mueller 2000, 30Aufl., S.271.

[23] 〔英〕鲁珀特·克罗斯、菲利普·琼斯:《英国刑法导论》,赵秉志等译,中国人民大学出版社 1991 年版,第 56 页。

[24] 〔英〕塞西尔·特纳:《肯尼刑法原理》,王国庆、李启家等译,华夏出版社 1989 年版,第 486 页。

[25] 参见最高人民法院 1996 年 12 月 16 日《关于审理诈骗案件具体应用法律的若干问题的解释》。

[26] 〔日〕田口守一:《刑事诉讼法》,刘迪等译,法律出版社 2000 年版,第 229 页。

[27] 参见〔德〕汉斯·海因里希·耶赛克、托马斯·魏根特:《德国刑法教科书》,徐久生译,中国法制出版社 2001 年版,第 178 页以下;〔日〕平野龙一:《刑事诉讼法》,有斐阁 1958 年版,第 280 页。

[28]〔德〕汉斯·海因里希·耶赛克、托马斯·魏根特:《德国刑法教科书》,徐久生译,中国法制出版社 2001 年版,第 182 页。

[29]〔日〕大塚仁:《刑法概说(各论)》,有斐阁 2005 年增补版,第 196 页。

[30]〔日〕前田雅英:《刑法各论讲义》,东京大学出版会 2007 年版,第 573 页。

[31] 日本《大审院刑事判决录》第 12 辑,第 949 页。

Giovanni Battista Viola (1576—1622), *Landscape with a River and Boats* (*detail*).

后　　记

　　本书是我对所收集到的部分刑法格言的展开说明,也可谓以刑法格言为题的论文集(每一篇都具有相对独立性)。作为标题的刑法格言,都具有真理性或者至少具有合理性,在展开过程中主要说明了该格言的基本含义、内在根据、具体内容以及在适用过程中应当注意的一些问题。虽然采用的均为国外的法律格言,但一般是根据中国的刑事立法与司法实践展开的。还有一些刑法格言,出于各种考虑没有收入。如好人因为爱好美德而憎恨犯罪,坏人因为恐惧刑罚而憎恨犯罪(Oderunt peccare boni, virtutis amore; oderunt peccare mali, formidine poenae)、教唆犯与实行犯的责任同等(Par delinquentis et suasoris culpa est)、激愤犯罪应当受到从轻处罚(Delinquens per iram provocatus puniri debet mitius)、秘密犯罪比公然犯罪更应受处罚(Clam delinquens magis punitur quam palam)、逃避审判就是坦白犯行(Fatetur facinus, qui judicium fugit)、机会是犯罪原因(Occasio causa scelerum),等等,都没有在本书中说明。此外,对属于刑法分则的法律格言也没有展开。这便有待于将来的机会了。

　　由于资料所限以及法律格言本身的特点,本书未能标明这些法律格言的渊源,只是按法律格言的字面含义展开相关内容。好在我是主张客观解释的,法律格言的本来含义不是我关注的重点。在对刑法格言展开说明时,虽然尽量为读者提供了更多属于法理学的格言,但又带来了叠床架屋之嫌。本书收集的绝大部分是拉丁语法律格言,只有少数是德语与英语法律格言。对于拉丁语与德语,我只是认识一些单词,主要借助了日本法学者的翻译。讲"其中不乏误译",不是谦虚而是事实;说"希望读者指正",不是套话而是恳求。

张明楷

1998年8月18日于清华园

第二版后记

本书第二版除增添了近 50 条法律格言外,另对"**存疑时有利于被告**"的格言作了展开说明,并对第一版中与结果无价值论不相适应的部分观点作了部分修改,还对全书的文字与注释作了相应删改。

与第一版相同,拉丁语法律格言的翻译主要借助于日语与德语,误译在所难免,恳请读者匡正。

张明楷

2002 年 12 月 1 日于清华明理楼

第三版后记

第三版除增加了 300 余条法律格言外,另对"法律在惩罚前应予警告"、"特别法优于普通法"的法律格言作了展开说明,并对第二版的诸多内容做了大量修改。

所增加的拉丁语法律格言的翻译主要借助于日语,其中的一本重要参考书为《法律拉丁语格言辞典》(〔日〕柴田光藏著,京都玄文社 1985 年版)。当然,有的翻译可能不妥当,有的表述可能不准确,但能够反映出法律格言的基本含义。此外,录入书中的法律格言,或许牵强,也许多余。不过,多余的没有害(Superflua non nocent),可以让读者了解更多的法律格言。

法谚云:周日不开庭(Dies dominicus non est juridicus);我却是,周日不歇停。常言道,书山有路勤为径,学海无涯苦作舟。我可能被认为比较勤,但我不觉得自己苦。读者总是给我以鼓励,我一定要给读者以回报!我如同你给予我那样给予你(Do ut des)!

法律追求完美。本书也追求完美,但本书并不完美,恳请方家赐教。

张明楷

2012 年 10 月 26 日于清华明理楼

图书在版编目(CIP)数据

刑法格言的展开/张明楷著. —3 版. —北京：北京大学出版社，2013.1
ISBN 978-7-301-21613-2

Ⅰ.①刑… Ⅱ.①张… Ⅲ.①刑法-法的理论-文集 Ⅳ.①D914.01-53

中国版本图书馆 CIP 数据核字(2012)第 281309 号

书　　　名：刑法格言的展开（第三版）
著作责任者：张明楷　著
责 任 编 辑：白丽丽
标 准 书 号：ISBN 978-7-301-21613-2/D·3214
出 版 发 行：北京大学出版社
地　　　址：北京市海淀区成府路 205 号　100871
网　　　址：http://www.pup.cn
新 浪 微 博：@北京大学出版社　@北大出版社法律图书
电 子 邮 箱：编辑部 law@pup.cn　总编室 zpup@pup.cn
电　　　话：邮购部 62752015　发行部 62750672　编辑部 62752027
　　　　　　出版部 62754962
印　刷　者：北京汇林印务有限公司
经　销　者：新华书店
　　　　　　890mm×1240mm　A5　18 印张　402 千字
　　　　　　1999 年 2 月第 1 版　2003 年 1 月第 2 版
　　　　　　2013 年 1 月第 3 版　2024 年 10 月第 16 次印刷
定　　　价：49.00 元

未经许可，不得以任何方式复制或抄袭本书之部分或全部内容。
版权所有，侵权必究
举报电话：010-62752024　电子邮箱：fd@pup.cn